2016

中国固定资产投资统计年鉴

Statistical Yearbook of the Chinese Investment in Fixed Assets

国家统计局固定资产投资统计司 编

图书在版编目（CIP）数据

中国固定资产投资统计年鉴. 2016 / 国家统计局固定资产投资统计司编. -- 北京 : 中国统计出版社, 2016.12
ISBN 978-7-5037-8072-1

Ⅰ. ①中… Ⅱ. ①国… Ⅲ. ①固定资产投资－统计资料－中国－2015－年鉴 Ⅳ. ①F832.48-54

中国版本图书馆 CIP 数据核字(2016)第 284280 号

中国固定资产投资统计年鉴—2016

作　　者/国家统计局固定资产投资统计司
责任编辑/佘竞雄
封面设计/李雪燕
出版发行/中国统计出版社
通信地址/北京市丰台区西三环南路甲 6 号　邮政编码/100073
电　　话/邮购（010）63376909　书店（010）68783171
网　　址/http://www.zgtjcbs.com
印　　刷/ 河北鑫宏源印刷包装有限责任公司
经　　销/新华书店
开　　本/880mm×1230mm　1/16
字　　数/470 千字
印　　张/18.75
版　　别/2016 年 12 月第 1 版
版　　次/2016 年 12 月第 1 次印刷
定　　价/380.00 元

本书附同版本 CD-ROM 一张，光盘内容以书面文字为准。
如有印装差错，由本社发行部调换。

《中国固定资产投资统计年鉴—2016》
编辑委员会

Editorial Board

说 明

《中国固定资产投资统计年鉴-2016》是一部全面反映中国固定资产投资情况的权威资料。本书收集了全国、各省、自治区、直辖市、国民经济各行业 2015 年度有关固定资产投资的统计数据。

《中国固定资产投资统计年鉴-2016》资料来源于 2015 年全国固定资产投资统计报表基层数据库和综合报表。本年鉴资料分为三个部分:

第一部分为全社会固定资产投资。根据固定资产投资（不含农户）数据和农户固定资产投资数据汇总而成。

第二部分为固定资产投资（不含农户）。包括计划总投资 500 万元以上项目（单位）投资和房地产开发投资。

第三部分为农户固定资产投资。农户投资数据来源于国家统计局住户办抽样调查资料。

各部分内容包括与固定资产投资相关的主要指标，按地区、国民经济各行业、隶属关系、经济类型、建设性质等分组的本年完成投资，总投资规模、新增固定资产、投资到位资金、项目个数及有关建筑面积等指标。

使用本年鉴资料时请注意以下几点:

1.本年鉴各部分按规模分的投资和项目个数中不含房地产开发投资。

2.不分地区固定资产投资数据包括跨省、市、区项目投资，如各部门、中国铁路总公司统一购置的设备、铁路机车、车辆、飞机等其它投资。

3. 本年鉴资料凡小数点后各项相加不等于总计者，均由于四舍五入的缘故。

4. 本年鉴各表中的“空格”表示该项统计指标数据不足本表最小单位数、数据不详或无该项数据。

5.本年鉴资料由国家统计局固定资产投资统计司编制并负责解释。咨询电话: 010-68782475，010-68782961

由于编辑时间比较仓促，本书难免有一些不妥之处，欢迎广大读者批评指正。

目 录

第一部分 全社会固定资产投资

第二部分 固定资产投资（不含农户）

(一)固定资产投资(不含农户)

(二)房地产开发

第三部分 农户固定资产投资

第一部分

全社会固定资产投资

1-1　全社会固定资产投资主要指标及增长速度

指 标 名 称	2015年	2014年	增长(%)
一、投资总额(亿元)	**561999.83**	**512020.65**	**9.8**
其中：住宅	80247.69	80615.14	-0.5
1.按构成分			
建筑安装工程	388163.53	349789.05	11.0
设备工器具购置	111110.17	101005.22	10.0
其他费用	62726.13	61226.38	2.4
2.按产业分			
第一产业	17542.14	13802.76	27.1
第二产业	224258.60	207684.22	8.0
第三产业	320199.09	290533.67	10.2
二、全部建设规模(亿元)			
建设总规模	1609392.24	1522942.06	5.7
自开始建设至本年底累计完成投资	1148477.64	1027301.93	11.8
在建总规模	1079066.16	1087608.87	-0.8
在建净规模	470288.84	485676.71	-3.2
三、新增固定资产(亿元)	**395743.42**	**343462.41**	**15.2**
四、房屋建筑面积(万平方米)			
施工面积	1292371.73	1355559.65	-4.7
其中：住宅	669297.10	689041.18	-2.9
竣工面积	350973.05	355068.39	-1.2
其中：住宅	179737.82	192545.05	-6.7
五、投资实际到位资金小计(亿元)	**584198.76**	**543480.55**	**7.5**
国家预算资金	30924.28	26745.42	15.6
国内贷款	61053.99	65221.03	-6.4
利用外资	2854.45	4052.86	-29.6
自筹资金	414802.39	379737.80	9.2
其他资金	74563.65	67723.44	10.1

1-2 全社会固定资产投资主要指标

指标名称	合　　计	国有经济	集体经济	私营个体经济
一、投资总额(亿元)	**561999.83**	**153736.10**	**17460.14**	**183784.63**
其中：住宅	80247.69	7800.65	1466.90	28277.70
1.按构成分				
建筑安装工程	388163.53	119720.89	14274.73	118257.68
设备工器具购置	111110.17	16483.78	1644.76	49177.05
其他费用	62726.13	17531.43	1540.65	16349.90
2.按产业分				
第一产业	17542.14	2684.13	740.20	8684.52
第二产业	224258.60	30191.43	2863.63	102398.22
第三产业	320199.09	120860.54	13856.32	72701.89
二、全部建设规模(亿元)				
建设总规模	1609392.24	467763.05	31885.05	415763.25
自开始建设至本年底累计完成投资	1148477.64	321201.27	25264.37	313541.94
在建总规模	1079066.16	335717.59	14889.14	235914.08
在建净规模	470288.84	148399.19	6663.22	105440.86
三、新增固定资产(亿元)	**395743.42**	**105136.83**	**14600.00**	**140694.24**
四、房屋建筑面积(万平方米)				
施工面积	1292371.73	164835.03	32559.56	507565.45
其中：住宅	669297.10	67360.94	10458.57	275566.02
竣工面积	350973.05	46256.78	12238.92	183711.47
其中：住宅	179737.82	18999.64	4192.72	107523.14

1-2 续表

指标名称	联营经济	股份制经　　济	外商投资经济	港澳台投资经济	其他经济
一、投资总额(亿元)	**555.21**	**153691.14**	**10746.34**	**11930.44**	**30095.83**
其中：住宅	19.18	36368.50	1369.85	3694.69	1250.22
1.按构成分					
建筑安装工程	424.95	100632.51	5840.83	7230.19	21781.75
设备工器具购置	90.75	31499.82	3860.10	2576.97	5776.94
其他费用	39.52	21558.81	1045.42	2123.27	2537.13
2.按产业分					
第一产业	44.42	2422.05	105.10	78.43	2783.29
第二产业	179.49	65334.56	6929.82	4387.52	11973.94
第三产业	331.30	85934.53	3711.42	7464.49	15338.60
二、全部建设规模(亿元)					
建设总规模	1186.39	547498.83	39874.63	54168.87	51252.19
自开始建设至本年底累计完成投资	944.65	379364.11	28977.00	39130.10	40054.20
在建总规模	541.79	399535.63	27886.17	41404.57	23177.19
在建净规模	233.34	171534.66	10876.75	15850.45	11290.38
三、新增固定资产(亿元)	**467.32**	**96917.69**	**7494.79**	**6853.93**	**23578.63**
四、房屋建筑面积(万平方米)					
施工面积	940.17	478993.36	23162.60	42616.80	41698.77
其中：住宅	291.11	273683.23	10187.96	21511.98	10237.29
竣工面积	397.84	82149.62	4159.22	7077.32	14981.88
其中：住宅	197.23	39741.97	1355.91	3070.85	4656.36

1-3 按结构分全社会固定资产投资情况

指标名称	2015年	2014年	增长(%)
投资总额(亿元)	**561999.83**	**512020.65**	**9.8**
一、固定资产投资(不含农户)			
完成投资	551590.04	501264.87	10.0
建筑安装工程	379728.39	341154.91	11.3
设备、工器具购置	109522.75	99387.51	10.2
其他费用	62338.90	60722.46	2.7
建设总规模	1598982.45	1512186.28	5.7
自开始建设至本年底	1138067.84	1016546.15	12.0
累计完成投资			
本年新增固定资产	386200.09	333338.99	15.9
其中：房地产			
完成投资	95978.85	95035.61	1.0
建筑安装工程	71195.57	70561.11	0.9
设备、工器具购置	1211.52	1306.91	-7.3
其他费用	23571.75	23167.59	1.7
建设总规模	536853.75	493066.50	8.9
自开始建设至本年底	378089.48	330830.08	14.3
累计完成投资			
本年新增固定资产	40937.81	41251.03	-0.8
二、农　户			
完成投资	10409.79	10755.78	-3.2
建筑安装工程	8435.15	8634.14	-2.3
设备、工器具购置	1587.42	1617.72	-1.9
其他费用	387.23	503.92	-23.2
建设总规模	10409.79	10755.78	-3.2
自开始建设至本年底	10409.79	10755.78	-3.2
累计完成投资			
本年新增固定资产	9543.33	10123.42	-5.7

1-4 各地区全社会固定资产投资建设规模

单位：亿元

地　区	建设总规模	累计完成投资	在建总规模	在建净规模
全国总计	**1609392.24**	**1148477.64**	**1079066.16**	**470288.84**
北　京	39631.70	27882.19	33604.06	10820.21
天　津	34534.21	26847.52	25625.99	9565.41
河　北	76496.86	53045.99	47516.69	23218.73
山　西	38250.47	26375.39	24280.63	11147.94
内蒙古	41535.63	27337.93	28072.88	12317.42
辽　宁	56732.36	42150.04	32692.38	12928.36
吉　林	24745.70	18970.56	12632.52	5554.83
黑龙江	26950.03	18097.82	16531.34	6667.36
上　海	38407.35	24738.44	33661.90	12202.27
江　苏	116028.26	87698.09	70382.33	29537.04
浙　江	89746.67	63290.24	64353.82	27178.54
安　徽	63040.23	45625.18	39632.97	18063.15
福　建	56707.79	44797.87	35786.15	13205.39
江　西	37979.09	28700.63	21560.14	10045.68
山　东	109065.03	81435.66	65883.53	28971.93
河　南	89093.34	60924.07	53592.85	28840.50
湖　北	73692.46	51378.62	49417.87	22200.91
湖　南	55598.96	41475.43	33457.03	14794.82
广　东	112845.01	75716.43	84285.06	36757.85
广　西	40749.50	29442.29	26137.96	11971.70
海　南	16938.84	10537.76	14011.94	6621.18
重　庆	46461.23	32877.79	33186.35	14073.46
四　川	72055.52	52303.78	46966.31	21245.04
贵　州	37715.55	25277.10	26831.15	13000.40
云　南	44689.29	30558.40	33136.43	14714.89
西　藏	3517.02	2218.24	2268.23	1245.28
陕　西	53677.69	36263.11	35412.55	16869.96
甘　肃	20383.80	14698.15	11831.64	5524.90
青　海	10544.95	15523.60	8129.54	3653.37
宁　夏	12498.46	7781.44	9188.65	4140.33
新　疆	33998.93	19961.37	24811.07	12603.30
不分地区	35080.30	24546.48	34184.20	10606.69

注：建设总规模为所有施工项目(含本年没有工作量的投资项目)的计划总投资。

1-5　各地区全社会按经济类型分固定资产投资建设规模

地　区	合　计	国有经济	集体经济	私营个体经济
全国总计	**1609392.24**	**467763.05**	**31885.05**	**415763.25**
北　京	39631.70	12380.82	611.58	1968.40
天　津	34534.21	9540.02	994.20	6914.75
河　北	76496.86	14312.72	1665.96	27349.64
山　西	38250.47	12198.09	1359.25	11051.56
内蒙古	41535.63	13569.45	348.71	7813.57
辽　宁	56732.36	10496.27	487.47	18298.28
吉　林	24745.70	6245.80	157.87	6480.40
黑龙江	26950.03	9282.07	267.58	6290.74
上　海	38407.35	11080.51	182.82	6650.22
江　苏	116028.26	23323.72	3133.78	44557.13
浙　江	89746.67	27880.51	2055.63	22542.77
安　徽	63040.23	14712.15	550.85	20439.66
福　建	56707.79	16748.19	1291.16	13157.82
江　西	37979.09	8605.79	273.59	13945.59
山　东	109065.03	15550.41	5464.30	38710.95
河　南	89093.34	11212.47	3734.01	27104.12
湖　北	73692.46	20891.57	1323.75	20635.43
湖　南	55598.96	16025.02	1042.78	16235.88
广　东	112845.01	27772.15	2774.89	20545.74
广　西	40749.50	12953.25	416.97	12812.13
海　南	16938.84	3522.93	82.73	1865.48
重　庆	46461.23	14724.35	452.56	11895.35
四　川	72055.52	28642.42	459.60	13864.89
贵　州	37715.55	16945.92	124.42	7273.45
云　南	44689.29	19154.30	687.51	8329.93
西　藏	3517.02	2632.90	4.22	327.44
陕　西	53677.69	21426.73	1137.78	9816.47
甘　肃	20383.80	8624.68	576.53	4599.67
青　海	10544.95	4707.65	67.23	1665.74
宁　夏	12498.46	4757.85	14.87	5220.09
新　疆	33998.93	12762.05	140.47	7399.96
不分地区	35080.30	35080.30		

1-5 续表

单位：亿元

地　区	联营经济	股份制经济	外商投资经济	港澳台投资经济	其他经济
全国总计	**1186.39**	**547498.83**	**39874.63**	**54168.87**	**51252.19**
北　京	3.76	21373.13	1603.32	1526.40	164.29
天　津	228.11	13788.33	1125.31	1370.19	573.29
河　北	68.22	27380.09	1045.68	917.60	3756.95
山　西	24.78	10799.68	313.24	507.23	1996.65
内蒙古	9.05	18812.97	133.94	191.76	656.18
辽　宁	18.16	19164.63	2699.27	4376.12	1192.17
吉　林	6.87	9882.59	180.31	489.59	1302.27
黑龙江	16.53	9146.75	400.53	282.33	1263.52
上　海	25.12	14106.28	2852.31	3476.81	33.28
江　苏	68.95	31294.07	5662.13	6397.20	1591.28
浙　江	76.93	28930.65	2418.91	4336.53	1504.73
安　徽	10.33	23343.32	895.24	1395.07	1693.61
福　建	74.54	19473.01	1333.46	3255.77	1373.85
江　西	28.75	12636.32	468.10	898.29	1122.66
山　东	29.58	39099.70	1959.07	2379.93	5871.08
河　南	97.50	37124.39	501.67	480.09	8839.08
湖　北	14.29	23965.22	1502.78	1767.27	3592.15
湖　南	27.23	17644.16	1036.77	1098.17	2488.96
广　东	44.28	42597.21	6910.80	10143.37	2056.59
广　西	32.91	10694.87	876.10	906.38	2056.89
海　南	2.45	9207.88	581.21	1459.93	216.23
重　庆	22.88	12758.34	1842.25	3185.62	1579.88
四　川	74.09	23756.65	1632.90	1532.97	2092.00
贵　州	18.32	12366.96	116.57	409.29	460.62
云　南	32.21	15269.39	238.88	530.18	446.88
西　藏	13.47	262.72	59.98	0.33	215.95
陕　西	68.49	18360.73	1220.44	523.98	1123.06
甘　肃	31.87	5033.09	55.46	74.64	1387.86
青　海	5.50	3821.34	41.00	84.88	151.62
宁　夏	0.22	2304.19	68.36	89.32	43.55
新　疆	11.01	13100.15	98.63	81.61	405.05
不分地区					

1-6 各地区全社会按经济类型分全部累计完成投资

地 区	合 计	国有经济	集体经济	私营个体经济
全国总计	**1148477.64**	**321201.27**	**25264.37**	**313541.94**
北 京	27882.19	7728.26	407.52	1450.45
天 津	26847.52	7608.36	996.69	5163.25
河 北	53045.99	9837.37	1372.87	19753.63
山 西	26375.39	8348.91	1183.87	7725.21
内蒙古	27337.93	9068.82	261.07	5270.68
辽 宁	42150.04	7425.02	395.64	14650.14
吉 林	18970.56	4503.81	130.15	5335.60
黑龙江	18097.82	5349.58	174.94	4949.46
上 海	24738.44	5870.92	123.78	4539.43
江 苏	87698.09	16882.97	2675.90	35209.35
浙 江	63290.24	17397.49	1555.36	16825.59
安 徽	45625.18	9803.81	475.66	16234.81
福 建	44797.87	12131.70	1217.01	11201.76
江 西	28700.63	6363.98	176.94	11087.92
山 东	81435.66	10723.62	4231.35	29969.75
河 南	60924.07	7721.48	2584.95	19000.01
湖 北	51378.62	12821.21	1019.97	15447.47
湖 南	41475.43	11469.23	851.37	13234.62
广 东	75716.43	15397.79	2085.08	15985.93
广 西	29442.29	8685.91	359.31	10075.54
海 南	10537.76	2247.79	42.08	1198.98
重 庆	32877.79	9724.78	317.98	9003.66
四 川	52303.78	19358.07	388.13	10827.01
贵 州	25277.10	11793.51	79.09	4435.33
云 南	30558.40	12611.14	601.55	6044.99
西 藏	2218.24	1645.39	2.84	197.57
陕 西	36263.11	14416.83	910.44	6686.36
甘 肃	14698.15	6361.67	476.99	3250.72
青 海	15523.60	12275.88	36.68	1119.28
宁 夏	7781.44	3116.80	11.81	3274.72
新 疆	19961.37	7962.70	117.31	4392.73
不分地区	24546.48	24546.48		

1-6 续表 单位：亿元

地　区	联营经济	股份制经济	外商投资经济	港澳台投资经济	其他经济
全国总计	**944.65**	**379364.11**	**28977.00**	**39130.10**	**40054.20**
北　京	3.10	16114.15	1008.13	1068.30	102.30
天　津	213.95	10530.23	1051.25	767.57	516.21
河　北	56.55	18153.47	493.87	641.64	2736.58
山　西	8.10	6999.63	208.84	302.27	1598.55
内蒙古	7.70	12035.85	56.70	92.73	544.39
辽　宁	17.41	13201.63	2018.06	3474.26	967.89
吉　林	4.54	7377.43	133.64	361.81	1123.57
黑龙江	13.13	6238.56	188.73	179.89	1003.53
上　海	11.00	9596.67	2022.52	2540.66	33.45
江　苏	62.98	22352.87	4405.73	4862.48	1245.80
浙　江	53.64	21284.48	1784.72	3243.91	1145.04
安　徽	8.69	15980.02	677.36	1056.98	1387.86
福　建	50.72	15604.86	1050.24	2398.57	1143.01
江　西	28.89	9167.98	369.53	604.66	900.74
山　东	27.23	28189.13	1525.80	1737.58	5031.20
河　南	54.71	24446.26	463.81	406.08	6246.78
湖　北	12.67	16816.89	1091.14	1282.20	2887.06
湖　南	28.22	12590.44	584.82	745.50	1971.23
广　东	29.76	29065.32	4454.32	7143.29	1554.95
广　西	29.95	7346.88	493.34	663.28	1788.09
海　南	2.25	5505.63	504.74	883.96	152.32
重　庆	25.33	9096.66	1395.57	2241.28	1072.52
四　川	63.88	17230.88	1324.60	1232.80	1878.41
贵　州	10.93	8315.93	69.48	266.06	306.77
云　南	19.76	10467.51	195.31	291.52	326.63
西　藏	7.17	180.72	37.01	0.33	147.20
陕　西	56.31	11733.45	1199.15	370.80	889.78
甘　肃	25.86	3474.82	45.96	55.62	1006.51
青　海	2.00	1910.81	0.71	79.35	98.90
宁　夏	0.05	1235.14	50.46	56.22	36.24
新　疆	8.15	7119.82	71.45	78.50	210.69
不分地区					

1-7　各地区全社会按主要行业分的固定资产投资

单位：亿元

地　区	合　计	农、林、牧、渔业	采矿业	制造业	电力、热力、燃气及水的生产和供应业	建筑业	批发和零售业
全国总计	**561999.83**	**21042.66**	**12970.82**	**180370.38**	**26722.76**	**4956.60**	**18924.91**
北　京	7495.99	111.04	2.57	362.46	293.25	5.66	60.79
天　津	11831.99	262.60	265.10	3380.43	368.49	138.78	528.85
河　北	29448.27	1599.84	561.57	12579.85	1528.69	21.63	971.72
山　西	14074.15	1631.34	1410.90	2515.49	1355.92	11.76	349.00
内蒙古	13702.22	893.35	943.62	3709.81	1732.53	163.52	401.25
辽　宁	17917.89	510.29	382.83	6568.31	520.56	22.84	848.67
吉　林	12705.29	632.45	532.66	5819.98	463.21	203.77	594.38
黑龙江	10182.95	1076.72	459.17	2819.21	344.13	257.77	596.11
上　海	6352.70	3.95	0.24	757.77	199.17	1.67	34.80
江　苏	46246.87	365.21	103.18	21248.21	1444.68	133.51	1448.10
浙　江	27323.32	393.00	59.31	7609.07	1108.87	55.39	411.44
安　徽	24385.97	899.71	324.11	9458.09	782.24	132.44	956.08
福　建	21301.38	638.90	278.10	6108.55	902.33	228.06	520.62
江　西	17388.13	515.22	245.50	8101.07	573.23	134.37	973.10
山　东	48312.44	1451.04	649.03	20923.81	1729.20	889.71	2801.73
河　南	35660.35	1738.89	568.33	15348.04	1114.37	11.30	1176.96
湖　北	26563.90	826.89	346.55	10204.58	690.72	148.49	793.46
湖　南	25045.08	1019.10	570.34	8565.41	855.73	402.18	1152.56
广　东	30343.03	525.89	162.00	8785.27	1198.73	55.84	917.21
广　西	16227.78	860.00	389.82	5209.42	736.37	236.72	608.08
海　南	3451.22	58.59	7.57	118.95	118.54	79.09	34.62
重　庆	14353.24	441.38	285.65	3950.82	462.02	10.08	253.44
四　川	25525.90	868.66	517.20	5193.37	1585.07	64.08	573.91
贵　州	10945.54	330.91	339.24	1204.78	417.99	20.09	193.69
云　南	13500.62	792.40	427.17	1526.94	1128.97	1.89	278.56
西　藏	1295.68	73.42	74.98	28.85	157.04	0.65	14.50
陕　西	18582.24	1239.50	1080.80	3596.91	847.60	98.63	694.78
甘　肃	8754.23	557.48	306.37	1232.45	762.72	1136.86	479.26
青　海	3210.63	143.34	204.08	647.62	449.34	157.11	40.56
宁　夏	3505.45	166.45	107.68	824.75	696.24	14.08	32.97
新　疆	10813.03	415.13	888.72	1970.14	2091.48	118.65	183.69
不分地区	5552.35		476.39		63.34		

1-7 续表 1

单位：亿元

地　区	交通运输、仓储和邮政业	住宿和餐饮业	信息传输、软件和信息技术服务业	金融业	房地产业	租赁和商务服务业	科学研究和技术服务业
全国总计	**49200.04**	**6546.67**	**5521.92**	**1367.25**	**134284.30**	**9447.95**	**4751.99**
北　京	714.95	40.93	240.02	73.31	4479.34	63.98	80.11
天　津	757.19	83.52	140.19	47.09	2788.66	798.37	107.93
河　北	2077.54	221.75	147.17	47.87	5690.19	416.92	185.65
山　西	920.74	79.57	104.27	4.49	3331.70	72.06	76.91
内蒙古	1251.17	101.33	84.23	36.42	1636.59	100.05	98.61
辽　宁	1263.56	296.40	202.57	71.65	3797.26	343.48	246.71
吉　林	961.27	104.25	191.20	36.73	1195.96	196.86	119.03
黑龙江	995.00	179.71	164.68	31.99	1345.43	180.07	125.26
上　海	794.56	28.30	127.27	24.49	3486.71	116.16	46.12
江　苏	2432.46	541.48	662.86	150.83	9935.79	1131.53	592.31
浙　江	2312.83	232.35	275.18	102.16	9679.61	571.98	99.90
安　徽	1350.92	254.76	255.39	72.73	6046.40	429.13	261.43
福　建	2230.66	269.04	261.86	57.10	5643.14	269.37	82.97
江　西	822.91	293.27	125.43	41.07	2428.27	330.08	95.99
山　东	2787.50	348.07	287.36	99.39	8774.91	898.84	1026.57
河　南	1937.52	411.13	161.65	19.68	8161.91	441.43	184.72
湖　北	2279.82	312.49	136.93	53.19	6142.62	650.37	133.04
湖　南	1722.96	292.08	259.31	88.21	4180.35	523.78	304.21
广　东	3037.61	467.00	477.81	113.21	10479.35	315.51	218.14
广　西	1532.87	205.45	151.13	39.00	2905.63	350.31	110.83
海　南	421.79	144.62	79.75	1.91	1952.95	16.47	10.84
重　庆	1436.52	255.25	82.43	21.59	4429.90	174.34	33.49
四　川	3087.71	424.92	267.36	22.98	7992.77	274.35	151.92
贵　州	1588.86	160.25	45.28	7.73	3469.83	187.01	24.19
云　南	1815.17	247.76	63.84	9.00	4618.15	118.01	22.11
西　藏	346.88	14.57	8.18	46.23	129.48	6.14	10.71
陕　西	1439.53	246.31	188.82	14.42	4760.27	171.06	191.80
甘　肃	814.89	170.04	72.50	13.29	1284.88	126.58	58.45
青　海	419.85	19.68	80.21	1.64	484.43	45.74	11.25
宁　夏	261.71	16.02	51.41	5.93	880.07	23.26	10.71
新　疆	1017.36	84.38	125.61	11.94	2151.75	104.73	30.09
不分地区	4365.76						

1-7　续表 2

单位：亿元

地　区	水利、环境和公共设施管理业	居民服务、修理和其他服务业	教　育	卫生和社会工作	文化、体育和娱乐业	公共管理、社会保障和社会组织
全国总计	**55679.56**	**2730.27**	**7726.83**	**5175.57**	**6728.26**	**7851.10**
北　京	550.50	21.72	142.18	60.63	133.31	59.26
天　津	1670.25	85.30	172.02	85.93	93.31	57.99
河　北	2219.21	88.56	260.32	261.48	461.53	106.78
山　西	1607.41	49.48	182.60	126.01	195.37	49.14
内蒙古	1772.09	88.88	140.63	113.53	135.48	299.15
辽　宁	2081.88	138.90	178.43	125.47	181.67	136.44
吉　林	938.78	86.54	111.52	112.83	112.46	291.41
黑龙江	922.47	89.10	161.91	130.32	155.10	148.78
上　海	474.38	2.75	89.22	45.56	108.04	11.56
江　苏	3868.82	263.49	543.29	450.55	560.11	370.47
浙　江	3092.03	67.72	400.91	219.45	311.51	320.61
安　徽	2021.01	95.54	276.45	224.69	203.64	341.22
福　建	2669.14	72.07	273.38	171.94	265.72	358.43
江　西	1691.07	126.10	243.56	159.71	261.33	226.82
山　东	2338.96	380.74	606.98	429.67	754.99	1133.97
河　南	2782.89	204.06	417.93	416.47	371.02	192.06
湖　北	2714.69	111.42	213.05	179.00	289.46	337.12
湖　南	3377.65	112.75	439.95	278.88	280.05	619.58
广　东	2443.42	49.88	415.29	254.75	292.56	133.55
广　西	1826.52	102.88	381.33	164.03	180.19	237.20
海　南	241.57	4.99	41.69	30.61	69.18	17.48
重　庆	1926.80	35.55	178.88	108.34	142.05	124.68
四　川	3255.38	60.76	483.74	310.59	203.59	187.54
贵　州	2373.09	48.72	267.66	74.27	165.90	26.05
云　南	1485.04	54.46	297.49	139.30	176.60	297.77
西　藏	143.81	11.68	31.52	14.35	17.82	164.85
陕　西	2806.86	82.13	299.31	243.47	273.60	306.45
甘　肃	762.60	159.80	205.27	102.24	204.48	304.08
青　海	236.53	4.66	56.07	25.13	27.15	156.26
宁　夏	269.68	7.04	53.03	28.88	20.72	34.82
新　疆	1068.24	22.61	161.21	87.49	80.33	199.49
不分地区	46.78					600.09

1-8 各地区全社会固定资产投资

单位：亿元

地区	合计	固定资产投资(不含农户)	房地产开发	农户
全国总计	**561999.83**	**551590.04**	**95978.85**	**10409.79**
北京	7495.99	7446.02	4177.05	49.97
天津	11831.99	11814.57	1871.55	17.42
河北	29448.27	28905.74	4285.27	542.53
山西	14074.15	13744.59	1494.87	329.56
内蒙古	13702.22	13529.15	1081.05	173.07
辽宁	17917.89	17640.37	3558.64	277.52
吉林	12705.29	12508.59	924.24	196.69
黑龙江	10182.95	9884.28	992.15	298.66
上海	6352.70	6349.39	3468.94	3.31
江苏	46246.87	45905.17	8153.68	341.70
浙江	27323.32	26664.72	7111.93	658.61
安徽	24385.97	23803.93	4424.86	582.04
福建	21301.38	20973.98	4469.61	327.40
江西	17388.13	16993.90	1520.10	394.23
山东	48312.44	47381.46	5892.16	930.98
河南	35660.35	34951.28	4818.93	709.06
湖北	26563.90	26086.42	4249.23	477.48
湖南	25045.08	24324.17	2613.75	720.91
广东	30343.03	29950.48	8538.47	392.55
广西	16227.78	15654.95	1909.09	572.83
海南	3451.22	3355.40	1704.00	95.82
重庆	14353.24	14208.15	3751.28	145.10
四川	25525.90	24965.56	4813.03	560.34
贵州	10945.54	10676.70	2205.09	268.84
云南	13500.62	13069.39	2669.01	431.23
西藏	1295.68	1295.68	50.02	
陕西	18582.24	18231.03	2494.29	351.21
甘肃	8754.23	8626.60	768.06	127.63
青海	3210.63	3144.17	336.00	66.46
宁夏	3505.45	3426.42	633.64	79.02
新疆	10813.03	10525.42	998.88	287.61
不分地区	5552.35	5552.35		

1-9　各地区全社会按经济类型分的固定资产投资

地　区	合　计	国有经济	集体经济	私营个体经济
全国总计	**561999.83**	**153736.10**	**17460.14**	**183784.63**
北　京	7495.99	2254.71	129.33	564.06
天　津	11831.99	3003.64	782.51	3211.86
河　北	29448.27	5061.08	832.44	12331.48
山　西	14074.15	4234.14	894.48	4276.70
内蒙古	13702.22	5547.06	143.99	2554.73
辽　宁	17917.89	3319.85	246.59	8186.42
吉　林	12705.29	3031.12	124.28	3951.60
黑龙江	10182.95	2985.62	129.21	3146.23
上　海	6352.70	1974.08	53.62	1020.41
江　苏	46246.87	8904.31	1872.50	21593.82
浙　江	27323.32	7586.48	963.46	8431.32
安　徽	24385.97	5373.87	351.56	10204.81
福　建	21301.38	6217.53	997.29	6200.40
江　西	17388.13	3832.96	123.59	7364.45
山　东	48312.44	6304.58	3125.74	20268.76
河　南	35660.35	4473.57	1543.88	11942.30
湖　北	26563.90	6097.44	633.04	9294.10
湖　南	25045.08	7400.31	694.76	9276.43
广　东	30343.03	6235.32	1390.12	7510.06
广　西	16227.78	4707.81	256.94	6169.85
海　南	3451.22	969.97	22.34	413.05
重　庆	14353.24	5032.87	251.77	4245.98
四　川	25525.90	10055.15	210.99	6037.00
贵　州	10945.54	5872.27	42.12	2211.96
云　南	13500.62	6258.14	480.16	2971.38
西　藏	1295.68	935.76	1.60	102.60
陕　西	18582.24	8005.85	703.72	3862.71
甘　肃	8754.23	3983.44	357.09	2050.01
青　海	3210.63	1842.16	21.84	563.86
宁　夏	3505.45	1512.86	4.53	1481.92
新　疆	10813.03	5169.79	74.67	2344.35
不分地区	5552.35	5552.35		

1-9 续表

单位：亿元

地区	联营经济	股份制经济	外商投资经济	港澳台投资经济	其他经济
全国总计	**555.21**	**153691.14**	**10746.34**	**11930.44**	**30095.83**
北京	0.93	3951.23	324.23	210.48	61.02
天津	91.57	3620.94	381.49	297.51	442.48
河北	45.61	8503.93	250.33	343.81	2079.58
山西	3.63	3134.21	95.82	143.01	1292.17
内蒙古	3.56	5051.50	30.61	43.36	327.40
辽宁	13.98	4342.12	472.00	644.76	692.17
吉林	4.35	4354.44	92.83	81.85	1064.82
黑龙江	4.88	2954.49	55.99	71.21	835.31
上海	5.55	2114.11	543.10	632.03	9.80
江苏	52.32	8960.17	2253.73	1648.71	961.31
浙江	23.44	7542.50	800.72	1186.05	789.36
安徽	7.39	6648.48	266.12	468.00	1065.74
福建	23.15	5702.92	438.19	863.01	858.89
江西	20.78	5011.25	118.64	181.72	734.74
山东	23.76	13223.51	805.86	639.60	3920.63
河南	34.69	13000.86	145.92	142.03	4377.10
湖北	10.95	7527.27	451.16	390.85	2159.09
湖南	15.44	5594.75	221.71	192.88	1648.79
广东	14.99	10537.23	1398.00	2080.99	1176.33
广西	19.98	3278.78	225.59	225.61	1343.22
海南	0.37	1677.20	112.16	176.66	79.48
重庆	11.27	2979.09	324.97	618.17	889.12
四川	36.28	7352.14	334.27	315.10	1184.97
贵州	8.55	2547.58	16.21	65.09	181.76
云南	6.90	3409.61	40.78	77.18	256.46
西藏	2.92	121.66	37.01	0.27	93.86
陕西	39.24	4792.43	431.71	108.12	638.47
甘肃	20.71	1608.52	16.50	20.36	697.60
青海	1.90	683.61	0.21	18.57	78.47
宁夏	0.05	465.70	8.66	11.89	19.84
新疆	6.08	2998.92	51.81	31.58	135.83
不分地区					

1-10　各地区全社会建筑安装工程投资

地　　区	合　　计	国有经济	集体经济	私营个体经济
全国总计	**388163.53**	**119720.89**	**14274.73**	**118257.68**
北　　京	2950.30	1130.19	81.49	205.34
天　　津	7948.28	2165.87	620.84	1925.60
河　　北	20052.81	3867.96	609.46	7731.10
山　　西	10334.72	3154.38	768.94	3265.73
内 蒙 古	9690.63	4413.92	119.24	1706.61
辽　　宁	13303.55	2749.35	202.86	5606.87
吉　　林	7430.64	2076.77	95.61	2207.20
黑 龙 江	7339.03	2487.81	89.43	2040.69
上　　海	3787.88	1110.82	45.47	710.75
江　　苏	27870.39	6756.96	1585.76	11309.62
浙　　江	16727.28	5607.22	796.47	4656.91
安　　徽	17857.84	4655.95	292.55	6857.26
福　　建	14962.37	4679.28	891.32	4202.22
江　　西	13094.39	3118.20	89.23	5335.62
山　　东	30219.16	4709.51	2543.88	11618.51
河　　南	22912.74	3531.10	1195.67	6983.64
湖　　北	20069.44	5043.04	523.88	6525.47
湖　　南	18289.62	5961.05	483.56	6487.52
广　　东	20336.53	4602.48	1144.78	5122.12
广　　西	10971.12	3764.69	190.62	3792.50
海　　南	2447.45	706.13	21.52	325.55
重　　庆	10635.22	3996.34	223.20	3156.18
四　　川	19945.71	8516.29	180.23	4518.65
贵　　州	9232.64	5081.74	34.84	1778.38
云　　南	10946.66	5243.92	451.91	2385.44
西　　藏	1164.03	859.56	0.43	95.89
陕　　西	14655.03	6627.72	595.92	3037.29
甘　　肃	7252.08	3466.33	316.11	1626.53
青　　海	2490.11	1543.61	16.92	384.00
宁　　夏	2542.41	1090.99	2.89	1097.21
新　　疆	7763.58	4061.83	59.70	1561.29
不分地区	2939.90	2939.90		

1-10 续表

单位：亿元

地　区	联营经济	股份制经济	外商投资经济	港澳台投资经济	其他经济
全国总计	**424.95**	**100632.51**	**5840.83**	**7230.19**	**21781.75**
北　京	0.93	1324.34	93.34	85.86	28.81
天　津	61.62	2400.55	279.18	190.37	304.25
河　北	41.89	6008.80	165.52	215.81	1412.27
山　西	3.01	2022.65	52.84	36.01	1031.15
内蒙古	2.62	3151.08	15.01	24.88	257.27
辽　宁	11.83	3302.19	297.17	554.77	578.52
吉　林	1.78	2471.29	30.20	55.27	492.53
黑龙江	4.64	2096.81	21.65	61.74	536.25
上　海	2.41	1291.56	269.64	347.85	9.38
江　苏	36.32	5684.17	942.58	890.30	664.68
浙　江	22.40	4014.36	439.83	519.81	670.28
安　徽	4.86	4666.63	185.65	332.30	862.64
福　建	21.09	3752.34	257.13	557.87	601.12
江　西	19.55	3730.45	93.01	124.08	584.25
山　东	15.86	7798.45	437.89	414.49	2680.56
河　南	22.30	8093.55	101.97	108.15	2876.37
湖　北	9.11	5560.51	284.71	292.15	1830.57
湖　南	11.29	3921.03	98.95	157.14	1169.09
广　东	12.46	6672.99	737.23	1180.74	863.73
广　西	11.24	2091.23	119.85	154.37	846.62
海　南	0.36	1119.72	85.37	136.37	52.44
重　庆	9.19	1970.57	176.95	362.08	740.71
四　川	32.01	5304.76	211.14	210.10	972.52
贵　州	7.16	2119.50	11.92	53.99	145.11
云　南	4.49	2566.49	34.52	45.80	214.07
西　藏	2.92	94.22	34.09	0.02	76.91
陕　西	30.39	3418.20	337.54	81.92	526.07
甘　肃	14.92	1251.58	12.08	7.32	557.23
青　海	1.90	470.77	0.21	4.60	68.09
宁　夏	0.05	325.53	4.17	6.15	15.43
新　疆	4.36	1936.19	9.48	17.89	112.84
不分地区					

1-11 各地区全社会设备、工器具购置投资

地区	合计	国有经济	集体经济	私营个体经济
全国总计	**111110.17**	**16483.78**	**1644.76**	**49177.05**
北京	799.34	358.60	7.37	29.08
天津	2181.86	258.65	110.84	953.39
河北	6299.31	580.24	81.40	3360.74
山西	2361.42	583.62	64.82	664.63
内蒙古	3321.26	835.67	16.06	692.45
辽宁	3365.37	396.53	34.92	1994.25
吉林	4298.03	757.21	19.15	1352.81
黑龙江	2323.51	307.96	33.95	977.90
上海	761.20	368.15	1.24	76.03
江苏	14264.30	1252.76	166.23	8748.93
浙江	4611.79	408.81	50.51	2237.48
安徽	4969.02	449.39	44.20	2761.29
福建	3270.39	490.63	48.80	1431.43
江西	2757.16	241.20	21.74	1460.89
山东	14254.95	1047.01	339.32	7313.13
河南	9185.75	422.29	153.49	3793.13
湖北	4123.89	603.24	57.80	2031.69
湖南	4014.50	551.69	89.75	1985.47
广东	5349.54	768.75	105.39	1409.60
广西	3793.98	483.42	52.25	1879.37
海南	211.41	50.32	0.11	20.41
重庆	1496.85	328.85	13.60	575.30
四川	2950.44	636.60	24.77	926.65
贵州	550.40	200.96	2.08	214.36
云南	1001.16	334.51	4.61	288.77
西藏	89.57	42.86	1.17	4.39
陕西	2524.15	789.19	53.61	577.15
甘肃	996.08	295.94	27.19	310.93
青海	486.53	191.19	4.20	147.95
宁夏	751.71	326.41	1.52	298.44
新疆	2281.93	657.73	12.66	659.00
不分地区	1463.37	1463.37		

1-11 续表

单位：亿元

地　区	联营经济	股份制经济	外商投资经济	港澳台投资经济	其他经济
全国总计	**90.75**	**31499.82**	**3860.10**	**2576.97**	**5776.94**
北　京	0.00	198.20	143.34	60.04	2.70
天　津	17.11	619.08	80.88	36.03	105.87
河　北	2.62	1710.15	56.79	103.92	403.45
山　西	0.62	812.63	25.94	95.64	113.52
内蒙古	0.95	1683.35	13.66	16.49	62.62
辽　宁	1.81	682.46	136.73	38.42	80.23
吉　林	2.44	1565.21	59.97	10.10	531.16
黑龙江	0.15	717.51	17.19	5.48	263.36
上　海	3.15	80.00	186.80	45.50	0.33
江　苏	12.15	2105.40	1196.23	541.68	240.92
浙　江	0.36	1275.90	252.45	331.80	54.47
安　徽	2.33	1396.11	68.03	91.75	155.92
福　建	0.14	805.29	129.34	194.20	170.55
江　西	0.53	863.14	18.94	38.53	112.18
山　东	6.18	4115.90	327.61	154.92	950.87
河　南	8.21	3718.27	29.49	16.37	1044.49
湖　北	1.47	1049.79	138.16	39.65	202.10
湖　南	3.40	944.66	115.73	25.56	298.23
广　东	1.66	1914.59	479.62	514.63	155.30
广　西	5.31	854.19	69.46	60.31	389.67
海　南	0.01	123.87	6.48	9.44	0.78
重　庆	1.90	376.51	78.28	43.23	79.17
四　川	3.66	1080.58	86.46	44.81	146.93
贵　州	0.79	110.80	0.52	3.64	17.25
云　南	2.31	345.06	4.55	11.40	9.96
西　藏		25.79		0.25	15.11
陕　西	5.03	948.14	88.12	9.00	53.91
甘　肃	4.94	257.36	2.96	10.40	86.36
青　海		122.61		13.47	7.10
宁　夏		114.40	4.14	2.51	4.29
新　疆	1.51	882.87	42.24	7.81	18.12
不分地区					

1-12　各地区全社会其他费用投资

地　　区	合　　计	国有经济	集体经济	私营个体经济
全国总计	**62726.13**	**17531.43**	**1540.65**	**16349.90**
北　　京	3746.36	765.91	40.46	329.64
天　　津	1701.85	579.12	50.82	332.87
河　　北	3096.15	612.88	141.59	1239.64
山　　西	1378.01	496.14	60.72	346.33
内 蒙 古	690.33	297.47	8.69	155.67
辽　　宁	1248.98	173.97	8.80	585.31
吉　　林	976.62	197.15	9.53	391.59
黑 龙 江	520.40	189.84	5.83	127.64
上　　海	1803.63	495.11	6.90	233.63
江　　苏	4112.18	894.59	120.50	1535.27
浙　　江	5984.25	1570.45	116.47	1536.93
安　　徽	1559.11	268.54	14.81	586.25
福　　建	3068.61	1047.62	57.17	566.75
江　　西	1536.58	473.56	12.62	567.94
山　　东	3838.33	548.06	242.55	1337.12
河　　南	3561.86	520.18	194.72	1165.54
湖　　北	2370.56	451.16	51.36	736.94
湖　　南	2740.96	887.57	121.44	803.44
广　　东	4656.97	864.10	139.95	978.34
广　　西	1462.69	459.70	14.07	497.98
海　　南	792.35	213.52	0.71	67.08
重　　庆	2221.18	707.68	14.97	514.50
四　　川	2629.75	902.26	5.99	591.71
贵　　州	1162.51	589.56	5.21	219.22
云　　南	1552.80	679.70	23.64	297.17
西　　藏	42.08	33.35		2.32
陕　　西	1403.06	588.94	54.19	248.27
甘　　肃	506.06	221.17	13.79	112.55
青　　海	233.99	107.36	0.72	31.91
宁　　夏	211.33	95.46	0.12	86.28
新　　疆	767.52	450.23	2.31	124.06
不分地区	1149.08	1149.08		

1-12 续表

单位：亿元

地　　区	联营经济	股份制经济	外商投资经济	港澳台投资经济	其他经济
全国总计	**39.52**	**21558.81**	**1045.42**	**2123.27**	**2537.13**
北　京	0.00	2428.70	87.55	64.59	29.51
天　津	12.84	601.30	21.42	71.11	32.35
河　北	1.09	784.98	28.03	24.08	263.86
山　西		298.92	17.04	11.36	147.50
内蒙古		217.06	1.94	2.00	7.51
辽　宁	0.34	357.47	38.11	51.57	33.42
吉　林	0.13	317.94	2.67	16.48	41.13
黑龙江	0.09	140.17	17.15	3.98	35.70
上　海		742.55	86.66	238.69	0.09
江　苏	3.85	1170.60	114.92	216.73	55.71
浙　江	0.67	2252.25	108.44	334.43	64.60
安　徽	0.20	585.74	12.44	43.95	47.18
福　建	1.92	1145.29	51.71	110.93	87.22
江　西	0.70	417.65	6.69	19.10	38.31
山　东	1.71	1309.16	40.36	70.18	289.20
河　南	4.17	1189.03	14.46	17.50	456.24
湖　北	0.37	916.97	28.29	59.06	126.42
湖　南	0.76	729.06	7.03	10.18	181.47
广　东	0.87	1949.65	181.14	385.62	157.30
广　西	3.43	333.36	36.29	10.93	106.93
海　南		433.61	20.32	30.86	26.26
重　庆	0.17	632.01	69.74	212.86	69.24
四　川	0.61	966.80	36.67	60.20	65.52
贵　州	0.61	317.27	3.77	7.45	19.40
云　南	0.10	498.07	1.71	19.98	32.43
西　藏		1.65	2.92		1.84
陕　西	3.82	426.09	6.06	17.21	58.49
甘　肃	0.85	99.59	1.45	2.64	54.02
青　海		90.23		0.50	3.28
宁　夏		25.77	0.35	3.23	0.12
新　疆	0.21	179.87	0.09	5.88	4.87
不分地区					

1-13　各地区全社会住宅建设投资

地　区	合　计	国有经济	集体经济	私营个体经济
全国总计	**80247.69**	**7800.65**	**1466.90**	**28277.70**
北　京	2072.62	173.12	22.65	217.80
天　津	1521.11	239.05	48.22	235.52
河　北	3944.11	194.17	49.46	1622.13
山　西	2106.76	259.15	233.24	1001.39
内蒙古	1107.41	276.02	8.86	442.69
辽　宁	2775.31	130.08	4.22	895.02
吉　林	782.93	46.07	11.61	309.95
黑龙江	819.41	68.97	0.15	311.64
上　海	1822.73	158.31	11.22	401.44
江　苏	6775.42	736.94	105.14	2446.17
浙　江	5717.27	605.74	103.48	2240.39
安　徽	3559.80	419.67	29.35	1386.10
福　建	3287.71	367.78	51.17	821.47
江　西	1604.87	163.35	1.88	702.44
山　东	5542.37	423.21	269.21	1785.51
河　南	4533.61	182.92	149.77	1479.43
湖　北	3555.67	238.00	29.81	1284.73
湖　南	2504.82	158.18	10.44	1246.74
广　东	6527.58	184.86	91.10	2008.55
广　西	1913.55	134.11	6.60	962.28
海　南	1384.54	142.69	1.25	262.59
重　庆	2600.89	222.45	5.72	940.29
四　川	4034.10	476.49	23.14	1488.98
贵　州	1682.25	165.39	1.56	606.06
云　南	2549.29	456.85	67.28	930.78
西　藏	68.09	16.23		36.60
陕　西	2568.12	402.95	105.60	891.09
甘　肃	791.98	162.07	17.65	309.70
青　海	322.90	71.63	3.97	155.31
宁　夏	501.51	89.90		323.43
新　疆	1268.96	434.34	3.15	531.50
不分地区	0.00	0.00		

1-13 续表

单位：亿元

地区	联营经济	股份制经济	外商投资经济	港澳台投资经济	其他经济
全国总计	**19.18**	**36368.50**	**1369.85**	**3694.69**	**1250.22**
北京		1593.39	18.42	34.87	12.37
天津		784.16	35.35	140.01	38.81
河北		1948.84	13.05	55.96	60.50
山西		375.64	4.79	3.24	229.31
内蒙古		373.86	1.17		4.80
辽宁		1257.03	135.48	346.78	6.71
吉林		376.86	2.53	32.53	3.39
黑龙江		413.59	3.32	16.73	5.01
上海		995.54	70.03	186.19	
江苏		2706.15	252.67	497.51	30.83
浙江		2286.72	83.03	297.72	100.20
安徽		1522.33	32.42	126.62	43.32
福建		1742.80	68.85	214.62	21.02
江西	8.91	671.49	7.13	34.47	15.20
山东	0.25	2632.09	47.10	190.44	194.56
河南	1.80	2571.18	23.35	38.20	86.97
湖北		1778.70	39.33	159.63	25.47
湖南	3.14	1005.38	15.52	42.54	22.86
广东	1.06	3271.06	246.41	639.95	84.59
广西		658.41	57.51	75.75	18.88
海南	0.18	849.29	40.54	83.62	4.38
重庆	0.72	1113.77	43.46	256.86	17.62
四川	0.58	1762.45	69.51	119.98	92.98
贵州		882.13	1.85	17.80	7.47
云南	0.00	1007.11	8.68	21.80	56.79
西藏	2.42	11.60			1.24
陕西	0.12	1047.73	44.02	45.54	31.07
甘肃		279.13	3.77	1.39	18.28
青海		84.02			7.98
宁夏		80.56	0.55	6.72	0.35
新疆		285.47		7.24	7.26
不分地区					

1-14　各地区全社会新增固定资产

地　区	合　计	国有经济	集体经济	私营个体经济
全国总计	**395743.42**	**105136.83**	**14600.00**	**140694.24**
北　京	3701.89	1217.96	86.71	223.10
天　津	7814.76	1535.98	643.31	2562.09
河　北	22894.05	4537.17	714.12	9499.69
山　西	11190.47	3295.08	782.18	3389.42
内蒙古	10556.00	4459.97	167.08	1809.87
辽　宁	14887.93	2942.16	283.57	7479.50
吉　林	11096.22	2774.83	100.55	3448.81
黑龙江	9362.06	2272.10	111.50	3242.48
上　海	3281.75	921.97	39.00	598.74
江　苏	36860.56	7079.90	1613.40	18043.49
浙　江	17483.04	4804.07	775.28	5475.90
安　徽	17177.22	3774.45	310.43	7911.33
福　建	15659.25	4211.51	888.66	5373.99
江　西	12304.33	2681.63	94.29	5456.61
山　东	33766.88	4280.98	2463.71	15151.75
河　南	26102.73	3583.95	1234.36	8843.93
湖　北	16103.85	3356.33	437.50	6494.63
湖　南	18027.98	5167.54	581.85	7071.98
广　东	18643.25	3565.87	1297.95	5277.50
广　西	10945.94	2599.77	246.18	4804.72
海　南	1315.91	476.52	2.74	235.62
重　庆	9588.46	3295.41	187.45	2991.47
四　川	18027.05	7302.59	180.45	4659.47
贵　州	6873.12	3683.32	18.10	1398.38
云　南	8524.52	4119.67	416.35	2083.68
西　藏	995.61	704.56	2.02	83.36
陕　西	12545.78	5962.96	551.86	2623.81
甘　肃	6879.98	3161.06	277.07	1523.54
青　海	1722.47	1062.79	16.94	334.10
宁　夏	2658.71	1112.86	5.18	1053.04
新　疆	7283.78	3723.98	70.20	1548.26
不分地区	1467.87	1467.87		

1-14 续表

单位：亿元

地　区	联营经济	股份制经济	外商投资经济	港澳台投资经济	其他经济
全国总计	**467.32**	**96917.69**	**7494.79**	**6853.93**	**23578.63**
北　京	0.43	1641.90	308.66	201.71	21.42
天　津	80.20	2289.30	294.15	125.73	283.99
河　北	24.78	6013.53	149.02	244.45	1711.29
山　西	7.75	2654.88	53.24	44.66	963.26
内蒙古	5.15	3659.09	39.58	23.09	392.18
辽　宁	13.20	2875.40	340.66	411.20	542.25
吉　林	3.73	3674.73	91.01	38.20	964.37
黑龙江	10.12	2868.24	28.20	47.74	781.69
上　海	4.61	1180.15	310.81	222.76	3.71
江　苏	49.73	6336.15	1746.72	1223.08	768.09
浙　江	26.84	4524.76	558.58	634.55	683.06
安　徽	6.82	3883.06	165.98	238.87	886.29
福　建	14.22	3477.11	346.40	572.78	774.57
江　西	26.22	3293.17	58.21	130.16	564.04
山　东	20.80	8169.13	537.17	346.96	2796.37
河　南	33.06	8767.67	149.17	87.72	3402.87
湖　北	6.42	4024.40	149.55	135.44	1499.57
湖　南	21.33	3796.18	103.69	98.92	1186.49
广　东	13.18	5557.19	840.55	1142.71	948.30
广　西	12.70	2089.02	76.74	126.99	989.82
海　南	0.28	503.25	36.11	43.90	17.49
重　庆	11.11	1601.75	548.03	337.80	615.44
四　川	20.03	4472.30	167.13	194.32	1030.76
贵　州	3.93	1587.49	8.27	33.28	140.36
云　南	2.39	1592.20	48.09	59.90	202.23
西　藏	0.20	86.60	20.23	0.33	98.30
陕　西	24.55	2576.99	263.41	36.38	505.82
甘　肃	18.66	1244.13	10.35	3.01	642.16
青　海	0.55	253.81	0.05	12.94	41.29
宁　夏		452.11	7.50	5.99	22.05
新　疆	4.35	1771.99	37.52	28.36	99.12
不分地区					

1-15　各地区全社会投资实际到位资金

单位：亿元

地　区	本年实际到位资金小计	国家预算资金	国内贷款	利用外资	自筹资金	其他资金
全国总计	**584198.76**	**30924.28**	**61053.99**	**2854.45**	**414802.39**	**74563.65**
北　京	10417.23	964.25	2360.42	13.23	3759.31	3320.02
天　津	13073.71	163.87	2209.88	101.35	9075.92	1522.69
河　北	29108.45	1044.58	1922.80	42.66	24321.70	1776.71
山　西	12154.03	720.97	650.19	2.51	9948.61	831.74
内蒙古	13558.76	705.02	1719.41	6.86	10453.50	673.97
辽　宁	18305.22	821.73	2399.81	97.13	13517.85	1468.70
吉　林	12911.96	436.46	457.02	24.91	11260.80	732.77
黑龙江	10791.41	499.99	288.72	12.57	9333.49	656.64
上　海	8179.97	501.61	2050.79	130.13	3010.99	2486.46
江　苏	50396.56	806.89	4823.31	926.17	36633.26	7206.93
浙　江	28684.38	1658.55	3030.79	160.39	18435.73	5398.91
安　徽	24434.60	1145.89	1255.43	62.72	18766.99	3203.57
福　建	21756.31	1498.67	2173.85	85.58	14972.29	3025.93
江　西	18634.91	678.02	835.20	40.28	15152.15	1929.26
山　东	50156.60	752.41	4109.51	274.36	41006.88	4013.45
河　南	35560.87	1228.73	4076.22	46.55	27936.72	2272.66
湖　北	27010.00	1050.37	2698.37	43.69	20913.66	2303.91
湖　南	26487.64	1331.43	1840.75	33.83	20570.47	2711.17
广　东	36584.87	1755.30	4568.18	204.11	21266.72	8790.56
广　西	17125.00	1207.52	2274.83	36.47	11530.68	2075.52
海　南	3783.07	209.71	623.36	3.80	2045.57	900.62
重　庆	16196.26	1145.65	2261.77	139.17	9492.33	3157.34
四　川	26332.99	1656.81	2374.54	53.31	17569.00	4679.34
贵　州	10369.09	598.15	1812.51	15.71	6263.38	1679.34
云　南	11777.88	1463.23	1498.60	20.12	7042.35	1753.58
西　藏	1662.29	1137.30	10.79	1.10	458.06	55.05
陕　西	18194.79	1238.36	1226.21	224.22	13601.18	1904.82
甘　肃	8597.57	1101.91	997.46	21.39	5606.80	870.00
青　海	3145.06	609.03	681.36	2.68	1578.12	273.87
宁　夏	3077.88	307.03	712.81	0.29	1700.74	357.01
新　疆	10734.94	1561.52	1607.45	4.14	6517.23	1044.60
不分地区	4994.47	923.33	1501.65	23.03	1059.92	1486.54

1-16 各地区全社会房屋施工面积

单位：万平方米

地　区	合　计	国有经济	集体经济	私营个体经济
全国总计	**1292371.73**	**164835.03**	**32559.56**	**507565.45**
北　京	19428.58	3647.74	654.55	1829.91
天　津	21965.73	5126.57	998.90	4309.15
河　北	57974.11	3473.89	1063.66	26764.12
山　西	31549.75	4058.55	2180.96	16341.70
内蒙古	23619.95	4092.41	77.40	10454.13
辽　宁	50299.88	2429.01	366.36	23741.57
吉　林	16935.76	1142.01	79.53	5991.09
黑龙江	19570.23	3515.21	110.02	5927.12
上　海	17885.97	2249.04	172.41	4655.11
江　苏	101627.05	11760.20	3252.88	44578.54
浙　江	91185.95	16523.80	3338.29	32697.97
安　徽	60895.47	8558.86	374.62	25009.24
福　建	58632.77	8241.82	964.59	22791.61
江　西	36391.87	4907.73	117.36	16724.12
山　东	106744.79	8026.69	7068.85	43338.46
河　南	80816.90	4534.42	3643.76	28767.90
湖　北	53370.28	4345.61	1095.58	24827.99
湖　南	43616.60	4641.54	334.65	19859.59
广　东	87521.54	5241.35	2595.04	28041.55
广　西	33477.54	3989.84	374.62	18046.66
海　南	10269.27	1091.45	18.14	2296.18
重　庆	35090.97	4822.40	121.70	13702.90
四　川	70789.85	12440.32	382.09	24896.61
贵　州	32052.41	6396.02	82.21	11082.48
云　南	38755.28	7621.80	1574.20	14532.07
西　藏	854.82	327.78	0.04	344.48
陕　西	34247.29	6466.03	1010.30	11353.76
甘　肃	16984.31	4106.88	295.31	6057.25
青　海	4950.22	1327.04	72.73	2434.10
宁　夏	9200.32	1642.62	3.26	5716.37
新　疆	25539.85	7959.97	135.55	10451.68
不分地区	126.41	126.41		

1-16　续表

单位：万平方米

地　区	联营经济	股份制经济	外商投资经济	港澳台投资经济	其他经济
全国总计	**940.17**	**478993.36**	**23162.60**	**42616.80**	**41698.77**
北　京	13.72	11976.22	623.54	507.45	175.44
天　津	281.21	9358.71	753.88	791.34	345.97
河　北	4.00	23622.97	311.52	561.69	2172.28
山　西	0.70	6110.77	155.24	158.55	2543.28
内蒙古		8753.41	92.75	12.77	137.08
辽　宁	13.07	17329.40	2099.80	3265.19	1055.49
吉　林		8736.41	86.43	607.09	293.19
黑龙江	0.15	9101.49	96.71	240.55	578.98
上　海	3.40	8342.33	814.33	1648.08	1.26
江　苏	11.44	29308.69	3223.11	5999.78	3492.40
浙　江	11.01	28859.68	2408.48	4681.59	2665.14
安　徽	8.71	23047.54	949.72	1207.68	1739.08
福　建	11.28	21118.17	1143.14	3355.73	1006.44
江　西	317.38	12067.36	597.01	754.42	906.50
山　东	22.27	37586.01	1304.41	2318.58	7079.52
河　南	40.82	36357.32	439.56	569.47	6463.65
湖　北	13.00	19821.69	415.49	1094.37	1756.54
湖　南	27.67	16840.58	336.34	864.46	711.77
广　东	50.13	39209.20	3257.14	7388.45	1738.67
广　西	2.13	9177.29	462.01	789.42	635.56
海　南	0.89	5936.78	181.39	622.12	122.32
重　庆	12.36	12623.30	1093.87	2306.73	407.72
四　川	51.03	27096.69	1509.79	1641.28	2772.05
贵　州		13832.48	96.43	184.60	378.20
云　南	3.93	13637.44	183.63	426.92	775.28
西　藏	13.73	129.44	17.07		22.27
陕　西	20.40	13743.42	409.04	456.73	787.62
甘　肃	5.20	5936.31	73.74	20.84	488.78
青　海	0.51	903.55	0.50		211.78
宁　夏		1747.27	18.72	66.55	5.54
新　疆	0.04	6681.44	7.81	74.37	228.98
不分地区					

1-17 各地区全社会住宅施工面积

单位：万平方米

地　区	合　计	国有经济	集体经济	私营个体经济
全国总计	**669297.10**	**67360.94**	**10458.57**	**275566.02**
北　京	7673.48	1234.60	214.58	850.27
天　津	7892.79	1132.76	44.17	1366.17
河　北	30392.70	1127.94	362.73	13934.30
山　西	19859.38	2357.63	1514.94	11089.27
内蒙古	13481.94	1446.29	43.83	6452.72
辽　宁	24010.01	964.98	130.43	9484.26
吉　林	9269.04	373.92	13.25	3480.19
黑龙江	9880.69	678.76	8.45	3642.45
上　海	8443.83	984.25	74.82	1792.66
江　苏	47717.09	4741.10	845.42	19764.87
浙　江	35519.36	5366.71	911.11	13851.64
安　徽	31378.50	4213.15	175.88	13135.06
福　建	23098.12	2729.70	285.68	7902.07
江　西	17976.85	1913.42	10.07	8888.45
山　东	55527.96	3047.01	1820.17	23507.42
河　南	42087.16	1384.87	1215.94	16100.60
湖　北	26463.77	1884.06	236.48	11629.40
湖　南	28967.02	1724.50	80.06	14878.30
广　东	45959.05	1665.71	688.33	15916.52
广　西	20657.60	1517.90	50.91	12614.49
海　南	7591.46	684.65	3.95	1881.34
重　庆	21803.37	3069.45	68.61	8805.63
四　川	37929.69	5636.81	193.92	14753.46
贵　州	17948.94	1823.47	24.01	7245.35
云　南	23626.46	4212.39	571.74	9516.80
西　藏	504.98	179.80		221.82
陕　西	22202.17	3709.63	653.60	7830.78
甘　肃	8677.52	1465.43	116.09	3726.74
青　海	2910.11	683.57	46.22	1578.24
宁　夏	5282.32	832.33		3430.36
新　疆	14563.65	4574.08	53.19	6294.37
不分地区	0.09	0.09		

1-17　续表　　　　单位：万平方米

地　　区	联营经济	股份制经　济	外商投资经济	港 澳 台投资经济	其他经济
全国总计	**291.11**	**273683.23**	**10187.96**	**21511.98**	**10237.29**
北　　京		5122.51	82.10	132.03	37.39
天　　津		4596.96	274.04	383.74	94.95
河　　北		14239.46	108.58	335.96	283.73
山　　西		3236.96	49.04	53.02	1558.51
内 蒙 古		5461.17	57.92		20.01
辽　　宁		9955.79	1123.12	2299.04	52.40
吉　　林		4935.31	12.48	410.07	43.82
黑 龙 江		5302.15	50.35	158.32	40.21
上　　海		4845.07	284.35	462.67	
江　　苏		17186.37	1502.70	3351.78	324.86
浙　　江		12588.15	513.14	1573.69	714.92
安　　徽		12411.33	286.30	595.49	561.30
福　　建		10249.20	465.03	1350.59	115.85
江　　西	202.13	6276.73	118.12	409.70	158.24
山　　东	1.61	23936.72	446.10	1378.17	1390.75
河　　南	25.88	21719.83	297.65	236.88	1105.51
湖　　北		11777.35	162.97	544.00	229.51
湖　　南	25.69	11209.47	243.10	541.06	264.84
广　　东	4.15	22016.87	1775.21	3521.27	370.99
广　　西		5505.72	309.06	500.88	158.64
海　　南	0.59	4444.48	158.42	402.93	15.09
重　　庆	8.90	8087.18	496.55	1126.86	140.19
四　　川	5.56	14003.82	865.31	942.74	1528.08
贵　　州		8639.42	74.28	95.28	47.12
云　　南	0.20	8444.87	113.73	277.80	488.93
西　　藏	12.71	85.43			5.21
陕　　西	3.70	9219.96	266.12	322.61	195.77
甘　　肃		3192.31	43.56	13.90	119.50
青　　海		531.28			70.80
宁　　夏		967.17	8.61	41.26	2.59
新　　疆		3494.18		50.24	97.60
不分地区					

1-18 各地区全社会房屋竣工面积

单位：万平方米

地　区	合　计	国有经济	集体经济	私营个体经济
全国总计	**350973.05**	**46256.78**	**12238.92**	**183711.47**
北　京	3993.65	827.49	185.97	543.79
天　津	5292.20	511.95	173.54	1729.69
河　北	19635.80	1890.30	536.19	11475.69
山　西	8978.83	1030.97	813.36	5015.44
内蒙古	4507.07	1030.96	62.77	2047.50
辽　宁	13215.82	484.93	150.12	8399.10
吉　林	4673.06	493.04	4.93	2117.39
黑龙江	8316.31	2662.90	39.71	2596.53
上　海	2923.42	175.09	33.97	836.04
江　苏	39090.73	4889.70	1857.76	19490.89
浙　江	21753.37	3342.56	1283.91	9395.39
安　徽	16154.57	2226.34	107.02	9134.98
福　建	14747.58	1899.42	451.74	7405.86
江　西	11349.61	1251.10	54.74	7058.77
山　东	28715.36	1629.81	1685.37	17216.90
河　南	20640.62	772.55	1487.82	11071.60
湖　北	17994.34	1572.21	589.90	10462.87
湖　南	12024.16	946.92	131.33	8208.49
广　东	18065.47	1078.40	1007.72	8082.77
广　西	9307.13	670.16	53.29	7278.71
海　南	1851.81	298.08	5.01	834.32
重　庆	6776.35	1001.61	57.52	3272.44
四　川	16496.55	3660.95	97.27	8250.10
贵　州	8022.93	1922.34	14.50	3603.90
云　南	12795.62	3410.17	828.41	6191.41
西　藏	235.50	77.41		106.06
陕　西	7224.67	1517.06	347.68	3403.84
甘　肃	4110.46	887.85	132.69	2167.48
青　海	1454.05	215.40	33.01	996.58
宁　夏	1962.09	303.37		1349.86
新　疆	8663.70	3575.52	11.67	3967.10
不分地区	0.22	0.22		

1-18　续表　　单位：万平方米

地　　区	联营经济	股份制经　济	外商投资经济	港澳台投资经济	其他经济
全国总计	**397.84**	**82149.62**	**4159.22**	**7077.32**	**14981.88**
北　京		2224.94	106.52	67.18	37.76
天　津	0.63	2335.32	237.23	189.38	114.47
河　北	4.00	4462.52	26.99	72.65	1167.45
山　西	0.56	1335.05	1.85		781.61
内蒙古		1232.29	25.03	0.52	107.99
辽　宁	1.64	3164.84	215.78	368.43	430.98
吉　林		1893.16	46.59	44.71	73.25
黑龙江	0.15	2533.53	4.19	70.74	408.55
上　海	2.47	1566.26	148.70	159.65	1.26
江　苏	11.44	7615.40	868.21	1361.83	2995.50
浙　江	2.35	5278.28	656.14	910.61	884.15
安　徽	5.76	3782.10	76.21	231.90	590.25
福　建	2.65	3767.84	211.27	618.36	390.44
江　西	293.31	2205.81	47.59	191.35	246.93
山　东	3.51	6052.00	477.45	422.97	1227.35
河　南	3.68	5674.05	110.34	58.34	1462.24
湖　北	13.00	4042.96	119.08	151.48	1042.85
湖　南	10.47	2360.28	27.58	94.93	244.16
广　东	26.30	5328.25	450.97	1268.59	822.47
广　西	0.23	1050.34	22.91	125.90	105.59
海　南	0.89	649.66	13.90	48.92	1.04
重　庆	4.15	1898.68	99.03	354.50	88.42
四　川	6.27	3628.80	59.93	149.76	643.47
贵　州		2297.49		7.93	176.78
云　南	3.18	1828.60	31.76	40.76	461.34
西　藏		45.63			6.40
陕　西	1.21	1661.06	68.62	7.03	218.17
甘　肃		820.37	2.74	0.33	98.99
青　海		134.64			74.41
宁　夏		286.32	2.64	16.07	3.82
新　疆		993.14		42.50	73.77
不分地区					

1-19 各地区全社会住宅竣工面积

单位：万平方米

地　区	合　计	国有经济	集体经济	私营个体经济
全国总计	**179737.82**	**18999.64**	**4192.72**	**107523.14**
北　京	1879.08	358.38	118.87	405.84
天　津	2355.44	267.47	2.27	424.33
河　北	8463.28	413.26	223.22	5503.49
山　西	6062.37	675.57	638.68	3693.05
内蒙古	2712.95	481.01	32.79	1442.17
辽　宁	4971.75	73.23		3275.83
吉　林	1905.96	138.66	0.03	1044.76
黑龙江	3084.05	255.56	5.70	1471.84
上　海	1617.83	108.86	18.05	320.50
江　苏	11896.56	1606.01	338.79	5634.65
浙　江	8222.41	1256.94	398.62	3942.95
安　徽	9265.79	1168.67	48.27	5625.66
福　建	4722.91	332.81	120.53	2699.66
江　西	6491.78	487.36		4790.08
山　东	17184.56	731.33	574.27	11202.28
河　南	12560.12	290.51	605.60	8181.53
湖　北	6454.65	459.99	70.60	4425.91
湖　南	9394.24	383.39	29.45	7056.01
广　东	7714.52	139.32	231.27	4250.81
广　西	7045.78	270.64	24.99	6065.77
海　南	1587.15	236.45	3.41	776.74
重　庆	4682.96	736.41	41.73	2399.53
四　川	9743.67	1694.65	31.09	5906.40
贵　州	4829.47	418.53	13.20	2895.77
云　南	8956.03	2226.46	325.80	4929.42
西　藏	163.41	31.07		89.57
陕　西	5193.18	926.47	237.18	2845.32
甘　肃	2343.42	363.34	49.06	1454.62
青　海	1067.28	107.90	8.78	843.12
宁　夏	1220.64	133.10		859.58
新　疆	5944.52	2226.22	0.47	3065.93
不分地区	0.06	0.06		

1-19　续表　　　　单位：万平方米

地　　区	联营经济	股份制经　济	外商投资经济	港澳台投资经济	其他经济
全国总计	**197.23**	**39741.97**	**1355.91**	**3070.85**	**4656.36**
北　京		955.95	13.03	20.36	6.64
天　津		1427.65	97.34	100.43	35.97
河　北		2063.42	14.25	21.30	224.33
山　西		572.92			482.16
内蒙古		724.89	17.48		14.61
辽　宁		1278.84	107.66	234.99	1.19
吉　林		672.69	8.44	36.04	5.33
黑龙江		1284.88		47.60	18.47
上　海		1032.59	74.02	63.82	
江　苏		3241.84	263.73	599.39	212.14
浙　江		2065.40	160.49	113.86	284.15
安　徽		1974.85	31.49	107.11	309.74
福　建		1239.70	60.74	195.18	74.29
江　西	178.07	781.47	13.96	118.30	122.54
山　东	1.61	3386.41	49.86	270.58	968.22
河　南		2783.64	80.63	52.36	565.85
湖　北		1308.33		65.95	123.87
湖　南	9.74	1687.65	20.92	78.03	129.05
广　东	1.54	2201.53	186.62	516.51	186.91
广　西		562.58	20.89	83.59	17.33
海　南	0.59	517.85	11.56	40.55	
重　庆	3.61	1257.59	43.81	155.92	44.37
四　川	1.87	1644.22	36.91	72.83	355.70
贵　州		1471.22		6.75	24.00
云　南	0.20	1178.64	3.73	24.38	267.40
西　藏		37.93			4.85
陕　西		1055.84	35.79	0.99	91.59
甘　肃		457.79			18.61
青　海		67.59			39.89
宁　夏		209.36	2.56	13.45	2.59
新　疆		596.70		30.60	24.59
不分地区					

1-20 生产能力施工规模和建成率

生产能力(或效益)名称	计量单位	代码	本年施工规模	本年新开工	本年新增生产能力	生产能力建成率(%)
原煤开采	万吨/年	101	84287	25306	22642	26.9
焦炭	万吨/年	103	7311	2192	2622	35.9
天然原油开采	万吨/年	105	4689	4088	3666	78.2
天然气开采	亿立方米/年	107	388	269	176	45.4
铁矿开采（原矿）	万吨/年	131	20100	14602	12740	63.4
生铁	万吨/年	141	1020	898	898	88.0
粗钢	万吨/年	142	3403	2491	1948	57.2
铜采矿（原矿）	万吨/年	171	2855	2024	2310	80.9
电解铜	吨/年	176	526420	375920	460920	87.6
铅锌采矿（原矿）	万吨/年	181	4548	3530	3336	73.4
铅锌选矿	万吨/年					
产出铅精矿含铅量	吨/年	186	216539	172559	138358	63.9
产出锌精矿含锌量	吨/年	187	215174	124273	159641	74.2
电解铝	吨/年	189	3539460	1229350	1619410	45.8
发电装机容量	万千瓦		40432	18297	13667	33.8
水力发电	万千瓦	292	8623	1538	1476	17.1
火力发电	万千瓦	293	17791	8774	6023	33.9
核能发电	万千瓦	294	3237	528	654	20.2
风能发电	万千瓦	910	5846	3569	3104	53.1
太阳能发电	万千瓦	912	3708	3043	1750	47.2
其他发电	万千瓦	295	1227	845	660	53.8
水泥	万吨/年	301	18123	11780	11711	64.6
平板玻璃	万重量箱/年	302	15504	10760	10794	69.6
氮肥	吨/年	332	8226043	3976527	4282678	52.1
磷肥	吨/年	335	2020126	1369016	1470362	72.8
钾肥	吨/年	338	3704297	1521797	1435297	38.7
塑料树脂及共聚物	吨/年	349	10022305	3643336	5975396	59.6
轮胎外胎	万条/年	354	9290	6378	7627	82.1
载货汽车制造	辆/年	418	281514	192014	192514	68.4
客车制造	辆/年	809	598640	214440	217640	36.4
轿车制造	辆/年	419	4399160	2020160	1312160	29.8
其他汽车制造	辆/年	420	185816	146316	107216	57.7
电视机	万部/年	812	990	811	588	59.4
化学纤维	吨/年	461	6534054	2650042	4084155	62.5
棉纺锭	锭	471	13054249	10492013	9407274	72.1
啤酒	万吨／年	508	481	322	342	71.1
白酒	万吨／年	509	161	119	133	82.8
其他酒	万吨／年	510	61	34	49	80.8
卷烟	箱／年	513	5006761	120361	1254134	25.0
机制纸浆	万吨/年	521	250	98	170	67.8
家用电冰箱	万台/年	551	1521	992	936	61.5
新建公路	公里	576	100286	70595	70902	70.7
改建公路	公里	578	92116	78648	76997	83.6
新(扩)建港口码头						
年吞吐量	万吨/年	583	96244	42516	28563	29.7
泊位	个	584	544	328	226	41.5
城市自来水供水能力	万吨/日	661	2508	1683	1721	68.6

第二部分
固定资产投资（不含农户）

(一)固定资产投资(不含农户)

2-1-1　固定资产投资(不含农户)主要指标

指　　标	2015年	2014年	增速(%)
一、投资总额(亿元)	**551590.04**	**501264.87**	**10.0**
其中: 住宅	72746.00	72888.37	-0.2
1.按构成分			
建筑安装工程	379728.39	341154.91	11.3
设备、工具、器具投资	109522.75	99387.51	10.2
其他费用	62338.90	60722.46	2.7
2.按建设性质分			
# 新　建	380958.91	350782.77	8.6
扩　建	67268.84	60391.34	11.4
改建和技术改造	81857.66	71061.44	15.2
单纯购置	15078.22	12382.35	21.8
3.按产业分			
第一产业	15561.80	11802.96	31.8
第二产业	224048.00	207458.51	8.0
第三产业	311980.24	282003.41	10.6
二、全部建设规模(亿元)			
建设总规模	1598982.45	1512186.28	5.7
自开始建设至本年底累计完成投资	1138067.84	1016546.15	12.0
在建总规模	1079066.16	1087608.87	-0.8
在建净规模	470288.84	485676.71	-3.2
三、新增固定资产(亿元)	**386200.09**	**333338.99**	**15.9**
四、房屋建筑面积(万平方米)			
施工面积	1193995.01	1251886.57	-4.6
其中: 住宅	579855.62	594324.92	-2.4
竣工面积	265656.27	264780.92	0.3
其中: 住宅	100357.62	108775.46	-7.7
五、投资实际到位资金小计(亿元)	**573788.97**	**532724.77**	**7.7**
国家预算资金	30924.28	26745.42	15.6
国内贷款	60756.64	64512.22	-5.8
债　　券	1357.24	1538.45	-11.8
利用外资	2854.45	4052.86	-29.6
自筹资金	405008.73	369964.69	9.5
其他资金	72887.62	65911.14	10.6

注: 固定资产投资(不含农户)除项目个数外, 均含房地产开发投资。以下表同。

2-1-2 各地区固定资产投资(不含农户)建设规模

单位：万元

地区	建设总规模	自开始建设累计完成投资	在建总规模	在建净规模
全国总计	**15989824492**	**11380678412**	**10790661618**	**4702888420**
北京	395817230	278322202	336040637	108202086
天津	345167952	268301060	256259926	95654068
河北	759543308	525034600	475166906	232187299
山西	379209029	260458215	242806273	111479409
内蒙古	413625581	271648579	280728810	123174158
辽宁	564548359	418725169	326923760	129283622
吉林	245490040	187738644	126325184	55548279
黑龙江	266513716	177991613	165313393	66673579
上海	384040352	247351248	336618990	122022726
江苏	1156865651	873563883	703823312	295370449
浙江	890880654	626316304	643538248	271785405
安徽	624581915	450431427	396329700	180631533
福建	563803915	444704773	357861517	132053878
江西	375848613	283063978	215601392	100456834
山东	1081340533	805046768	658835255	289719318
河南	883842724	602150098	535928516	288405007
湖北	732149828	509011362	494178695	222009068
湖南	548780546	407545255	334570293	147948174
广东	1124524640	753238828	842850559	367578546
广西	401766631	288694565	261379642	119717004
海南	168430185	104419469	140119429	66211777
重庆	463161330	327326888	331863459	140734633
四川	714951856	517434494	469663117	212450372
贵州	374467055	250082599	268311477	130004014
云南	442580620	301271796	331364290	147148937
西藏	35170224	22182428	22682308	12452792
陕西	533264763	359119011	354125455	168699594
甘肃	202561679	145705235	118316447	55249034
青海	104784921	154571423	81295416	36533707
宁夏	124194385	77024136	91886459	41403285
新疆	337113240	196737557	248110713	126032960
不分地区	350803017	245464805	341842040	106066873

2-1-3　国民经济行业大类固定资产投资(不含农户)建设规模

单位：万元

行　　业	建设总规模	自开始建设累计完成投资	在建总规模	在建净规模
全国总计	**15989824492**	**11380678412**	**10790661618**	**4702888420**
(一)农、林、牧、渔业	**296361090**	**234567489**	**112565652**	**60935277**
农业	127210510	97082661	52367065	29953561
林业	30322742	24644150	11303970	5649913
畜牧业	74226173	60265926	26156884	13708531
渔业	12278613	10362139	3933995	1941599
农、林、牧、渔服务业	52323052	42212613	18803738	9681673
(二)采矿业	**313171932**	**223299695**	**191019792**	**82817489**
煤炭开采和洗选业	144927010	96877523	104005888	43208428
石油和天然气开采业	55899690	43266159	34309460	12196959
黑色金属矿采选业	33516505	22477640	19093885	10032906
有色金属矿采选业	33796474	25146704	16338253	7972785
非金属矿采选业	32354937	27310503	10145873	5063458
开采辅助活动	11328247	7193603	6452922	4015351
其他采矿业	1349069	1027563	673511	327602
(三)制造业	**3583960066**	**2686510327**	**1799645616**	**852716417**
农副食品加工业	176679026	143915164	67797566	31830279
食品制造业	91237876	69615185	41483304	20528510
酒、饮料和精制茶制造业	79080072	61673348	38887669	16736939
烟草制品业	10744576	6683717	7407379	3453982
纺织业	97316138	79778162	36984266	16814640
纺织服装、服饰业	70314441	57195527	26084347	13365182
皮革、毛皮、羽毛及其制品和制鞋业	36268533	29273320	14580985	6901739
木材加工和木、竹、藤、棕、草制品业	58842411	50567218	17994603	7933806
家具制造业	50426904	38752487	22984618	12001939
造纸和纸制品业	58618272	43073728	29636731	15134013
印刷和记录媒介复制业	29457241	23056220	11343630	6024244
文教、工美、体育和娱乐用品制造业	35629195	29219117	13930885	6418718
石油加工、炼焦和核燃料加工业	107777388	57175004	81798291	45948063
化学原料和化学制品制造业	360553473	260173714	204580137	93079884
医药制造业	121191534	89566364	69244278	30515323
化学纤维制造业	27242304	19608372	14628570	7479869
橡胶和塑料制品业	111633409	90632282	46658209	21009975
非金属矿物制品业	290315989	229342107	119648882	57808729
黑色金属冶炼和压延加工业	124471089	79777644	80898757	40682810
有色金属冶炼和压延加工业	175459381	111520355	125303986	59872363
金属制品业	157096564	125377818	63511323	30559031
通用设备制造业	218900698	178805362	82980351	37960714
专用设备制造业	223024808	175602574	100390399	45165348

2-1-3 续表 1

单位：万元

行　　业	建设总规模	自开始建设累计完成投资	在建总规模	在建净规模
汽车制造业	244412968	180481241	139921443	60961151
铁路、船舶、航空航天和其他运输设备制造业	74049865	52316500	43483732	20648465
电气机械和器材制造业	227479264	166157147	115239581	56925969
计算机、通信和其他电子设备制造业	215943885	145760243	127015508	64926216
仪器仪表制造业	31844235	24038925	14652743	6833390
其他制造业	46761701	42004122	27635931	9394585
废弃资源综合利用业	23068322	18307032	10307452	4559809
金属制品、机械和设备修理业	8118504	7060328	2630060	1240732
(四)电力、热力、燃气及水生产和供应业	**861519464**	**652891584**	**641255352**	**285809295**
电力、热力生产和供应业	698365649	457249906	536964455	235264306
燃气生产和供应业	80068039	47481768	58266339	29276350
水的生产和供应业	83085776	148159910	46024558	21268639
(五)建筑业	**76535765**	**58659864**	**33934637**	**17695034**
房屋建筑业	22806791	18946121	8531660	3742779
土木工程建筑业	42077534	30191409	21715007	11857679
建筑安装业	3152893	2724265	877393	438068
建筑装饰和其他建筑业	8498547	6798069	2810577	1656508
(六)批发和零售业	**339298222**	**266826124**	**159610798**	**69757844**
批发业	167300945	132404992	76723801	33378226
零售业	171997277	134421132	82886997	36379618
(七)交通运输、仓储和邮政业	**1824897217**	**1136167604**	**1451082282**	**656916877**
铁路运输业	475828375	314808483	438171610	159780002
道路运输业	1014468050	605917160	788811960	384636629
水上运输业	81743218	51203712	61098011	27305973
航空运输业	57802055	32544844	43250336	24140204
管道运输业	7303270	5625380	3970156	1454228
装卸搬运和运输代理业	28487198	20608003	16647727	7689010
仓储业	155394942	102409459	97301437	51038343
邮政业	3870109	3050563	1831045	872488
(八)住宿和餐饮业	**147755857**	**107132820**	**82814840**	**36686670**
住宿业	120209060	83647324	73641598	32798894
餐饮业	27546797	23485496	9173242	3887776
(九)信息传输、软件和信息技术服务业	**114633825**	**73042018**	**69809090**	**37485128**
电信、广播电视和卫星传输服务	41752961	30238797	20961585	7979724
互联网和相关服务	14796099	10274193	8421863	4457821
软件和信息技术服务业	58084765	32529028	40425642	25047583
(十)金融业	**41095929**	**27368988**	**29233907**	**12661197**
货币金融服务	18484438	12375862	11643444	5281986
资本市场服务	10194264	7315977	7850291	2822929
保险业	5258072	3429308	4589996	1745612
其他金融业	7159155	4247841	5150176	2810670

2-1-3　续表 2　　　　单位：万元

行　　业	建设总规模	自开始建设累计完成投资	在建总规模	在建净规模
（十一）房地产业	**6099767716**	**4304113318**	**4823368086**	**1937670566**
房地产业	6099767716	4304113318	4823368086	1937670566
（十二）租赁和商务服务业	**218994109**	**147968518**	**136340619**	**66615298**
租赁业	10198118	9243570	1780786	889856
商务服务业	208795991	138724948	134559833	65725442
（十三）科学研究和技术服务业	**99377964**	**70784373**	**55262521**	**26993364**
研究和试验发展	39971424	25164786	27258091	14139995
专业技术服务业	28830205	22781170	12587181	5647592
科技推广和应用服务业	30576335	22838417	15417249	7205777
（十四）水利、环境和公共设施管理业	**1333610019**	**929814567**	**836632640**	**388506370**
水利管理业	210003553	150642362	149478818	55440943
生态保护和环境治理业	47105325	32461383	26513488	13696328
公共设施管理业	1076501141	746710822	660640334	319369099
（十五）居民服务、修理和其他服务业	**45105115**	**34582087**	**20703523**	**10305296**
居民服务业	25703661	19825016	11794364	5751519
机动车、电子产品和日用产品修理业	11298951	8280319	5339162	3066514
其他服务业	8102503	6476752	3569997	1487263
（十六）教育	**158307100**	**121846251**	**86148163**	**35476828**
教育	158307100	121846251	86148163	35476828
（十七）卫生和社会工作	**114073041**	**79622232**	**68635128**	**33285355**
卫生	90926847	63380824	55705472	26456465
社会工作	23146194	16241408	12929656	6828890
（十八）文化、体育和娱乐业	**191181874**	**120128490**	**132739897**	**66975671**
新闻和出版业	3925797	2554432	2597057	1125445
广播、电视、电影和影视录音制作业	16429568	10390721	11886079	5597583
文化艺术业	80614322	53027014	52762091	25689516
体育	29723648	19289647	20156252	9934279
娱乐业	60488539	34866676	45338418	24628848
（十九）公共管理、社会保障和社会组织	**130178187**	**105352063**	**59859075**	**23578444**
中国共产党机关	460254	400945	167040	59908
国家机构	90896217	72280819	45148633	17316240
人民政协、民主党派	202816	181318	50477	23046
社会保障	4348907	3863419	1433027	504797
群众团体、社会团体和其他成员组织	11737979	8748458	6328845	2712745
基层群众自治组织	22532014	19877104	6731053	2961708

2-1-4 各地区固定资产投资(不含农户)和新增固定资产

单位：万元

地 区	投 资 额	新增固定资产	固定资产交付使用率(%)
全国总计	**5515900384**	**3862000882**	**70.0**
北 京	74460198	36535935	49.1
天 津	118145712	77973465	66.0
河 北	289057383	224069378	77.5
山 西	137445907	108412978	78.9
内蒙古	135291519	103839507	76.8
辽 宁	176403698	147078312	83.4
吉 林	125085936	108997448	87.1
黑龙江	98842828	90679972	91.7
上 海	63493886	32787746	51.6
江 苏	459051694	365188619	79.6
浙 江	266647156	170093914	63.8
安 徽	238039289	166934600	70.1
福 建	209739810	154077411	73.5
江 西	169938969	119612530	70.4
山 东	473814559	328459810	69.3
河 南	349512830	254360614	72.8
湖 北	260864157	156799454	60.1
湖 南	243241707	173925739	71.5
广 东	299504834	182886251	61.1
广 西	156549470	103879242	66.4
海 南	33554048	12403823	37.0
重 庆	142081475	94652282	66.6
四 川	249655648	174817455	70.0
贵 州	106767030	66042844	61.9
云 南	130693912	80932904	61.9
西 藏	12956783	9956091	76.8
陕 西	182310291	121945641	66.9
甘 肃	86265969	67523507	78.3
青 海	31441705	16560048	52.7
宁 夏	34264227	25796909	75.3
新 疆	105254206	70097799	66.6
不分地区	55523548	14678654	26.4

2-1-5　国民经济行业大类固定资产投资(不含农户)和新增固定资产

单位：万元

行　　业	投资额	新增固定资产	固定资产交付使用率(%)
全国总计	**5515900384**	**3862000882**	**70.0**
(一)农、林、牧、渔业	**190623164**	**165949073**	**87.1**
农业	78493369	67047950	85.4
林业	19668859	17328716	88.1
畜牧业	48549116	43307069	89.2
渔业	8906638	7833596	88.0
农、林、牧、渔服务业	35005182	30431742	86.9
(二)采矿业	**129702184**	**99803141**	**76.9**
煤炭开采和洗选业	40066554	28985777	72.3
石油和天然气开采业	34249259	20783956	60.7
黑色金属矿采选业	13657166	11778394	86.2
有色金属矿采选业	15881824	14367924	90.5
非金属矿采选业	20921004	19148020	91.5
开采辅助活动	4244588	4167763	98.2
其他采矿业	681789	571307	83.8
(三)制造业	**1802334022**	**1444347011**	**80.1**
农副食品加工业	107611992	93420450	86.8
食品制造业	50890084	40305812	79.2
酒、饮料和精制茶制造业	40900681	33370960	81.6
烟草制品业	2654007	2461400	92.7
纺织业	60016028	51262001	85.4
纺织服装、服饰业	45285317	37776603	83.4
皮革、毛皮、羽毛及其制品和制鞋业	21638095	18418378	85.1
木材加工和木、竹、藤、棕、草制品业	41166023	35415582	86.0
家具制造业	28818314	23586837	81.8
造纸和纸制品业	28127973	23347500	83.0
印刷和记录媒介复制业	18495961	15093962	81.6
文教、工美、体育和娱乐用品制造业	23283487	18734828	80.5
石油加工、炼焦和核燃料加工业	25386483	19354551	76.2
化学原料及化学制品制造业	149908823	123684968	82.5
医药制造业	58118761	42015514	72.3
化学纤维制造业	11122065	9085995	81.7
橡胶和塑料制品业	65307762	55023550	84.3
非金属矿物制品业	167476343	143600170	85.7
黑色金属冶炼和压延加工业	42571864	33413246	78.5
有色金属冶炼和压延加工业	55801338	37601986	67.4
金属制品业	94906389	78973095	83.2
通用设备制造业	133639297	111131190	83.2
专用设备制造业	123533580	98580945	79.8

2-1-5 续表 1 单位：万元

行　　业	投资额	新增固定资产	固定资产交付使用率(%)
汽车制造业	115152886	83634516	72.6
铁路、船舶、航空航天和其他运输设备制造业	32263099	25244289	78.2
电气机械和器材制造业	113145339	85720219	75.8
计算机、通信和其他电子设备制造业	90360581	62002389	68.6
仪器仪表制造业	16459351	13116157	79.7
其他制造业	21795875	15552617	71.4
废弃资源综合利用业	13121269	10720834	81.7
金属制品、机械和设备修理业	3374955	2696467	79.9
(四)电力、热力、燃气及水的生产和供应业	**267096283**	**184654962**	**69.1**
电力、热力生产和供应业	202604140	136213870	67.2
燃气生产和供应业	23314898	17100207	73.3
水的生产和供应业	41177245	31340885	76.1
(五)建筑业	**48967011**	**37381516**	**76.3**
房屋建筑业	15362734	12025610	78.3
土木工程建筑业	24834591	18347591	73.9
建筑安装业	2568512	2056075	80.0
建筑装饰和其他建筑业	6201174	4952240	79.9
(六)批发和零售业	**186814246**	**152966858**	**81.9**
批发业	94302280	77877205	82.6
零售业	92511966	75089653	81.2
(七)交通运输、仓储和邮政业	**489748106**	**294716831**	**60.2**
铁路运输业	77299405	32809000	42.4
道路运输业	286141047	174412528	61.0
水上运输业	23522803	14065318	59.8
航空运输业	18398555	11459318	62.3
管道运输业	2991491	2820596	94.3
装卸搬运和运输代理业	12752397	9394921	73.7
仓储业	66201524	48041512	72.6
邮政业	2440884	1713638	70.2
(八)住宿和餐饮业	**65042259**	**51486547**	**79.2**
住宿业	46733133	35663963	76.3
餐饮业	18309126	15822584	86.4
(九)信息传输、软件和信息技术服务业	**55163702**	**39811637**	**72.2**
电信、广播电视和卫星传输服务	24447012	18658275	76.3
互联网和相关服务	8012541	6101217	76.1
软件和信息技术服务业	22704149	15052145	66.3

2-1-5　续表 2　　　　单位：万元

行　　业	投资额	新增固定资产	固定资产交付使用率(%)
(十)金融业	**13672488**	**9125106**	**66.7**
货币金融服务	6656409	4963584	74.6
资本市场服务	3475458	1962561	56.5
保险业	1309663	585500	44.7
其他金融业	2230958	1613461	72.3
(十一)房地产业	**1267061569**	**638832060**	**50.4**
房地产业	1267061569	638832060	50.4
(十二)租赁和商务服务业	**94358309**	**64025012**	**67.9**
租赁业	8920414	4340814	48.7
商务服务业	85437895	59684198	69.9
(十三)科学研究和技术服务业	**47515401**	**37701503**	**79.3**
研究和试验发展	14142894	10223325	72.3
专业技术服务业	17175456	14221532	82.8
科技推广和应用服务业	16197051	13256646	81.8
(十四)水利、环境和公共设施管理业	**556790336**	**411685274**	**73.9**
水利管理业	72498589	52344657	72.2
生态保护和环境治理业	22490014	17371680	77.2
公共设施管理业	461801733	341968937	74.1
(十五)居民服务、修理和其他服务业	**26281617**	**20851990**	**79.3**
居民服务业	14742965	11994740	81.4
机动车、电子产品和日用产品修理业	6493615	5079911	78.2
其他服务业	5045037	3777339	74.9
(十六)教育	**77232422**	**60377143**	**78.2**
教育	77232422	60377143	78.2
(十七)卫生和社会工作	**51746895**	**38286208**	**74.0**
卫生	39402975	29279415	74.3
社会工作	12343920	9006793	73.0
(十八)文化、体育和娱乐业	**67241195**	**46527026**	**69.2**
新闻和出版业	1297902	996838	76.8
广播、电视、电影和影视录音制作业	4919705	3174964	64.5
文化艺术业	30777930	22077183	71.7
体育	10318266	7536706	73.0
娱乐业	19927392	12741335	63.9
(十九)公共管理、社会保障和社会组织	**78509175**	**63471984**	**80.8**
中国共产党机关	253769	257781	101.6
国家机构	52360356	41112940	78.5
人民政协、民主党派	163628	140565	85.9
社会保障	2851788	2726875	95.6
群众团体、社会团体和其他成员组织	6427720	4938972	76.8
基层群众自治组织	16451914	14294851	86.9

2-1-6 国民经济行业大类按经济类型分固定资产投资(不含农户)

单位：万元

行　　业	国有控股	民间投资	港澳台商投资	外商投资
全　国　总　计	**1789330567**	**3540066878**	**119304422**	**107463431**
(一)农、林、牧、渔业	**44814933**	**145269361**	**808979**	**1107468**
农业	14058642	64222789	459379	520954
林业	8299082	11366452	53991	62366
畜牧业	4662597	43499017	237779	404147
渔业	645824	8211184	33162	63532
农、林、牧、渔服务业	17148788	17969919	24668	56469
(二)采矿业	**58052680**	**70817590**	**845573**	**587905**
煤炭开采和洗选业	17082562	22814408	247878	100618
石油和天然气开采业	31302842	2512222	243567	197204
黑色金属矿采选业	1828311	11814890	23465	56290
有色金属矿采选业	4771390	11018238	71278	81048
非金属矿采选业	1101062	19779271	173282	151868
开采辅助活动	1864767	2306915	75456	
其他采矿业	101746	571646	10647	877
(三)制造业	**137993779**	**1581731300**	**38778794**	**66160743**
农副食品加工业	4063069	101677656	881261	1638101
食品制造业	1778749	47165999	1002177	1449642
酒、饮料和精制茶制造业	2390172	36588176	857697	1426329
烟草制品业	2092661	530219	5663	32427
纺织业	1481668	56392705	1498633	1088406
纺织服装、服饰业	627546	43003739	1160769	770379
皮革、毛皮、羽毛及其制品和制鞋业	424067	20258595	627516	459362
木材加工和木、竹、藤、棕、草制品业	762349	40105677	256547	232092
家具制造业	550227	27611462	373637	404004
造纸和纸制品业	435847	25054110	1208039	1717366
印刷和记录媒介复制业	839544	17232358	330185	230323
文教、工美、体育和娱乐用品制造业	440245	21614691	751655	639338
石油加工、炼焦和核燃料加工业	8269635	16348635	831723	1558346
化学原料及化学制品制造业	18363072	124757536	2858387	5466685
医药制造业	3899527	51663091	1607245	1865936
化学纤维制造业	879617	9796022	418306	248733
橡胶和塑料制品业	1323338	61313622	1622544	1476624
非金属矿物制品业	5442691	159878948	1644491	1256453
黑色金属冶炼和压延加工业	8230305	33555727	946548	774751
有色金属冶炼和压延加工业	5784560	47355880	1830278	677425
金属制品业	3470451	88298102	1675536	2045779
通用设备制造业	4715173	124720908	1681356	3449818
专用设备制造业	7264195	111967068	2206010	3222019

2-1-6　续表 1　　单位：万元

行　　业	国有控股	民间投资	港澳台商投资	外商投资
汽车制造业	18171554	86264018	1811922	15902394
铁路、船舶、航空航天和其他运输设备制造业	8553905	22360136	503513	1159296
电气机械和器材制造业	5735622	102453822	3042329	3288047
计算机、通信和其他电子设备制造业	12313310	60240719	6255372	12618250
仪器仪表制造业	1320112	14246975	405687	643684
其他制造业	6108400	15451251	160244	158335
废弃资源综合利用业	1129239	11618510	295969	223986
金属制品、机械和设备修理业	1132929	2204943	27555	36413
(四)电力、热力、燃气及水的生产和供应业	**165188471**	**97975967**	**4314989**	**2515736**
电力、热力生产和供应业	128504835	71058009	3500863	1720974
燃气生产和供应业	8455409	14121690	586171	530503
水的生产和供应业	28228227	12796268	227955	264259
(五)建筑业	**26391597**	**22687209**	**38874**	**70274**
房屋建筑业	7015333	8397815	18758	29665
土木工程建筑业	17369212	7536755	15616	26717
建筑安装业	714570	1853942		
建筑装饰和其他建筑业	1292482	4898697	4500	13892
(六)批发和零售业	**16354980**	**167695096**	**1925881**	**2397372**
批发业	6376267	86764382	742017	1420730
零售业	9978713	80930714	1183864	976642
(七)交通运输、仓储和邮政业	**361144770**	**124408383**	**2682559**	**3864665**
铁路运输业	74282264	3016197	116604	
道路运输业	242607723	43344176	538871	684505
水上运输业	13787412	9034546	593519	614452
航空运输业	14726328	3443694	228511	52431
管道运输业	1831539	1144807	27125	62965
装卸搬运和运输代理业	1849525	10327565	109917	494194
仓储业	11630263	52180559	1048992	1873811
邮政业	429716	1916839	19020	82307
(八)住宿和餐饮业	**8323300**	**55176894**	**1068676**	**901158**
住宿业	6551956	38926352	862990	753479
餐饮业	1771344	16250542	205686	147679
(九)信息传输、软件和信息技术服务业	**26451394**	**24200726**	**3100567**	**1946155**
电信、广播电视和卫星传输服务	18996725	3437552	1345138	922265
互联网和相关服务	3067793	3986314	1174125	216922
软件和信息技术服务业	4386876	16776860	581304	806968
(十)金融业	**6449226**	**7103544**	**258169**	**360527**
货币金融服务	3662328	2968083	138341	18861
资本市场服务	1007655	2408152	63651	11205

2-1-6 续表 2

单位：万元

行　　业	国有控股	民间投资	港澳台商投资	外商投资
保险业	980850	328813		
其他金融业	798393	1398496	56177	330461
（十一）房地产业	**307347863**	**877652891**	**61039561**	**22793104**
房地产业	307347863	877652891	61039561	22793104
（十二）租赁和商务服务业	**27397291**	**64521792**	**1631168**	**1472227**
租赁业	2122397	5834280	597544	398847
商务服务业	25274894	58687512	1033624	1073380
（十三）科学研究和技术服务业	**14693001**	**31995180**	**327451**	**819837**
研究和试验发展	5702132	7924480	205144	457369
专业技术服务业	5947099	11058117	95831	160258
科技推广和应用服务业	3043770	13012583	26476	202210
（十四）水利、环境和公共设施管理业	**410472553**	**146362402**	**1051234**	**947731**
水利管理业	62047188	10519813	55939	12542
生态保护和环境治理业	13667034	8768641	94222	132318
公共设施管理业	334758331	127073948	901073	802871
（十五）居民服务、修理和其他服务业	**6460846**	**19733553**	**151891**	**58216**
居民服务业	5109096	9578076	73187	27056
机动车、电子产品和日用产品修理业	394753	6083392	7055	19380
其他服务业	956997	4072085	71649	11780
（十六）教育	**55697493**	**21653941**	**317509**	**151423**
教育	55697493	21653941	317509	151423
（十七）卫生和社会工作	**31312280**	**20477806**	**255652**	**69557**
卫生	26320634	13104415	189754	41900
社会工作	4991646	7373391	65898	27657
（十八）文化、体育和娱乐业	**27677659**	**38989554**	**644317**	**1128305**
新闻和出版业	877805	420097		7080
广播、电视、电影和影视录音制作业	1616830	3260241	7700	34934
文化艺术业	15284930	15470033	173828	28037
体育	5587897	4536277	175867	73069
娱乐业	4310197	15302906	286922	985185
（十九）公共管理、社会保障和社会组织	**57106451**	**21613689**	**62578**	**111028**
中国共产党机关	206170	50946		
国家机构	46395919	6124472	26477	28250
人民政协、民主党派	65582	98046		
社会保障	1694871	1179105		
群众团体、社会团体和其他成员组织	3131654	3301786	36101	9842
基层群众自治组织	5612255	10859334		72936

2-1-7 各地区按登记注册类型分的固定资产投资(不含农户)

单位：万元

地区	合计	内资					
			国有	集体	股份合作	国有联营	集体联营
全国总计	**5515900384**	**5289132531**	**1397113036**	**154477877**	**17803049**	**8261260**	**2320493**
北京	74460198	69113050	16316933	1260615	27924	8134	4720
天津	118145712	111355746	27398107	7365668	458005	45589	1412
河北	289057383	283115897	46741822	6762040	1484203	574817	78204
山西	137445907	135057650	40213711	8665498	221464	277978	57871
内蒙古	135291519	134551729	52812815	1240056	194950	238770	4860
辽宁	176403698	165236082	30136224	2230256	213960	194471	21655
吉林	125085936	123339141	28715176	899716	306482	97569	36650
黑龙江	98842828	97570864	28771072	768663	384698	152179	138778
上海	63493886	51742607	15670511	508108	28033	181677	10
江苏	459051694	420027265	80314543	17673859	917243	566585	133872
浙江	266647156	246779464	62891859	8868683	723332	260460	42549
安徽	238039289	230698091	48720518	2949560	523929	258488	42092
福建	209739810	196727884	55316253	9583036	333949	120989	55901
江西	169938969	166935437	34717829	859501	313245	389311	63201
山东	473814559	459360017	57174401	28702859	2245832	798727	308683
河南	349512830	346633362	42267789	13545063	1633184	539796	260558
湖北	260864157	252444017	57436907	5456619	820191	297843	53566
湖南	243241707	239095786	68737257	5183204	1426154	814148	338196
广东	299504834	264714967	52653817	12630284	1082525	60222	188379
广西	156549470	152037427	39543979	1948147	564698	188898	56521
海南	33554048	30665873	8043195	8309	167329		47728
重庆	142081475	132650032	45124889	896160	1600531	24379	20993
四川	249655648	243161949	87810611	1519817	490961	815060	99114
贵州	106767030	105954054	54523762	293718	127512	30227	
云南	130693912	129514300	60463892	4538498	221466	266947	41671
西藏	12956783	12583965	9347952	15719	250	1760	
陕西	182310291	176911986	74471222	6274706	597551	609907	164935
甘肃	86265969	85897457	36350103	3339588	180723	146154	50580
青海	31441705	31253822	17976285	154229	62884		1300
宁夏	34264227	34058743	11973491	27622	17693	57000	
新疆	105254206	104420319	48952563	308076	432148	243175	6494
不分地区	55523548	55523548	55523548				

2-1-7 续表 1

单位：万元

地　区	内资						
	国有与集体联营	其他联营	国有独资公司	其他有限责任公司	股份有限公司	私营	个体户
全国总计	**1806838**	**3745292**	**131986673**	**1328587687**	**208323694**	**1713453658**	**14399322**
北　京	5036	4303	6222012	37594024	1918320	5137339	3500
天　津	252347	663342	2592738	31978075	4231305	31944387	
河　北	203004	253070	3294136	71201621	13837675	116738391	890897
山　西	26292	10035	1849697	27594700	3747353	38747578	463620
内蒙古	9900	25720	2419045	44744779	5770227	23323536	382235
辽　宁	34636	105203	2867818	38190804	5230382	78506466	409387
吉　林		43508	1498468	37861151	5683228	36417563	1058874
黑龙江	14660	34120	932905	28060504	1484444	27729332	615569
上　海	6440	49102	3888634	18657794	2483323	10170985	
江　苏	158057	365140	8162021	77500098	12101590	211619649	861286
浙　江	213680	20686	12712506	68730095	6694917	77144701	438986
安　徽	31836	42103	4759679	55176829	11308004	95707260	384432
福　建	214774	16720	6738075	51829279	5199906	57950391	491473
江　西	49417	158375	3222467	45518228	4594229	68913296	432973
山　东	104108	133475	5072688	110692861	21542222	192601608	430312
河　南	73141	273737	1928150	107853075	22155477	111159522	462023
湖　北	68680	40789	3239622	64368691	10903980	88015235	79760
湖　南	50734	103712	4451742	47027516	8919962	84470174	406337
广　东	29312	120547	9639154	92366009	13006321	67727242	2782763
广　西	20836	178939	7345219	26870018	5917733	53797478	1560859
海　南	2660	1042	1656466	14054251	2717762	3159071	11276
重　庆	74450	38255	5179412	25538425	4252515	40733035	158813
四　川	79801	282996	11925789	63609956	9911478	54013554	465682
贵　州	5000	80536	4168707	22812968	2662786	19350263	56149
云　南	4750	64219	1850520	29939185	4156937	24611831	711514
西　藏		29150	7914	254020	962557	841644	165855
陕　西	21696	370690	4977378	41596965	6327289	34659457	288948
甘　肃	33949	173102	3338178	13499466	2585757	18986975	155288
青　海	12200	6824	445274	5826585	1009550	4879382	89744
宁　夏		500	3098119	4144769	512183	14001327	27660
新　疆	5442	55352	2502140	23494946	6494282	20394986	113107
不分地区							

2-1-7　续表 2

单位：万元

地　　区	内　　资		港澳台投　资				
	个体合伙	其他内资企业		合资经营	合作经营	独　资	股份有限
全国总计	**5895381**	**300958271**	**119304422**	**37868082**	**4368943**	**66944619**	**6219883**
北　　京		610190	2104838	663672	173018	1228671	37074
天　　津		4424771	2975114	1027432		1765335	177906
河　　北	260185	20795832	3438140	818967	569479	1166481	141143
山　　西	260114	12921739	1430078	601881		767495	28412
内 蒙 古	110807	3274029	433648	220033	20035	99640	34852
辽　　宁	173153	6921667	6447578	2044174	10669	3817391	408919
吉　　林	72583	10648173	818482	323870	8100	448746	3856
黑 龙 江	130825	8353115	712071	231237	141487	318367	20980
上　　海		97990	6320320	2421763	52729	3831634	14194
江　　苏	40260	9613062	16487081	5090935	154472	10458608	661888
浙　　江	143394	7893616	11860473	4998966	102340	6209182	411858
安　　徽	135963	10657398	4679977	1061088	30896	2371688	346041
福　　建	288217	8588921	8630059	3286807	118709	4422338	717748
江　　西	355971	7347394	1817153	578236	18750	1170084	22424
山　　东	345914	39206327	6395955	2161275	254792	3569254	239912
河　　南	710865	43770982	1420275	308594	17754	760751	52689
湖　　北	71226	21590908	3908510	1084660	59619	2554061	180042
湖　　南	678720	16487930	1928784	523969	18697	969993	270496
广　　东	665094	11763298	20809886	6266884	2070651	10981207	1185595
广　　西	611853	13432249	2256096	689211	87767	1176720	236536
海　　南	2003	794781	1766598	401865	4759	927643	343635
重　　庆	116967	8891208	6181703	1065119	270804	4234840	379754
四　　川	287456	11849674	3151024	1035507	3088	1792151	87730
贵　　州	24783	1817643	650894	59054	43441	461592	86807
云　　南	78250	2564620	771803	216928		505501	48860
西　　藏	18507	938637	2690				
陕　　西	166591	6384651	1081225	227131	33603	734513	58438
甘　　肃	81557	6976037	203556	179231	4500	4495	5000
青　　海	4820	784745	185743	43829		123388	6386
宁　　夏		198379	118864	88697		24849	5318
新　　疆	59303	1358305	315804	147067	98784	48001	5390
不分地区							

2-1-7 续表 3

单位：万元

地区	港澳台	外商投资					
	其他港澳台		合资经营	合作经营	独资	股份有限	其他外商
全国总计	**3902895**	**107463431**	**41834129**	**4740633**	**50726940**	**5733299**	**4428430**
北京	2403	3242310	2041388	217673	890089	92108	1052
天津	4441	3814852	727693	19548	2775936	285975	5700
河北	742070	2503346	1169412	48740	903391	212672	169131
山西	32290	958179	332821	152829	442290	9773	20466
内蒙古	59088	306142	250385	2000	19180	17977	16600
辽宁	166425	4720038	2694056	268377	1549008	131348	77249
吉林	33910	928313	502441	38900	342815	35109	9048
黑龙江		559893	171746	142810	205918	39419	
上海		5430959	1928818	1470954	1938591	89868	2728
江苏	121178	22537348	6611771	311280	15013225	295785	305287
浙江	138127	8007219	3931071	113449	3507547	235497	219655
安徽	870264	2661221	677298	55419	1243808	56622	628074
福建	84457	4381867	1468329	242508	2104055	503759	63216
江西	27659	1186379	280934	47695	720167	97057	40526
山东	170722	8058587	2909552	197338	3948343	419944	583410
河南	280487	1459193	487572	74701	648728	13425	234767
湖北	30128	4511630	2093844	13446	1660678	419482	324180
湖南	145629	2217137	1131581	72622	577224	182783	252927
广东	305549	13979981	6831662	678055	5415320	728829	326115
广西	65862	2255947	810643	34295	661803	545531	203675
海南	88696	1121577	388422	186020	509042	12265	25828
重庆	231186	3249740	1576758	160564	1123449	137928	251041
四川	232548	3342675	1456457	97967	1421803	251649	114799
贵州		162082	8345	25463	100744	21030	6500
云南	514	407809	164303		156447	87059	
西藏	2690	370128					370128
陕西	27540	4317080	1023629	67980	2441513	680178	103780
甘肃	10330	164956	86169		21882	32122	24783
青海	12140	2140				1600	540
宁夏		86620	54445		32175		
新疆	16562	518083	22584		351769	96505	47225
不分地区							

2-1-8　国民经济行业大类按登记注册类型分的固定资产投资(不含农户)

单位：万元

行　　业	合计	内资	国有	集体	股份合作
全国总计	**5515900384**	**5289132531**	**1397113036**	**154477877**	**17803049**
(一)农、林、牧、渔业	**190623164**	**188706717**	**43270637**	**8677231**	**931216**
农业	78493369	77513036	13583691	3605024	507228
林业	19668859	19552502	8039253	1054086	83980
畜牧业	48549116	47907190	4459862	900387	243668
渔业	8906638	8809944	614088	644148	31001
农、林、牧、渔服务业	35005182	34924045	16573743	2473586	65339
(二)采矿业	**129702184**	**128268706**	**38782653**	**1928518**	**777241**
煤炭开采和洗选业	40066554	39718058	11221831	692067	381542
石油和天然气开采业	34249259	33808488	20391995	9046	105800
黑色金属矿采选业	13657166	13577411	1274028	142588	49020
有色金属矿采选业	15881824	15729498	3372577	304708	70400
非金属矿采选业	20921004	20595854	757721	394157	148243
开采辅助活动	4244588	4169132	1716577	384946	18148
其他采矿业	681789	670265	47924	1006	4088
(三)制造业	**1802334022**	**1697394485**	**86278644**	**11833296**	**7150696**
农副食品加工业	107611992	105092630	3054207	693416	393760
食品制造业	50890084	48438265	936754	136723	86875
酒、饮料和精制茶制造业	40900681	38616655	1601746	467972	234522
烟草制品业	2654007	2615917	1621089	82715	1050
纺织业	60016028	57428989	862807	274534	289035
纺织服装、服饰业	45285317	43354169	461068	236331	116655
皮革、毛皮、羽毛及其制品和制鞋业	21638095	20551217	334393	166088	22446
木材加工和木、竹、藤、棕、草制品业	41166023	40677384	487191	105138	82721
家具制造业	28818314	28040673	307677	200286	15137
造纸和纸制品业	28127973	25202568	121748	165519	39927
印刷和记录媒介复制业	18495961	17935453	666881	165287	80140
文教、工美、体育和娱乐用品制造业	23283487	21892494	412824	150104	9450
石油加工、炼焦和核燃料加工业	25386483	22996414	5796700	26948	81160
化学原料及化学制品制造业	149908823	141583751	9718948	418743	968705
医药制造业	58118761	54645580	2615409	205323	282065
化学纤维制造业	11122065	10455026	497606	20387	24265
橡胶和塑料制品业	65307762	62208594	611653	478925	368094
非金属矿物制品业	167476343	164575399	3321775	953334	811679
黑色金属冶炼和压延加工业	42571864	40850565	6188135	151882	161960
有色金属冶炼和压延加工业	55801338	53293635	2973409	149692	142304
金属制品业	94906389	91185074	2755537	1427112	142158
通用设备制造业	133639297	128508123	3144402	638984	570911
专用设备制造业	123533580	118105551	5173845	1155306	519217

2-1-8 续表 1

单位：万元

行 业	合计	内资	国有	集体	股份合作
汽车制造业	115152886	97438570	10503402	526307	336073
铁路、船舶、航空航天和其他运输设备制造业	32263099	30600290	6682778	648082	30148
电气机械和器材制造业	113145339	106814963	3784950	432584	474287
计算机、通信和其他电子设备制造业	90360581	71486959	5896879	655960	685051
仪器仪表制造业	16459351	15409980	949383	73428	43486
其他制造业	21795875	21477296	3494220	824033	18400
废弃资源综合利用业	13121269	12601314	701138	169808	27891
金属制品、机械和设备修理业	3374955	3310987	600090	32345	91124
（四）电力、热力、燃气及水的生产和供应业	**267096283**	**260265558**	**128574878**	**4137593**	**717784**
电力、热力生产和供应业	202604140	197382303	99632591	1639047	640885
燃气生产和供应业	23314898	22198224	5653235	258418	31780
水的生产和供应业	41177245	40685031	23289052	2240128	45119
（五）建筑业	**48967011**	**48857863**	**24605562**	**1928378**	**82804**
房屋建筑业	15362734	15314311	6673903	687167	26009
土木工程建筑业	24834591	24792258	15979754	1051457	30735
建筑安装业	2568512	2568512	670092	18121	
建筑装饰和其他建筑业	6201174	6182782	1281813	171633	26060
（六）批发和零售业	**186814246**	**182490993**	**12550106**	**7042926**	**1269370**
批发业	94302280	92139533	4913375	2365757	261280
零售业	92511966	90351460	7636731	4677169	1008090
（七）交通运输、仓储和邮政业	**489748106**	**483200882**	**307959189**	**8269766**	**973888**
铁路运输业	77299405	77182801	69491463	146300	156838
道路运输业	286141047	284917671	205696228	6036837	261216
水上运输业	23522803	22314832	9582698	540928	190191
航空运输业	18398555	18117613	11024489	219258	102650
管道运输业	2991491	2901401	1541985	32875	
装卸搬运和运输代理业	12752397	12148286	1487058	179925	123692
仓储业	66201524	63278721	8758945	1085504	133577
邮政业	2440884	2339557	376323	28139	5724
（八）住宿和餐饮业	**65042259**	**63072425**	**6477268**	**1355285**	**508039**
住宿业	46733133	45116664	4983232	967364	455798
餐饮业	18309126	17955761	1494036	387921	52241
（九）信息传输、软件和信息技术服务业	**55163702**	**50116980**	**16811798**	**340200**	**320107**
电信、广播电视和卫星传输服务	24447012	22179609	11548625	65632	180814
互联网和相关服务	8012541	6621494	1999572	68550	62354
软件和信息技术服务业	22704149	21315877	3263601	206018	76939

2-1-8　续表 2　　　　　　　　　　　　　　　　　　　　　　　　　　　单位：万元

行　　业	合计	内资			
			国有	集体	股份合作
(十)金融业	**13672488**	**13053792**	**3147129**	**256368**	**354935**
货币金融服务	6656409	6499207	2042006	212738	320839
资本市场服务	3475458	3400602	203320	8700	26379
保险业	1309663	1309663	342563		2012
其他金融业	2230958	1844320	559240	34930	5705
(十一)房地产业	**1267061569**	**1183228904**	**160249927**	**47776360**	**1850539**
房地产业	1267061569	1183228904	160249927	47776360	1850539
(十二)租赁和商务服务业	**94358309**	**91254914**	**19969562**	**5052884**	**331103**
租赁业	8920414	7924023	838402	616631	
商务服务业	85437895	83330891	19131160	4436253	331103
(十三)科学研究和技术服务业	**47515401**	**46368113**	**12482233**	**1678543**	**161794**
研究和试验发展	14142894	13480381	4564075	251241	91927
专业技术服务业	17175456	16919367	5281783	839797	14439
科技推广和应用服务业	16197051	15968365	2636375	587505	55428
(十四)水利、环境和公共设施管理业	**556790336**	**554791371**	**367677227**	**32748031**	**1009779**
水利管理业	72498589	72430108	58584291	3876807	14827
生态保护和环境治理业	22490014	22263474	12331481	1224166	53499
公共设施管理业	461801733	460097789	296761455	27647058	941453
(十五)居民服务、修理和其他服务业	**26281617**	**26071510**	**6146361**	**2730198**	**46055**
居民服务业	14742965	14642722	4892502	1893548	7872
机动车、电子产品和日用产品修理业	6493615	6467180	359213	86523	31697
其他服务业	5045037	4961608	894646	750127	6486
(十六)教育	**77232422**	**76763490**	**53422311**	**3369898**	**62205**
教育	77232422	76763490	53422311	3369898	62205
(十七)卫生和社会工作	**51746895**	**51421686**	**29903931**	**2439373**	**171452**
卫生	39402975	39171321	25223363	1629981	149512
社会工作	12343920	12250365	4680568	809392	21940
(十八)文化、体育和娱乐业	**67241195**	**65468573**	**22952935**	**3720124**	**869375**
新闻和出版业	1297902	1290822	676151		90
广播、电视、电影和影视录音制作业	4919705	4877071	1227593	125172	398908
文化艺术业	30777930	30576065	13672856	2479197	411158
体育	10318266	10069330	4818393	551979	33331
娱乐业	19927392	18655285	2557942	563776	25888
(十九)公共管理、社会保障和社会组织	**78509175**	**78335569**	**55850685**	**9192905**	**214667**
中国共产党机关	253769	253769	202823	2910	
国家机构	52360356	52305629	45454152	2134059	21066
人民政协、民主党派	163628	163628	65582		
社会保障	2851788	2851788	1600464	557540	
群众团体、社会团体和其他成员组织	6427720	6381777	3035250	527862	29655
基层群众自治组织	16451914	16378978	5492414	5970534	163946

2-1-8 续表 3

单位：万元

行业	内资				
	国有联营	集体联营	国有与集体联营	其他联营	国有独资公司
全国总计	**8261260**	**2320493**	**1806838**	**3745292**	**131986673**
(一)农、林、牧、渔业	**57224**	**358408**	**78344**	**417906**	**212726**
农业	20962	187619	60180	246419	28396
林业	7560	10050	2437	28800	70442
畜牧业	6591	114751		100517	8300
渔业	2150	20030	1366	4500	
农、林、牧、渔服务业	19961	25958	14361	37670	105588
(二)采矿业	**454686**	**56500**	**9900**	**161293**	**1997012**
煤炭开采和洗选业	286296	29094		62455	1259578
石油和天然气开采业	77788		2000		207281
黑色金属矿采选业				13705	230687
有色金属矿采选业	58800	11800		15380	121427
非金属矿采选业	8000	12006		69753	131869
开采辅助活动	23802	3600	7900		6148
其他采矿业					40022
(三)制造业	**1394137**	**402028**	**248897**	**858071**	**9331612**
农副食品加工业	91675	76791	650	68143	109864
食品制造业	28315	17422	10600	8115	321028
酒、饮料和精制茶制造业	144870	12220	962	39118	32541
烟草制品业	41278				293797
纺织业		55486		14890	134840
纺织服装、服饰业		2892		20203	59242
皮革、毛皮、羽毛及其制品和制鞋业	1760				31301
木材加工和木、竹、藤、棕、草制品业		9300		7212	171223
家具制造业		4370	14000	35635	37000
造纸和纸制品业	3916	4708		14409	52008
印刷和记录媒介复制业		3546		87215	25927
文教、工美、体育和娱乐用品制造业	365		4920	27578	8445
石油加工、炼焦和核燃料加工业	76695	4600	11700	800	96307
化学原料及化学制品制造业	46848	13235	8245	80859	2443944
医药制造业	17774	18084	21202	54740	65741
化学纤维制造业					39487
橡胶和塑料制品业	21422	13249		19065	117702
非金属矿物制品业	254430	25494	1677	57285	190801
黑色金属冶炼和压延加工业	166943	5600	12924	30015	155452
有色金属冶炼和压延加工业	12007		5780	25400	579592
金属制品业	14623			4800	298727
通用设备制造业	201623	4985	51300	190503	253951
专用设备制造业	22345	41837	86423	15461	600797

2-1-8　续表 4　　　　单位：万元

行　业	内		资		
	国有联营	集体联营	国有与集体联营	其他联营	国有独资公司
汽车制造业	10644		4350	3090	762732
铁路、船舶、航空航天和其他运输设备制造业	20470	40608		6680	705779
电气机械和器材制造业	35660	13100	11175	20719	263400
计算机、通信和其他电子设备制造业	149442	6803	2989	3756	702791
仪器仪表制造业		8200			86240
其他制造业	9460	2088		18880	286801
废弃资源综合利用业	21572	8000		3500	41013
金属制品、机械和设备修理业		9410			363139
(四)电力、热力、燃气及水的生产和供应业	**1302490**	**76398**	**297944**	**110347**	**11151921**
电力、热力生产和供应业	971789	55856	249672	76136	7948598
燃气生产和供应业	108398	2600	7828	7101	461639
水的生产和供应业	222303	17942	40444	27110	2741684
(五)建筑业	**77480**	**84613**	**86191**	**30141**	**672943**
房屋建筑业	22251	67516	12976	6337	47394
土木工程建筑业	50729	4720	73215	23804	615986
建筑安装业	4500				5949
建筑装饰和其他建筑业		12377			3614
(六)批发和零售业	**213009**	**274713**	**36801**	**127147**	**849144**
批发业	140436	129884	19159	52031	373976
零售业	72573	144829	17642	75116	475168
(七)交通运输、仓储和邮政业	**1442503**	**106035**	**332740**	**107015**	**29488987**
铁路运输业	438781		134933		983112
道路运输业	709845	84895	185446	85847	25695330
水上运输业	122954	755		9048	1893167
航空运输业	46295				151047
管道运输业	38961				34544
装卸搬运和运输代理业	5000				32730
仓储业	80667	20385	12361	12120	699057
邮政业					
(八)住宿和餐饮业	**108763**	**63444**		**47279**	**319424**
住宿业	41655	51669		27974	216193
餐饮业	67108	11775		19305	103231
(九)信息传输、软件和信息技术服务业	**318905**		**5483**	**58745**	**998280**
电信、广播电视和卫星传输服务	235104		5483		553207
互联网和相关服务	71504				227517
软件和信息技术服务业	12297			58745	217556

2-1-8 续表 5

单位：万元

行业	内资				
	国有联营	集体联营	国有与集体联营	其他联营	国有独资公司
(十)金融业	**111791**	**7427**	**25949**	**9414**	**305741**
货币金融服务	19291	6005	25949		41586
资本市场服务	92500			4496	220479
保险业				4918	4400
其他金融业		1422			39276
(十一)房地产业	**829827**	**354931**	**154342**	**617940**	**42462072**
房地产业	829827	354931	154342	617940	42462072
(十二)租赁和商务服务业	**303116**	**95406**	**68618**	**157333**	**2886207**
租赁业				85000	13799
商务服务业	303116	95406	68618	72333	2872408
(十三)科学研究和技术服务业	**27869**	**11357**	**8710**	**14607**	**645001**
研究和试验发展	25519			1720	218352
专业技术服务业	2350	9089	8710	10787	213092
科技推广和应用服务业		2268		2100	213557
(十四)水利、环境和公共设施管理业	**1191713**	**222220**	**326640**	**596002**	**26514715**
水利管理业	42733	13136	19429	25055	2376135
生态保护和环境治理业	64217	2600	46777	8900	621147
公共设施管理业	1084763	206484	260434	562047	23517433
(十五)居民服务、修理和其他服务业	**40571**	**11050**	**1700**	**40234**	**117767**
居民服务业	38575	11050		35034	75349
机动车、电子产品和日用产品修理业					3304
其他服务业	1996		1700	5200	39114
(十六)教育	**125146**	**26108**	**3925**	**199417**	**1106093**
教育	125146	26108	3925	199417	1106093
(十七)卫生和社会工作	**109333**	**44790**	**46753**	**27174**	**578672**
卫生	94988	37398	13583	23107	406521
社会工作	14345	7392	33170	4067	172151
(十八)文化、体育和娱乐业	**48762**	**34370**	**49701**	**16354**	**1759602**
新闻和出版业					91893
广播、电视、电影和影视录音制作业	1780				82791
文化艺术业	31207	8005	30451	6779	1056892
体育	4529	2800	1050	505	397073
娱乐业	11246	23565	18200	9070	130953
(十九)公共管理、社会保障和社会组织	**103935**	**90695**	**24200**	**148873**	**588754**
中国共产党机关					
国家机构	89303	6846	12900	84168	557127
人民政协、民主党派					
社会保障	3972		11300		24847
群众团体、社会团体和其他成员组织	5800	1733		45055	670
基层群众自治组织	4860	82116		19650	6110

2-1-8 续表 6

单位：万元

行　　业	内		资			
	其他有限责任公司	股份有限公司	私营	个体户	个人合伙	其他内资企业
全国总计	**1328587687**	**208323694**	**1713453658**	**14399322**	**5895381**	**300958271**
(一)农、林、牧、渔业	**23236454**	**4267107**	**71330673**	**2315495**	**1728205**	**31825091**
农业	10630673	1659204	30911822	845891	763120	14462807
林业	1605728	452980	5828151	132661	94127	2142247
畜牧业	7082215	1634094	22266573	977169	493848	9619215
渔业	967099	188478	4349408	137255	241763	1608658
农、林、牧、渔服务业	2950739	332351	7974719	222519	135347	3992164
(二)采矿业	**24460484**	**15902199**	**38388670**	**325350**	**488542**	**4535658**
煤炭开采和洗选业	10627420	2335801	11785214	6005	186732	844023
石油和天然气开采业	2112045	10119377	676166			106990
黑色金属矿采选业	3167374	650557	6988134	24506	83771	953041
有色金属矿采选业	4056120	1578899	5362570		16646	760171
非金属矿采选业	3718147	777016	12444359	283969	201393	1649221
开采辅助活动	654206	409556	761148	7010		176091
其他采矿业	125172	30993	371079	3860		46121
(三)制造业	**456045843**	**86944268**	**927511791**	**5907340**	**1367246**	**102120616**
农副食品加工业	25153205	4018057	62018042	468731	191541	8754548
食品制造业	12949699	3206331	27274367	142854	16508	3302674
酒、饮料和精制茶制造业	9786526	2844643	21160662	209694	45433	2035746
烟草制品业	319381	85045	131868			39694
纺织业	14525286	1991186	36376266	218652	38391	2647616
纺织服装、服饰业	10776817	2166312	26361244	385796	31432	2736177
皮革、毛皮、羽毛及其制品和制鞋业	5070241	695810	13009328	158704	2922	1058224
木材加工和木、竹、藤、棕、草制品业	8135727	665400	26731338	688031	149835	3444268
家具制造业	6310129	859600	17096723	656476	60538	2443102
造纸和纸制品业	6871072	1519044	15340415	125431	3970	940401
印刷和记录媒介复制业	4484041	621769	10550332	86784		1163531
文教、工美、体育和娱乐用品制造业	5153618	448537	14121790	108407	24026	1422430
石油加工、炼焦和核燃料加工业	5858096	1377937	8625924			1039547
化学原料及化学制品制造业	45304283	9219126	66139657	175082	53361	6992715
医药制造业	17446267	6329805	24211230	5200	11941	3360799
化学纤维制造业	2748774	850748	5805480	12430	13950	441899
橡胶和塑料制品业	15608538	2589264	38896279	291998	37906	3154499
非金属矿物制品业	41356513	7060951	96583172	1182391	336184	12439713
黑色金属冶炼和压延加工业	10368016	2274322	19597815	50377	33031	1654093
有色金属冶炼和压延加工业	19432369	5470462	21932811	27628	23993	2518188
金属制品业	20997698	2635310	56796358	335030	75527	5702194
通用设备制造业	30571652	5406019	79309056	100292	25750	8038695
专用设备制造业	31920861	4792072	66372425	174242	29967	7200753

2-1-8 续表 7 单位：万元

行业	内		资			
	其他有限责任公司	股份有限公司	私营	个体户	个人合伙	其他内资企业
汽车制造业	27839252	6560385	45407143	61014	27312	5396866
铁路、船舶、航空航天和其他运输设备制造业	7263073	1017249	12594935	58399	8491	1523598
电气机械和器材制造业	30120222	5640038	60743796	95493	45435	5134104
计算机、通信和其他电子设备制造业	24062583	4672707	29801829	39897	62100	4744172
仪器仪表制造业	4366048	892913	8120344	6699	2010	861229
其他制造业	6060949	443002	9168912	14797		1135754
废弃资源综合利用业	4365534	453331	6137063	1048	15573	655843
金属制品、机械和设备修理业	819373	136893	1095187	25763	119	137544
（四）电力、热力、燃气及水的生产和供应业	**53566181**	**10748767**	**41472145**	**46384**	**83283**	**7979443**
电力、热力生产和供应业	41748551	8580873	31046294	16541	66103	4709367
燃气生产和供应业	7087523	1233118	6233011	19067	11800	1082706
水的生产和供应业	4730107	934776	4192840	10776	5380	2187370
（五）建筑业	**6351134**	**1346758**	**8141666**	**18404**	**14500**	**5417289**
房屋建筑业	1797264	450371	3037681	4601	1600	2479241
土木工程建筑业	2399290	497697	2278258	950		1785663
建筑安装业	709606	93427	875312	779		190726
建筑装饰和其他建筑业	1444974	305263	1950415	12074	12900	961659
（六）批发和零售业	**46064081**	**8444895**	**88198223**	**1155738**	**302115**	**15962725**
批发业	24737711	3201449	47213115	260593	148432	8322335
零售业	21326370	5243446	40985108	895145	153683	7640390
（七）交通运输、仓储和邮政业	**52050993**	**14379873**	**51871398**	**298150**	**78868**	**15841477**
铁路运输业	4628472	365340	553799			283763
道路运输业	17320263	5100835	15494408	41301	11821	8193399
水上运输业	4073575	1021549	4288559	155982	24265	411161
航空运输业	2546330	2949178	814350			264016
管道运输业	661804	121955	313765			155512
装卸搬运和运输代理业	4179787	523179	4853491	356		763068
仓储业	18023866	4212889	24472599	100511	38922	5627318
邮政业	616896	84948	1080427		3860	143240
（八）住宿和餐饮业	**15218022**	**2634093**	**28884403**	**1824622**	**177280**	**5454503**
住宿业	11883369	2324406	19360641	827108	86725	3890530
餐饮业	3334653	309687	9523762	997514	90555	1563973
（九）信息传输、软件和信息技术服务业	**12353916**	**6734379**	**10250685**	**6988**	**25659**	**1891835**
电信、广播电视和卫星传输服务	3776723	4994453	448723		5843	365002
互联网和相关服务	1124840	556322	2249989	6988		253858
软件和信息技术服务业	7452353	1183604	7551973		19816	1272975

2-1-8 续表 8

单位：万元

行 业	内资					
	其他有限责任公司	股份有限公司	私营	个体户	个人合伙	其他内资企业
(十)金融业	**2307208**	**3797634**	**1978055**	**8600**		**743541**
货币金融服务	604439	2500786	557529	7700		160339
资本市场服务	1042341	448874	967678	900		384935
保险业	115456	743858	80522			15934
其他金融业	544972	104116	372326			182333
(十一)房地产业	**531236287**	**35609541**	**320253020**	**1131274**	**1151163**	**39551681**
房地产业	531236287	35609541	320253020	1131274	1151163	39551681
(十二)租赁和商务服务业	**24293433**	**4341338**	**26819413**	**58906**	**79473**	**6798122**
租赁业	3581356	450847	1937424	4060	927	395577
商务服务业	20712077	3890491	24881989	54846	78546	6402545
(十三)科学研究和技术服务业	**10660651**	**1824362**	**15076856**	**26813**	**26540**	**3722777**
研究和试验发展	2884891	903935	3753458			785263
专业技术服务业	3547900	676182	4861955	23698	11420	1418165
科技推广和应用服务业	4227860	244245	6461443	3115	15120	1519349
(十四)水利、环境和公共设施管理业	**45351926**	**6181974**	**41611907**	**219011**	**96873**	**31043353**
水利管理业	2782404	289758	1659543		1257	2744733
生态保护和环境治理业	2609869	455281	3199788	26962		1618787
公共设施管理业	39959653	5436935	36752576	192049	95616	26679833
(十五)居民服务、修理和其他服务业	**4114922**	**442376**	**7885233**	**447395**	**29218**	**4018430**
居民服务业	1478751	247860	3116735	224198	21325	2599923
机动车、电子产品和日用产品修理业	1839834	80949	3231283	204920	5193	624264
其他服务业	796337	113567	1537215	18277	2700	794243
(十六)教育	**4020744**	**762660**	**7298894**	**173666**	**44783**	**6147640**
教育	4020744	762660	7298894	173666	44783	6147640
(十七)卫生和社会工作	**4223769**	**880672**	**7973933**	**133961**	**20070**	**4867803**
卫生	2647635	456515	5038373	80681	13340	3356324
社会工作	1576134	424157	2935560	53280	6730	1511479
(十八)文化、体育和娱乐业	**11745800**	**2884819**	**16364118**	**283203**	**44542**	**4694868**
新闻和出版业	200153	95565	162139			64831
广播、电视、电影和影视录音制作业	1056033	541252	1276939	14902	320	151381
文化艺术业	3627494	693947	5757344	93613	7430	2699692
体育	1415989	179524	2085933	24792	15832	537600
娱乐业	5446131	1374531	7081763	149896	20960	1241364
(十九)公共管理、社会保障和社会组织	**1285839**	**195979**	**2142575**	**18022**	**137021**	**8341419**
中国共产党机关	671		23980			23385
国家机构	514889	119252	949888	7828	10000	2344151
人民政协、民主党派	1100		77600			19346
社会保障	181085	22956	116451			333173
群众团体、社会团体和其他成员组织	337771	29660	415621	25	4503	1948172
基层群众自治组织	250323	24111	559035	10169	122518	3673192

2-1-8 续表 9

单位：万元

行业	港澳台投资	合资经营	合作经营	独资	股份有限	其他港澳台
全国总计	**119304422**	**37868082**	**4368943**	**66944619**	**6219883**	**3902895**
(一)农、林、牧、渔业	**808979**	**124460**	**64526**	**341482**	**72738**	**205773**
农业	459379	49720	38625	226283	21611	123140
林业	53991	2550	10610	8960	26751	5120
畜牧业	237779	48990	12291	93482	22471	60545
渔业	33162	23200		8057	1905	
农、林、牧、渔服务业	24668		3000	4700		16968
(二)采矿业	**845573**	**112013**	**298352**	**79796**	**191518**	**163894**
煤炭开采和洗选业	247878	31742	84614	40920	58312	32290
石油和天然气开采业	243567	13553	123032	12290	94692	
黑色金属矿采选业	23465	12597		1368	2300	7200
有色金属矿采选业	71278	23354		19740		28184
非金属矿采选业	173282	22370	17800	5478	36214	91420
开采辅助活动	75456		72906			2550
其他采矿业	10647	8397				2250
(三)制造业	**38778794**	**12019891**	**753770**	**21235895**	**3027959**	**1741279**
农副食品加工业	881261	255359	6088	421070	144497	54247
食品制造业	1002177	474949	11950	442556	41642	31080
酒、饮料和精制茶制造业	857697	266159	6129	419931	69287	96191
烟草制品业	5663	5663				
纺织业	1498633	394453	24839	943244	89774	46323
纺织服装、服饰业	1160769	247606	41086	749261	116616	6200
皮革、毛皮、羽毛及其制品和制鞋业	627516	113090	500	455581	21164	37181
木材加工和木、竹、藤、棕、草制品业	256547	42201		140968	18900	54478
家具制造业	373637	59037	3134	297280	4600	9586
造纸和纸制品业	1208039	273368	19166	774687	82647	58171
印刷和记录媒介复制业	330185	128347		193573	6315	1950
文教、工美、体育和娱乐用品制造业	751655	149281	922	547666	23363	30423
石油加工、炼焦和核燃料加工业	831723	593659	159200	25880	36593	16391
化学原料及化学制品制造业	2858387	1107254	12604	1471366	205440	61723
医药制造业	1607245	748821	7740	493341	315890	41453
化学纤维制造业	418306	141988	19751	153281	103286	
橡胶和塑料制品业	1622544	500732	2000	731596	324950	63266
非金属矿物制品业	1644491	381734	38573	861618	203045	159521
黑色金属冶炼和压延加工业	946548	524397	141582	87561	6691	186317
有色金属冶炼和压延加工业	1830278	299711		1423158	524	106885
金属制品业	1675536	550830	48559	892861	79103	104183
通用设备制造业	1681356	440396	41123	1022181	67789	109867
专用设备制造业	2206010	657326	16422	1167227	153684	211351

2-1-8　续表 10　　单位：万元

行　　业	港澳台投　资	合资经营	合作经营	独　资	股份有限	其　他港澳台
汽车制造业	1811922	1083880	13050	576944	74847	63201
铁路、船舶、航空航天和其他运输设备制造业	503513	195778	230	225367	9512	72626
电气机械和器材制造业	3042329	1137843	19669	1607224	220915	56678
计算机、通信和其他电子设备制造业	6255372	1027633	39703	4669666	490863	27507
仪器仪表制造业	405687	57178		233428	99701	15380
其他制造业	160244	58710		86763	14771	
废弃资源综合利用业	295969	77943	79750	120616	1550	16110
金属制品、机械和设备修理业	27555	24565				2990
（四）电力、热力、燃气及水的生产和供应业	**4314989**	**2175015**	**134150**	**1706318**	**199427**	**100079**
电力、热力生产和供应业	3500863	1688747	111508	1492592	162250	45766
燃气生产和供应业	586171	420904		151540	6008	7719
水的生产和供应业	227955	65364	22642	62186	31169	46594
（五）建筑业	**38874**	**4498**			**3500**	**30876**
房屋建筑业	18758	4498				14260
土木工程建筑业	15616				3500	12116
建筑安装业						
建筑装饰和其他建筑业	4500					4500
（六）批发和零售业	**1925881**	**401048**	**65355**	**1184754**	**219685**	**55039**
批发业	742017	160343	2850	461889	93848	23087
零售业	1183864	240705	62505	722865	125837	31952
（七）交通运输、仓储和邮政业	**2682559**	**1108363**	**62121**	**1057149**	**212783**	**242143**
铁路运输业	116604	108004			8600	
道路运输业	538871	192196	17250	155405	27190	146830
水上运输业	593519	314488		135889	135104	8038
航空运输业	228511	217388			11123	
管道运输业	27125	21325		5800		
装卸搬运和运输代理业	109917	34980	9389	56563	8985	
仓储业	1048992	216912	35482	687542	21781	87275
邮政业	19020	3070		15950		
（八）住宿和餐饮业	**1068676**	**319015**	**35183**	**600133**	**82690**	**31655**
住宿业	862990	270484	34528	480579	73046	4353
餐饮业	205686	48531	655	119554	9644	27302
（九）信息传输、软件和信息技术服务业	**3100567**	**585159**	**4921**	**1863179**	**641308**	**6000**
电信、广播电视和卫星传输服务	1345138	49158		915516	376964	3500
互联网和相关服务	1174125	417241		546001	210883	
软件和信息技术服务业	581304	118760	4921	401662	53461	2500

2-1-8 续表 11

单位：万元

行业	港澳台投资	合资经营	合作经营	独资	股份有限	其他港澳台
(十)金融业	**258169**	**42110**		**75867**	**10203**	**129989**
货币金融服务	138341			31898	10203	96240
资本市场服务	63651			29902		33749
保险业						
其他金融业	56177	42110		14067		
(十一)房地产业	**61039561**	**19624985**	**2633814**	**37140172**	**1314138**	**326452**
房地产业	61039561	19624985	2633814	37140172	1314138	326452
(十二)租赁和商务服务业	**1631168**	**696342**	**4460**	**751480**	**15880**	**163006**
租赁业	597544	420024		177520		
商务服务业	1033624	276318	4460	573960	15880	163006
(十三)科学研究和技术服务业	**327451**	**200852**	**9243**	**92149**	**8750**	**16457**
研究和试验发展	205144	134207	7065	62112	1760	
专业技术服务业	95831	65145		17432	3296	9958
科技推广和应用服务业	26476	1500	2178	12605	3694	6499
(十四)水利、环境和公共设施管理业	**1051234**	**243884**	**167013**	**290723**	**53916**	**295698**
水利管理业	55939	1920		8100		45919
生态保护和环境治理业	94222	50534		29188	14500	
公共设施管理业	901073	191430	167013	253435	39416	249779
(十五)居民服务、修理和其他服务业	**151891**	**10850**	**115029**	**8138**	**15274**	**2600**
居民服务业	73187	4850	47500	2963	15274	2600
机动车、电子产品和日用产品修理业	7055	5000	1055	1000		
其他服务业	71649	1000	66474	4175		
(十六)教育	**317509**	**7044**	**820**	**133974**	**13200**	**162471**
教育	317509	7044	820	133974	13200	162471
(十七)卫生和社会工作	**255652**	**92691**	**1500**	**83804**		**77657**
卫生	189754	82533	1500	83804		21917
社会工作	65898	10158				55740
(十八)文化、体育和娱乐业	**644317**	**99862**	**18686**	**299606**	**129214**	**96949**
新闻和出版业						
广播、电视、电影和影视录音制作业	7700			7700		
文化艺术业	173828	25070		42445	9364	96949
体育	175867	22200	18686	134981		
娱乐业	286922	52592		114480	119850	
(十九)公共管理、社会保障和社会组织	**62578**				**7700**	**54878**
中国共产党机关						
国家机构	26477				7700	18777
人民政协、民主党派						
社会保障						
群众团体、社会团体和其他成员组织	36101					36101
基层群众自治组织						

2-1-8　续表 12　　　　单位：万元

行　　业	外商投资					
		合资经营	合作经营	独资	股份有限	其他外商
全国总计	**107463431**	**41834129**	**4740633**	**50726940**	**5733299**	**4428430**
(一)农、林、牧、渔业	**1107468**	**246962**	**213955**	**351129**	**27775**	**267647**
农业	520954	180079	169855	36894	6225	127901
林业	62366		3800	22535		36031
畜牧业	404147	34730	25500	257462	21550	64905
渔业	63532	19310		18373		25849
农、林、牧、渔服务业	56469	12843	14800	15865		12961
(二)采矿业	**587905**	**232558**	**114866**	**124080**	**26788**	**89613**
煤炭开采和洗选业	100618	58018	40600			2000
石油和天然气开采业	197204	54100	44611	85998	9600	2895
黑色金属矿采选业	56290				7090	49200
有色金属矿采选业	81048	33212	29655	4600	9221	4360
非金属矿采选业	151868	87228		33482		31158
开采辅助活动						
其他采矿业	877				877	
(三)制造业	**66160743**	**28827814**	**743029**	**32510630**	**2565741**	**1513529**
农副食品加工业	1638101	547863	17000	838572	135853	98813
食品制造业	1449642	481205	49816	767062	68518	83041
酒、饮料和精制茶制造业	1426329	378978	8692	989224	19662	29773
烟草制品业	32427	32427				
纺织业	1088406	317779	24333	565841	76486	103967
纺织服装、服饰业	770379	152819	28501	484480	17297	87282
皮革、毛皮、羽毛及其制品和制鞋业	459362	135663	1500	296069	13530	12600
木材加工和木、竹、藤、棕、草制品业	232092	81471	8845	102580	12910	26286
家具制造业	404004	94206	13031	209600	78949	8218
造纸和纸制品业	1717366	780218	10712	779160	13239	134037
印刷和记录媒介复制业	230323	86495	7352	102563	11517	22396
文教、工美、体育和娱乐用品制造业	639338	146192	1368	478201	10593	2984
石油加工、炼焦和核燃料加工业	1558346	1262527	9632	203489		82698
化学原料及化学制品制造业	5466685	1728376	79525	3275006	352600	31178
医药制造业	1865936	813195	36765	896892	45584	73500
化学纤维制造业	248733	123365		125058	310	
橡胶和塑料制品业	1476624	245080	44260	1100337	19324	67623
非金属矿物制品业	1256453	552739	76560	426702	132332	68120
黑色金属冶炼和压延加工业	774751	411004	23240	255763	81244	3500
有色金属冶炼和压延加工业	677425	327287	3730	316223	30185	
金属制品业	2045779	777889	30254	997510	124601	115525
通用设备制造业	3449818	1263006	8850	1970033	176582	31347
专用设备制造业	3222019	1060032	6711	1966377	81221	107678

2-1-8 续表 13

单位：万元

行　　业	外商投资	合资经营	合作经营	独资	股份有限	其他外商
汽车制造业	15902394	10933163	56606	4018593	720508	173524
铁路、船舶、航空航天和其他运输设备制造业	1159296	404351	41195	652225	16923	44602
电气机械和器材制造业	3288047	1247393	72094	1866810	65012	36738
计算机、通信和其他电子设备制造业	12618250	4086331	57812	8226250	201361	46496
仪器仪表制造业	643684	223365	10591	349341	49317	11070
其他制造业	158335	31007		122692	103	4533
废弃资源综合利用业	223986	83187	14054	126745		
金属制品、机械和设备修理业	36413	19201		1232	9980	6000
(四)电力、热力、燃气及水的生产和供应业	**2515736**	**1635124**	**36815**	**458853**	**312018**	**72926**
电力、热力生产和供应业	1720974	1145512	36815	320623	170271	47753
燃气生产和供应业	530503	294835		88811	135897	10960
水的生产和供应业	264259	194777		49419	5850	14213
(五)建筑业	**70274**	**25550**		**9853**	**15681**	**19190**
房屋建筑业	29665			9853	622	19190
土木工程建筑业	26717	25550			1167	
建筑安装业						
建筑装饰和其他建筑业	13892				13892	
(六)批发和零售业	**2397372**	**262847**	**12256**	**1122827**	**830896**	**168546**
批发业	1420730	103541	8091	502855	711504	94739
零售业	976642	159306	4165	619972	119392	73807
(七)交通运输、仓储和邮政业	**3864665**	**967793**	**50862**	**2414297**	**291888**	**139825**
铁路运输业						
道路运输业	684505	73085	46561	357901	147310	59648
水上运输业	614452	352397		249291	10764	2000
航空运输业	52431	31131		21300		
管道运输业	62965	57891		1882	3192	
装卸搬运和运输代理业	494194	37867		439427	7200	9700
仓储业	1873811	408424	4301	1269187	123422	68477
邮政业	82307	6998		75309		
(八)住宿和餐饮业	**901158**	**343038**	**146367**	**253816**	**82867**	**75070**
住宿业	753479	285938	146367	173977	78127	69070
餐饮业	147679	57100		79839	4740	6000
(九)信息传输、软件和信息技术服务业	**1946155**	**382422**	**36100**	**1274543**	**197671**	**55419**
电信、广播电视和卫星传输服务	922265	72230	36100	638398	143478	32059
互联网和相关服务	216922	13550		152267	46655	4450
软件和信息技术服务业	806968	296642		483878	7538	18910

2-1-8　续表 14　　　　单位：万元

行　　业	外商投资	合资经营	合作经营	独　资	股份有限	其他外商
(十)金融业	**360527**	**20389**	**984**	**23679**	**22312**	**293163**
货币金融服务	18861	5888	984	3677	8312	
资本市场服务	11205	11205				
保险业						
其他金融业	330461	3296		20002	14000	293163
(十一)房地产业	**22793104**	**7679084**	**2271401**	**10852192**	**1012969**	**977458**
房地产业	22793104	7679084	2271401	10852192	1012969	977458
(十二)租赁和商务服务业	**1472227**	**483332**	**62992**	**536982**	**95259**	**293662**
租赁业	398847	373055			21192	4600
商务服务业	1073380	110277	62992	536982	74067	289062
(十三)科学研究和技术服务业	**819837**	**237441**	**3420**	**473885**	**2477**	**102614**
研究和试验发展	457369	161239		269791		26339
专业技术服务业	160258	36170		109848	1798	12442
科技推广和应用服务业	202210	40032	3420	94246	679	63833
(十四)水利、环境和公共设施管理业	**947731**	**326782**	**79129**	**151861**	**218193**	**171766**
水利管理业	12542	4622		6500		1420
生态保护和环境治理业	132318	81655	7707	18270	17956	6730
公共设施管理业	802871	240505	71422	127091	200237	163616
(十五)居民服务、修理和其他服务业	**58216**	**6430**		**30617**		**21169**
居民服务业	27056	5050		7637		14369
机动车、电子产品和日用产品修理业	19380	1380		11200		6800
其他服务业	11780			11780		
(十六)教育	**151423**	**51839**	**21468**	**24504**	**4470**	**49142**
教育	151423	51839	21468	24504	4470	49142
(十七)卫生和社会工作	**69557**	**36578**	**19150**	**5530**		**8299**
卫生	41900	24420	9950	5530		2000
社会工作	27657	12158	9200			6299
(十八)文化、体育和娱乐业	**1128305**	**68146**	**867173**	**107662**	**24294**	**61030**
新闻和出版业	7080	7080				
广播、电视、电影和影视录音制作业	34934	13034	4745	17155		
文化艺术业	28037	15822				12215
体育	73069	16710	14755	32924		8680
娱乐业	985185	15500	847673	57583	24294	40135
(十九)公共管理、社会保障和社会组织	**111028**		**60666**		**2000**	**48362**
中国共产党机关						
国家机构	28250				2000	26250
人民政协、民主党派						
社会保障						
群众团体、社会团体和其他成员组织	9842					9842
基层群众自治组织	72936		60666			12270

2-1-9 各地区国有控股、内资、外商及港澳台固定资产投资(不含农户)

单位：万元

地 区	投资中: 国有控股投资	投资中: 内资投资	外商投资	港澳台商投资
全国总计	**1789330567**	**5289132531**	**107463431**	**119304422**
北 京	39115519	69113050	3242310	2104838
天 津	43272697	111355746	3814852	2975114
河 北	58425679	283115897	2503346	3438140
山 西	52305043	135057650	958179	1430078
内蒙古	61221490	134551729	306142	433648
辽 宁	38029829	165236082	4720038	6447578
吉 林	32834909	123339141	928313	818482
黑龙江	31824033	97570864	559893	712071
上 海	32614375	51742607	5430959	6320320
江 苏	102895092	420027265	22537348	16487081
浙 江	90023702	246779464	8007219	11860473
安 徽	61667364	230698091	2661221	4679977
福 建	72022476	196727884	4381867	8630059
江 西	41487780	166935437	1186379	1817153
山 东	76046422	459360017	8058587	6395955
河 南	50702203	346633362	1459193	1420275
湖 北	70280703	252444017	4511630	3908510
湖 南	82990140	239095786	2217137	1928784
广 东	87621847	264714967	13979981	20809886
广 西	51888277	152037427	2255947	2256096
海 南	11886944	30665873	1121577	1766598
重 庆	57747059	132650032	3249740	6181703
四 川	112469941	243161949	3342675	3151024
贵 州	62773533	105954054	162082	650894
云 南	72995684	129514300	407809	771803
西 藏	9810452	12583965	370128	2690
陕 西	88269363	176911986	4317080	1081225
甘 肃	43153821	85897457	164956	203556
青 海	20215921	31253822	2140	185743
宁 夏	16359871	34058743	86620	118864
新 疆	60854850	104420319	518083	315804
不分地区	55523548	55523548		

2-1-10　国民经济行业小类国有控股、内资、外商及港澳台固定资产投资(不含农户)

单位：万元

行　　业	投资中:国　　有控股投资	投资中:内资投资	外商投资	港澳台商投资
全国总计	**1789330567**	**5289132531**	**107463431**	**119304422**
(一)农、林、牧、渔业	**44814933**	**188706717**	**1107468**	**808979**
农业	14058642	77513036	520954	459379
谷物种植	3092093	7811987	38935	30033
稻谷种植	2030513	4279326	14930	14527
小麦种植	247336	771309		
玉米种植	465160	1379038	4950	11516
其他谷物种植	349084	1382314	19055	3990
豆类、油料和薯类种植	555795	2429105	117485	56637
豆类种植	168290	581045	116430	
油料种植	222468	1142766	1055	56637
薯类种植	165037	705294		
棉、麻、糖、烟草种植	576599	1585534	2000	9200
棉花种植	84323	559524		9200
麻类种植		74326		
糖料种植	190498	412775		
烟草种植	301778	538909	2000	
蔬菜、食用菌及园艺作物种植	3681375	30616748	185056	146991
蔬菜种植	2576690	16477066	24357	78007
食用菌种植	263832	4522880		8050
花卉种植	444986	6287564	42381	48436
其他园艺作物种植	395867	3329238	118318	12498
水果种植	2498154	15802257	118730	181827
仁果类和核果类水果种植	1064149	5543481	20055	119113
葡萄种植	349655	2282645	48770	12817
柑橘类种植	122919	1041719	18900	20000
香蕉等亚热带水果种植	214821	762914	14475	860
其他水果种植	746610	6171498	16530	29037
坚果、含油果、香料和饮料作物种植	1236899	6051968	15040	4170
坚果种植	590588	2411649		
含油果种植	138309	597764		558
香料作物种植	68147	348754		
茶及其他饮料作物种植	439855	2693801	15040	3612
中药材种植	640792	5612411	14605	11583
其他农业	1776935	7603026	29103	18938
林业	8299082	19552502	62366	53991
林木育种和育苗	1684176	10141795	43791	36051
林木育种	406222	2545517	18200	1578
林木育苗	1277954	7596278	25591	34473
造林和更新	5814205	7825326	11575	11848
森林经营和管护	703614	1235932		2550
木材和竹材采运	32021	125609		
木材采运	29815	81194		
竹材采运	2206	44415		
林产品采集	65066	223840	7000	3542
木竹材林产品采集	35562	130162	7000	3542
非木竹材林产品采集	29504	93678		
畜牧业	4662597	47907190	404147	237779
牲畜饲养	3951511	37891397	279878	172483
牛的饲养	1488601	12792612	201311	86649
马的饲养	8110	154902		

2-1-10 续表 1 单位：万元

行业	投资中: 国有控股投资	投资中: 内资投资	外商投资	港澳台商投资
猪的饲养	1025032	13738062	57406	77959
羊的饲养	1257295	9608372	10311	
骆驼饲养	4310	27529		
其他牲畜饲养	168163	1569920	10850	7875
家禽饲养	368780	7291100	113361	38807
鸡的饲养	277871	5617633	83173	25557
鸭的饲养	21318	575411	15395	
鹅的饲养	25826	208599		
其他家禽饲养	43765	889457	14793	13250
狩猎和捕捉动物	3870	225001		
其他畜牧业	338436	2499692	10908	26489
渔业	645824	8809944	63532	33162
水产养殖	623855	8030783	58242	33162
海水养殖	188930	3127704	38610	1905
内陆养殖	434925	4903079	19632	31257
水产捕捞	21969	779161	5290	
海水捕捞	19664	711699	5290	
内陆捕捞	2305	67462		
农、林、牧、渔服务业	17148788	34924045	56469	24668
农业服务业	15830183	31108933	47603	24668
农业机械服务	1206628	3322996	5746	3098
灌溉服务	6065978	7750042	4031	7960
农产品初加工服务	378919	4356085	24600	2500
其他农业服务	8178658	15679810	13226	11110
林业服务业	633132	1351078	3866	
林业有害生物防治服务	43719	102153		
森林防火服务	153182	169210		
林产品初级加工服务	5953	221154		
其他林业服务	430278	858561	3866	
畜牧服务业	625656	1787250		
渔业服务业	59817	676784	5000	
(二)采矿业	**58052680**	**128268706**	**587905**	**845573**
煤炭开采和洗选业	17082562	39718058	100618	247878
烟煤和无烟煤开采洗选	16112379	36634021	76342	202346
褐煤开采洗选	733962	1968450	22276	
其他煤炭采选	236221	1115587	2000	45532
石油和天然气开采业	31302842	33808488	197204	243567
石油开采	26641020	28224953		236077
天然气开采	4661822	5583535	197204	7490
黑色金属矿采选业	1828311	13577411	56290	23465
铁矿采选	1694659	12250421	7000	1368
锰矿、铬矿采选	38080	868060		12597
其他黑色金属矿采选	95572	458930	49290	9500
有色金属矿采选业	4771390	15729498	81048	71278
常用有色金属矿采选	2716273	9608570	19475	22988
铜矿采选	878608	2612049		486
铅锌矿采选	521444	3298994	13130	1709
镍钴矿采选	15532	82071	6315	1923
锡矿采选	189246	567206		
锑矿采选	46045	138217		
铝矿采选	156664	890818		13072
镁矿采选	12770	198059		
其他常用有色金属矿采选	895964	1821156	30	5798

2-1-10　续表 2　　　　单位：万元

行　　业	投资中：国有控股投资	投资中：内资投资	外商投资	港澳台商投资
贵金属矿采选	1358000	4523447	42851	45490
金矿采选	1189243	3977359	42851	39490
银矿采选	27157	257705		
其他贵金属矿采选	141600	288383		6000
稀有稀土金属矿采选	697117	1597481	18722	2800
钨钼矿采选	302322	949797		
稀土金属矿采选	226729	312707	14362	
放射性金属矿采选	47210	47210		
其他稀有金属矿采选	120856	287767	4360	2800
非金属矿采选业	1101062	20595854	151868	173282
土砂石开采	534758	15255169	89724	115108
石灰石、石膏开采	198205	4151760	35935	18100
建筑装饰用石开采	118237	5135370	37309	10678
耐火土石开采	30347	1017682		
粘土及其他土砂石开采	187969	4950357	16480	86330
化学矿开采	358403	1822142	4431	32814
采盐	64335	687421		17477
石棉及其他非金属矿采选	143566	2831122	57713	7883
石棉、云母矿采选	4946	83866		2990
石墨、滑石采选	50290	488962	7580	4893
宝石、玉石采选	17600	383643	16433	
其他未列明非金属矿采选	70730	1874651	33700	
开采辅助活动	1864767	4169132		75456
煤炭开采和洗选辅助活动	711625	2009861		2550
石油和天然气开采辅助活动	888640	1412581		72906
其他开采辅助活动	264502	746690		
其他采矿业	101746	670265	877	10647
其他采矿业	101746	670265	877	10647
（三）制造业	**137993779**	**1697394485**	**66160743**	**38778794**
农副食品加工业	4063069	105092630	1638101	881261
谷物磨制	778042	19023009	88579	24440
饲料加工	264704	13229947	250208	60801
植物油加工	367872	10063758	205130	92041
食用植物油加工	361716	9008432	182866	77420
非食用植物油加工	6156	1055326	22264	14621
制糖业	309771	1402874	105974	36246
屠宰及肉类加工	385438	16627686	391167	311804
牲畜屠宰	192063	4771933	8398	236139
禽类屠宰	9024	3014364	109249	32828
肉制品及副产品加工	184351	8841389	273520	42837
水产品加工	344379	7827168	159795	119847
水产品冷冻加工	323743	5073779	90853	75468
鱼糜制品及水产品干腌制加工	14931	864664	20604	25829
水产饲料制造		444872	1500	5463
鱼油提取及制品制造	2105	53222		1550
其他水产品加工	3600	1390631	46838	11537
蔬菜、水果和坚果加工	483072	16894544	189643	127257
蔬菜加工	254895	10627611	129194	62705
水果和坚果加工	228177	6266933	60449	64552

2-1-10 续表 3

单位：万元

行业	投资中：国有控股投资	投资中：内资投资	外商投资	港澳台商投资
其他农副食品加工	1129791	20023644	247605	108825
淀粉及淀粉制品制造	236749	4572036	124800	9800
豆制品制造	63795	2939773	39042	17646
蛋品加工	2000	847410	9900	
其他未列明农副食品加工	827247	11664425	73863	81379
食品制造业	1778749	48438265	1449642	1002177
焙烤食品制造	76100	7686420	188380	118630
糕点、面包制造	51410	4034904	29444	43472
饼干及其他焙烤食品制造	24690	3651516	158936	75158
糖果、巧克力及蜜饯制造	61690	2935355	232701	151238
糖果、巧克力制造	52385	1853433	223085	88555
蜜饯制作	9305	1081922	9616	62683
方便食品制造	248153	9119429	178276	134911
米、面制品制造	215803	4691562	40854	49630
速冻食品制造	3745	2035072	39627	19447
方便面及其他方便食品制造	28605	2392795	97795	65834
乳制品制造	377402	3308083	302142	145042
罐头食品制造	31510	3165171	60138	112170
肉、禽类罐头制造	5448	657826	563	4506
水产品罐头制造	649	153790	10138	
蔬菜、水果罐头制造	25413	1695988	37385	46369
其他罐头食品制造		657567	12052	61295
调味品、发酵制品制造	110489	5856679	171719	66801
味精制造	854	728101	37622	
酱油、食醋及类似制品制造	32276	1964060	91110	30353
其他调味品、发酵制品制造	77359	3164518	42987	36448
其他食品制造	873405	16367128	316286	273385
营养食品制造	119004	2184112	45450	91140
保健食品制造	179947	4438046	52967	96724
冷冻饮品及食用冰制造	6200	1015959	15632	2676
盐加工	213090	533029		9799
食品及饲料添加剂制造	29719	3029424	115052	35523
其他未列明食品制造	325445	5166558	87185	37523
酒、饮料和精制茶制造业	2390172	38616655	1426329	857697
酒的制造	1818638	16815090	415327	386062
酒精制造	9260	706907	2276	9599
白酒制造	1258200	10051348	29982	145950
啤酒制造	414106	1759043	335818	197800
黄酒制造	40655	578733		
葡萄酒制造	74915	2060404	32886	18145
其他酒制造	21502	1658655	14365	14568
饮料制造	320980	14662957	990734	409277
碳酸饮料制造	7418	1500892	208747	81089
瓶(罐)装饮用水制造	114503	4061492	161573	54629
果菜汁及果菜汁饮料制造	63353	3318397	139041	79000
含乳饮料和植物蛋白饮料制造	39702	1917346	117637	96750
固体饮料制造	19824	629205	7230	14451
茶饮料及其他饮料制造	76180	3235625	356506	83358
精制茶加工	250554	7138608	20268	62358
烟草制品业	2092661	2615917	32427	5663
烟叶复烤	335170	497006		3150
卷烟制造	1600564	1828252		
其他烟草制品制造	156927	290659	32427	2513

2-1-10　续表 4　　　　单位：万元

行　　业	投资中:	投资中:		
	国　有控股投资	内资投资	外商投资	港澳台商投资
纺织业	1481668	57428989	1088406	1498633
棉纺织及印染精加工	846046	28045779	449975	841923
棉纺纱加工	667252	19095509	143812	320013
棉织造加工	42728	5920807	149671	291391
棉印染精加工	136066	3029463	156492	230519
毛纺织及染整精加工	114544	3305947	66997	65582
毛条和毛纱线加工	12020	1490777	18250	12065
毛织造加工	94342	1530858	7450	35253
毛染整精加工	8182	284312	41297	18264
麻纺织及染整精加工	47844	1330110		71897
麻纤维纺前加工和纺纱	12700	577247		26851
麻织造加工	35009	518400		39832
麻染整精加工	135	234463		5214
丝绢纺织及印染精加工	29600	1697301	18778	21562
缫丝加工	17517	727283		
绢纺和丝织加工	12083	766559	1520	3389
丝印染精加工		203459	17258	18173
化纤织造及印染精加工	198206	4013474	51645	145885
化纤织造加工	122806	3205031	28988	96186
化纤织物染整精加工	75400	808443	22657	49699
针织或钩针编织物及其制品制造	20394	5188812	166055	169688
针织或钩针编织物织造	17829	4175575	108035	126808
针织或钩针编织物印染精加工	2565	277309	33500	22615
针织或钩针编织品制造		735928	24520	20265
家用纺织制成品制造	54448	7554586	114856	76306
床上用品制造	9476	3855522	42468	34783
毛巾类制品制造		1023291	13989	2467
窗帘、布艺类产品制造	26000	561978	15988	12799
其他家用纺织制成品制造	18972	2113795	42411	26257
非家用纺织制成品制造	170586	6292980	220100	105790
非织造布制造	30548	2525527	93039	70715
绳、索、缆制造	8970	567630	11939	3456
纺织带和帘子布制造	18442	608338	18762	13565
篷、帆布制造	82581	789222	41997	
其他非家用纺织制成品制造	30045	1802263	54363	18054
纺织服装、服饰业	627546	43354169	770379	1160769
机织服装制造	460306	28034149	502054	781017
针织或钩针编织服装制造	33836	5807845	110022	132787
服饰制造	133404	9512175	158303	246965
皮革、毛皮、羽毛及其制品和制鞋业	424067	20551217	459362	627516
皮革鞣制加工		1159841	36080	57081
皮革制品制造	107461	6239218	199773	200262
皮革服装制造	60875	1253100	26484	16961
皮箱、包(袋)制造	5280	2518014	85932	115568
皮手套及皮装饰制品制造	7389	867588	52301	39825
其他皮革制品制造	33917	1600516	35056	27908
毛皮鞣制及制品加工	58750	2296797	23148	44835
毛皮鞣制加工		256577	2605	20157
毛皮服装加工	40302	1554684	19028	9399
其他毛皮制品加工	18448	485536	1515	15279

2-1-10 续表 5 单位：万元

行业	投资中：国有控股投资	投资中：内资投资	外商投资	港澳台商投资
羽毛(绒)加工及制品制造	14051	1247125	22563	8851
羽毛(绒)加工	13511	487186		4200
羽毛(绒)制品加工	540	759939	22563	4651
制鞋业	243805	9608236	177798	316487
纺织面料鞋制造	11300	1611814	39731	34838
皮鞋制造	156649	4970547	60569	136462
塑料鞋制造		662696	9950	19054
橡胶鞋制造	18770	762530	35716	42995
其他制鞋业	57086	1600649	31832	83138
木材加工和木、竹、藤、棕、草制品业	762349	40677384	232092	256547
木材加工	334256	11552630	21267	47704
锯材加工	174106	3030690	6132	1005
木片加工	65695	2868105	3210	11700
单板加工	300	2511063	7375	13025
其他木材加工	94155	3142772	4550	21974
人造板制造	140603	13147128	90778	53782
胶合板制造	104139	7219657	76599	22801
纤维板制造	4444	2046487	5986	1500
刨花板制造	16012	1048279	1998	4670
其他人造板制造	16008	2832705	6195	24811
木制品制造	212164	11308196	104664	112391
建筑用木料及木材组件加工	22244	2937701	16271	26312
木门窗、楼梯制造	170015	3166024	28577	4500
地板制造	10748	1563187	55961	47760
木制容器制造		852212		20370
软木制品及其他木制品制造	9157	2789072	3855	13449
竹、藤、棕、草等制品制造	75326	4669430	15383	42670
竹制品制造	65453	4031948	13783	29990
藤制品制造		118157		12680
棕制品制造	899	71983		
草及其他制品制造	8974	447342	1600	
家具制造业	550227	28040673	404004	373637
木质家具制造	390270	21052767	324476	219321
竹、藤家具制造	39227	568543	9785	
金属家具制造	90842	2631006	41766	40906
塑料家具制造	1615	506625	1396	1024
其他家具制造	28273	3281732	26581	112386
造纸和纸制品业	435847	25202568	1717366	1208039
纸浆制造		512376	13239	10600
木竹浆制造		330320	13239	4900
非木竹浆制造		182056		5700
造纸	313915	9017482	1150228	706713
机制纸及纸板制造	253677	7164436	1097286	518456
手工纸制造		308260	800	150000
加工纸制造	60238	1544786	52142	38257
纸制品制造	121932	15672710	553899	490726
纸和纸板容器制造	44334	7511743	178448	195380
其他纸制品制造	77598	8160967	375451	295346
印刷和记录媒介复制业	839544	17935453	230323	330185
印刷	766979	16774026	208865	321550

2-1-10 续表 6

单位：万元

行 业	投资中：国有控股投资	投资中：内资投资	外商投资	港澳台商投资
书、报刊印刷	176880	2367207	12900	46761
本册印制	204370	842634	9900	10385
包装装潢及其他印刷	385729	13564185	186065	264404
装订及印刷相关服务	62327	1071449	2036	4885
记录媒介复制	10238	89978	19422	3750
文教、工美、体育和娱乐用品制造业	440245	21892494	639338	751655
文教办公用品制造	46570	2079512	48165	31247
文具制造		644418	3726	21979
笔的制造	22064	458532	5112	2591
教学用模型及教具制造	22500	373340		
墨水、墨汁制造		90532		
其他文教办公用品制造	2006	512690	39327	6677
乐器制造	91041	896791	18227	29343
中乐器制造	13500	205267		
西乐器制造	2005	295686	600	13335
电子乐器制造		153107	7398	8400
其他乐器及零件制造	75536	242731	10229	7608
工艺美术品制造	217537	11851487	138414	379503
雕塑工艺品制造	107621	2380181	20558	94743
金属工艺品制造	22880	1480699	8973	68993
漆器工艺品制造		173976	335	
花画工艺品制造	12110	233948		6341
天然植物纤维编织工艺品制造	4000	732668	37265	11767
抽纱刺绣工艺品制造	9613	686243	5150	16704
地毯、挂毯制造	3645	939733	12132	9921
珠宝首饰及有关物品制造	31291	1554266	18222	75464
其他工艺美术品制造	26377	3669773	35779	95570
体育用品制造	20800	3411617	103255	118859
球类制造		284271	8500	2065
体育器材及配件制造	20800	1305841	33842	54683
训练健身器材制造		675269	21544	38880
运动防护用具制造		213263	2250	9948
其他体育用品制造		932973	37119	13283
玩具制造	21674	2627620	261349	182400
游艺器材及娱乐用品制造	42623	1025467	69928	10303
露天游乐场所游乐设备制造	34823	543129	27000	2608
游艺用品及室内游艺器材制造		237227	1910	7695
其他娱乐用品制造	7800	245111	41018	
石油加工、炼焦和核燃料加工业	8269635	22996414	1558346	831723
精炼石油产品制造	6987550	17668352	1484401	663166
原油加工及石油制品制造	6817619	16418217	1484401	656586
人造原油制造	169931	1250135		6580
炼焦	1282085	5328062	73945	168557
化学原料和化学制品制造业	18363072	141583751	5466685	2858387
基础化学原料制造	11428446	49503764	1913812	782167
无机酸制造	327985	3241071	7750	17433
无机碱制造	540770	2204118	22317	38454
无机盐制造	743174	3993869	11547	144069
有机化学原料制造	8775546	29986648	1160583	359727
其他基础化学原料制造	1040971	10078058	711615	222484

2-1-10 续表 7

单位：万元

行　　业	投资中: 国　有 控股投资	投资中: 内资投资	外商投资	港澳台 商投资
肥料制造	1250769	18446743	212762	58236
氮肥制造	490308	3071768	21913	33854
磷肥制造	207591	944539		
钾肥制造	157497	989653	3052	
复混肥料制造	274918	6030143	125626	5857
有机肥料及微生物肥料制造	84035	5990877	62171	18525
其他肥料制造	36420	1419763		
农药制造	212905	4804477	171395	41843
化学农药制造	198916	3260599	136961	34588
生物化学农药及微生物农药制造	13989	1543878	34434	7255
涂料、油墨、颜料及类似产品制造	142286	10821399	693034	291829
涂料制造	104112	7090988	271254	212362
油墨及类似产品制造	6000	545354	2529	23526
颜料制造	29047	1372950	194441	12754
染料制造		1179773	108853	41043
密封用填料及类似品制造	3127	632334	115957	2144
合成材料制造	2773482	17265186	991487	911455
初级形态塑料及合成树脂制造	1324228	6932213	620520	498331
合成橡胶制造	92996	1710614	46931	64693
合成纤维单(聚合)体制造	1294477	3468533	81501	234922
其他合成材料制造	61781	5153826	242535	113509
专用化学产品制造	2158575	29921161	1202940	546779
化学试剂和助剂制造	870367	10706542	238332	188430
专项化学用品制造	717126	9340296	485792	190759
林产化学产品制造	40127	882006	20350	16610
信息化学品制造	321582	2356534	247806	94928
环境污染处理专用药剂材料制造	30166	1726308	36303	7060
动物胶制造	12158	395308	35767	
其他专用化学产品制造	167049	4514167	138590	48992
炸药、火工及焰火产品制造	318896	5336248	14603	13612
焰火、鞭炮产品制造	318896	5336248	14603	13612
日用化学产品制造	77713	5484773	266652	212466
肥皂及合成洗涤剂制造	11722	1528556	69792	43324
化妆品制造	19700	1171564	56819	64276
口腔清洁用品制造		85911	28647	
香料、香精制造	31070	1292085	46168	71948
其他日用化学产品制造	15221	1406657	65226	32918
医药制造业	3899527	54645580	1865936	1607245
化学药品原料药制造	635522	9677417	409339	533796
化学药品制剂制造	646702	7852764	565916	345982
中药饮片加工	456271	8412720	58786	70275
中成药生产	721570	10134539	273932	346670
兽用药品制造	53441	1996263	85894	24135
生物药品制造	1043362	11031101	259295	172030
卫生材料及医药用品制造	342659	5540776	212774	114357
化学纤维制造业	879617	10455026	248733	418306
纤维素纤维原料及纤维制造	181978	1916600	79361	106044
化纤浆粕制造	11151	274662	4180	20100
人造纤维(纤维素纤维)制造	170827	1641938	75181	85944
合成纤维制造	697639	8538426	169372	312262
锦纶纤维制造	566255	1747353	4832	66077
涤纶纤维制造	8730	3083806	92786	79344

2-1-10 续表 8　　　　单位：万元

行　　业	投资中：国有控股投资	投资中：内资投资	外商投资	港澳台商投资
腈纶纤维制造	29064	220376		5924
维纶纤维制造	7880	313307	2538	18807
丙纶纤维制造	8208	191832	48500	500
氨纶纤维制造		516887	7642	111021
其他合成纤维制造	77502	2464865	13074	30589
橡胶和塑料制品业	1323338	62208594	1476624	1622544
橡胶制品业	590289	14840154	607497	558280
轮胎制造	448983	5271644	382968	357912
橡胶板、管、带制造	44379	3442533	45171	30421
橡胶零件制造		1811543	85756	43083
再生橡胶制造	1499	1096999	9860	5600
日用及医用橡胶制品制造	40861	891555	22074	31813
其他橡胶制品制造	54567	2325880	61668	89451
塑料制品业	733049	47368440	869127	1064264
塑料薄膜制造	99761	5934385	173258	276534
塑料板、管、型材制造	332856	11387689	52695	213076
塑料丝、绳及编织品制造	40506	4897604	40699	18741
泡沫塑料制造	50620	2204582	37144	14287
塑料人造革、合成革制造	8380	773504	9335	45467
塑料包装箱及容器制造	34481	5536062	118103	79711
日用塑料制品制造	69557	4326472	87022	104740
塑料零件制造	17161	2764302	140753	126090
其他塑料制品制造	79727	9543840	210118	185618
非金属矿物制品业	5442691	164575399	1256453	1644491
水泥、石灰和石膏制造	1362898	13425517	81955	176192
水泥制造	1301903	9646922	81022	173442
石灰和石膏制造	60995	3778595	933	2750
石膏、水泥制品及类似制品制造	1096631	30675487	111589	137556
水泥制品制造	582917	16108043	53692	104150
砼结构构件制造	306664	4711971	3955	14540
石棉水泥制品制造	19114	564178		2790
轻质建筑材料制造	85835	5685772	53942	4796
其他水泥类似制品制造	102101	3605523		11280
砖瓦、石材等建筑材料制造	1318276	66409399	206464	334040
粘土砖瓦及建筑砌块制造	240114	16713881	32422	20907
建筑陶瓷制品制造	119568	8057611	24406	36942
建筑用石加工	383318	16839146	68837	130715
防水建筑材料制造	57576	3725872		11707
隔热和隔音材料制造	25990	5447961	38728	1600
其他建筑材料制造	491710	15624928	42071	132169
玻璃制造	323010	6289729	57571	278544
平板玻璃制造	260617	2495395	24124	186833
其他玻璃制造	62393	3794334	33447	91711
玻璃制品制造	309316	11040629	330882	292150
技术玻璃制品制造	128867	2817619	170630	101598
光学玻璃制造	30727	737401	68338	13147
玻璃仪器制造		309865	500	7651
日用玻璃制品制造	47484	2133544	47972	9080
玻璃包装容器制造	20332	1057137	11150	14710
玻璃保温容器制造		293386	4897	
制镜及类似品加工	7526	374460	10355	
其他玻璃制品制造	74380	3317217	17040	145964

2-1-10 续表 9 单位：万元

行　　业	投资中: 国　有 控股投资	投资中: 内资投资	外商投资	港澳台 商投资
玻璃纤维和玻璃纤维增强塑料制品制造	152253	4295603	40278	76314
玻璃纤维及制品制造	143186	2712262	30286	63375
玻璃纤维增强塑料制品制造	9067	1583341	9992	12939
陶瓷制品制造	276306	8984880	248785	224069
卫生陶瓷制品制造	32282	1121267	60402	96062
特种陶瓷制品制造	96255	3028814	66321	44280
日用陶瓷制品制造	132554	3427305	94749	71382
园林、陈设艺术及其他陶瓷制品制造	15215	1407494	27313	12345
耐火材料制品制造	173443	9036404	93061	15731
石棉制品制造	22162	787779	13704	
云母制品制造	4889	465982	3600	4800
耐火陶瓷制品及其他耐火材料制造	146392	7782643	75757	10931
石墨及其他非金属矿物制品制造	430558	14417751	85868	109895
石墨及碳素制品制造	321406	5449177	41555	
其他非金属矿物制品制造	109152	8968574	44313	109895
黑色金属冶炼和压延加工业	8230305	40850565	774751	946548
炼铁	441788	2104803	56423	4300
炼钢	4364688	8200144	128742	51200
黑色金属铸造	115682	6795502	177786	61917
钢压延加工	3142603	19885614	401065	749491
铁合金冶炼	165544	3864502	10735	79640
有色金属冶炼和压延加工业	5784560	53293635	677425	1830278
常用有色金属冶炼	3250257	14518379	112836	282615
铜冶炼	520878	2150603	33701	172189
铅锌冶炼	318766	2298586	24324	
镍钴冶炼	124328	973825	13396	5640
锡冶炼	111324	422108		
锑冶炼	21020	178819		
铝冶炼	1432303	5447651	21100	103028
镁冶炼	545831	847025		1758
其他常用有色金属冶炼	175807	2199762	20315	
贵金属冶炼	313216	1741987	5498	32650
金冶炼	120533	387675	5485	32650
银冶炼	124618	857180		
其他贵金属冶炼	68065	497132	13	
稀有稀土金属冶炼	221083	1742124	14796	19829
钨钼冶炼	77605	577923	11098	
稀土金属冶炼	58933	727245	2724	19829
其他稀有金属冶炼	84545	436956	974	
有色金属合金制造	494781	8185065	32935	29005
有色金属铸造	34793	2083358	60486	1075
有色金属压延加工	1470430	25022722	450874	1465104
铜压延加工	188807	4590117	66412	132439
铝压延加工	1099010	16287314	178480	1306817
贵金属压延加工	9677	510271		8524
稀有稀土金属压延加工	44304	663724	12878	1147
其他有色金属压延加工	128632	2971296	193104	16177
金属制品业	3470451	91185074	2045779	1675536
结构性金属制品制造	1426191	36575707	475500	221118
金属结构制造	1378542	26193978	443466	178982
金属门窗制造	47649	10381729	32034	42136

2-1-10　续表 10　　　　单位：万元

行　　业	投资中:	投资中:		
	国　　有 控股投资	内资投资	外商投资	港澳台 商投资
金属工具制造	359788	8125048	350925	143914
切削工具制造	153446	2395349	189640	60421
手工具制造	14200	1036987	45551	23505
农用及园林用金属工具制造	9389	1006209	10336	
刀剪及类似日用金属工具制造		587081	14841	1780
其他金属工具制造	182753	3099422	90557	58208
集装箱及金属包装容器制造	380167	5137797	312152	389687
集装箱制造	69980	439334	36048	108947
金属压力容器制造	266167	2205978	49287	29496
金属包装容器制造	44020	2492485	226817	251244
金属丝绳及其制品制造	105325	4335363	36040	30128
建筑、安全用金属制品制造	415338	11426440	118703	132890
建筑、家具用金属配件制造	63149	3729881	28928	73473
建筑装饰及水暖管道零件制造	99742	4045372	42471	27258
安全、消防用金属制品制造	42587	2041489	20324	6028
其他建筑、安全用金属制品制造	209860	1609698	26980	26131
金属表面处理及热处理加工	15572	5023474	224480	87838
搪瓷制品制造		1277617	22648	17575
生产专用搪瓷制品制造		191091		
建筑装饰搪瓷制品制造		392330	1745	7537
搪瓷卫生洁具制造		481910	4750	10038
搪瓷日用品及其他搪瓷制品制造		212286	16153	
金属制日用品制造	22520	5549140	151436	158839
金属制厨房用器具制造	9770	1668801	40445	16845
金属制餐具和器皿制造		1083127	30850	63497
金属制卫生器具制造	3000	255758	18719	15000
其他金属制日用品制造	9750	2541454	61422	63497
其他金属制品制造	745550	13734488	353895	493547
锻件及粉末冶金制品制造	140058	4762025	132060	79583
交通及公共管理用金属标牌制造	12220	682136		11870
其他未列明金属制品制造	593272	8290327	221835	402094
通用设备制造业	4715173	128508123	3449818	1681356
锅炉及原动设备制造	909449	10889598	280633	193031
锅炉及辅助设备制造	125281	5241578	61789	97447
内燃机及配件制造	401174	3145750	124458	49181
汽轮机及辅机制造	132063	524497	16335	19191
水轮机及辅机制造	60400	399340	1641	
风能原动设备制造	113331	685345	76410	4004
其他原动设备制造	77200	893088		23208
金属加工机械制造	643031	27985078	360989	197008
金属切削机床制造	124064	4122696	59458	46123
金属成形机床制造	206978	3363235	38947	15356
铸造机械制造	31155	6359857	105473	12232
金属切割及焊接设备制造	38990	2574875	78511	67578
机床附件制造	105393	2198230	2700	7267
其他金属加工机械制造	136451	9366185	75900	48452
物料搬运设备制造	420422	13153745	650404	190013
轻小型起重设备制造		1354331	18658	21225
起重机制造	292363	3360263	108804	961

2-1-10 续表 11

单位：万元

行　　业	投资中: 国　有 控股投资	投资中: 内资投资	外商投资	港澳台 商投资
生产专用车辆制造	33130	1902747	23652	26284
连续搬运设备制造	21982	1411819	16583	14612
电梯、自动扶梯及升降机制造	39263	3931065	378896	119642
其他物料搬运设备制造	33684	1193520	103811	7289
泵、阀门、压缩机及类似机械制造	483021	16661449	518898	259556
泵及真空设备制造	160195	4807426	103479	59859
气体压缩机械制造	55239	2036069	100649	54071
阀门和旋塞制造	87608	4925609	117520	90990
液压和气压动力机械及元件制造	179979	4892345	197250	54636
轴承、齿轮和传动部件制造	466271	13325980	529342	119403
轴承制造	185697	6867826	397034	40045
齿轮及齿轮减、变速箱制造	210743	4604831	81886	64004
其他传动部件制造	69831	1853323	50422	15354
烘炉、风机、衡器、包装等设备制造	610647	14140703	391105	152471
烘炉、熔炉及电炉制造	10039	1624465	25820	4405
风机、风扇制造	181451	2132969	5638	4043
气体、液体分离及纯净设备制造	199737	1829518	74497	22422
制冷、空调设备制造	187140	5225502	163887	79804
风动和电动工具制造		1154775	37956	20319
喷枪及类似器具制造	27960	240076	8723	4840
衡器制造		454990	7754	687
包装专用设备制造	4320	1478408	66830	15951
文化、办公用机械制造	67536	1337972	120528	50511
电影机械制造	8234	47503	1090	
幻灯及投影设备制造	671	73482	3001	800
照相机及器材制造		141060	23486	5900
复印和胶印设备制造	35713	450937	80604	21721
计算器及货币专用设备制造	10218	149766	3932	2849
其他文化、办公用机械制造	12700	475224	8415	19241
通用零部件制造	407962	22330842	296450	208191
金属密封件制造	7335	1289456	43684	28149
紧固件制造	42535	2901160	57983	80709
弹簧制造		635942	17432	9696
机械零部件加工	296953	13386836	125762	60384
其他通用零部件制造	61139	4117448	51589	29253
其他通用设备制造业	706834	8682756	301469	311172
专用设备制造业	7264195	118105551	3222019	2206010
采矿、冶金、建筑专用设备制造	3007708	31935722	511514	393178
矿山机械制造	948249	11648539	57093	38223
石油钻采专用设备制造	1181173	7504051	75360	134792
建筑工程用机械制造	396572	5590950	313313	128386
海洋工程专用设备制造	222618	1361929	25587	63260
建筑材料生产专用机械制造	25055	3525030	28192	27505
冶金专用设备制造	234041	2305223	11969	1012
化工、木材、非金属加工专用设备制造	924585	17769945	558386	812722
炼油、化工生产专用设备制造	265528	3332457	80034	11089
橡胶加工专用设备制造	60699	890490	17600	5400
塑料加工专用设备制造	133196	2155936	63697	291776
木材加工机械制造	62052	1001464	1732	29033
模具制造	161647	8236026	358447	475424
其他非金属加工专用设备制造	241463	2153572	36876	

2-1-10　续表 12　　　　　　　　单位：万元

行　　业	投资中:	投资中:		
	国　　有 控股投资	内资投资	外商投资	港澳台 商投资
食品、饮料、烟草及饲料生产专用设备制造	123168	4043063	93148	15620
食品、酒、饮料及茶生产专用设备制造	34334	1507360	44285	15620
农副食品加工专用设备制造	55838	1868923	48863	
烟草生产专用设备制造	32996	217279		
饲料生产专用设备制造		449501		
印刷、制药、日化及日用品生产专用设备制造	231380	7149902	89007	46005
制浆和造纸专用设备制造	63384	928505	27312	3178
印刷专用设备制造	24013	1958970	9094	15421
日用化工专用设备制造	49415	782851	1115	
制药专用设备制造	47363	760715	2950	
照明器具生产专用设备制造	29384	1342536	26000	11085
玻璃、陶瓷和搪瓷制品生产专用设备制造		646838	9279	7392
其他日用品生产专用设备制造	17821	729487	13257	8929
纺织、服装和皮革加工专用设备制造	161115	3463747	131064	135520
纺织专用设备制造	161115	2506220	84167	118286
皮革、毛皮及其制品加工专用设备制造		279826	14925	7859
缝制机械制造		505505	23238	2375
洗涤机械制造		172196	8734	7000
电子和电工机械专用设备制造	774457	9136677	678679	226288
电工机械专用设备制造	171044	3679479	105676	23867
电子工业专用设备制造	603413	5457198	573003	202421
农、林、牧、渔专用机械制造	264015	10707598	180466	170733
拖拉机制造	70880	1305719	2896	27454
机械化农业及园艺机具制造	79229	3676612	73561	112051
营林及木竹采伐机械制造		169514	20000	
畜牧机械制造	17675	750050	19531	12354
渔业机械制造	4800	202729	5968	
农林牧渔机械配件制造	64332	2208189	28115	16423
棉花加工机械制造	1500	221777	4005	
其他农、林、牧、渔业机械制造	25599	2173008	26390	2451
医疗仪器设备及器械制造	416613	9062853	483841	228248
医疗诊断、监护及治疗设备制造	86845	2686580	213850	73505
口腔科用设备及器具制造	20000	276227	810	1284
医疗实验室及医用消毒设备和器具制造	13783	913157	8287	4730
医疗、外科及兽医用器械制造	77449	1655352	65438	26252
机械治疗及病房护理设备制造	24033	742364	68346	21705
假肢、人工器官及植(介)入器械制造	10545	383673	32076	18500
其他医疗设备及器械制造	183958	2405500	95034	82272
环保、社会公共服务及其他专用设备制造	1361154	24836044	495914	177696
环境保护专用设备制造	727370	12495984	122069	44697
地质勘查专用设备制造	87672	427157	170	3548
邮政专用机械及器材制造		38383		1724
商业、饮食、服务专用设备制造	31640	205107	3540	
社会公共安全设备及器材制造	99202	1516842	49031	1027
交通安全、管制及类似专用设备制造	54616	648483	6000	7903
水资源专用机械制造	103387	856566	9900	19427
其他专用设备制造	257267	8647522	305204	99370
汽车制造业	18171554	97438570	15902394	1811922
汽车整车制造	10670551	14381351	9011152	416064

2-1-10 续表 13

单位：万元

行　　业	投资中: 国　　有 控股投资	投资中: 内资投资	外商投资	港澳台 商投资
改装汽车制造	376551	3102460	28540	9400
低速载货汽车制造	139261	638415	10521	
电车制造	191659	3403514	34739	25858
汽车车身、挂车制造	206812	1799758	258977	81279
汽车零部件及配件制造	6586720	74113072	6558465	1279321
铁路、船舶、航空航天和其他运输设备制造业	8553905	30600290	1159296	503513
铁路运输设备制造	1638903	5714318	308181	65401
铁路机车车辆及动车组制造	540425	982991	570	7131
窄轨机车车辆制造		129668		
铁路机车车辆配件制造	866766	2477468	131764	4300
铁路专用设备及器材、配件制造	144677	1857958		7955
其他铁路运输设备制造	87035	266233	175847	46015
城市轨道交通设备制造	375720	832822	43467	13760
船舶及相关装置制造	1725876	7544876	259104	80953
金属船舶制造	620395	2289451	69386	72645
非金属船舶制造	17197	358141	48688	
娱乐船和运动船制造		984442	5083	
船用配套设备制造	681985	3110519	127429	8308
船舶改装与拆除	22232	169114	8518	
航标器材及其他相关装置制造	384067	633209		
摩托车制造	484124	3802449	105040	56971
摩托车整车制造	126308	1253339	16350	17352
摩托车零部件及配件制造	357816	2549110	88690	39619
自行车制造	331278	4265436	167664	94119
脚踏自行车及残疾人座车制造	320499	1021662	68284	84608
助动自行车制造	10779	3243774	99380	9511
非公路休闲车及零配件制造		859566	20076	14827
潜水救捞及其他未列明运输设备制造	3998004	7580823	255764	177482
其他未列明运输设备制造	3998004	7580823	255764	177482
电气机械和器材制造业	5735622	106814963	3288047	3042329
电机制造	962630	11292412	452707	373713
发电机及发电机组制造	664975	5354402	110885	43444
电动机制造	170718	3349543	149607	10440
微电机及其他电机制造	126937	2588467	192215	319829
输配电及控制设备制造	2316098	37749927	786349	1002230
变压器、整流器和电感器制造	592099	7316008	44814	125086
电容器及其配套设备制造	9531	1709742	24149	12398
配电开关控制设备制造	146390	6230083	133409	51889
电力电子元器件制造	396017	7938922	294153	233928
光伏设备及元器件制造	358969	10109417	177650	489305
其他输配电及控制设备制造	813092	4445755	112174	89624
电线、电缆、光缆及电工器材制造	839914	16992782	303793	151242
电线、电缆制造	574074	12291925	192014	105518
光纤、光缆制造	122866	1685227	56381	6289
绝缘制品制造	45550	1434673	34360	10893
其他电工器材制造	97424	1580957	21038	28542
电池制造	547875	10880871	601895	654135
锂离子电池制造	233531	6117475	283123	492131
镍氢电池制造	41376	611000	8848	31709
其他电池制造	272968	4152396	309924	130295

2-1-10　续表 14

单位：万元

行　　业	投资中：国有控股投资	投资中：内资投资	外商投资	港澳台商投资
家用电力器具制造	317337	8862893	768003	469540
家用制冷电器具制造	82313	1967425	258608	75430
家用空气调节器制造	63447	1008830	176151	34237
家用通风电器具制造		406477	17133	39166
家用厨房电器具制造	58545	2047617	76027	158207
家用清洁卫生电器具制造		489442	87820	21269
家用美容、保健电器具制造		297716	18932	13756
家用电力器具专用配件制造	31771	1179679	77851	48002
其他家用电力器具制造	81261	1465707	55481	79473
非电力家用器具制造	132808	4492791	71319	45265
燃气、太阳能及类似能源家用器具制造	126473	4156616	64764	45265
其他非电力家用器具制造	6335	336175	6555	
照明器具制造	265279	10659503	232729	255561
电光源制造	25724	2152416	42390	84603
照明灯具制造	147869	7161158	157842	147375
灯用电器附件及其他照明器具制造	91686	1345929	32497	23583
其他电气机械及器材制造	353681	5883784	71252	90643
电气信号设备装置制造	47772	947216	34360	17295
其他未列明电气机械及器材制造	305909	4936568	36892	73348
计算机、通信和其他电子设备制造业	12313310	71486959	12618250	6255372
计算机制造	1288318	8485295	1415094	1081074
计算机整机制造	368921	1418909	309911	116360
计算机零部件制造	391947	3620308	535161	672738
计算机外围设备制造	127132	987225	409297	206165
其他计算机制造	400318	2458853	160725	85811
通信设备制造	2003078	9934606	1050487	906376
通信系统设备制造	1138238	5224343	305525	202695
通信终端设备制造	864840	4710263	744962	703681
广播电视设备制造	79348	1934770	173343	81162
广播电视节目制作及发射设备制造	2210	384170	12202	1980
广播电视接收设备及器材制造	11133	1016184	42800	45863
应用电视设备及其他广播电视设备制造	66005	534416	118341	33319
视听设备制造	311162	1783001	306284	349587
电视机制造	187103	764318	86933	131505
音响设备制造	97891	663490	69873	84632
影视录放设备制造	26168	355193	149478	133450
电子器件制造	6051237	21426537	7243681	1655624
电子真空器件制造	36682	748503	90999	31999
半导体分立器件制造	82342	932588	244597	38450
集成电路制造	439933	2107805	3738377	868141
光电子器件及其他电子器件制造	5492280	17637641	3169708	717034
电子元件制造	1004110	16746716	1722762	1852946
电子元件及组件制造	899070	14426083	1227360	1263493
印制电路板制造	105040	2320633	495402	589453
其他电子设备制造	1576057	11176034	706599	328603
仪器仪表制造业	1320112	15409980	643684	405687
通用仪器仪表制造	565760	7625418	318510	153237
工业自动控制系统装置制造	219127	3696444	167348	16046
电工仪器仪表制造	101792	1335549	11110	16146
绘图、计算及测量仪器制造	87145	615289	14702	23941

2-1-10 续表 15

单位：万元

行 业	投资中：国有控股投资	投资中：内资投资	外商投资	港澳台商投资
实验分析仪器制造	37344	480283	64179	3481
试验机制造		191242	18023	
供应用仪表及其他通用仪器制造	120352	1306611	43148	93623
专用仪器仪表制造	412121	3565957	204075	50044
环境监测专用仪器仪表制造	7446	621243	41174	
运输设备及生产用计数仪表制造	5500	438948	80690	7589
农林牧渔专用仪器仪表制造	185000	230866		
地质勘探和地震专用仪器制造	46758	105675	14578	
教学专用仪器制造	1851	181877		
电子测量仪器制造	17910	594991	18663	5285
其他专用仪器制造	147656	1392357	48970	37170
钟表与计时仪器制造	17719	483901	6712	80749
光学仪器及眼镜制造	170453	1929365	62658	83583
光学仪器制造	166883	1611036	44083	62687
眼镜制造	3570	318329	18575	20896
其他仪器仪表制造业	154059	1805339	51729	38074
其他制造业	6108400	21477296	158335	160244
日用杂品制造	32306	2111470	22701	67294
鬃毛加工、制刷及清扫工具制造	8722	604898	4000	6020
其他日用杂品制造	23584	1506572	18701	61274
煤制品制造	110002	2144509		
其他未列明制造业	5966092	17221317	135634	92950
废弃资源综合利用业	1129239	12601314	223986	295969
金属废料和碎屑加工处理	578591	6972526	212621	262817
非金属废料和碎屑加工处理	550648	5628788	11365	33152
金属制品、机械和设备修理业	1132929	3310987	36413	27555
金属制品修理	16941	209090	11212	4004
通用设备修理	103609	458574		
专用设备修理	354686	764810		
铁路、船舶、航空航天等运输设备修理	570567	1091605	19201	20561
铁路运输设备修理	11662	80804		
船舶修理	326667	531179	1306	8362
航空航天器修理	135975	232954	17895	12199
其他运输设备修理	96263	246668		
电气设备修理	48432	147635		
仪器仪表修理		52094		
其他机械和设备修理业	38694	587179	6000	2990
(四)电力、热力、燃气及水生产和供应业	**165188471**	**260265558**	**2515736**	**4314989**
电力、热力生产和供应业	128504835	197382303	1720974	3500863
电力生产	76430450	133257797	1542200	3290648
火力发电	27138540	34076047	791714	1998427
水力发电	14398265	20625523	24894	46445
核力发电	8780345	8797364		110
风力发电	18350458	31577962	543170	696161
太阳能发电	6066122	30392016	89304	358641
其他电力生产	1696720	7788885	93118	190864
电力供应	44513027	48238526	5261	50330
热力生产和供应	7561358	15885980	173513	159885
燃气生产和供应业	8455409	22198224	530503	586171
燃气生产和供应业	8455409	22198224	530503	586171

2-1-10 续表 16

单位：万元

行业	投资中：国有控股投资	投资中：内资投资	外商投资	港澳台商投资
水的生产和供应业	28228227	40685031	264259	227955
自来水生产和供应	14003751	19049231	38473	100501
污水处理及其再生利用	12167783	18613343	198927	113654
其他水的处理、利用与分配	2056693	3022457	26859	13800
(五)建筑业	**26391597**	**48857863**	**70274**	**38874**
房屋建筑业	7015333	15314311	29665	18758
房屋建筑业	7015333	15314311	29665	18758
土木工程建筑业	17369212	24792258	26717	15616
铁路、道路、隧道和桥梁工程建筑	11851189	15738638	26717	3706
铁路工程建筑	546848	650901		
公路工程建筑	5282392	6489253		
市政道路工程建筑	3684940	5361729		3706
其他道路、隧道和桥梁工程建筑	2337009	3236755	26717	
水利和内河港口工程建筑	2967090	3808407		3850
水源及供水设施工程建筑	1047265	1461429		3850
河湖治理及防洪设施工程建筑	1527252	1848385		
港口及航运设施工程建筑	392573	498593		
海洋工程建筑	23463	475912		
工矿工程建筑	151965	468657		4560
架线和管道工程建筑	1068390	1597387		3500
架线及设备工程建筑	345466	634143		
管道工程建筑	722924	963244		3500
其他土木工程建筑	1307115	2703257		
建筑安装业	714570	2568512		
电气安装	185910	511462		
管道和设备安装	301846	749344		
其他建筑安装业	226814	1307706		
建筑装饰和其他建筑业	1292482	6182782	13892	4500
建筑装饰业	208012	2682345		
工程准备活动	286986	856321		
建筑物拆除活动	117315	293814		
其他工程准备活动	169671	562507		
提供施工设备服务	6920	218730	3897	
其他未列明建筑业	790564	2425386	9995	4500
(六)批发和零售业	**16354980**	**182490993**	**2397372**	**1925881**
批发业	6376267	92139533	1420730	742017
农、林、牧产品批发	1263212	10260832	21097	15185
谷物、豆及薯类批发	321382	2860449		1745
种子批发	52041	808173	2000	
饲料批发	96963	391418		
棉、麻批发	47496	346483		
林业产品批发	149044	1284590	2600	
牲畜批发	20521	444782		
其他农牧产品批发	575765	4124937	16497	13440
食品、饮料及烟草制品批发	1320432	12505723	764272	166139
米、面制品及食用油批发	121088	1159657	19588	
糕点、糖果及糖批发	1500	219654		
果品、蔬菜批发	510255	4885217	495567	89989
肉、禽、蛋、奶及水产品批发	247950	2280034	10577	500
盐及调味品批发	73716	185039		

2-1-10 续表 17

单位：万元

行　　业	投资中：国有控股投资	投资中：内资投资	外商投资	港澳台商投资
营养和保健品批发	10041	216995	400	19736
酒、饮料及茶叶批发	26532	1304581	16450	49460
烟草制品批发	219669	350966		5803
其他食品批发	109681	1903580	221690	651
纺织、服装及家庭用品批发	328085	11007882	120092	85520
纺织品、针织品及原料批发	70962	3760954		
服装批发	127356	2636663	16043	29895
鞋帽批发	27726	321396		45
化妆品及卫生用品批发	19420	381251		
厨房、卫生间用具及日用杂货批发	15802	658706		953
灯具、装饰物品批发		837195		
家用电器批发	23000	985107	86105	38339
其他家庭用品批发	43819	1426610	17944	16288
文化、体育用品及器材批发	84591	1879641	4583	13904
文具用品批发	10846	417809		3544
体育用品及器材批发	8242	216884	4583	
图书批发	43447	216171		
报刊批发		10517		
音像制品及电子出版物批发		122121		
首饰、工艺品及收藏品批发	3760	549614		10360
其他文化用品批发	18296	346525		
医药及医疗器材批发	175271	3559700	85236	
西药批发	50116	1123935		
中药批发	54404	939000		
医疗用品及器材批发	70751	1496765	85236	
矿产品、建材及化工产品批发	1826828	25859733	156621	204497
煤炭及制品批发	176947	1939284	5700	528
石油及制品批发	841505	4054866	93781	34123
非金属矿及制品批发	20086	820767		
金属及金属矿批发	106203	3368263	3851	19302
建材批发	599083	12719852	45289	149148
化肥批发	31266	704863	8000	
农药批发	9317	189842		
农用薄膜批发		26251		
其他化工产品批发	42421	2035745		1396
机械设备、五金产品及电子产品批发	641143	15641600	97458	141238
农业机械批发	64297	1172745		
汽车批发	140547	2679934	3900	5849
汽车零配件批发	30500	1612039		5524
摩托车及零配件批发	2700	257738		
五金产品批发	120350	3181933	49881	76524
电气设备批发	33577	1404072	1116	
计算机、软件及辅助设备批发	4026	678790	800	26843
通讯及广播电视设备批发	9269	343590	17009	
其他机械设备及电子产品批发	235877	4310759	24752	26498
贸易经纪与代理	196375	5010696	23650	72915
贸易代理	122034	3533323	1833	12687
拍卖		15176		
其他贸易经纪与代理	74341	1462197	21817	60228

2-1-10　续表 18　　　　　　　　　　　　　　　　　单位：万元

行　　业	投资中：国有控股投资	投资中：内资投资	外商投资	港澳台商投资
其他批发业	540330	6413726	147721	42619
再生物资回收与批发	58941	1577782	102361	17403
其他未列明批发业	481389	4835944	45360	25216
零售业	9978713	90351460	976642	1183864
综合零售	5158685	35764156	394632	884845
百货零售	2373758	18901440	259480	348878
超级市场零售	1062740	8252325	103024	381522
其他综合零售	1722187	8610391	32128	154445
食品、饮料及烟草制品专门零售	865362	4721503	23687	
粮油零售	142419	520437	17750	
糕点、面包零售	8912	93338	3460	
果品、蔬菜零售	245402	1138180		
肉、禽、蛋、奶及水产品零售	150645	923050		
营养和保健品零售		161781		
酒、饮料及茶叶零售	24787	528415		
烟草制品零售	14074	61523		
其他食品零售	279123	1294779	2477	
纺织、服装及日用品专门零售	702982	3913319	39320	41487
纺织品及针织品零售	40950	570743		
服装零售	447641	2038022	2860	
鞋帽零售	1900	78140		3981
化妆品及卫生用品零售	20254	178936		
钟表、眼镜零售		101569		3600
箱、包零售	7448	84171		8928
厨房用具及日用杂品零售	9267	100253		
自行车零售		94154		
其他日用品零售	175522	667331	36460	24978
文化、体育用品及器材专门零售	447270	2521784	4956	32696
文具用品零售		122901		
体育用品及器材零售	3780	160827	4956	4595
图书、报刊零售	149760	209760		
音像制品及电子出版物零售		46420		
珠宝首饰零售	31890	801202		8688
工艺美术品及收藏品零售	259840	965276		19413
乐器零售		49603		
照相器材零售		43322		
其他文化用品零售	2000	122473		
医药及医疗器材专门零售	30528	1804184	4268	
药品零售	30528	1389179	4268	
医疗用品及器材零售		415005		
汽车、摩托车、燃料及零配件专门零售	1719030	22378884	188098	156008
汽车零售	730900	16405535	114012	115007
汽车零配件零售	122681	1733658	33722	
摩托车及零配件零售	14909	139320		2860
机动车燃料零售	850540	4100371	40364	38141
家用电器及电子产品专门零售	55973	3245450	57737	3580
家用视听设备零售	2000	325483		3000
日用家电设备零售	19450	992102	500	
计算机、软件及辅助设备零售	6655	688885	50875	
通信设备零售	22133	452735		580
其他电子产品零售	5735	786245	6362	

2-1-10 续表 19 单位：万元

行业	投资中：国有控股投资	投资中：内资投资	外商投资	港澳台商投资
五金、家具及室内装饰材料专门零售	340375	9161055	200874	
五金零售	66010	1443076		
灯具零售	9882	184324	5600	
家具零售	149374	4273462	182007	
涂料零售		114739		
卫生洁具零售		61375	5930	
木质装饰材料零售	2425	363057		
陶瓷、石材装饰材料零售	184	1321261		
其他室内装饰材料零售	112500	1399761	7337	
货摊、无店铺及其他零售业	658508	6841125	63070	65248
货摊食品零售	79647	176823		
货摊纺织、服装及鞋零售		69722		
货摊日用品零售		69767		
互联网零售	100187	2057015	48164	5320
邮购及电视、电话零售	46421	60349		
旧货零售		65944		
生活用燃料零售	84491	786992	6406	12566
其他未列明零售业	347762	3554513	8500	47362
(七)交通运输、仓储和邮政业	**361144770**	**483200882**	**3864665**	**2682559**
铁路运输业	74282264	77182801		116604
铁路旅客运输	41394534	41911092		99080
铁路货物运输	27063149	28964363		2600
铁路运输辅助活动	5824581	6307346		14924
客运火车站	1752542	1880729		6000
货运火车站	337176	430563		8924
其他铁路运输辅助活动	3734863	3996054		
道路运输业	242607723	284917671	684505	538871
城市公共交通运输	45994708	48216069	144039	158609
公共电汽车客运	4684449	5334067		8118
城市轨道交通	36343873	36686129	28806	119390
出租车客运	198577	505028	38385	3203
其他城市公共交通运输	4767809	5690845	76848	27898
公路旅客运输	88848866	95782517	229872	42729
道路货物运输	47863270	71922298	307044	208279
道路运输辅助活动	59900879	68996787	3550	129254
客运汽车站	2107846	2932880	3000	
公路管理与养护	44451253	49239834		56962
其他道路运输辅助活动	13341780	16824073	550	72292
水上运输业	13787412	22314832	614452	593519
水上旅客运输	711611	997745	37483	
海洋旅客运输	351862	373980	37483	
内河旅客运输	254266	438468		
客运轮渡运输	105483	185297		
水上货物运输	2215975	5636176	83719	185116
远洋货物运输	399054	906210	53779	
沿海货物运输	1097775	2357966	19300	132618
内河货物运输	719146	2372000	10640	52498
水上运输辅助活动	10859826	15680911	493250	408403
客运港口	573746	794063		25
货运港口	7714876	11419018	488352	388661
其他水上运输辅助活动	2571204	3467830	4898	19717

2-1-10　续表 20　　　　单位：万元

行　　业	投资中：	投资中：		
	国　有 控股投资	内资投资	外商投资	港澳台 商投资
航空运输业	14726328	18117613	52431	228511
航空客货运输	8097806	10622975	48460	2080
航空旅客运输	8043262	10453118	29760	2
航空货物运输	54544	169857	18700	2078
通用航空服务	293820	575427	2600	205862
航空运输辅助活动	6334702	6919211	1371	20569
机场	5520804	5735756		9448
空中交通管理	50283	50283		
其他航空运输辅助活动	763615	1133172	1371	11121
管道运输业	1831539	2901401	62965	27125
管道运输业	1831539	2901401	62965	27125
装卸搬运和运输代理业	1849525	12148286	494194	109917
装卸搬运	879137	2432463	18211	32564
运输代理业	970388	9715823	475983	77353
货物运输代理	772168	7430676	412817	75545
旅客票务代理		11572		
其他运输代理业	198220	2273575	63166	1808
仓储业	11630263	63278721	1873811	1048992
谷物、棉花等农产品仓储	3617632	15809846	52556	74869
谷物仓储	2873764	8889492		26144
棉花仓储	48822	528714		
其他农产品仓储	695046	6391640	52556	48725
其他仓储业	8012631	47468875	1821255	974123
邮政业	429716	2339557	82307	19020
邮政基本服务	239142	534908	22500	
快递服务	190574	1804649	59807	19020
(八)住宿和餐饮业	**8323300**	**63072425**	**901158**	**1068676**
住宿业	6551956	45116664	753479	862990
旅游饭店	4972611	32446550	657181	767370
一般旅馆	830188	7403246	50463	63346
其他住宿业	749157	5266868	45835	32274
餐饮业	1771344	17955761	147679	205686
正餐服务	1430951	13596208	99253	175214
快餐服务	68790	874666	39358	9667
饮料及冷饮服务	32116	644149	4000	14032
茶馆服务	6165	132447		4560
咖啡馆服务	500	160283	4000	9472
酒吧服务	23951	283100		
其他饮料及冷饮服务	1500	68319		
其他餐饮业	239487	2840738	5068	6773
小吃服务	119184	741529	2500	
餐饮配送服务	1024	366011	1068	3973
其他未列明餐饮业	119279	1733198	1500	2800
(九)信息传输、软件和信息技术服务业	**26451394**	**50116980**	**1946155**	**3100567**
电信、广播电视和卫星传输服务	18996725	22179609	922265	1345138
电信	17970515	20781996	915155	1345138
固定电信服务	3771734	4053949	722	333763
移动电信服务	12484805	14244340	890043	1005145
其他电信服务	1713976	2483707	24390	6230

2-1-10 续表 21

单位：万元

行　　业	投资中：	投资中：		
	国　　有控股投资	内资投资	外商投资	港澳台商投资
广播电视传输服务	903398	1247048	7110	
有线广播电视传输服务	760197	919710	7110	
无线广播电视传输服务	143201	327338		
卫星传输服务	122812	150565		
互联网和相关服务	3067793	6621494	216922	1174125
互联网接入及相关服务	1388931	2274982	27927	214736
互联网信息服务	1278169	2772002	166969	912470
其他互联网服务	400693	1574510	22026	46919
软件和信息技术服务业	4386876	21315877	806968	581304
软件开发	1035298	9114436	187772	331199
信息系统集成服务	1322710	3746149	96630	30097
信息技术咨询服务	227470	1751387	307031	51609
数据处理和存储服务	810716	2788486	142316	43502
集成电路设计	222838	543615		39430
其他信息技术服务业	767844	3371804	73219	85467
数字内容服务	95311	496468	4720	51000
呼叫中心	25075	522528		12406
其他未列明信息技术服务业	647458	2352808	68499	22061
(十)金融业	**6449226**	**13053792**	**360527**	**258169**
货币金融服务	3662328	6499207	18861	138341
中央银行服务	187606	500832	984	109627
货币银行服务	3131668	5099443	17377	10203
非货币银行服务	343054	886182	500	18511
金融租赁服务	217835	468498	500	18511
财务公司	23269	99533		
典当		49741		
其他非货币银行服务	101950	268410		
银行监管服务		12750		
资本市场服务	1007655	3400602	11205	63651
证券市场服务	733850	991166	11205	
证券市场管理服务	83445	152528		
证券经纪交易服务	618246	791488		
基金管理服务	32159	47150	11205	
期货市场服务	3500	25017		29749
期货市场管理服务	3500	5715		29749
其他期货市场服务		19302		
证券期货监管服务	25021	48288		
资本投资服务	94958	1616723		4000
其他资本市场服务	150326	719408		29902
保险业	980850	1309663		
人身保险	739458	877916		
人寿保险	739458	874013		
健康和意外保险		3903		
财产保险	226562	337450		
再保险				
养老金				
保险经纪与代理服务	4930	59189		
保险监管服务		5062		
其他保险活动	9900	30046		
风险和损失评估		11135		
其他未列明保险活动	9900	18911		

2-1-10　续表 22　　单位：万元

行　　业	投资中：国　有控股投资	投资中：内资投资	外商投资	港澳台商投资
其他金融业	798393	1844320	330461	56177
金融信托与管理服务	374725	614957	313165	42110
控股公司服务	74635	188868		
非金融机构支付服务	4125	51650		14067
金融信息服务	137156	365813	17296	
其他未列明金融业	207752	623032		
(十一)房地产业	**307347863**	**1183228904**	**22793104**	**61039561**
房地产业	307347863	1183228904	22793104	61039561
房地产开发经营	162979938	923284208	21567219	60158338
物业管理	540802	4357035	35630	36395
房地产中介服务	195942	416487		
自有房地产经营活动	8342017	22036714	354151	472721
其他房地产业	135289164	233134460	836104	372107
(十二)租赁和商务服务业	**27397291**	**91254914**	**1472227**	**1631168**
租赁业	2122397	7924023	398847	597544
机械设备租赁	1962608	7465189	394247	596442
汽车租赁	169744	1090015	2172	15886
农业机械租赁	4996	150917		
建筑工程机械与设备租赁	78201	1415576	76338	46927
计算机及通讯设备租赁		33881		
其他机械与设备租赁	1709667	4774800	315737	533629
文化及日用品出租	159789	458834	4600	1102
娱乐及体育设备出租	154330	316553		1102
图书出租	1469	5796		
音像制品出租		10938		
其他文化及日用品出租	3990	125547	4600	
商务服务业	25274894	83330891	1073380	1033624
企业管理服务	11519928	30537897	194591	474215
企业总部管理	2569418	7713937	119400	139194
投资与资产管理	7520706	17987437	73693	307526
单位后勤管理服务	409823	728503		1420
其他企业管理服务	1019981	4108020	1498	26075
法律服务	58007	217281		
律师及相关法律服务	16481	112658		
公证服务		10632		
其他法律服务	41526	93991		
咨询与调查	130566	2609538	437587	15782
会计、审计及税务服务	26205	158502	6198	
市场调查		48525		4962
社会经济咨询	18671	736373	29912	7128
其他专业咨询	85690	1666138	401477	3692
广告业	127103	3286018	21168	10510
知识产权服务	92103	207080		
人力资源服务	478408	1287847	6763	
公共就业服务	282539	378711	1425	
职业中介服务	15369	135756		
劳务派遣服务	4028	394185	5338	
其他人力资源服务	176472	379195		

2-1-10 续表 23

单位：万元

行　　业	投资中：国有控股投资	投资中：内资投资	外商投资	港澳台商投资
旅行社及相关服务	3090924	11425055	37542	190702
旅行社服务	43808	557862	10234	
旅游管理服务	2983896	10385435	27308	190702
其他旅行社相关服务	63220	481758		
安全保护服务	403349	818933		
安全服务	147876	283998		
安全系统监控服务	206188	376561		
其他安全保护服务	49285	158374		
其他商务服务业	9374506	32941242	375729	342415
市场管理	2666599	12426939	265204	96474
会议及展览服务	3326907	7049458	79399	170585
包装服务	11492	364573		
办公服务	727117	1956599	8784	450
信用服务	24402	112305		
担保服务	11508	121939		
其他未列明商务服务业	2606481	10909429	22342	74906
(十三)科学研究和技术服务业	**14693001**	**46368113**	**819837**	**327451**
研究和试验发展	5702132	13480381	457369	205144
自然科学研究和试验发展	910520	1814743		
工程和技术研究和试验发展	3789307	7841006	388018	169220
农业科学研究和试验发展	606826	2161618	8005	1960
医学研究和试验发展	267986	1420678	61346	33964
社会人文科学研究	127493	242336		
专业技术服务业	5947099	16919367	160258	95831
气象服务	370820	394365	9900	
地震服务	87197	113242		
海洋服务	81539	220633		9958
测绘服务	155247	355663		
质检技术服务	688856	3021208	15422	22125
环境与生态监测	435357	1004019		
环境保护监测	330159	811439		
生态监测	105198	192580		
地质勘查	1315926	2389420	6100	
能源矿产地质勘查	451425	674783		
固体矿产地质勘查	424039	936490		
水、二氧化碳等矿产地质勘查	50451	55851		
基础地质勘查	83025	269363		
地质勘查技术服务	306986	452933	6100	
工程技术	2297600	5489647	74247	
工程管理服务	550242	1614954	70907	
工程勘察设计	656762	1944764	3340	
规划管理	1090596	1929929		
其他专业技术服务业	514557	3931170	54589	63748
专业化设计服务	222607	1450553	36337	56223
摄影扩印服务	3230	288838		2870
兽医服务	46257	54554		
其他未列明专业技术服务业	242463	2137225	18252	4655
科技推广和应用服务业	3043770	15968365	202210	26476
技术推广服务	1630994	11037302	113269	21308
农业技术推广服务	870250	4718007	5420	
生物技术推广服务	58195	1246861	7026	1500

2-1-10　续表 24　　　　单位：万元

行　　业	投资中：国　有控股投资	投资中：内资投资	外商投资	港澳台商投资
新材料技术推广服务	128381	1650734	25946	14075
节能技术推广服务	231022	1862069		300
其他技术推广服务	343146	1559631	74877	5433
科技中介服务	702334	1817747	78043	
其他科技推广和应用服务业	710442	3113316	10898	5168
（十四）水利、环境和公共设施管理业	**410472553**	**554791371**	**947731**	**1051234**
水利管理业	62047188	72430108	12542	55939
防洪除涝设施管理	30557628	35411786	7920	46480
水资源管理	9695261	11285412	4622	3646
天然水收集与分配	10708982	11891050		156
水文服务	219296	318269		
其他水利管理业	10866021	13523591		5657
生态保护和环境治理业	13667034	22263474	132318	94222
生态保护	2853944	4709714		
自然保护区管理	1104886	1502323		
野生动物保护	104904	357422		
野生植物保护	121649	309684		
其他自然保护	1522505	2540285		
环境治理业	10813090	17553760	132318	94222
水污染治理	7296909	10038433	10370	8939
大气污染治理	579871	1462500	34056	18920
固体废物治理	1059853	2420721	33398	6160
危险废物治理	110261	352757	15019	32798
放射性废物治理	10461	14489		
其他污染治理	1755735	3264860	39475	27405
公共设施管理业	334758331	460097789	802871	901073
市政设施管理	263462581	321536513	308335	230932
环境卫生管理	5151284	8174405	21854	4571
城乡市容管理	15527175	23387589	13802	27542
绿化管理	14835555	20824546	24391	40235
公园和游览景区管理	35781736	86174736	434489	597793
公园管理	12960350	20638219	20934	200987
游览景区管理	22821386	65536517	413555	396806
（十五）居民服务、修理和其他服务业	**6460846**	**26071510**	**58216**	**151891**
居民服务业	5109096	14642722	27056	73187
家庭服务	429551	893474		
托儿所服务	21863	131665		
洗染服务	14345	181706		
理发及美容服务	5421	349750	4390	4850
洗浴服务	217972	1583403	7637	
保健服务	63741	459237		
婚姻服务	99359	227581		
殡葬服务	916758	1754016	1910	62774
其他居民服务业	3340086	9061890	13119	5563
机动车、电子产品和日用产品修理业	394753	6467180	19380	7055
汽车、摩托车修理与维护	226284	5784600	10980	7055
汽车修理与维护	226284	5749331	10980	7055
摩托车修理与维护		35269		
计算机和办公设备维修	163393	431722	8400	
计算机和辅助设备修理	50029	138382	1000	
通讯设备修理	64756	150976		
其他办公设备维修	48608	142364	7400	

2-1-10 续表 25

单位：万元

行　　业	投资中: 国有控股投资	投资中: 内资投资	外商投资	港澳台商投资
家用电器修理	2734	93485		
家用电子产品修理	1744	50544		
日用电器修理	990	42941		
其他日用产品修理业	2342	157373		
自行车修理		3975		
鞋和皮革修理		1150		
家具和相关物品修理		16561		
其他未列明日用产品修理业	2342	135687		
其他服务业	956997	4961608	11780	71649
清洁服务	87356	757996		4175
建筑物清洁服务	22956	175114		
其他清洁服务	64400	582882		4175
其他未列明服务业	869641	4203612	11780	67474
（十六）教育	**55697493**	**76763490**	**151423**	**317509**
教育	55697493	76763490	151423	317509
学前教育	3887234	6372611	10923	2200
初等教育	13622748	16946328	21072	3644
普通小学教育	13323322	16591388	21072	3644
成人小学教育	299426	354940		
中等教育	20212362	25980329	12138	85041
普通初中教育	10490489	13369235	2148	63065
职业初中教育	388811	457545		
成人初中教育	117682	138536	5200	
普通高中教育	5512507	7180185		
成人高中教育	94269	118421		
中等职业学校教育	3608604	4716407	4790	21976
高等教育	13059720	16114669	63018	164234
普通高等教育	12329447	15176426	63018	101416
成人高等教育	730273	938243		62818
特殊教育	277504	405995		6000
技能培训、教育辅助及其他教育	4637925	10943558	44272	56390
职业技能培训	2233664	6259858	32825	41220
体校及体育培训	386382	717222		
文化艺术培训	236503	818122		
教育辅助服务	427359	926996		6270
其他未列明教育	1354017	2221360	11447	8900
（十七）卫生和社会工作	**31312280**	**51421686**	**69557**	**255652**
卫生	26320634	39171321	41900	189754
医院	21272081	31749448	35770	186754
综合医院	16478488	22685111	24950	173514
中医医院	2296542	2800024		
中西医结合医院	381170	682621		700
民族医院	111611	143336		
专科医院	1635500	4063510	10820	12540
疗养院	368770	1374846		
社区医疗与卫生院	2873982	4175520		
社区卫生服务中心(站)	699405	1376566		
街道卫生院	195007	268831		
乡镇卫生院	1979570	2530123		

2-1-10 续表 26　　单位：万元

行　业	投资中：国有控股投资	投资中：内资投资	外商投资	港澳台商投资
门诊部(所)	160794	429030	1150	3000
计划生育技术服务活动	228873	245452		
妇幼保健院(所、站)	858971	1021477		
专科疾病防治院(所、站)	101582	197190		
疾病预防控制中心	302887	348634		
其他卫生活动	521464	1004570	4980	
社会工作	4991646	12250365	27657	65898
提供住宿社会工作	4491442	11369413	27657	10158
干部休养所	170771	283172		
护理机构服务	357779	1077770	3250	
精神康复服务	144960	225916		
老年人、残疾人养护服务	3139549	8934273	24407	10158
孤残儿童收养和庇护服务	233252	267320		
其他提供住宿社会救助	445131	580962		
不提供住宿社会工作	500204	880952		55740
社会看护与帮助服务	278270	571702		55740
其他不提供住宿社会工作	221934	309250		
(十八)文化、体育和娱乐业	**27677659**	**65468573**	**1128305**	**644317**
新闻和出版业	877805	1290822	7080	
新闻业	336523	405702	7080	
出版业	541282	885120		
图书出版	215101	415491		
报纸出版	247893	261982		
期刊出版	33568	50617		
音像制品出版		16203		
电子出版物出版	44720	94565		
其他出版业		46262		
广播、电视、电影和影视录音制作业	1616830	4877071	34934	7700
广播	340133	393108		
电视	815775	1140883		
电影和影视节目制作	179099	1895796		7700
电影和影视节目发行	51260	193374		
电影放映	213941	1202511	34934	
录音制作	16622	51399		
文化艺术业	15284930	30576065	28037	173828
文艺创作与表演	605199	1643135		
艺术表演场馆	1277871	2229186		3
图书馆与档案馆	1392183	1781651		9887
图书馆	1050563	1404385		9887
档案馆	341620	377266		
文物及非物质文化遗产保护	3810688	6153154	12522	30827
博物馆	2162486	3779430	12015	26382
烈士陵园、纪念馆	741206	1020577		1640
群众文化活动	3809164	7499057	3500	70000
其他文化艺术业	1486133	6469875		35089
体育	5587897	10069330	73069	175867
体育组织	71002	142183		87668
体育场馆	3235498	4247292	5655	3010
休闲健身活动	1983453	4971528	58734	85189
其他体育	297944	708327	8680	

2-1-10 续表 27 单位：万元

行业	投资中：国有控股投资	投资中：内资投资	外商投资	港澳台商投资
娱乐业	4310197	18655285	985185	286922
室内娱乐活动	563521	3319894	1725	
歌舞厅娱乐活动	279374	1378478		
电子游艺厅娱乐活动		141005		
网吧活动	9950	393939	1725	
其他室内娱乐活动	274197	1406472		
游乐园	2691529	9391013	923050	111790
彩票活动	45012	47630		
文化、娱乐、体育经纪代理		192892		
文化娱乐经纪人		61786		
体育经纪人				
其他文化艺术经纪代理		131106		
其他娱乐业	1010135	5703856	60410	175132
（十九）公共管理、社会保障和社会组织	**57106451**	**78335569**	**111028**	**62578**
中国共产党机关	206170	253769		
中国共产党机关	206170	253769		
国家机构	46395919	52305629	28250	26477
国家权力机构	618330	1032322		3000
国家行政机构	43814174	49160558	24353	12094
综合事务管理机构	15535167	18128513	24353	9399
对外事务管理机构	243395	253095		
公共安全管理机构	11119067	11402818		1095
社会事务管理机构	7157011	8600771		
经济事务管理机构	8299914	9171400		1600
行政监督检查机构	1459620	1603961		
人民法院和人民检察院	1014543	1028786	3897	3079
人民法院	688558	698241	3897	529
人民检察院	325985	330545		2550
其他国家机构	948872	1083963		8304
人民政协、民主党派	65582	163628		
人民政协	56522	66681		
民主党派	9060	96947		
社会保障	1694871	2851788		
社会保障	1694871	2851788		
群众团体、社会团体和其他成员组织	3131654	6381777	9842	36101
群众团体	116146	195215		
工会	49118	84628		
妇联	21223	21223		
共青团	7331	7331		
其他群众团体	38474	82033		
社会团体	2437171	3239446	6792	
专业性团体	2260486	2702420	3882	
行业性团体	61921	256595	2910	
其他社会团体	114764	280431		
基金会				
宗教组织	578337	2947116	3050	36101
基层群众自治组织	5612255	16378978	72936	
社区自治组织	2036134	5197266	72936	
村民自治组织	3576121	11181712		

2-1-11　各地区按三次产业分的固定资产投资(不含农户)

单位：万元

地　区	合计	第一产业	第二产业	第三产业
全国总计	**5515900384**	**155617982**	**2240479957**	**3119802445**
北　京	74460198	1043910	6636230	66780058
天　津	118145712	2084782	41390460	74670470
河　北	289057383	14092759	146493799	128470825
山　西	137445907	15000374	52052917	70392616
内蒙古	135291519	6128829	65131366	64031324
辽　宁	176403698	3457721	74256438	98689539
吉　林	125085936	4233194	69965966	50886776
黑龙江	98842828	5952330	38380184	54510314
上　海	63493886	23990	9572153	53897743
江　苏	459051694	2322418	228909594	227819682
浙　江	266647156	2243646	87886073	176517437
安　徽	238039289	6486166	106658116	124895007
福　建	209739810	5150882	74991060	129597868
江　西	169938969	4288109	90353290	75297570
山　东	473814559	8983414	240921495	223909650
河　南	349512830	14733522	169998499	164780809
湖　北	260864157	5496276	113664439	141703442
湖　南	243241707	7434801	103533732	132273174
广　东	299504834	4203802	101787345	193513687
广　西	156549470	6160815	65499653	84889002
海　南	33554048	362829	3213666	29977553
重　庆	142081475	3457835	46881324	91742316
四　川	249655648	6091191	73348473	170215984
贵　州	106767030	2816749	19495414	84454867
云　南	130693912	5009465	30811141	94873306
西　藏	12956783	457957	2609116	9889710
陕　西	182310291	10064776	55375026	116870489
甘　肃	86265969	3989817	34043783	48232369
青　海	31441705	761912	14322726	16357067
宁　夏	34264227	1199230	16424249	16640748
新　疆	105254206	1884481	50474946	52894779
不分地区	55523548		5397284	50126264

2-1-12 各地区按项目规模分的固定资产投资(不含农户)

单位：万元

地　区	500～3000万元	3000～5000万元	5000～8000万元
全国总计	**319482267**	**639474145**	**427400000**
北　京	1128858	915475	1202919
天　津	2633765	10168841	9606099
河　北	4629601	14433615	16514188
山　西	8284513	15888339	11802349
内蒙古	7323528	11412380	12223380
辽　宁	2056595	20042100	13739365
吉　林	2333647	18363871	16772059
黑龙江	5225013	44419559	3866087
上　海	1156185	809668	1244128
江　苏	37656160	57600118	34806033
浙　江	29860268	24179324	15625116
安　徽	25137002	51451776	16526267
福　建	13877483	25850462	22640165
江　西	11802449	24750461	9849999
山　东	10685076	53748361	53674228
河　南	3570213	11225144	14547167
湖　北	7290715	8403475	14789661
湖　南	7339207	67685973	38205353
广　东	21220040	33843349	27330537
广　西	31464521	31575574	23077623
海　南	782308	483661	662881
重　庆	301068	39174095	2727561
四　川	22229465	17387548	24973984
贵　州			
云　南	15480092	23577690	4460164
西　藏	1839007	795854	928259
陕　西	17250603	9363269	15475149
甘　肃	9252397	13931928	11120998
青　海	2738119	1582705	2251066
宁　夏	4128604	803889	978507
新　疆	10805765	5605641	5773708
不分地区			5000

注：本表不含房地产开发投资。

2-1-12　续表　　　　单位：万元

地　　区	8000万元～1亿元	1～5亿元	5～10亿元	10亿元及以上
全国总计	**706406283**	**1017709904**	**556128295**	**889511032**
北　　京	1457422	6608475	6542444	14834124
天　　津	30052643	15453117	12339449	19176334
河　　北	42428402	54487413	37588467	76122987
山　　西	19786773	31625591	8546308	26563315
内 蒙 古	36866713	15565230	6113245	34976501
辽　　宁	39090629	21416443	21384446	23087699
吉　　林	38166225	21070186	11102035	8035504
黑 龙 江	4989124	12815881	5384665	12221046
上　　海	1300191	6243191	6509797	11541311
江　　苏	65087155	106664529	23442759	52258126
浙　　江	16106345	49185383	20455452	40115984
安　　徽	20211650	33978383	22344560	24141067
福　　建	30962318	25205878	17927480	28579951
江　　西	27199273	28723497	28226149	24186156
山　　东	94733745	115782299	33482672	52786572
河　　南	27398738	108679689	84413699	51488842
湖　　北	17810413	78465522	45446941	46165132
湖　　南	49592130	26102059	15087948	13091577
广　　东	31330652	40372729	9544432	50478429
广　　西	18874061	11368785	7496747	13601226
海　　南	442599	3112051	2459275	8571310
重　　庆	3872129	19426760	16054818	23012232
四　　川	25855477	53274964	31242125	26561833
贵　　州	4468337	32728952	16295474	31223347
云　　南	3398269	18899107	11112215	27076284
西　　藏	576482	3470178	3111030	1735812
陕　　西	29844944	29777635	22271953	33383888
甘　　肃	13825890	16064847	3794101	10595181
青　　海	1990751	5707094	3828930	9983042
宁　　夏	656154	7007727	3957642	10395326
新　　疆	8030649	18364937	18407009	28277746
不分地区		61372	214028	55243148

注：本表不含房地产开发投资。

2-1-13 各地区按构成分的固定资产投资(不含农户)

单位：万元

地区	投资额	建筑安装工程	设备工器具购置	其他费用
全国总计	**5515900384**	**3797283868**	**1095227530**	**623388986**
北京	74460198	29036899	7975139	37448160
天津	118145712	79369426	21764898	17011388
河北	289057383	195959546	62215541	30882296
山西	137445907	101059747	22751578	13634582
内蒙古	135291519	95841595	32682156	6767768
辽宁	176403698	131058930	33132670	12212098
吉林	125085936	73211895	42265632	9608409
黑龙江	98842828	72261907	21535547	5045374
上海	63493886	37849056	7608576	18036254
江苏	459051694	275709031	142251560	41091103
浙江	266647156	161055909	45767800	59823447
安徽	238039289	174223358	48262143	15553788
福建	209739810	146719511	32388720	30631579
江西	169938969	127401724	27268329	15268916
山东	473814559	295582334	139968464	38263761
河南	349512830	222713794	91261685	35537351
湖北	260864157	196698385	40602227	23563545
湖南	243241707	176641169	39447631	27152907
广东	299504834	199690492	53265249	46549093
广西	156549470	105539969	37123138	13886363
海南	33554048	23550508	2094426	7909114
重庆	142081475	105093189	14898686	22089600
四川	249655648	194658080	28996703	26000865
贵州	106767030	90213004	5143286	11410740
云南	130693912	105734099	9711219	15248594
西藏	12956783	11640327	895660	420796
陕西	182310291	143445135	24955082	13910074
甘肃	86265969	71647310	9622396	4996263
青海	31441705	24368769	4746600	2326336
宁夏	34264227	24792757	7428309	2043161
新疆	105254206	75116969	22562789	7574448
不分地区	55523548	29399044	14633691	11490813

2-1-14 各地区按隶属关系分的固定资产投资(不含农户)

单位：万元

地区	合计	中央项目	地方项目				
				省属	地市属	县属	其他
全国总计	**5515900384**	**259422724**	**5256477660**	**236203688**	**467591511**	**955075357**	**3597607104**
北京	74460198	7745416	66714782	15699708	13125296	446180	37443598
天津	118145712	6293983	111851729	10846672	29104276	9771554	62129227
河北	289057383	9311034	279746349	7195766	18951428	44071992	209527163
山西	137445907	5702460	131743447	14386846	9428137	28744395	79184069
内蒙古	135291519	6178846	129112673	4675414	15891279	52629851	55916129
辽宁	176403698	5158655	171245043	2546048	14803310	19351867	134543818
吉林	125085936	8783498	116302438	2562830	9005085	23220656	81513867
黑龙江	98842828	7314107	91528721	4274473	7575541	20910191	58768516
上海	63493886	5937750	57556136	13175038	8244685	822991	35313422
江苏	459051694	10012526	449039168	4703819	24969716	38211544	381154089
浙江	266647156	3366697	263280459	3715763	20874254	42124246	196566196
安徽	238039289	3492890	234546399	8599773	23511270	30491430	171943926
福建	209739810	4470936	205268874	8785716	21375406	36854406	138253346
江西	169938969	3010972	166927997	4097493	8811083	32998729	121020692
山东	473814559	11656601	462157958	7041654	20635957	47863182	386617165
河南	349512830	2484852	347027978	4754809	21338053	52654457	268280659
湖北	260864157	5882824	254981333	5098808	21045830	30615578	198221117
湖南	243241707	4618187	238623520	5776396	14946526	55403730	162496868
广东	299504834	15898435	283606399	12791258	36539242	36866183	197409716
广西	156549470	3058011	153491459	6419279	14656878	27615737	104799565
海南	33554048	1132124	32421924	5691168	7396450	6696392	12637914
重庆	142081475	7378125	134703350	14336240	19727323	18757913	81881874
四川	249655648	11012913	238642735	7475394	23940008	70757901	136469432
贵州	106767030	4391014	102376016	11428916	11134416	33110302	46702382
云南	130693912	11217461	119476451	9811936	8965717	45111849	55586949
西藏	12956783	4869850	8086933	386538	1635910	3040883	3023602
陕西	182310291	4860076	177450215	16648348	20137430	61317567	79346870
甘肃	86265969	2330181	83935788	4616115	7034601	36724028	35561044
青海	31441705	2746293	28695412	4716852	3684376	10432952	9861232
宁夏	34264227	4116724	30147503	4393374	2102721	5024672	18626736
新疆	105254206	19465735	85788471	9551244	6999307	32431999	36805921
不分地区	55523548	55523548					

2-1-15 各地区按建设性质分的固定资产投资(不含农户)

单位：万元

地区	新建	扩建	改建和技术改造	单纯建造生活设施	迁建	恢复	单纯购置
全国总计	**3809589064**	**672688441**	**818576589**	**25745643**	**32627563**	**5890907**	**150782177**
北京	61472565	4161576	3719256	661143	137132	13999	4294527
天津	87416906	8150999	10829614	328404	623465	64301	10732023
河北	175970745	43736217	56245939	2438511	7245237	128604	3292130
山西	97142619	18757606	13315758	6579413	409843	136433	1104235
内蒙古	100709728	12566564	19522280	306075	212519	183263	1791090
辽宁	141967592	16401050	11785724	172393	130103	162860	5783976
吉林	57311464	18214168	38893434	105944	2347788	100049	8113089
黑龙江	58261598	11921787	20057171	294461	166940	24535	8116336
上海	53068574	2896516	3450329	66	163020		3915381
江苏	269908757	96267812	69760253	1346762	2410285	244916	19112909
浙江	165581783	50459556	39270039	463416	4619454	159619	6093289
安徽	167265467	30221448	35481166	440855	438250	257769	3934334
福建	126486834	45530280	28540419	201894	1350985	420533	7208865
江西	122674237	14017246	29581834	136058	376571	33003	3120020
山东	233570276	95030693	126937825	3856785	3876490	312598	10229892
河南	310470586	21102949	12033284	703733	784735	292274	4125269
湖北	194160295	22729188	39234964	515352	956153	549689	2718516
湖南	132698481	23454437	85173965	337912	556430	217399	803083
广东	219959096	33226004	32096638	405622	623063	678516	12515895
广西	92306710	17459111	40890612	134401	360105	111943	5286588
海南	31029399	853678	470110	146134	16876	5280	1032571
重庆	121565556	6500140	11553470	87394	1004738	108921	1261256
四川	182688603	17589934	43439841	1618688	1373806	256404	2688372
贵州	97228592	3532406	5457444	37027	114106	128059	269396
云南	88895049	23953812	13630880	778215	1147598	294922	1993436
西藏	10364652	524367	1278227	228527	19100	88153	453757
陕西	155619042	10926600	7631568	976355	564953	143869	6447904
甘肃	76649874	4399160	3626140	451869	163692	273103	702131
青海	25968826	1719294	2586351	70591	68104	492174	536365
宁夏	29917158	1843213	2189229	11892	43415	1600	257720
新疆	81606103	12066278	8500101	1909751	322607	6119	843247
不分地区	39651897	2474352	1392724				12004575

2-1-16 各地区固定资产投资(不含农户)旧设备、旧建筑物及建设用地购置情况

单位：万元

地 区	购 置 旧设备	旧建筑物 购 置 费	建 设 用地费
全国总计	**7733133**	**11544867**	**326469133**
北 京	6694	121196	24146058
天 津	403990	146136	4660072
河 北	1240026	815385	12629996
山 西	101134	193049	5310842
内蒙古	143482	184735	2942495
辽 宁	259473	394292	7746491
吉 林	369301	345914	4660533
黑龙江	73250	124129	2108483
上 海	36117	5440	13287557
江 苏	954036	633340	26066178
浙 江	106211	259073	39445797
安 徽	197409	288670	9167603
福 建	135273	845590	20377881
江 西	298619	347412	6066100
山 东	1004171	573077	18640203
河 南	142961	693494	12845619
湖 北	175736	312096	12917572
湖 南	308631	1044632	8987953
广 东	301104	402769	27363992
广 西	173614	327389	7381790
海 南	1495	95201	5049894
重 庆	203031	566701	13016280
四 川	599017	1044179	15772817
贵 州	33794	267141	5096412
云 南	52859	150638	7198897
西 藏	1053		218398
陕 西	253460	774973	7255376
甘 肃	32215	168183	2223753
青 海	33899	62002	1051169
宁 夏	1806	32986	814929
新 疆	89272	325045	2017993
不分地区			

2-1-17 各地区按行业大类分的固定资产投资(不含农户)

单位：万元

地区	合计	(一)农、林、牧、渔业	农业	林业	畜牧业
全国总计	**5515900384**	**190623164**	**78493369**	**19668859**	**48549116**
北京	74460198	1093546	134186	877671	25321
天津	118145712	2610703	1034643	459647	365544
河北	289057383	15101056	7276246	1016799	5421749
山西	137445907	15677054	5350978	2157474	7384742
内蒙古	135291519	8204711	1896988	1376994	2796647
辽宁	176403698	4193371	1455423	280830	1031521
吉林	125085936	5406870	1469574	244866	2437153
黑龙江	98842828	9041673	3501452	152361	2169598
上海	63493886	34075	12974	3100	7916
江苏	459051694	2960974	1422443	174734	416017
浙江	266647156	3391839	1562918	176255	232213
安徽	238039289	7588124	3589958	1234583	1198304
福建	209739810	6171061	2572139	620544	692996
江西	169938969	4690580	2491689	655706	1015431
山东	473814559	11557982	4396181	1111301	2149002
河南	349512830	16664296	8027768	1109022	5332630
湖北	260864157	7229910	2785140	795466	1369484
湖南	243241707	9190733	4498503	1159937	1427262
广东	299504834	5010925	2186218	494508	960639
广西	156549470	7471692	2437910	1212667	1693233
海南	33554048	517195	133521	123100	92319
重庆	142081475	4216401	2206682	401890	624201
四川	249655648	7703648	3576662	322161	1968812
贵州	106767030	3024004	2306104	140766	299173
云南	130693912	7200698	3343442	409033	1174449
西藏	12956783	734182	228342	99545	126310
陕西	182310291	12055453	5706742	1599609	2580949
甘肃	86265969	5348879	1581030	508969	1815338
青海	31441705	1392204	346367	196617	208292
宁夏	34264227	1476048	313324	245575	619312
新疆	105254206	3663277	647822	307129	912559
不分地区	55523548				

2-1-17　续表 1　　　　单位：万元

地　区	渔　业	农、林、牧、渔服务业	(二)采矿业	煤炭开采和洗选业	石油和天然气开采业	黑色金属矿采选业
全国总计	**8906638**	**35005182**	**129702184**	**40066554**	**34249259**	**13657166**
北　京	6732	49636	25705	1244		24461
天　津	224948	525921	2651018		2617020	9300
河　北	377965	1008297	5615747	1118508	336402	2846321
山　西	107180	676680	14108986	10470458	1240702	935648
内蒙古	58200	2075882	9436198	5089764	425537	1509405
辽　宁	689947	735650	3828263	247827	850310	1366933
吉　林	81601	1173676	5326619	456139	2951103	581835
黑龙江	128919	3089343	4591705	967598	2717961	74956
上　海		10085	2362			
江　苏	309224	638556	1031832	37700	442696	149229
浙　江	272260	1148193	593121	520		
安　徽	463321	1101958	3238726	1104603	8700	343753
福　建	1265203	1020179	2779014	1078256		402946
江　西	125283	402471	2455044	292099		426487
山　东	1326930	2574568	6490335	759302	3078819	898393
河　南	264102	1930774	5683220	999766	314513	294134
湖　北	546186	1733634	3465487	320306	10883	437472
湖　南	349099	1755932	5703399	1927706	10788	481423
广　东	562437	807123	1620045		237360	77399
广　西	817005	1310877	3898171	100780	48794	560982
海　南	13889	154366	75685		13553	37079
重　庆	225062	758566	2856497	677758	1389287	94200
四　川	223556	1612457	5171360	1613510	1297615	748085
贵　州	70706	207255	3392406	2570845	14382	81937
云　南	82541	2191233	4271717	2049047		294564
西　藏	3760	276225	749811		2844	33716
陕　西	177476	1990677	10808033	3810044	4737408	267679
甘　肃	84480	1359062	3062904	876270	671204	284728
青　海	10636	630292	2040845	337309	493499	29365
宁　夏	21019	276818	1076842	725315	143070	8897
新　疆	16971	1778796	8887233	2433880	5430955	355839
不分地区			4763854		4763854	

2-1-17 续表 2 单位：万元

地　　区	有色金属矿采选业	非金属矿采选业	开采辅助活动	其他采矿业	(三)制造业	农副食品加工业
全国总计	**15881824**	**20921004**	**4244588**	**681789**	**1802334022**	**107611992**
北　京					3622445	17902
天　津		16698		8000	33747245	871415
河　北	389941	896171	20946	7458	125787501	6055137
山　西	209281	429306	812176	11415	25152005	2407003
内蒙古	1546814	639679	223751	1248	37098062	3097693
辽　宁	341143	865789	126365	29896	65655309	5435141
吉　林	614525	588450	129567	5000	58199732	6839412
黑龙江	146490	375898	298722	10080	28179329	7495930
上　海			2362		7577662	84920
江　苏	31645	350522	9750	10290	212280340	5306232
浙　江	4934	577167	7500	3000	75791409	1423628
安　徽	686863	1051902	14292	28613	94551398	4908976
福　建	324618	868429	15915	88850	61028779	4488144
江　西	478761	1184667	61810	11220	80995747	4097580
山　东	544072	1076228	116290	17231	208766005	11604196
河　南	2951975	858393	225049	39390	153414189	9592370
湖　北	281564	2314624	62821	37817	102009346	8419292
湖　南	1245289	1759708	222518	55967	85619271	7188308
广　东	192388	1037191	60280	15427	87852690	2453694
广　西	868795	2119509	42902	156409	52062472	3202077
海　南	1415	23638			1189527	92880
重　庆	45440	486266	156796	6750	39508022	1735783
四　川	440963	958434	99561	13192	51933669	3607926
贵　州	105694	457377	120068	42103	12042603	525469
云　南	1446850	481256			15262910	1617185
西　藏	669778	15098	6190	22185	288540	10104
陕　西	661825	541527	750602	38948	35969058	1970668
甘　肃	496604	486869	228779	18450	12324454	1402372
青　海	841334	118016	221322		6476164	332889
宁　夏	12350	187210			8246774	407605
新　疆	300473	154982	208254	2850	19701365	920061
不分地区						

2-1-17 续表 3

单位：万元

地 区	食品制造业	酒、饮料和精制茶制造业	烟草制品业	纺织业	纺织服装、服饰业	皮革、毛皮、羽毛及其制品和制鞋业
全国总计	**50890084**	**40900681**	**2654007**	**60016028**	**45285317**	**21638095**
北 京	102591	38114	5826	1129	50607	
天 津	759078	211520		349371	608797	120055
河 北	3169462	2102264	31906	4542561	1693471	2398469
山 西	1037550	716458	51909	249630	85435	35761
内 蒙 古	794245	445568	12422	255131	110922	60882
辽 宁	1527852	1125381	10776	607081	1336192	287944
吉 林	1907215	2754167	60408	359491	720179	86393
黑 龙 江	1271364	1123448	46973	254620	101962	118962
上 海	104272	52949	82273	30393	81312	18835
江 苏	3242096	1837180	177506	11814590	5477787	1682773
浙 江	666353	652838	231815	6113751	1818573	1202804
安 徽	2492456	1973900	149161	2163446	3288614	1115846
福 建	2012259	3004017	73571	3355191	2406000	2156187
江 西	1909701	1118907	66875	2734027	4531244	2212728
山 东	5571266	2049365	63387	7494078	4627078	1670959
河 南	7840999	3971681	162565	4742973	6168962	2628071
湖 北	2803647	2756623	338176	4188269	3145888	824087
湖 南	3498993	2285050	298370	1368838	1219688	1157717
广 东	2302850	1504773	89998	3071958	4257105	1844244
广 西	1594160	1558989	72063	848044	1031472	764557
海 南	37686	71964		4893		
重 庆	884418	475912	5299	406675	883431	327180
四 川	1819706	3642472	34385	998153	551494	697095
贵 州	216419	1630595	65445	219676	174422	82937
云 南	522455	1328869	336618	50901	87983	42509
西 藏	11629	53928		2228	2638	827
陕 西	1044282	1180867	117673	601538	225660	27369
甘 肃	561008	524282	25128	116024	87713	29354
青 海	304695	59765		51931	86337	
宁 夏	384449	242898	10291	338335	58052	25750
新 疆	494928	405937	33188	2681102	366299	17800
不分地区						

2-1-17 续表 4

单位：万元

地　区	木材加工和木、竹、藤、棕、草制品业	家　具制造业	造纸和纸制品业	印刷和记录媒介复制业	文教、工美、体育和娱乐用品制造业	石油加工、炼焦和核燃料加工业
全国总计	**41166023**	**28818314**	**28127973**	**18495961**	**23283487**	**25386483**
北　京		17226	24507	27953	37926	10117
天　津	405154	581849	538072	188443	481705	208124
河　北	2001039	2889145	1744315	1115842	2129340	1704046
山　西	273814	136165	208082	70115	113808	1351178
内蒙古	419638	145439	221382	124874	61360	997600
辽　宁	1259302	832337	783112	553512	546763	1461387
吉　林	2506114	677795	782909	373128	358517	178010
黑龙江	1645249	494902	347588	469365	212325	244310
上　海	6234	35593	28218	95362	24995	44557
江　苏	3760794	2348615	2626588	1570767	2702361	1601046
浙　江	793193	1262268	1845506	676628	1791836	903207
安　徽	2353459	1571120	1401836	1290287	1325699	294246
福　建	3763034	1633789	1236954	512876	1407315	610677
江　西	1553247	1430745	1748168	1454395	1196320	168002
山　东	4678566	2611359	3221152	2465949	3189589	4416920
河　南	2309343	3105385	2035609	1408046	1760630	997885
湖　北	1443281	1456720	1924851	887919	1052283	669770
湖　南	2451073	1380302	1336312	1287712	900589	304052
广　东	1500886	2451790	2136187	1532741	2040172	2587025
广　西	5436806	1166238	1253760	730861	731509	489425
海　南	38409	450	88289			303178
重　庆	490126	564189	611116	340793	165034	659421
四　川	928653	1186196	900912	765670	286747	488378
贵　州	204983	38660	58808	28462	214889	74702
云　南	425628	171640	288950	124536	142786	839230
西　藏					10332	1500
陕　西	163985	501273	523412	215842	134839	1355249
甘　肃	179041	84247	93402	111522	66681	187570
青　海	6550	12600	2600	3800	168483	9136
宁　夏	39586	3700	32636	35493	2559	214056
新　疆	128836	26577	82740	33068	26095	2012479
不分地区						

2-1-17　续表 5　　　　单位：万元

地　区	化学原料和化学制品制造业	医　药制造业	化学纤维制 造 业	橡胶和塑料制品业	非金属矿物制品业	黑色金属冶炼和压延加工业
全国总计	**149908823**	**58118761**	**11122065**	**65307762**	**167476343**	**42571864**
北　京	220716	397914	1500	29381	20125	1100
天　津	696594	667827	800	1192423	1787589	1064058
河　北	9618464	3962262	650239	6540602	12603758	7448997
山　西	3687856	904008	24625	490582	4132234	1301250
内蒙古	8237775	1586062	180847	1016170	2743621	2265856
辽　宁	4727665	1319709	206726	2483932	7740657	1206192
吉　林	4465009	3788208	112686	1655618	6147251	558044
黑龙江	1212757	635463	38225	755196	2274351	323255
上　海	773089	444349	13201	161520	66398	403742
江　苏	18223927	5711728	2899012	6487898	11267516	4363252
浙　江	5046037	2284996	1927411	3515350	3275531	1096125
安　徽	4914479	2543510	240388	5242060	9400690	1803542
福　建	3812731	786886	1519046	2024651	5804431	1595027
江　西	7064435	3372283	493388	2432046	9378825	555648
山　东	25460697	6732973	836548	10063918	17398911	4897734
河　南	10146062	4726677	934526	4523688	15858155	2199728
湖　北	5984233	4114501	138410	3266840	9540635	2270234
湖　南	7288349	2502734	120683	2097773	11007228	1212526
广　东	4870143	2022401	112113	4359686	8241697	2461981
广　西	2795313	1378362	40438	1444344	8862547	1364037
海　南	24606	87186		12281	70819	
重　庆	1150642	1328608	76240	1288762	2641500	591253
四　川	4163645	2823504	213974	1635260	5724575	1355287
贵　州	1012513	741073		284330	1780595	279485
云　南	746537	576492	11318	343250	2016605	399100
西　藏	14991	20943		4200	47934	500
陕　西	2957099	1344698	11368	722274	2813172	444879
甘　肃	838167	756222	31173	531485	2165571	184820
青　海	1104943	187027		41970	515926	229989
宁　夏	3447047	128078	155182	150673	584764	255415
新　疆	5202302	242077	131998	509599	1562732	438808
不分地区						

2-1-17 续表 6 单位：万元

地 区	有色金属冶炼和压延加工业	金 属制品业	通用设备制 造 业	专用设备制 造 业	汽 车制造业	铁路、船舶、航空航天和其他运输设备制造业
全国总计	**55801338**	**94906389**	**133639297**	**123533580**	**115152886**	**32263099**
北 京	11719	36200	54016	191991	1410188	53087
天 津	1370513	2861495	2859793	2867140	2051775	969356
河 北	1421631	9278331	12567176	10787031	5034809	1977984
山 西	1554983	1094136	1071621	981518	490349	224324
内 蒙 古	4465945	1196617	1237687	1889731	1497845	339940
辽 宁	2233736	4082375	8573245	5359661	2714101	1126029
吉 林	460137	1667698	1959615	4751059	10874147	540564
黑 龙 江	206892	1129450	3267365	1412468	921563	312298
上 海	21602	236830	452799	498870	1180994	265658
江 苏	3607094	13048451	23211791	19284043	11781436	5423209
浙 江	1187117	4466002	7425355	4850012	7512846	1505994
安 徽	2029169	5553571	7035431	7647404	6540841	1306656
福 建	853971	2750075	2378530	2133576	1071658	545895
江 西	4054707	3499602	4139287	3554959	3525310	1415138
山 东	7128095	13667430	18834608	17745692	10760704	2841178
河 南	6940378	6981011	11376566	11034852	9053844	2804395
湖 北	1224696	4009628	5418042	6647366	13664219	1351458
湖 南	3585725	3864666	6509763	5555770	3476630	1602666
广 东	1256815	6171541	3597188	3786929	4354294	936172
广 西	1806466	1886560	1654665	2432429	3641833	486577
海 南		4915	33052	40102	330	56950
重 庆	601677	2030699	2761867	1915215	6846267	2018055
四 川	1440183	2033241	2610016	3189286	3042462	1228586
贵 州	886543	418423	502241	552734	688818	172180
云 南	897299	299037	163242	194411	404640	69700
西 藏	1060	23653	500	18789		613
陕 西	1439877	1182683	2591970	3032120	2425865	2569049
甘 肃	1194668	583868	606565	520264	31398	105525
青 海	1702559	126940	50200	78160	35000	
宁 夏	505643	244539	280821	213196	3490	2206
新 疆	1710438	476722	414280	366802	115230	11657
不分地区						

2-1-17　续表 7　　　　单位：万元

地　　区	电器机械和器材制造业	计算机、通信和其他电子设备制造业	仪器仪表制造业	其他制造业	废弃资源综合利用业
全国总计	**113145339**	**90360581**	**16459351**	**21795875**	**13121269**
北　京	154326	639092	57923	6869	2400
天　津	1935060	1932075	421468	4635412	1031644
河　北	6486023	2715625	474959	1120138	1146436
山　西	923780	873073	92730	138393	363933
内蒙古	2086283	1033224	102861	114904	215978
辽　宁	3841895	2273176	810512	410572	355348
吉　林	1858961	475971	378034	553796	249018
黑龙江	955534	282561	163859	283489	73880
上　海	375013	1557032	80296	337892	4580
江　苏	20457964	16295248	3544161	1569970	780640
浙　江	6757989	3063011	863567	1124357	374723
安　徽	8383288	5108057	1024755	660703	603919
福　建	3080612	4076773	301418	1235695	334726
江　西	6352869	4379004	908241	787525	785264
山　东	10728100	4393206	1620365	773828	834526
河　南	9213697	7679811	1693695	810534	634776
湖　北	6386691	5367341	1132584	811318	632353
湖　南	4944501	4602205	686892	981993	767782
广　东	6265836	9375397	722680	447548	926442
广　西	2156517	1668217	213777	354255	852991
海　南	34959	153090	8200		10484
重　庆	1368331	5533714	402092	660557	720204
四　川	2510242	3034946	294588	237957	386903
贵　州	600054	330723	57450	87818	81621
云　南	499702	52390	10631	2413077	186189
西　藏	61606		365	200	
陕　西	2646882	2978937	236451	85790	309586
甘　肃	594705	212131	45993	110988	266126
青　海	896383	201535	31497	189769	16480
宁　夏	295895	16285	56809	29390	79353
新　疆	291641	56731	20498	821138	92964
不分地区					

2-1-17 续表 8 单位：万元

地区	金属制品、机械和设备修理业	(四)电力、热力、燃气及水的生产和供应业	电力、热力生产和供应业	燃气生产和供应业	水的生产和供应业	(五)建筑业
全国总计	**3374955**	**267096283**	**202604140**	**23314898**	**41177245**	**48967011**
北京		2932474	1687303	112547	1132624	55606
天津	78640	3684880	2493647	589686	601547	1385957
河北	376039	15286885	11046888	2219345	2020652	200651
山西	65702	13559205	11258809	1498931	801465	110599
内蒙古	139560	17325253	13874418	938730	2512105	1635164
辽宁	422998	5205561	3750529	695190	759842	116668
吉林	100178	4631812	3594013	673276	364523	2037548
黑龙江	103725	3441347	2519416	349438	572493	2570250
上海	13884	1991675	1324383	81003	586289	16700
江苏	174665	14446769	11707109	758247	1981413	1335068
浙江	132586	11088749	7757212	527181	2804356	552880
安徽	183889	7748189	5761943	402517	1583729	1317984
福建	63064	9023182	6297347	635434	2090401	2239064
江西	75277	5732341	3700965	480308	1551068	1307245
山东	383628	17285759	13330016	1731279	2224464	8879314
河南	77275	11136117	7106562	2119572	1909983	67297
湖北	137991	6907232	4836462	596395	1474375	1483186
湖南	134381	8556852	4333823	749539	3473490	4011109
广东	170404	11987252	9139853	855062	1992337	558042
广西	143183	7363731	4958109	1023569	1382053	2361364
海南	14804	1185431	822701	129825	232905	777827
重庆	22962	4619051	2685807	919171	1014073	77512
四川	101227	15830155	11113574	1517297	3199284	614077
贵州	30535	4179497	3388528	169163	621806	31511
云南		11269227	10327839	425258	516130	7287
西藏		1570415	1521890	10800	37725	6540
陕西	113701	8475978	6157723	905977	1412278	986260
甘肃	76441	7627219	5916495	604434	1106290	11334426
青海	29000	4493447	4196722	75229	221496	1562592
宁夏	2578	6962389	6628876	146889	186624	140822
新疆	6638	20914779	18731748	1373606	809425	1186461
不分地区		633430	633430			

2-1-17 续表 9

单位：万元

地 区	房 屋 建筑业	土木工程 建 筑 业	建 筑 安装业	建筑装饰和 其他建筑业	(六)批发和 零售业	批发业
全国总计	**15362734**	**24834591**	**2568512**	**6201174**	**186814246**	**94302280**
北 京	28427	23071	2980	1128	581537	275447
天 津	605705	381165	257793	141294	5278996	2806925
河 北	52575	87913	18848	41315	9674032	4807422
山 西	35085	59303	3568	12643	3432021	1321012
内 蒙 古	462836	814486	102487	255355	3968191	2240747
辽 宁	5873	21549	47123	42123	8269836	4435970
吉 林	241398	1204662	236164	355324	5933722	3001764
黑 龙 江	406902	1525841	174241	463266	5864160	3677582
上 海	11800	4900			347994	122173
江 苏	194747	801585	168073	170663	14474524	7098314
浙 江	35594	390678	12485	114123	4107059	1832659
安 徽	260139	498021	95312	464512	9467410	4860322
福 建	559878	1355803	122621	200762	5116284	3381195
江 西	347944	508455	102549	348297	9715767	5882937
山 东	1865932	5094396	466653	1452333	27202973	15865330
河 南	52343	5386		9568	11729502	4808279
湖 北	188666	927122	98979	268419	7932368	3558173
湖 南	1092103	2398566	120568	399872	11202491	6028625
广 东	127919	252844	32779	144500	9148645	3692503
广 西	669365	1309590	100522	281887	6050778	2838290
海 南	60388	687223	2267	27949	346194	131410
重 庆	4862	55704	9356	7590	2456552	1253556
四 川	78955	492865	25696	16561	5694430	2709645
贵 州	11511	20000			1841720	864796
云 南	4009		2626	652	2778807	1149809
西 藏	3540	3000			145021	53089
陕 西	318762	339446	127110	200942	6851990	2682889
甘 肃	6783825	4062934	134713	352954	4721350	1725820
青 海	482030	726683	53283	300596	329227	103929
宁 夏	52140	63519	13492	11671	329667	157350
新 疆	317481	717881	36224	114875	1820998	934318
不分地区						

2-1-17 续表 10

单位：万元

地 区	零售业	(七)交通运输、仓储和邮政业	铁路运输业	道路运输业	水上运输业	航空运输业	管道运输业
全国总计	**92511966**	**489748106**	**77299405**	**286141047**	**23522803**	**18398555**	**2991491**
北 京	306090	7146989	108230	4140321		2683218	
天 津	2472071	7557436	824766	4459479	358763	94452	67784
河 北	4866610	20357253	1185315	9894296	1667158	188610	24949
山 西	2111009	8887831	1583739	4481175		46687	137127
内蒙古	1727444	12511701	3076211	7907062	9634	121783	8410
辽 宁	3833866	12553369	2423421	4305467	2081458	298734	94171
吉 林	2931958	9555242	1242953	4303919	36705	76139	14820
黑龙江	2186578	9855886	2811006	2517817	37561	152320	32994
上 海	225821	7945557	142842	3899620	1118498	2391957	21228
江 苏	7376210	24289473	221783	14368385	3422976	86267	335253
浙 江	2274400	23114031	2147855	15523194	2249731	508245	154476
安 徽	4607088	13411567	439674	9524207	871131	5880	14913
福 建	1735089	22306601	298747	15778008	2462294	1147812	171913
江 西	3832830	8179541	47197	6160467	179304	16973	190
山 东	11337643	27874969	1775591	13434516	2411072	1365103	414591
河 南	6921223	19063133	732896	8964959	204575	875406	128282
湖 北	4374195	22646783	898363	15134894	1633383	380461	51065
湖 南	5173866	17229557	1831086	11934947	290587	351192	77991
广 东	5456142	30376116	2946430	20528406	1977232	2371691	11500
广 西	3212488	15090481	592002	11587154	1136909	97181	76375
海 南	214784	4217931	44383	2209393	274601	1369692	
重 庆	1202996	14337954	524067	11213660	285432	775544	44421
四 川	2984785	30743817	1703740	25650676	312277	204571	246003
贵 州	976924	15888608	1049874	13382062	115101	110363	
云 南	1628998	18092950	1653369	14017477	46887	1628788	60600
西 藏	91932	3468759	293066	2853746	34866	169268	
陕 西	4169101	14276547	607313	9656141	690	255261	573413
甘 肃	2995530	8148919	627729	5832670	4750	196573	49958
青 海	225298	4198453	296064	3735088	891	85933	7302
宁 夏	172317	2589497	74725	1917915	59240	96208	13832
新 疆	886680	10173588	1675498	6823926	1000	246243	157930
不分地区		43657567	43419470		238097		

2-1-17 续表 11

单位：万元

地 区	装卸搬运和运输代理业	仓储业	邮政业	(八)住宿和餐饮业	住宿业	餐饮业
全国总计	**12752397**	**66201524**	**2440884**	**65042259**	**46733133**	**18309126**
北 京	2278	189781	23161	406372	392441	13931
天 津	331396	1314953	105843	835079	441041	394038
河 北	701959	6627226	67740	2215106	1615751	599355
山 西	82086	2548578	8439	774489	561242	213247
内 蒙 古	311901	1051389	25311	995712	687731	307981
辽 宁	776380	2543010	30728	2963957	1843221	1120736
吉 林	261789	3525321	93596	1042450	624803	417647
黑 龙 江	211944	4072536	19708	1796699	1133599	663100
上 海	18121	293966	59325	282959	262678	20281
江 苏	439119	5072892	342798	5414808	2947279	2467529
浙 江	211336	2189579	129615	2322731	1924248	398483
安 徽	796490	1593664	165608	2547602	1450794	1096808
福 建	538429	1873540	35858	2633925	2237498	396427
江 西	734879	923859	116672	2931070	1900195	1030875
山 东	1403946	6971524	98626	3432177	2059752	1372425
河 南	1652849	6289633	214533	4074355	2998257	1076098
湖 北	994630	3503435	50552	3124866	2204794	920072
湖 南	752872	1844230	146652	2787659	2002120	785539
广 东	515429	1749561	275867	4624656	3536479	1088177
广 西	383790	1166712	50358	2051043	1350082	700961
海 南	86936	223693	9233	1446192	1386417	59775
重 庆	139199	1352431	3200	2543582	2291887	251695
四 川	202969	2305680	117901	4228706	3410212	818494
贵 州	182881	1029627	18700	1592059	1537938	54121
云 南	201876	482528	1425	2476979	2121655	355324
西 藏	8471	102992	6350	145730	139235	6495
陕 西	513586	2519730	150413	2462203	1673692	788511
甘 肃	97556	1286524	53159	1700099	1158672	541427
青 海	15769	57406		190951	167634	23317
宁 夏	113442	300605	13530	160181	115580	44601
新 疆	68089	1194919	5983	837862	556206	281656
不分地区						

2-1-17 续表 12

单位：万元

地区	(九)信息传输、软件和信息技术服务业	电信、广播电视和卫星传输服务	互联网和相关服务	软件和信息技术服务业	(十)金融业	货币金融服务
全国总计	**55163702**	**24447012**	**8012541**	**22704149**	**13672488**	**6656409**
北京	2400167	1238962	468030	693175	733086	373312
天津	1401873	702157	86873	612843	470931	170550
河北	1471735	775906	64023	631806	478744	274905
山西	1042682	638331	108151	296200	44852	36732
内蒙古	841960	255795	146432	439733	364153	287344
辽宁	2025749	497971	200306	1327472	716469	209742
吉林	1912030	499168	273952	1138910	367270	152096
黑龙江	1646812	982231	252558	412023	319850	80726
上海	1272679	897352	41925	333402	244913	151407
江苏	6628589	1285255	1047844	4295490	1508341	804219
浙江	2751833	932006	916997	902830	1021571	742487
安徽	2553882	497664	354803	1701415	727273	316817
福建	2608416	1302685	765819	539912	570995	359281
江西	1254320	82299	175259	996762	410675	163543
山东	2837790	491091	254083	2092616	993850	482160
河南	1616519	313665	417125	885729	196798	111265
湖北	1369336	793804	191504	384028	531869	171982
湖南	2593041	531929	550977	1510135	882144	293836
广东	4778026	3176043	712694	889289	1132108	344997
广西	1511335	954589	206706	350040	390039	230349
海南	797496	379649	28743	389104	19103	13253
重庆	824323	505838	92938	225547	215907	166843
四川	2673638	2024124	305706	343808	229767	152104
贵州	447080	185734	24575	236771	77338	21538
云南	638409	591233	23424	23752	89987	89987
西藏	81812	65487	6375	9950	462300	50673
陕西	1888162	1163397	154039	570726	144159	108897
甘肃	722089	482364	75373	164352	132865	120180
青海	801816	769355	22983	9478	16425	12375
宁夏	514112	330145	32600	151367	59286	59286
新疆	1255991	1100783	9724	145484	119420	103523
不分地区						

2-1-17 续表 13

单位：万元

地　区	资本市场服务	保险业	其他金融业	(十一)房地产业	(十二)租赁和商务服务业	租赁业
全国总计	**3475458**	**1309663**	**2230958**	**1267061569**	**94358309**	**8920414**
北　京	11952	332722	15100	44346837	638532	152652
天　津	105265	108000	87116	27815827	7983218	4097657
河　北	138852		64987	52878373	4169174	59261
山　西		500	7620	31145926	696878	25909
内蒙古	26729	7300	42780	15455566	1000508	20986
辽　宁	316397	41422	148908	36635212	3434816	201277
吉　林	154534	15230	45410	10981775	1968597	103695
黑龙江	99598	46484	93042	12405282	1800724	232459
上　海	93140		366	34839468	1161643	8789
江　苏	259254	60485	384383	96875371	11315290	266485
浙　江	211905	30505	36674	91075372	5717029	347841
安　徽	227405	41759	141292	56368159	4284671	239695
福　建	118066	5010	88638	53661704	2689572	162301
江　西	120595	15045	111492	20965192	3300198	270256
山　东	277308	128426	105956	82925395	8980545	564958
河　南	58540		26993	76026221	4385926	53710
湖　北	315324	19159	25404	57895296	6503690	202402
湖　南	335873	58750	193685	36131537	5227363	325211
广　东	375773	299592	111746	101205348	3153543	1021691
广　西	106799	19339	33552	25061542	3498904	216364
海　南		5850		18653119	164657	
重　庆	38009	6795	4260	43194854	1740192	28259
四　川	12385	39947	25331	75599163	2736545	70462
贵　州	55800			32594055	1861490	
云　南				42713072	1177884	5460
西　藏	2043		409584	1294826	61384	600
陕　西	2910	19410	12942	44654061	1702306	61837
甘　肃	7300	5385		11967248	1265799	37888
青　海	2100	1050	900	4315504	457387	
宁　夏				8227185	232551	
新　疆	1602	1498	12797	19153079	1047293	142309
不分地区						

2-1-17 续表 14

单位：万元

地区	商务服务业	(十三)科学研究和技术服务业	研究与试验发展	专业技术服务业	科技推广和应用服务业	(十四)水利、环境和公共设施管理业
全国总计	**85437895**	**47515401**	**14142894**	**17175456**	**16197051**	**556790336**
北京	485880	801114	416630	169511	214973	5505005
天津	3885561	1079259	321405	313255	444599	16702477
河北	4109913	1856467	364743	760602	731122	22192142
山西	670969	769117	171837	276528	320752	16074140
内蒙古	979522	986109	84293	418031	483785	17720873
辽宁	3233539	2467055	854931	844072	768052	20818836
吉林	1864902	1190295	177943	501737	510615	9387814
黑龙江	1568265	1252612	188257	600396	463959	9224711
上海	1152854	461188	340386	109754	11048	4743835
江苏	11048805	5923066	2061017	2142290	1719759	38688209
浙江	5369188	999034	264041	435340	299653	30920267
安徽	4044976	2614262	829398	1131633	653231	20210139
福建	2527271	829746	142578	401859	285309	26691357
江西	3029942	959924	184298	438478	337148	16910715
山东	8415587	10265684	2550626	3461386	4253672	23389563
河南	4332216	1847244	501305	492899	853040	27825957
湖北	6301288	1330391	556808	528983	244600	27146873
湖南	4902152	3042076	962995	1048843	1030238	33776534
广东	2131852	2181441	1200890	742408	238143	24434209
广西	3282540	1108250	227917	348372	531961	18265210
海南	164657	108425	62426	11877	34122	2415706
重庆	1711933	334689	95811	141104	97774	19267723
四川	2666083	1514860	671685	434857	408318	32551817
贵州	1861490	241880	13201	88178	140501	23730949
云南	1172424	221071	75101	105349	40621	14850412
西藏	60784	107074	15265	79454	12355	1438127
陕西	1640469	1918042	587202	652511	678329	28068612
甘肃	1227911	584478	154079	233097	197302	7625952
青海	457387	112502	440	102222	9840	2365252
宁夏	232551	107133	34670	43595	28868	2696798
新疆	904984	300913	30716	116835	153362	10682360
不分地区						467762

2-1-17　续表 15　　　　单位：万元

地　区	水　利 管理业	生态保护和 环境治理业	公共设施 管　理　业	(十五)居民 服务、修理和 其他服务业	居　民 服务业	机动车、电子 产品和日用 产品修理业
全国总计	**72498589**	**22490014**	**461801733**	**26281617**	**14742965**	**6493615**
北　京	1059999	228295	4216711	217074	14033	1450
天　津	1227364	616757	14858356	848251	329787	33499
河　北	3248310	766688	18177144	871726	375334	241710
山　西	2185811	1410921	12477408	461959	343219	89811
内蒙古	1553338	337804	15829731	859487	273251	533676
辽　宁	1613715	431529	18773592	1302093	707259	444174
吉　林	1453949	309357	7624508	861982	443015	340941
黑龙江	3652295	226852	5345564	890594	528563	209767
上　海	1001336	23355	3719144	27415	25415	2000
江　苏	4434074	1149563	33104572	2634855	1747383	391410
浙　江	5381738	2171396	23367133	676070	446388	70455
安　徽	2439254	513595	17257290	949980	392368	348243
福　建	3344163	1025747	22321447	695540	448371	175075
江　西	1245427	582368	15082920	1216388	395316	582224
山　东	2977295	1916540	18495728	3708658	2210558	675210
河　南	3000292	1296831	23528834	1807314	1133657	287166
湖　北	3233767	1385371	22527735	1101171	454921	213061
湖　南	3593267	1574959	28608308	1108199	491671	364496
广　东	3450973	697984	20285252	480256	162785	216309
广　西	2531569	718974	15014667	737049	206282	418374
海　南	291476	48528	2075702	49892	49892	
重　庆	1540215	432194	17295314	350904	251440	64490
四　川	4528295	920598	27102924	587763	352395	211364
贵　州	1240667	164518	22325764	482994	435422	13700
云　南	3851993	681015	10317404	530985	433526	92211
西　藏	574640	57379	806108	116779	110323	5701
陕　西	3166905	1411536	23490171	821299	541986	137130
甘　肃	1711810	445194	5468948	1544838	1250125	222042
青　海	313128	482572	1569552	45007	36347	7900
宁　夏	619582	143838	1933378	70386	54658	12822
新　疆	1564180	317756	8800424	224709	97275	87204
不分地区	467762					

2-1-17 续表 16 单位：万元

地区	其他服务业	(十六)教育	(十七)卫生和社会工作	卫生	社会工作	(十八)文化、体育和娱乐业
全国总计	**5045037**	**77232422**	**51746895**	**39402975**	**12343920**	**67241195**
北京	201591	1421810	606292	558968	47324	1333051
天津	484965	1720158	859346	599687	259659	933115
河北	254682	2603236	2614479	1668317	946162	4615290
山西	28929	1810609	1255563	874122	381441	1952159
内蒙古	52560	1406296	1135327	844524	290803	1354791
辽宁	150660	1784324	1254657	895412	359245	1813789
吉林	78026	1115225	1128303	803120	325183	1124591
黑龙江	152264	1619059	1303249	941323	361926	1551040
上海		892171	455565	314080	141485	1080442
江苏	496062	5432938	4505483	3716716	788767	5601054
浙江	159227	4009119	2194505	1670002	524503	3114457
安徽	209369	2764473	2246909	1945950	300959	2036358
福建	72094	2733799	1719397	1315768	403629	2657052
江西	238848	2435646	1597145	1009050	588095	2613260
山东	822890	6056529	4296666	2947512	1349154	7530692
河南	386491	4179279	4164703	3064899	1099804	3710174
湖北	433189	2130538	1790012	1474380	315632	2894579
湖南	252032	4394655	2788775	2066482	722293	2800477
广东	101162	4152916	2547490	2097362	450128	2925627
广西	112393	3813261	1640289	1470458	169831	1801853
海南		416927	306144	290497	15647	691780
重庆	34974	1788562	1082934	914093	168841	1419301
四川	24004	4835348	3102409	2080462	1021947	2029075
贵州	33872	2676609	742690	712221	30469	1659005
云南	5248	2974859	1392972	1161274	231698	1766004
西藏	755	315218	143505	80695	62810	178249
陕西	142183	2993108	2434679	1994902	439777	2735826
甘肃	72671	2052729	1022388	812340	210048	2038497
青海	760	560658	251292	218364	32928	269368
宁夏	2906	530296	288793	191276	97517	207227
新疆	40230	1612067	874934	668719	206215	803012
不分地区						

2-1-17　续表 17

单位：万元

地　区	新闻和出版业	广播、电视、电影和影视录音制作业	文　化艺术业	体　育	娱乐业	(十九)公共管理、社会保障和社会组织
全国总计	**1297902**	**4919705**	**30777930**	**10318266**	**19927392**	**78509175**
北　京	41026	168137	688193	36486	399209	592556
天　津	83000	119047	436245	149783	145040	579943
河　北	290960	83921	2060920	778796	1400693	1067786
山　西		30271	1051140	280581	590167	489832
内蒙古	10500	158871	737793	277893	169734	2991457
辽　宁	28981	58710	634640	277785	813673	1364364
吉　林	66518	100731	272129	284019	401194	2914059
黑龙江	53579	73953	396528	159222	867758	1487846
上　海	15900	40491	38028	27166	958857	115583
江　苏	50514	489813	2774059	773928	1512740	3704710
浙　江	33853	337647	1542326	563356	637275	3206080
安　徽	35758	119358	962782	359169	559291	3412183
福　建	12366	198410	1487271	485666	473339	3584322
江　西	14495	108245	1210582	284061	995877	2268171
山　东	40573	972038	3964756	549333	2003992	11339673
河　南	207908	186523	1752790	396908	1166045	1920586
湖　北	30202	102149	1176916	498645	1086667	3371224
湖　南	79547	214124	1480361	426088	600357	6195835
广　东	33045	138997	1166868	755973	830744	1335499
广　西	16806	184987	564868	446200	588992	2372006
海　南	13768	205705	160268	64924	247115	174817
重　庆	39963	260180	671861	176607	270690	1246515
四　川	2131	118429	926393	500997	481125	1875401
贵　州		47550	780709	360259	470487	260532
云　南		40080	459821	447028	819075	2977682
西　藏		1436	157902	8707	10204	1648511
陕　西	72545	161082	1515963	459088	527148	3064515
甘　肃	8500	111848	1078403	205774	633972	3040836
青　海	14862	45550	146648	23965	38343	1562611
宁　夏	149	10655	65906	30770	99747	348240
新　疆	453	30767	414861	229089	127842	1994865
不分地区						6000935

2-1-17 续表 18 单位：万元

地　区	中国共产党机关	国家机构	人民政协、民主党派	社会保障	群众团体、社会团体和其他成员组织	基层群众自治组织
全国总计	**253769**	**52360356**	**163628**	**2851788**	**6427720**	**16451914**
北　京	27537	509482		4464	45080	5993
天　津	9800	417739		5200	1300	145904
河　北	2150	423445		31707	39244	571240
山　西	951	280738		20720	132624	54799
内蒙古	12965	2340956	1092	25503	249785	361156
辽　宁	14096	1059926		15529	136714	138099
吉　林		2157703		46585	635438	74333
黑龙江	7147	1041804	2000	32676	70234	333985
上　海		90784		19690	4523	586
江　苏	8610	2630378		31709	374571	659442
浙　江		1377391	20	20779	347650	1460240
安　徽	7483	2496496	36506	94319	253277	524102
福　建	7190	1873410		1606	439510	1262606
江　西		2068819		46722	86304	66326
山　东	13349	5593429		770799	462345	4499751
河　南	18344	1009640	5493	104180	272898	510031
湖　北	8304	1813342	100	146940	221611	1180927
湖　南	6110	5243793	5200	437706	251160	251866
广　东	22779	706470		603	453341	152306
广　西	8074	1747038	31782	102135	147691	335286
海　南	640	145687	14387	1460	7173	5470
重　庆		940470		144662	62985	98398
四　川	4700	1322014		20048	329701	198938
贵　州		260532				
云　南		435985	120	11999	159298	2370280
西　藏	7283	703238		37179	759734	141077
陕　西	1966	2013000		129449	104162	815938
甘　肃	5687	2312214	920	453534	211994	56487
青　海	930	1381115	1008	4392	130166	45000
宁　夏		217848	65000	55183	10209	
新　疆	57674	1744535		34310	26998	131348
不分地区		6000935				

2-1-18　各地区按行业门类分的固定资产(不含农户)住宅投资

单位：万元

地　区	合计	农、林、牧、渔业	采矿业	制造业	电力、热力、燃气及水的生产和供应业
全国总计	**727459969**	**617701**	**245453**	**2383183**	**178440**
北　京	20279595	2000		40	
天　津	15140366	1300		6220	50
河　北	35417514	111762	182199	696567	47822
山　西	18897592	4234	4206	18456	11061
内蒙古	10163790	6760		27986	2100
辽　宁	26415774	4786		22367	
吉　林	6851548	3832		1708	
黑龙江	7151857	37715		3000	
上　海	18199684	5315		5250	
江　苏	65271597	5937	30	222598	16823
浙　江	51451954	1361		25750	506
安　徽	31502112	45622	2244	83267	35244
福　建	30109358	2821	2045	85497	2100
江　西	12731142	1460	763	66437	4664
山　东	50982864	8452	615	61864	4228
河　南	39766860	33942	1165	81673	4001
湖　北	32025786	9511	3545	80696	11416
湖　南	19376221	10632	2603	96291	4840
广　东	61688698	8690	2571	195333	5488
广　西	15140752	10694	1331	45204	2918
海　南	12969041	2206			711
重　庆	24905221	21757	686	47834	742
四　川	36012485	77656	11044	153937	7630
贵　州	14803112	3190	637	48164	1044
云　南	22028087	23373	23185	110458	2801
西　藏	680940	1802			
陕　西	22744878	46112	3167	104080	5600
甘　肃	7252189	2014	2800	2100	
青　海	2732164	118934		66225	3797
宁　夏	4441651	2230	315	1010	89
新　疆	10325134	1601	302	23171	2765
不分地区	3				

2-1-18 续表 1 单位：万元

地区	建筑业	批发和零售业	交通运输、仓储和邮政业	住宿和餐饮业	信息传输、软件和信息技术服务业
全国总计	**940755**	**622224**	**299557**	**481671**	**7641**
北京				5595	
天津		6400			
河北		36024	43936	9655	
山西		46896	10133	12711	
内蒙古	35531	100			800
辽宁		16050	20000	14282	
吉林	1100	3193	6300		
黑龙江	9121			3840	
上海					
江苏	33576	5605	10595	5620	
浙江	2003	29547	57135	7600	
安徽	10097	39700	460	4725	
福建		180	1500	46310	
江西	3850	7008	2583	2220	
山东	99590	66595	3312	24553	2800
河南		88992	12886	10000	
湖北	1143	9493	6445	11965	350
湖南	4530	18614	16997	9678	
广东	4210	29177	34115	101247	
广西	20600	7356	9031	4559	3500
海南	23272		760	12359	
重庆	1029	2056	7372	25374	
四川	13017	59105	32098	70575	191
贵州		5365	12460	13310	
云南		30828	2684	47713	
西藏		30			
陕西	3000	59498	2058	15136	
甘肃	518832	30300	220		
青海	66315	20350	1030	5448	
宁夏	2537				
新疆	87402	3762	5444	17196	
不分地区			3		

2-1-18　续表 2

单位：万元

地　区	金融业	房地产业	租赁和商务服务业	科学研究和技术服务业	水利、环境和公共设施管理业
全国总计	**44805**	**712637020**	**878296**	**191998**	**2743357**
北　京		20190754			172
天　津		14901646	195225		4179
河　北	19740	33889523	9500	7415	138285
山　西	150	18578348	800	18771	135480
内蒙古		9882953	5800		20230
辽　宁		26144570	60281		115248
吉　林		6804897			
黑龙江		7090196			4965
上　海		18157661	7055	13079	1500
江　苏	13000	64531721	91384	55157	72888
浙　江		50778593	68977		233493
安　徽		30815220	38445	65	269449
福　建		29757907	4048		99457
江　西		12395724	4472		154301
山　东	6948	49036240	42694	30936	161979
河　南		39308663		4813	46954
湖　北		31484738	131824	17873	135958
湖　南	30	18879237	15830	827	150894
广　东		61046086	55156	627	99443
广　西		14860064	7492	3229	52331
海　南		12893026	1550	3000	
重　庆		24667695	13334	50	90252
四　川		34865924	16826	11098	252578
贵　州		14420304	36949		228018
云　南	150	21550024	1321	1400	55968
西　藏	21	565061			700
陕　西	360	22116679	13410	21660	63290
甘　肃		6296119	4100		57452
青　海	430	2262695	51822	788	43419
宁　夏		4395480	1		35482
新　疆	3976	10069272		1210	18992
不分地区					

2-1-18 续表 3

单位：万元

地　　区	居民服务、修理和其他服务业	教育	卫生、和社会工作	文化、体育和娱乐业	公共管理社会保障和社会组织
全国总计	**698678**	**965231**	**525136**	**214903**	**2783920**
北　　京		66254	1500	8280	5000
天　　津		25346			
河　　北	46470	32276	10120	10230	125990
山　　西	500	6359	29359	15254	4874
内 蒙 古		7165	9745		164620
辽　　宁	6710			2000	9480
吉　　林			14718		15800
黑 龙 江		800			2220
上　　海		9824			
江　　苏	51872	9420	21416	10400	113555
浙　　江	12780	28145	34276	41805	129983
安　　徽	6687	6878	16678	13933	113398
福　　建	13756	37463	17592	337	38345
江　　西	7126	20243	45993	3200	11098
山　　东	131045	40501	47700	19487	1193325
河　　南	91139	15350	8720	4521	54041
湖　　北	800	37946	27835	4800	49448
湖　　南	7260	49409	26181		82368
广　　东	2486	50590	20199	27961	5319
广　　西	1096	72269	23903	1127	14048
海　　南		3557	3072	1200	24328
重　　庆		7611	10999		8430
四　　川	48293	126351	86332	12733	167097
贵　　州	6615	15790	2466	7620	1180
云　　南	2049	75048	20811	28641	51633
西　　藏		8818	940	420	103148
陕　　西	3182	82354	22635	714	181943
甘　　肃	244822	24616	2496		66318
青　　海	6000	68169	7105		9637
宁　　夏		1000	3507		
新　　疆	7990	35679	8838	240	37294
不分地区					

2-1-19　国民经济行业小类按构成分的固定资产投资(不含农户)

单位：万元

行　　业	投资额	建筑安装工程	设备工器具购置	其他费用
全国总计	**5515900384**	**3797283868**	**1095227530**	**623388986**
(一)农、林、牧、渔业	**190623164**	**140692195**	**26419961**	**23511008**
农业	78493369	57196084	10397794	10899491
谷物种植	7880955	5884177	1267399	729379
稻谷种植	4308783	3333288	642899	332596
小麦种植	771309	577013	122076	72220
玉米种植	1395504	917536	275058	202910
其他谷物种植	1405359	1056340	227366	121653
豆类、油料和薯类种植	2603227	1675751	343528	583948
豆类种植	697475	391505	108663	197307
油料种植	1200458	825713	130382	244363
薯类种植	705294	458533	104483	142278
棉、麻、糖、烟草种植	1596734	1197624	178645	220465
棉花种植	568724	417261	80527	70936
麻类种植	74326	62062	7843	4421
糖料种植	412775	300111	50465	62199
烟草种植	540909	418190	39810	82909
蔬菜、食用菌及园艺作物种植	30948795	23095795	4509151	3343849
蔬菜种植	16579430	12592188	2336230	1651012
食用菌种植	4530930	3174138	943793	412999
花卉种植	6378381	4777244	816017	785120
其他园艺作物种植	3460054	2552225	413111	494718
水果种植	16102814	11428814	2019114	2654886
仁果类和核果类水果种植	5682649	3809558	788820	1084271
葡萄种植	2344232	1786265	258513	299454
柑橘类种植	1080619	758840	91866	229913
香蕉等亚热带水果种植	778249	592849	109000	76400
其他水果种植	6217065	4481302	770915	964848
坚果、含油果、香料和饮料作物种植	6071178	4088168	575037	1407973
坚果种植	2411649	1689346	217025	505278
含油果种植	598322	322695	46171	229456
香料作物种植	348754	241195	57740	49819
茶及其他饮料作物种植	2712453	1834932	254101	623420
中药材种植	5638599	4014744	644363	979492
其他农业	7651067	5811011	860557	979499
林业	19668859	13035002	1664672	4969185
林木育种和育苗	10221637	6972506	1228065	2021066
林木育种	2565295	1808815	329658	426822
林木育苗	7656342	5163691	898407	1594244
造林和更新	7848749	5051573	302663	2494513
森林经营和管护	1238482	790133	82480	365869
木材和竹材采运	125609	79630	24208	21771
木材采运	81194	55294	20753	5147
竹材采运	44415	24336	3455	16624
林产品采集	234382	141160	27256	65966
木竹材林产品采集	140704	75660	9692	55352
非木竹材林产品采集	93678	65500	17564	10614
畜牧业	48549116	36355766	7854649	4338701
牲畜饲养	38343758	28962840	6032829	3348089
牛的饲养	13080572	9824407	2212369	1043796
马的饲养	154902	117717	19163	18022

2-1-19 续表 1

单位：万元

行　　业	投资额	建筑安装工程	设备工器具购置	其他费用
猪的饲养	13873427	10377606	2225797	1270024
羊的饲养	9618683	7469959	1268607	880117
骆驼饲养	27529	19744	7785	
其他牲畜饲养	1588645	1153407	299108	136130
家禽饲养	7443268	5326218	1393540	723510
鸡的饲养	5726363	4083805	1079560	562998
鸭的饲养	590806	427502	117602	45702
鹅的饲养	208599	146260	44217	18122
其他家禽饲养	917500	668651	152161	96688
狩猎和捕捉动物	225001	167650	37476	19875
其他畜牧业	2537089	1899058	390804	247227
渔业	8906638	6261624	1734649	910365
水产养殖	8122187	6070806	1167840	883541
海水养殖	3168219	2463675	409139	295405
内陆养殖	4953968	3607131	758701	588136
水产捕捞	784451	190818	566809	26824
海水捕捞	716989	176880	528451	11658
内陆捕捞	67462	13938	38358	15166
农、林、牧、渔服务业	35005182	27843719	4768197	2393266
农业服务业	31181204	24885661	4197176	2098367
农业机械服务	3331840	2056192	1106403	169245
灌溉服务	7762033	6834631	522760	404642
农产品初加工服务	4383185	3027465	1105651	250069
其他农业服务	15704146	12967373	1462362	1274411
林业服务业	1354944	1017107	184214	153623
林业有害生物防治服务	102153	85243	8966	7944
森林防火服务	169210	144022	10784	14404
林产品初级加工服务	221154	141152	52752	27250
其他林业服务	862427	646690	111712	104025
畜牧服务业	1787250	1463326	218506	105418
渔业服务业	681784	477625	168301	35858
(二)采矿业	**129702184**	**88450497**	**30622291**	**10629396**
煤炭开采和洗选业	40066554	24992239	11941640	3132675
烟煤和无烟煤开采洗选	36912709	23111904	10802542	2998263
褐煤开采洗选	1990726	1058446	839943	92337
其他煤炭采选	1163119	821889	299155	42075
石油和天然气开采业	34249259	28054203	3597181	2597875
石油开采	28461030	23506678	2535810	2418542
天然气开采	5788229	4547525	1061371	179333
黑色金属矿采选业	13657166	8628294	3981633	1047239
铁矿采选	12258789	7785640	3513299	959850
锰矿、铬矿采选	880657	468488	363464	48705
其他黑色金属矿采选	517720	374166	104870	38684
有色金属矿采选业	15881824	10654729	3324039	1903056
常用有色金属矿采选	9651033	6701350	2172388	777295
铜矿采选	2612535	1905300	551329	155906
铅锌矿采选	3313833	2169313	823383	321137
镍钴矿采选	90309	54491	28293	7525
锡矿采选	567206	443282	52122	71802
锑矿采选	138217	115673	16109	6435
铝矿采选	903890	580038	231308	92544
镁矿采选	198059	136114	48872	13073
其他常用有色金属矿采选	1826984	1297139	420972	108873

2-1-19　续表 2

单位：万元

行　　业	投资额	建筑安装工程	设备工器具购置	其他费用
贵金属矿采选	4611788	2899847	840968	870973
金矿采选	4059700	2522101	759071	778528
银矿采选	257705	161881	58929	36895
其他贵金属矿采选	294383	215865	22968	55550
稀有稀土金属矿采选	1619003	1053532	310683	254788
钨钼矿采选	949797	560899	191664	197234
稀土金属矿采选	327069	268016	45237	13816
放射性金属矿采选	47210	34521	7689	5000
其他稀有金属矿采选	294927	190096	66093	38738
非金属矿采选业	20921004	12864652	6553873	1502479
土砂石开采	15460001	9232767	5181268	1045966
石灰石、石膏开采	4205795	2506148	1411589	288058
建筑装饰用石开采	5183357	3112110	1726058	345189
耐火土石开采	1017682	612484	330903	74295
粘土及其他土砂石开采	5053167	3002025	1712718	338424
化学矿开采	1859387	1276048	483013	100326
采盐	704898	555301	93594	56003
石棉及其他非金属矿采选	2896718	1800536	795998	300184
石棉、云母矿采选	86856	57241	17884	11731
石墨、滑石采选	501435	273457	111700	116278
宝石、玉石采选	400076	283454	71198	45424
其他未列明非金属矿采选	1908351	1186384	595216	126751
开采辅助活动	4244588	2838612	1030574	375402
煤炭开采和洗选辅助活动	2012411	1344608	562469	105334
石油和天然气开采辅助活动	1485487	1048948	346732	89807
其他开采辅助活动	746690	445056	121373	180261
其他采矿业	681789	417768	193351	70670
其他采矿业	681789	417768	193351	70670
(三)制造业	**1802334022**	**990643756**	**704191843**	**107498423**
农副食品加工业	107611992	67194649	33690670	6726673
谷物磨制	19136028	12002692	5993763	1139573
饲料加工	13540956	8073755	4742266	724935
植物油加工	10360929	6258253	3306248	796428
食用植物油加工	9268718	5687815	2971993	608910
非食用植物油加工	1092211	570438	334255	187518
制糖业	1545094	979598	468268	97228
屠宰及肉类加工	17330657	10632095	5667197	1031365
牲畜屠宰	5016470	3174179	1549254	293037
禽类屠宰	3156441	1859879	1080568	215994
肉制品及副产品加工	9157746	5598037	3037375	522334
水产品加工	8106810	5388172	2322170	396468
水产品冷冻加工	5240100	3526724	1488517	224859
鱼糜制品及水产品干腌制加工	911097	594778	245595	70724
水产饲料制造	451835	267901	155552	28382
鱼油提取及制品制造	54772	33907	20243	622
其他水产品加工	1449006	964862	412263	71881
蔬菜、水果和坚果加工	17211444	10979813	5084388	1147243
蔬菜加工	10819510	6748432	3320658	750420
水果和坚果加工	6391934	4231381	1763730	396823

2-1-19 续表 3

单位：万元

行业	投资额	建筑安装工程	设备工器具购置	其他费用
其他农副食品加工	20380074	12880271	6106370	1393433
淀粉及淀粉制品制造	4706636	2853189	1621913	231534
豆制品制造	2996461	1874914	980505	141042
蛋品加工	857310	515244	277053	65013
其他未列明农副食品加工	11819667	7636924	3226899	955844
食品制造业	50890084	29958017	17704804	3227263
焙烤食品制造	7993430	4804820	2733383	455227
糕点、面包制造	4107820	2569792	1311034	226994
饼干及其他焙烤食品制造	3885610	2235028	1422349	228233
糖果、巧克力及蜜饯制造	3319294	1916739	1171789	230766
糖果、巧克力制造	2165073	1211722	809252	144099
蜜饯制作	1154221	705017	362537	86667
方便食品制造	9432616	5549606	3305876	577134
米、面制品制造	4782046	2965243	1556456	260347
速冻食品制造	2094146	1181442	752212	160492
方便面及其他方便食品制造	2556424	1402921	997208	156295
乳制品制造	3755267	1954865	1654594	145808
罐头食品制造	3337479	1952098	1156407	228974
肉、禽类罐头制造	662895	465440	155616	41839
水产品罐头制造	163928	82954	74115	6859
蔬菜、水果罐头制造	1779742	1024863	633559	121320
其他罐头食品制造	730914	378841	293117	58956
调味品、发酵制品制造	6095199	3564346	2064910	465943
味精制造	765723	440031	268785	56907
酱油、食醋及类似制品制造	2085523	1258837	698983	127703
其他调味品、发酵制品制造	3243953	1865478	1097142	281333
其他食品制造	16956799	10215543	5617845	1123411
营养食品制造	2320702	1449633	724989	146080
保健食品制造	4587737	2563110	1643105	381522
冷冻饮品及食用冰制造	1034267	638748	335579	59940
盐加工	542828	397287	120002	25539
食品及饲料添加剂制造	3179999	1740375	1284805	154819
其他未列明食品制造	5291266	3426390	1509365	355511
酒、饮料和精制茶制造业	40900681	25987557	12462322	2450802
酒的制造	17616479	11214536	5480795	921148
酒精制造	718782	354892	339896	23994
白酒制造	10227280	6629443	3018056	579781
啤酒制造	2292661	1338758	877629	76274
黄酒制造	578733	342122	192860	43751
葡萄酒制造	2111435	1526256	507058	78121
其他酒制造	1687588	1023065	545296	119227
饮料制造	16062968	9876819	5269158	916991
碳酸饮料制造	1790728	1148726	558118	83884
瓶(罐)装饮用水制造	4277694	2436844	1546743	294107
果菜汁及果菜汁饮料制造	3536438	2197352	1151753	187333
含乳饮料和植物蛋白饮料制造	2131733	1292706	720611	118416
固体饮料制造	650886	394302	214144	42440
茶饮料及其他饮料制造	3675489	2406889	1077789	190811
精制茶加工	7221234	4896202	1712369	612663
烟草制品业	2654007	1768847	747172	137988
烟叶复烤	500156	370315	85393	44448
卷烟制造	1828252	1152665	591954	83633
其他烟草制品制造	325599	245867	69825	9907

2-1-19　续表 4

单位：万元

行　　业	投资额	建筑安装工程	设备工器具购置	其他费用
纺织业	60016028	28090236	28559147	3366645
棉纺织及印染精加工	29337677	12787555	14785643	1764479
棉纺纱加工	19559334	8810983	9624698	1123653
棉织造加工	6361869	2736320	3232816	392733
棉印染精加工	3416474	1240252	1928129	248093
毛纺织及染整精加工	3438526	1650584	1612856	175086
毛条和毛纱线加工	1521092	721441	729529	70122
毛织造加工	1573561	782086	704042	87433
毛染整精加工	343873	147057	179285	17531
麻纺织及染整精加工	1402007	695346	601897	104764
麻纤维纺前加工和纺纱	604098	300054	278157	25887
麻织造加工	558232	279822	229194	49216
麻染整精加工	239677	115470	94546	29661
丝绢纺织及印染精加工	1737641	932639	716685	88317
缫丝加工	727283	438082	250372	38829
绢纺和丝织加工	771468	385469	348113	37886
丝印染精加工	238890	109088	118200	11602
化纤织造及印染精加工	4211004	2016546	2038625	155833
化纤织造加工	3330205	1574635	1634714	120856
化纤织物染整精加工	880799	441911	403911	34977
针织或钩针编织物及其制品制造	5524555	2363910	2893140	267505
针织或钩针编织物织造	4410418	1758999	2446091	205328
针织或钩针编织物印染精加工	333424	173023	143733	16668
针织或钩针编织品制造	780713	431888	303316	45509
家用纺织制成品制造	7745748	4151068	3150506	444174
床上用品制造	3932773	2105108	1620423	207242
毛巾类制品制造	1039747	431292	561461	46994
窗帘、布艺类产品制造	590765	297856	236603	56306
其他家用纺织制成品制造	2182463	1316812	732019	133632
非家用纺织制成品制造	6618870	3492588	2759795	366487
非织造布制造	2689281	1395310	1149255	144716
绳、索、缆制造	583025	315535	234825	32665
纺织带和帘子布制造	640665	324441	282902	33322
篷、帆布制造	831219	403764	383753	43702
其他非家用纺织制成品制造	1874680	1053538	709060	112082
纺织服装、服饰业	45285317	26022245	16525921	2737151
机织服装制造	29317220	16813140	10736679	1767401
针织或钩针编织服装制造	6050654	3500620	2174641	375393
服饰制造	9917443	5708485	3614601	594357
皮革、毛皮、羽毛及其制品和制鞋业	21638095	12767947	7525008	1345140
皮革鞣制加工	1253002	685956	497800	69246
皮革制品制造	6639253	3810179	2429212	399862
皮革服装制造	1296545	821883	416884	57778
皮箱、包(袋)制造	2719514	1647780	917227	154507
皮手套及皮装饰制品制造	959714	540497	361414	57803
其他皮革制品制造	1663480	800019	733687	129774
毛皮鞣制及制品加工	2364780	1323219	925126	116435
毛皮鞣制加工	279339	188566	83816	6957
毛皮服装加工	1583111	889559	612967	80585
其他毛皮制品加工	502330	245094	228343	28893

2-1-19 续表 5

单位：万元

行业	投资额	建筑安装工程	设备工器具购置	其他费用
羽毛(绒)加工及制品制造	1278539	774445	434929	69165
羽毛(绒)加工	491386	277570	183699	30117
羽毛(绒)制品加工	787153	496875	251230	39048
制鞋业	10102521	6174148	3237941	690432
纺织面料鞋制造	1686383	963842	600652	121889
皮鞋制造	5167578	3222801	1593520	351257
塑料鞋制造	691700	417579	188586	85535
橡胶鞋制造	841241	455031	329574	56636
其他制鞋业	1715619	1114895	525609	75115
木材加工和木、竹、藤、棕、草制品业	41166023	23602247	14725918	2837858
木材加工	11621601	6749257	4138888	733456
锯材加工	3037827	1801634	1032025	204168
木片加工	2883015	1729697	1002950	150368
单板加工	2531463	1258029	1095476	177958
其他木材加工	3169296	1959897	1008437	200962
人造板制造	13291688	7398099	5052879	840710
胶合板制造	7319057	4019782	2815682	483593
纤维板制造	2053973	1047784	871162	135027
刨花板制造	1054947	564042	411115	79790
其他人造板制造	2863711	1766491	954920	142300
木制品制造	11525251	6441699	4152722	930830
建筑用木料及木材组件加工	2980284	1783611	960615	236058
木门窗、楼梯制造	3199101	1709090	1229315	260696
地板制造	1666908	942493	613054	111361
木制容器制造	872582	510128	318387	44067
软木制品及其他木制品制造	2806376	1496377	1031351	278648
竹、藤、棕、草等制品制造	4727483	3013192	1381429	332862
竹制品制造	4075721	2644609	1168965	262147
藤制品制造	130837	79737	39560	11540
棕制品制造	71983	43910	23908	4165
草及其他制品制造	448942	244936	148996	55010
家具制造业	28818314	17839964	9003511	1974839
木质家具制造	21596564	13530390	6650291	1415883
竹、藤家具制造	578328	330512	197156	50660
金属家具制造	2713678	1526804	964493	222381
塑料家具制造	509045	235176	198007	75862
其他家具制造	3420699	2217082	993564	210053
造纸和纸制品业	28127973	14777737	11709399	1640837
纸浆制造	536215	291465	190952	53798
木竹浆制造	348459	222387	111672	14400
非木竹浆制造	187756	69078	79280	39398
造纸	10874423	5410363	4823913	640147
机制纸及纸板制造	8780178	4147001	4107306	525871
手工纸制造	459060	347495	96766	14799
加工纸制造	1635185	915867	619841	99477
纸制品制造	16717335	9075909	6694534	946892
纸和纸板容器制造	7885571	4433683	2985432	466456
其他纸制品制造	8831764	4642226	3709102	480436
印刷和记录媒介复制业	18495961	9992802	7490568	1012591
印刷	17304441	9310842	7020892	972707

2-1-19　续表 6　　　　单位：万元

行　业	投资额	建筑安装工程	设备工器具购置	其他费用
书、报刊印刷	2426868	1419910	853687	153271
本册印制	862919	516020	305958	40941
包装装潢及其他印刷	14014654	7374912	5861247	778495
装订及印刷相关服务	1078370	635408	413159	29803
记录媒介复制	113150	46552	56517	10081
文教、工美、体育和娱乐用品制造业	23283487	14164380	7455558	1663549
文教办公用品制造	2158924	1288573	748845	121506
文具制造	670123	350544	279711	39868
笔的制造	466235	265365	176050	24820
教学用模型及教具制造	373340	263027	97508	12805
墨水、墨汁制造	90532	69353	20260	919
其他文教办公用品制造	558694	340284	175316	43094
乐器制造	944361	634584	247646	62131
中乐器制造	205267	120022	74093	11152
西乐器制造	309621	215346	67539	26736
电子乐器制造	168905	115963	46060	6882
其他乐器及零件制造	260568	183253	59954	17361
工艺美术品制造	12369404	7883750	3563528	922126
雕塑工艺品制造	2495482	1606655	650871	237956
金属工艺品制造	1558665	976236	499780	82649
漆器工艺品制造	174311	111426	57099	5786
花画工艺品制造	240289	143772	82159	14358
天然植物纤维编织工艺品制造	781700	449828	292986	38886
抽纱刺绣工艺品制造	708097	361251	302694	44152
地毯、挂毯制造	961786	655316	232659	73811
珠宝首饰及有关物品制造	1647952	1083938	408376	155638
其他工艺美术品制造	3801122	2495328	1036904	268890
体育用品制造	3633731	2041977	1403766	187988
球类制造	294836	134909	149898	10029
体育器材及配件制造	1394366	782404	535496	76466
训练健身器材制造	735693	385122	314184	36387
运动防护用具制造	225461	113429	95034	16998
其他体育用品制造	983375	626113	309154	48108
玩具制造	3071369	1688955	1089615	292799
游艺器材及娱乐用品制造	1105698	626541	402158	76999
露天游乐场所游乐设备制造	572737	358162	166763	47812
游艺用品及室内游艺器材制造	246832	133936	98629	14267
其他娱乐用品制造	286129	134443	136766	14920
石油加工、炼焦和核燃料加工业	25386483	12919710	10785615	1681158
精炼石油产品制造	19815919	9973806	8438354	1403759
原油加工及石油制品制造	18559204	9349933	7901326	1307945
人造原油制造	1256715	623873	537028	95814
炼焦	5570564	2945904	2347261	277399
化学原料和化学制品制造业	149908823	77274759	63330507	9303557
基础化学原料制造	52199743	25812894	22825640	3561209
无机酸制造	3266254	1847277	1254934	164043
无机碱制造	2264889	1309884	914019	40986
无机盐制造	4149485	2204984	1654284	290217
有机化学原料制造	31506958	14941108	14087122	2478728
其他基础化学原料制造	11012157	5509641	4915281	587235

2-1-19 续表 7 单位：万元

行业	投资额	建筑安装工程	设备工器具购置	其他费用
肥料制造	18717741	10672953	6986911	1057877
氮肥制造	3127535	1418421	1449390	259724
磷肥制造	944539	599771	307434	37334
钾肥制造	992705	713006	243771	35928
复混肥料制造	6161626	3423149	2468831	269646
有机肥料及微生物肥料制造	6071573	3547852	2142091	381630
其他肥料制造	1419763	970754	375394	73615
农药制造	5017715	2486241	2251918	279556
化学农药制造	3432148	1725269	1528998	177881
生物化学农药及微生物农药制造	1585567	760972	722920	101675
涂料、油墨、颜料及类似产品制造	11806262	6761147	4362882	682233
涂料制造	7574604	4450510	2739707	384387
油墨及类似产品制造	571409	333153	189382	48874
颜料制造	1580145	856247	590280	133618
染料制造	1329669	708533	561417	59719
密封用填料及类似品制造	750435	412704	282096	55635
合成材料制造	19168128	9279256	8716506	1172366
初级形态塑料及合成树脂制造	8051064	3628019	3965873	457172
合成橡胶制造	1822238	1123719	572922	125597
合成纤维单(聚合)体制造	3784956	1524938	2048811	211207
其他合成材料制造	5509870	3002580	2128900	378390
专用化学产品制造	31670880	15475239	14566149	1629492
化学试剂和助剂制造	11133304	5607398	5022741	503165
专项化学用品制造	10016847	4456356	5132627	427864
林产化学产品制造	918966	505489	356095	57382
信息化学品制造	2699268	1058542	1514647	126079
环境污染处理专用药剂材料制造	1769671	1039848	591756	138067
动物胶制造	431075	262902	144387	23786
其他专用化学产品制造	4701749	2544704	1803896	353149
炸药、火工及焰火产品制造	5364463	3331270	1494783	538410
焰火、鞭炮产品制造	5364463	3331270	1494783	538410
日用化学产品制造	5963891	3455759	2125718	382414
肥皂及合成洗涤剂制造	1641672	873327	665693	102652
化妆品制造	1292659	830245	394291	68123
口腔清洁用品制造	114558	65915	43390	5253
香料、香精制造	1410201	842230	479268	88703
其他日用化学产品制造	1504801	844042	543076	117683
医药制造业	58118761	35207140	19086747	3824874
化学药品原料药制造	10620552	6099356	3991741	529455
化学药品制剂制造	8764662	5550611	2611374	602677
中药饮片加工	8541781	5700446	2188238	653097
中成药生产	10755141	7092453	3065801	596887
兽用药品制造	2106292	1173416	816847	116029
生物药品制造	11462426	6460389	4160350	841687
卫生材料及医药用品制造	5867907	3130469	2252396	485042
化学纤维制造业	11122065	4638034	5962812	521219
纤维素纤维原料及纤维制造	2102005	905712	1119568	76725
化纤浆粕制造	298942	190926	100202	7814
人造纤维(纤维素纤维)制造	1803063	714786	1019366	68911
合成纤维制造	9020060	3732322	4843244	444494
锦纶纤维制造	1818262	698297	1012112	107853
涤纶纤维制造	3255936	842434	2237657	175845

2-1-19　续表 8　　　　单位：万元

行　　业	投资额	建筑安装工程	设备工器具购置	其他费用
腈纶纤维制造	226300	65465	155228	5607
维纶纤维制造	334652	239342	93415	1895
丙纶纤维制造	240832	100348	129610	10874
氨纶纤维制造	635550	284548	330310	20692
其他合成纤维制造	2508528	1501888	884912	121728
橡胶和塑料制品业	65307762	33935291	27903030	3469441
橡胶制品业	16005931	7719134	7454267	832530
轮胎制造	6012524	2715513	3038077	258934
橡胶板、管、带制造	3518125	1623802	1663781	230542
橡胶零件制造	1940382	949759	879588	111035
再生橡胶制造	1112459	633558	424644	54257
日用及医用橡胶制品制造	945442	500761	382634	62047
其他橡胶制品制造	2476999	1295741	1065543	115715
塑料制品业	49301831	26216157	20448763	2636911
塑料薄膜制造	6384177	3254430	2752709	377038
塑料板、管、型材制造	11653460	6428427	4665650	559383
塑料丝、绳及编织品制造	4957044	2543621	2145123	268300
泡沫塑料制造	2256013	1192703	961694	101616
塑料人造革、合成革制造	828306	438728	334721	54857
塑料包装箱及容器制造	5733876	2959088	2443268	331520
日用塑料制品制造	4518234	2715529	1512895	289810
塑料零件制造	3031145	1524133	1401985	105027
其他塑料制品制造	9939576	5159498	4230718	549360
非金属矿物制品业	167476343	96142352	60498003	10835988
水泥、石灰和石膏制造	13683664	7756869	5184780	742015
水泥制造	9901386	5463629	3872918	564839
石灰和石膏制造	3782278	2293240	1311862	177176
石膏、水泥制品及类似制品制造	30924632	17433523	11486148	2004961
水泥制品制造	16265885	9184377	6113421	968087
砼结构构件制造	4730466	2660900	1742402	327164
石棉水泥制品制造	566968	250856	295307	20805
轻质建筑材料制造	5744510	3274262	2044164	426084
其他水泥类似制品制造	3616803	2063128	1290854	262821
砖瓦、石材等建筑材料制造	66949903	40617599	22038834	4293470
粘土砖瓦及建筑砌块制造	16767210	9882411	5908016	976783
建筑陶瓷制品制造	8118959	4416113	3271565	431281
建筑用石加工	17038698	10672339	4903931	1462428
防水建筑材料制造	3737579	2197568	1356208	183803
隔热和隔音材料制造	5488289	3485951	1715006	287332
其他建筑材料制造	15799168	9963217	4884108	951843
玻璃制造	6625844	3676136	2543904	405804
平板玻璃制造	2706352	1542487	959028	204837
其他玻璃制造	3919492	2133649	1584876	200967
玻璃制品制造	11663661	6259726	4765117	638818
技术玻璃制品制造	3089847	1570275	1320319	199253
光学玻璃制造	818886	476313	305263	37310
玻璃仪器制造	318016	167265	130946	19805
日用玻璃制品制造	2190596	1229247	840411	120938
玻璃包装容器制造	1082997	587012	449987	45998
玻璃保温容器制造	298283	174101	109828	14354
制镜及类似品加工	384815	183867	168273	32675
其他玻璃制品制造	3480221	1871646	1440090	168485

2-1-19 续表 9 单位：万元

行　　业	投资额	建筑安装工程	设备工器具购置	其他费用
玻璃纤维和玻璃纤维增强塑料制品制造	4412195	2196116	1892050	324029
玻璃纤维及制品制造	2805923	1350751	1238532	216640
玻璃纤维增强塑料制品制造	1606272	845365	653518	107389
陶瓷制品制造	9457734	5848361	2959513	649860
卫生陶瓷制品制造	1277731	844949	341747	91035
特种陶瓷制品制造	3139415	1772865	1119031	247519
日用陶瓷制品制造	3593436	2291843	1157928	143665
园林、陈设艺术及其他陶瓷制品制造	1447152	938704	340807	167641
耐火材料制品制造	9145196	4817901	3635234	692061
石棉制品制造	801483	379177	376718	45588
云母制品制造	474382	264911	131381	78090
耐火陶瓷制品及其他耐火材料制造	7869331	4173813	3127135	568383
石墨及其他非金属矿物制品制造	14613514	7536121	5992423	1084970
石墨及碳素制品制造	5490732	2588146	2483205	419381
其他非金属矿物制品制造	9122782	4947975	3509218	665589
黑色金属冶炼和压延加工业	42571864	21892617	18607859	2071388
炼铁	2165526	1207191	867617	90718
炼钢	8380086	4231802	3584605	563679
黑色金属铸造	7035205	3501377	3213408	320420
钢压延加工	21036170	10827130	9289782	919258
铁合金冶炼	3954877	2125117	1652447	177313
有色金属冶炼和压延加工业	55801338	27796477	24504341	3500520
常用有色金属冶炼	14913830	7750895	5980436	1182499
铜冶炼	2356493	1328214	793982	234297
铅锌冶炼	2322910	1325685	794925	202300
镍钴冶炼	992861	562477	410440	19944
锡冶炼	422108	283132	110612	28364
锑冶炼	178819	135945	37835	5039
铝冶炼	5571779	2546207	2772472	253100
镁冶炼	848783	409443	205898	233442
其他常用有色金属冶炼	2220077	1159792	854272	206013
贵金属冶炼	1780135	1008829	576994	194312
金冶炼	425810	285933	116447	23430
银冶炼	857180	435250	269669	152261
其他贵金属冶炼	497145	287646	190878	18621
稀有稀土金属冶炼	1776749	1097586	566114	113049
钨钼冶炼	589021	339758	190189	59074
稀土金属冶炼	749798	472733	251791	25274
其他稀有金属冶炼	437930	285095	124134	28701
有色金属合金制造	8247005	4292439	3465303	489263
有色金属铸造	2144919	1083667	921594	139658
有色金属压延加工	26938700	12563061	12993900	1381739
铜压延加工	4788968	2370705	2034756	383507
铝压延加工	17772611	8062823	8964869	744919
贵金属压延加工	518795	261939	212342	44514
稀有稀土金属压延加工	677749	374677	265614	37458
其他有色金属压延加工	3180577	1492917	1516319	171341
金属制品业	94906389	52791884	36802027	5312478
结构性金属制品制造	37272325	21580756	13753475	1938094
金属结构制造	26816426	15386527	10074217	1355682
金属门窗制造	10455899	6194229	3679258	582412

2-1-19　续表 10

单位：万元

行　　业	投资额	建筑安装工程	设备工器具购置	其他费用
金属工具制造	8619887	4581659	3615822	422406
切削工具制造	2645410	1367910	1160589	116911
手工具制造	1106043	541699	502986	61358
农用及园林用金属工具制造	1016545	664994	317549	34002
刀剪及类似日用金属工具制造	603702	318760	246982	37960
其他金属工具制造	3248187	1688296	1387716	172175
集装箱及金属包装容器制造	5839636	3081409	2464768	293459
集装箱制造	584329	359759	205075	19495
金属压力容器制造	2284761	1189548	968053	127160
金属包装容器制造	2970546	1532102	1291640	146804
金属丝绳及其制品制造	4401531	2305528	1870813	225190
建筑、安全用金属制品制造	11678033	7116617	3798456	762960
建筑、家具用金属配件制造	3832282	2383894	1207730	240658
建筑装饰及水暖管道零件制造	4115101	2445624	1455491	213986
安全、消防用金属制品制造	2067841	1329150	621765	116926
其他建筑、安全用金属制品制造	1662809	957949	513470	191390
金属表面处理及热处理加工	5335792	2615283	2240735	479774
搪瓷制品制造	1317840	907460	355769	54611
生产专用搪瓷制品制造	191091	123311	59389	8391
建筑装饰搪瓷制品制造	401612	320995	69452	11165
搪瓷卫生洁具制造	496698	367888	104184	24626
搪瓷日用品及其他搪瓷制品制造	228439	95266	122744	10429
金属制日用品制造	5859415	2935954	2572910	350551
金属制厨房用器具制造	1726091	900037	699282	126772
金属制餐具和器皿制造	1177474	614851	508843	53780
金属制卫生器具制造	289477	138052	131666	19759
其他金属制日用品制造	2666373	1283014	1233119	150240
其他金属制品制造	14581930	7667218	6129279	785433
锻件及粉末冶金制品制造	4973668	2436856	2257476	279336
交通及公共管理用金属标牌制造	694006	380962	278707	34337
其他未列明金属制品制造	8914256	4849400	3593096	471760
通用设备制造业	133639297	70194032	56338661	7106604
锅炉及原动设备制造	11363262	5921110	4812142	630010
锅炉及辅助设备制造	5400814	3057991	2043642	299181
内燃机及配件制造	3319389	1652589	1523011	143789
汽轮机及辅机制造	560023	218005	297978	44040
水轮机及辅机制造	400981	176335	195114	29532
风能原动设备制造	765759	432985	286195	46579
其他原动设备制造	916296	383205	466202	66889
金属加工机械制造	28543075	15571542	11592975	1378558
金属切削机床制造	4228277	2146753	1886202	195322
金属成形机床制造	3417538	1775486	1486963	155089
铸造机械制造	6477562	3546149	2655860	275553
金属切割及焊接设备制造	2720964	1498279	1087752	134933
机床附件制造	2208197	1211400	906232	90565
其他金属加工机械制造	9490537	5393475	3569966	527096
物料搬运设备制造	13994162	7728622	5573363	692177
轻小型起重设备制造	1394214	815658	510612	67944
起重机制造	3470028	1488813	1818369	162846

2-1-19 续表 11

单位：万元

行　　业	投资额	建筑安装工程	设备工器具购置	其他费用
生产专用车辆制造	1952683	1160227	720003	72453
连续搬运设备制造	1443014	807063	567138	68813
电梯、自动扶梯及升降机制造	4429603	2693498	1491262	244843
其他物料搬运设备制造	1304620	763363	465979	75278
泵、阀门、压缩机及类似机械制造	17439903	9330443	7143684	965776
泵及真空设备制造	4970764	2738512	1982500	249752
气体压缩机械制造	2190789	1158476	892711	139602
阀门和旋塞制造	5134119	2754849	2069105	310165
液压和气压动力机械及元件制造	5144231	2678606	2199368	266257
轴承、齿轮和传动部件制造	13974725	7270697	5867881	836147
轴承制造	7304905	3501862	3273325	529718
齿轮及齿轮减、变速箱制造	4750721	2703978	1833752	212991
其他传动部件制造	1919099	1064857	760804	93438
烘炉、风机、衡器、包装等设备制造	14684279	7541762	6415840	726677
烘炉、熔炉及电炉制造	1654690	773589	792419	88682
风机、风扇制造	2142650	1152678	870979	118993
气体、液体分离及纯净设备制造	1926437	1100832	770740	54865
制冷、空调设备制造	5469193	2876249	2314906	278038
风动和电动工具制造	1213050	574567	573670	64813
喷枪及类似器具制造	253639	110285	133393	9961
衡器制造	463431	220661	228970	13800
包装专用设备制造	1561189	732901	730763	97525
文化、办公用机械制造	1509011	912383	519940	76688
电影机械制造	48593	32107	14888	1598
幻灯及投影设备制造	77283	48425	23932	4926
照相机及器材制造	170446	83426	79017	8003
复印和胶印设备制造	553262	336926	203135	13201
计算器及货币专用设备制造	156547	101893	44380	10274
其他文化、办公用机械制造	502880	309606	154588	38686
通用零部件制造	22835483	10716484	10907488	1211511
金属密封件制造	1361289	742725	557686	60878
紧固件制造	3039852	1574755	1173466	291631
弹簧制造	663070	309587	320773	32710
机械零部件加工	13572982	6019825	6951202	601955
其他通用零部件制造	4198290	2069592	1904361	224337
其他通用设备制造业	9295397	5200989	3505348	589060
专用设备制造业	123533580	67342892	49133104	7057584
采矿、冶金、建筑专用设备制造	32840414	17374044	13551147	1915223
矿山机械制造	11743855	5918557	5030735	794563
石油钻采专用设备制造	7714203	4358242	3025687	330274
建筑工程用机械制造	6032649	3237560	2550000	245089
海洋工程专用设备制造	1450776	713251	493616	243909
建筑材料生产专用机械制造	3580727	2005684	1394909	180134
冶金专用设备制造	2318204	1140750	1056200	121254
化工、木材、非金属加工专用设备制造	19141053	10015148	8139082	986823
炼油、化工生产专用设备制造	3423580	1765724	1509047	148809
橡胶加工专用设备制造	913490	526375	339190	47925
塑料加工专用设备制造	2511409	1272464	1064326	174619
木材加工机械制造	1032229	576633	364341	91255
模具制造	9069897	4730537	3932155	407205
其他非金属加工专用设备制造	2190448	1143415	930023	117010

2-1-19　续表 12

单位：万元

行　　业	投资额	建筑安装工程	设备工器具购置	其他费用
食品、饮料、烟草及饲料生产专用设备制造	4151831	2300059	1608931	242841
食品、酒、饮料及茶生产专用设备制造	1567265	888769	561269	117227
农副食品加工专用设备制造	1917786	1053576	774413	89797
烟草生产专用设备制造	217279	91499	118375	7405
饲料生产专用设备制造	449501	266215	154874	28412
印刷、制药、日化及日用品生产专用设备制造	7284914	4013352	2777344	494218
制浆和造纸专用设备制造	958995	496710	426003	36282
印刷专用设备制造	1983485	969044	766453	247988
日用化工专用设备制造	783966	458213	277728	48025
制药专用设备制造	763665	481005	232729	49931
照明器具生产专用设备制造	1379621	755231	584163	40227
玻璃、陶瓷和搪瓷制品生产专用设备制造	663509	423377	201060	39072
其他日用品生产专用设备制造	751673	429772	289208	32693
纺织、服装和皮革加工专用设备制造	3730331	1765829	1745067	219435
纺织专用设备制造	2708673	1213438	1335037	160198
皮革、毛皮及其制品加工专用设备制造	302610	155159	132285	15166
缝制机械制造	531118	294041	205772	31305
洗涤机械制造	187930	103191	71973	12766
电子和电工机械专用设备制造	10041644	5872123	3656461	513060
电工机械专用设备制造	3809022	2226834	1422705	159483
电子工业专用设备制造	6232622	3645289	2233756	353577
农、林、牧、渔专用机械制造	11058797	6283951	4165382	609464
拖拉机制造	1336069	727478	516349	92242
机械化农业及园艺机具制造	3862224	2190407	1486586	185231
营林及木竹采伐机械制造	189514	105248	75012	9254
畜牧机械制造	781935	466735	283635	31565
渔业机械制造	208697	143592	58742	6363
农林牧渔机械配件制造	2252727	1119246	987250	146231
棉花加工机械制造	225782	115593	99710	10479
其他农、林、牧、渔业机械制造	2201849	1415652	658098	128099
医疗仪器设备及器械制造	9774942	5619893	3597916	557133
医疗诊断、监护及治疗设备制造	2973935	1825075	968087	180773
口腔科用设备及器具制造	278321	159800	100781	17740
医疗实验室及医用消毒设备和器具制造	926174	504711	368011	53452
医疗、外科及兽医用器械制造	1747042	959004	722141	65897
机械治疗及病房护理设备制造	832415	432653	339589	60173
假肢、人工器官及植(介)入器械制造	434249	109931	301057	23261
其他医疗设备及器械制造	2582806	1628719	798250	155837
环保、社会公共服务及其他专用设备制造	25509654	14098493	9891774	1519387
环境保护专用设备制造	12662750	6742714	5229393	690643
地质勘查专用设备制造	430875	292624	129053	9198
邮政专用机械及器材制造	40107	25276	14823	8
商业、饮食、服务专用设备制造	208647	128912	64503	15232
社会公共安全设备及器材制造	1566900	845799	533257	187844
交通安全、管制及类似专用设备制造	662386	332869	305468	24049
水资源专用机械制造	885893	523428	271201	91264
其他专用设备制造	9052096	5206871	3344076	501149
汽车制造业	115152886	58272543	50066933	6813410
汽车整车制造	23808567	10114362	12294434	1399771

2-1-19 续表 13

单位：万元

行 业	投资额	建筑安装工程	设备工器具购置	其他费用
改装汽车制造	3140400	1446687	1550196	143517
低速载货汽车制造	648936	463907	156283	28746
电车制造	3464111	1812105	1403995	248011
汽车车身、挂车制造	2140014	1193813	760046	186155
汽车零部件及配件制造	81950858	43241669	33901979	4807210
铁路、船舶、航空航天和其他运输设备制造业	32263099	18726888	11694092	1842119
铁路运输设备制造	6087900	3443184	2240518	404198
铁路机车车辆及动车组制造	990692	656739	237752	96201
窄轨机车车辆制造	129668	43381	85880	407
铁路机车车辆配件制造	2613532	1274923	1140602	198007
铁路专用设备及器材、配件制造	1865913	1100568	663324	102021
其他铁路运输设备制造	488095	367573	112960	7562
城市轨道交通设备制造	890049	645414	138536	106099
船舶及相关装置制造	7884933	4583902	2833726	467305
金属船舶制造	2431482	1476191	814647	140644
非金属船舶制造	406829	176786	210347	19696
娱乐船和运动船制造	989525	636272	337202	16051
船用配套设备制造	3246256	1852761	1140556	252939
船舶改装与拆除	177632	105918	66092	5622
航标器材及其他相关装置制造	633209	335974	264882	32353
摩托车制造	3964460	2550635	1240032	173793
摩托车整车制造	1287041	878447	370550	38044
摩托车零部件及配件制造	2677419	1672188	869482	135749
自行车制造	4527219	2473329	1814616	239274
脚踏自行车及残疾人座车制造	1174554	714324	363010	97220
助动自行车制造	3352665	1759005	1451606	142054
非公路休闲车及零配件制造	894469	585671	255789	53009
潜水救捞及其他未列明运输设备制造	8014069	4444753	3170875	398441
其他未列明运输设备制造	8014069	4444753	3170875	398441
电气机械和器材制造业	113145339	60982049	46327970	5835320
电机制造	12118832	6682380	4860288	576164
发电机及发电机组制造	5508731	3104108	2127290	277333
电动机制造	3509590	2027651	1335587	146352
微电机及其他电机制造	3100511	1550621	1397411	152479
输配电及控制设备制造	39538506	20174426	17458956	1905124
变压器、整流器和电感器制造	7485908	4097952	3058267	329689
电容器及其配套设备制造	1746289	985903	627279	133107
配电开关控制设备制造	6415381	3486409	2590576	338396
电力电子元器件制造	8467003	4610239	3417181	439583
光伏设备及元器件制造	10776372	4394944	6055737	325691
其他输配电及控制设备制造	4647553	2598979	1709916	338658
电线、电缆、光缆及电工器材制造	17447817	9079296	7440138	928383
电线、电缆制造	12589457	6585789	5343442	660226
光纤、光缆制造	1747897	800590	832224	115083
绝缘制品制造	1479926	799528	606205	74193
其他电工器材制造	1630537	893389	658267	78881
电池制造	12136901	6850416	4638860	647625
锂离子电池制造	6892729	3662638	2835560	394531
镍氢电池制造	651557	340693	276544	34320
其他电池制造	4592615	2847085	1526756	218774

2-1-19 续表 14

单位：万元

行 业	投资额	建筑安装工程	设备工器具购置	其他费用
家用电力器具制造	10100436	5482889	4085631	531916
家用制冷电器具制造	2301463	1218921	985101	97441
家用空气调节器制造	1219218	610763	576647	31808
家用通风电器具制造	462776	237907	181957	42912
家用厨房电器具制造	2281851	1328264	827064	126523
家用清洁卫生电器具制造	598531	233272	334182	31077
家用美容、保健电器具制造	330404	180285	115043	35076
家用电力器具专用配件制造	1305532	637261	587568	80703
其他家用电力器具制造	1600661	1036216	478069	86376
非电力家用器具制造	4609375	2396012	1948792	264571
燃气、太阳能及类似能源家用器具制造	4266645	2193239	1821804	251602
其他非电力家用器具制造	342730	202773	126988	12969
照明器具制造	11147793	6797944	3721474	628375
电光源制造	2279409	1328829	823005	127575
照明灯具制造	7466375	4589970	2452499	423906
灯用电器附件及其他照明器具制造	1402009	879145	445970	76894
其他电气机械及器材制造	6045679	3518686	2173831	353162
电气信号设备装置制造	998871	564744	365810	68317
其他未列明电气机械及器材制造	5046808	2953942	1808021	284845
计算机、通信和其他电子设备制造业	90360581	47212096	38481326	4667159
计算机制造	10981463	5947816	4330309	703338
计算机整机制造	1845180	951544	833751	59885
计算机零部件制造	4828207	2538781	1987016	302410
计算机外围设备制造	1602687	706305	798433	97949
其他计算机制造	2705389	1751186	711109	243094
通信设备制造	11891469	6396856	4777911	716702
通信系统设备制造	5732563	3149704	2259032	323827
通信终端设备制造	6158906	3247152	2518879	392875
广播电视设备制造	2189275	1256449	769285	163541
广播电视节目制作及发射设备制造	398352	198676	167592	32084
广播电视接收设备及器材制造	1104847	612197	402480	90170
应用电视设备及其他广播电视设备制造	686076	445576	199213	41287
视听设备制造	2438872	1133752	1180645	124475
电视机制造	982756	408193	521264	53299
音响设备制造	817995	443732	329673	44590
影视录放设备制造	638121	281827	329708	26586
电子器件制造	30325842	14194020	14734253	1397569
电子真空器件制造	871501	460687	371157	39657
半导体分立器件制造	1215635	667730	482030	65875
集成电路制造	6714323	2898624	3713118	102581
光电子器件及其他电子器件制造	21524383	10166979	10167948	1189456
电子元件制造	20322424	10324693	9086638	911093
电子元件及组件制造	16916936	8742682	7430592	743662
印制电路板制造	3405488	1582011	1656046	167431
其他电子设备制造	12211236	7958510	3602285	650441
仪器仪表制造业	16459351	9022949	6441688	994714
通用仪器仪表制造	8097165	4111653	3422227	563285
工业自动控制系统装置制造	3879838	1973066	1631595	275177
电工仪器仪表制造	1362805	745027	549668	68110
绘图、计算及测量仪器制造	653932	311674	278284	63974

2-1-19 续表 15

单位：万元

行　　业	投资额	建筑安装工程	设备工器具购置	其他费用
实验分析仪器制造	547943	264592	265817	17534
试验机制造	209265	99306	101761	8198
供应用仪表及其他通用仪器制造	1443382	717988	595102	130292
专用仪器仪表制造	3820076	2199722	1398317	222037
环境监测专用仪器仪表制造	662417	389116	235624	37677
运输设备及生产用计数仪表制造	527227	281916	214685	30626
农林牧渔专用仪器仪表制造	230866	161403	66856	2607
地质勘探和地震专用仪器制造	120253	60555	57914	1784
教学专用仪器制造	181877	106521	63676	11680
电子测量仪器制造	618939	323486	267641	27812
其他专用仪器制造	1478497	876725	491921	109851
钟表与计时仪器制造	571362	349380	200276	21706
光学仪器及眼镜制造	2075606	1190056	841003	44547
光学仪器制造	1717806	988413	705183	24210
眼镜制造	357800	201643	135820	20337
其他仪器仪表制造业	1895142	1172138	579865	143139
其他制造业	21795875	13956976	5562441	2276458
日用杂品制造	2201465	1254002	817933	129530
鬃毛加工、制刷及清扫工具制造	614918	361482	207978	45458
其他日用杂品制造	1586547	892520	609955	84072
煤制品制造	2144509	1013001	828531	302977
其他未列明制造业	17449901	11689973	3915977	1843951
废弃资源综合利用业	13121269	7932968	4043926	1144375
金属废料和碎屑加工处理	7447964	4392244	2405689	650031
非金属废料和碎屑加工处理	5673305	3540724	1638237	494344
金属制品、机械和设备修理业	3374955	2235471	1020763	118721
金属制品修理	224306	117130	101343	5833
通用设备修理	458574	329307	109429	19838
专用设备修理	764810	548365	189172	27273
铁路、船舶、航空航天等运输设备修理	1131367	768782	336630	25955
铁路运输设备修理	80804	37488	40464	2852
船舶修理	540847	410540	116652	13655
航空航天器修理	263048	131695	129146	2207
其他运输设备修理	246668	189059	50368	7241
电气设备修理	147635	69679	74975	2981
仪器仪表修理	52094	31136	14830	6128
其他机械和设备修理业	596169	371072	194384	30713
(四)电力、热力、燃气及水生产和供应业	**267096283**	**154111376**	**90368228**	**22616679**
电力、热力生产和供应业	202604140	107991886	76699531	17912723
电力生产	138090645	69038017	57192742	11859886
火力发电	36866188	17332310	16501260	3032618
水力发电	20696862	13802356	3465291	3429215
核力发电	8797474	4047287	2953411	1796776
风力发电	32817293	14749902	16180403	1886988
太阳能发电	30839961	14499704	15117001	1223256
其他电力生产	8072867	4606458	2975376	491033
电力供应	48294117	27781496	15166998	5345623
热力生产和供应	16219378	11172373	4339791	707214
燃气生产和供应业	23314898	15269585	6557958	1487355
燃气生产和供应业	23314898	15269585	6557958	1487355

2-1-19 续表 16 单位：万元

行 业	投资额	建筑安装工程	设备工器具购置	其他费用
水的生产和供应业	41177245	30849905	7110739	3216601
自来水生产和供应	19188205	14942149	2703428	1542628
污水处理及其再生利用	18925924	13529964	3899279	1496681
其他水的处理、利用与分配	3063116	2377792	508032	177292
(五)建筑业	**48967011**	**38290860**	**7775067**	**2901084**
房屋建筑业	15362734	12196255	2269544	896935
房屋建筑业	15362734	12196255	2269544	896935
土木工程建筑业	24834591	20303367	2956188	1575036
铁路、道路、隧道和桥梁工程建筑	15769061	13476311	1441954	850796
铁路工程建筑	650901	442330	202739	5832
公路工程建筑	6489253	5756275	390918	342060
市政道路工程建筑	5365435	4472578	497870	394987
其他道路、隧道和桥梁工程建筑	3263472	2805128	350427	107917
水利和内河港口工程建筑	3812257	3154632	426534	231091
水源及供水设施工程建筑	1465279	1239711	136481	89087
河湖治理及防洪设施工程建筑	1848385	1618176	141296	88913
港口及航运设施工程建筑	498593	296745	148757	53091
海洋工程建筑	475912	276575	20240	179097
工矿工程建筑	473217	265484	200740	6993
架线和管道工程建筑	1600887	1193032	311833	96022
架线及设备工程建筑	634143	328376	226913	78854
管道工程建筑	966744	864656	84920	17168
其他土木工程建筑	2703257	1937333	554887	211037
建筑安装业	2568512	1495513	1006771	66228
电气安装	511462	302523	189680	19259
管道和设备安装	749344	576785	159563	12996
其他建筑安装业	1307706	616205	657528	33973
建筑装饰和其他建筑业	6201174	4295725	1542564	362885
建筑装饰业	2682345	1695363	839354	147628
工程准备活动	856321	612360	194351	49610
建筑物拆除活动	293814	255722	28561	9531
其他工程准备活动	562507	356638	165790	40079
提供施工设备服务	222627	152113	61445	9069
其他未列明建筑业	2439881	1835889	447414	156578
(六)批发和零售业	**186814246**	**137972776**	**33364049**	**15477421**
批发业	94302280	67885553	19502988	6913739
农、林、牧产品批发	10297114	7711683	1720002	865429
谷物、豆及薯类批发	2862194	2184326	518943	158925
种子批发	810173	589661	171760	48752
饲料批发	391418	258756	78198	54464
棉、麻批发	346483	224895	83926	37662
林业产品批发	1287190	886790	231002	169398
牲畜批发	444782	333127	71573	40082
其他农牧产品批发	4154874	3234128	564600	356146
食品、饮料及烟草制品批发	13436134	10163328	2218747	1054059
米、面制品及食用油批发	1179245	785628	223819	169798
糕点、糖果及糖批发	219654	149367	55804	14483
果品、蔬菜批发	5470773	4406302	665143	399328
肉、禽、蛋、奶及水产品批发	2291111	1679965	475400	135746
盐及调味品批发	185039	140933	31691	12415

2-1-19 续表 17

单位：万元

行　　业	投资额	建筑安装工程	设备工器具购置	其他费用
营养和保健品批发	237131	200975	30526	5630
酒、饮料及茶叶批发	1370491	926589	329885	114017
烟草制品批发	356769	269990	36208	50571
其他食品批发	2125921	1603579	370271	152071
纺织、服装及家庭用品批发	11213494	8505134	1491384	1216976
纺织品、针织品及原料批发	3760954	2723916	385754	651284
服装批发	2682601	2018373	377349	286879
鞋帽批发	321441	245948	48743	26750
化妆品及卫生用品批发	381251	283606	71937	25708
厨房、卫生间用具及日用杂货批发	659659	526558	98642	34459
灯具、装饰物品批发	837195	764485	47046	25664
家用电器批发	1109551	817102	229708	62741
其他家庭用品批发	1460842	1125146	232205	103491
文化、体育用品及器材批发	1898128	1312440	465734	119954
文具用品批发	421353	299322	94448	27583
体育用品及器材批发	221467	165471	47292	8704
图书批发	216171	154825	54783	6563
报刊批发	10517	7833	1292	1392
音像制品及电子出版物批发	122121	63742	55576	2803
首饰、工艺品及收藏品批发	559974	393240	117026	49708
其他文化用品批发	346525	228007	95317	23201
医药及医疗器材批发	3644936	2324169	1138713	182054
西药批发	1123935	730978	333005	59952
中药批发	939000	676157	185014	77829
医疗用品及器材批发	1582001	917034	620694	44273
矿产品、建材及化工产品批发	26220851	18665278	5934504	1621069
煤炭及制品批发	1945512	1313324	490774	141414
石油及制品批发	4182770	2865689	1079291	237790
非金属矿及制品批发	820767	522817	247488	50462
金属及金属矿批发	3391416	2280138	961528	149750
建材批发	12914289	9780743	2263753	869793
化肥批发	712863	505974	164043	42846
农药批发	189842	134424	45065	10353
农用薄膜批发	26251	21871	3880	500
其他化工产品批发	2037141	1240298	678682	118161
机械设备、五金产品及电子产品批发	15880296	10960513	3922250	997533
农业机械批发	1172745	781958	305769	85018
汽车批发	2689683	2009814	471321	208548
汽车零配件批发	1617563	1233338	312493	71732
摩托车及零配件批发	257738	214361	26900	16477
五金产品批发	3308338	2351756	678077	278505
电气设备批发	1405188	854024	503719	47445
计算机、软件及辅助设备批发	706433	475262	205258	25913
通讯及广播电视设备批发	360599	225057	127400	8142
其他机械设备及电子产品批发	4362009	2814943	1291313	255753
贸易经纪与代理	5107261	3545637	1196181	365443
贸易代理	3547843	2531277	772931	243635
拍卖	15176	8756	5663	757
其他贸易经纪与代理	1544242	1005604	417587	121051

2-1-19　续表 18　　　　单位：万元

行　　业	投资额	建筑安装工程	设备工器具购置	其他费用
其他批发业	6604066	4697371	1415473	491222
再生物资回收与批发	1697546	1071522	543320	82704
其他未列明批发业	4906520	3625849	872153	408518
零售业	92511966	70087223	13861061	8563682
综合零售	37043633	29908347	3858733	3276553
百货零售	19509798	15907073	1924901	1677824
超级市场零售	8736871	6857974	1040657	838240
其他综合零售	8796964	7143300	893175	760489
食品、饮料及烟草制品专门零售	4745190	3559377	797804	388009
粮油零售	538187	417545	95987	24655
糕点、面包零售	96798	70318	21030	5450
果品、蔬菜零售	1138180	833475	215652	89053
肉、禽、蛋、奶及水产品零售	923050	730600	130027	62423
营养和保健品零售	161781	128223	24182	9376
酒、饮料及茶叶零售	528415	382798	112880	32737
烟草制品零售	61523	43635	16728	1160
其他食品零售	1297256	952783	181318	163155
纺织、服装及日用品专门零售	3994126	3210790	536070	247266
纺织品及针织品零售	570743	413415	123764	33564
服装零售	2040882	1736836	200038	104008
鞋帽零售	82121	62941	14830	4350
化妆品及卫生用品零售	178936	138201	33257	7478
钟表、眼镜零售	105169	74734	21033	9402
箱、包零售	93099	77519	4808	10772
厨房用具及日用杂品零售	100253	71327	21402	7524
自行车零售	94154	76756	7367	10031
其他日用品零售	728769	559061	109571	60137
文化、体育用品及器材专门零售	2559436	1934212	367466	257758
文具用品零售	122901	95180	23359	4362
体育用品及器材零售	170378	116182	46354	7842
图书、报刊零售	209760	130240	30350	49170
音像制品及电子出版物零售	46420	25390	20597	433
珠宝首饰零售	809890	645329	112477	52084
工艺美术品及收藏品零售	984689	769563	88598	126528
乐器零售	49603	34546	10879	4178
照相器材零售	43322	33488	9041	793
其他文化用品零售	122473	84294	25811	12368
医药及医疗器材专门零售	1808452	1264310	418609	125533
药品零售	1393447	943478	337962	112007
医疗用品及器材零售	415005	320832	80647	13526
汽车、摩托车、燃料及零配件专门零售	22722990	16479355	4152290	2091345
汽车零售	16634554	12569682	2600690	1464182
汽车零配件零售	1767380	1158122	417372	191886
摩托车及零配件零售	142180	111787	22236	8157
机动车燃料零售	4178876	2639764	1111992	427120
家用电器及电子产品专门零售	3306767	2318686	747199	240882
家用视听设备零售	328483	190689	90430	47364
日用家电设备零售	992602	756934	184095	51573
计算机、软件及辅助设备零售	739760	517868	175419	46473
通信设备零售	453315	317327	110123	25865
其他电子产品零售	792607	535868	187132	69607

2-1-19 续表 19

单位：万元

行 业	投资额	建筑安装工程	设备工器具购置	其他费用
五金、家具及室内装饰材料专门零售	9361929	7065370	1394260	902299
五金零售	1443076	1037769	334247	71060
灯具零售	189924	150619	34086	5219
家具零售	4455469	3487971	442604	524894
涂料零售	114739	73159	39360	2220
卫生洁具零售	67305	41709	22975	2621
木质装饰材料零售	363057	300009	35782	27266
陶瓷、石材装饰材料零售	1321261	907171	305429	108661
其他室内装饰材料零售	1407098	1066963	179777	160358
货摊、无店铺及其他零售业	6969443	4346776	1588630	1034037
货摊食品零售	176823	120604	37067	19152
货摊纺织、服装及鞋零售	69722	59595	7313	2814
货摊日用品零售	69767	60479	9188	100
互联网零售	2110499	1107540	625832	377127
邮购及电视、电话零售	60349	45870	13171	1308
旧货零售	65944	50474	13640	1830
生活用燃料零售	805964	492885	249208	63871
其他未列明零售业	3610375	2409329	633211	567835
（七）交通运输、仓储和邮政业	**489748106**	**363087658**	**64294241**	**62366207**
铁路运输业	77299405	45294783	15867827	16136795
铁路旅客运输	42010172	29339234	1477405	11193533
铁路货物运输	28966963	11195641	13355581	4415741
铁路运输辅助活动	6322270	4759908	1034841	527521
客运火车站	1886729	1633860	48006	204863
货运火车站	439487	316050	75372	48065
其他铁路运输辅助活动	3996054	2809998	911463	274593
道路运输业	286141047	233574775	17317292	35248980
城市公共交通运输	48518717	30701986	6869610	10947121
公共电汽车客运	5342185	3233192	1851480	257513
城市轨道交通	36834325	22496248	4140355	10197722
出租车客运	546616	129756	396895	19965
其他城市公共交通运输	5795591	4842790	480880	471921
公路旅客运输	96055118	83692431	1210343	11152344
道路货物运输	72437621	58749908	7528034	6159679
道路运输辅助活动	69129591	60430450	1709305	6989836
客运汽车站	2935880	2487763	146130	301987
公路管理与养护	49296796	43480235	745306	5071255
其他道路运输辅助活动	16896915	14462452	817869	1616594
水上运输业	23522803	15759939	5787323	1975541
水上旅客运输	1035228	712476	260673	62079
海洋旅客运输	411463	238786	170574	2103
内河旅客运输	438468	338035	46391	54042
客运轮渡运输	185297	135655	43708	5934
水上货物运输	5905011	2545302	3114136	245573
远洋货物运输	959989	275644	676947	7398
沿海货物运输	2509884	936518	1500234	73132
内河货物运输	2435138	1333140	936955	165043
水上运输辅助活动	16582564	12502161	2412514	1667889
客运港口	794088	639933	21736	132419
货运港口	12296031	9309328	1975101	1011602
其他水上运输辅助活动	3492445	2552900	415677	523868

2-1-19 续表 20

单位：万元

行　　业	投资额	建筑安装工程	设备工器具购置	其他费用
航空运输业	18398555	6230645	10130245	2037665
航空客货运输	10673515	1067732	9518855	86928
航空旅客运输	10482880	973774	9424379	84727
航空货物运输	190635	93958	94476	2201
通用航空服务	783889	422414	284918	76557
航空运输辅助活动	6941151	4740499	326472	1874180
机场	5745204	3732281	205156	1807767
空中交通管理	50283	38392	10653	1238
其他航空运输辅助活动	1145664	969826	110663	65175
管道运输业	2991491	2149466	621572	220453
管道运输业	2991491	2149466	621572	220453
装卸搬运和运输代理业	12752397	9223771	2634706	893920
装卸搬运	2483238	1740599	589538	153101
运输代理业	10269159	7483172	2045168	740819
货物运输代理	7919038	5740803	1572714	605521
旅客票务代理	11572	4050	7522	
其他运输代理业	2338549	1738319	464932	135298
仓储业	66201524	49215555	11412419	5573550
谷物、棉花等农产品仓储	15937271	12055289	2809164	1072818
谷物仓储	8915636	6666073	1660859	588704
棉花仓储	528714	325837	194867	8010
其他农产品仓储	6492921	5063379	953438	476104
其他仓储业	50264253	37160266	8603255	4500732
邮政业	2440884	1638724	522857	279303
邮政基本服务	557408	394672	92322	70414
快递服务	1883476	1244052	430535	208889
(八)住宿和餐饮业	**65042259**	**52111287**	**7049763**	**5881209**
住宿业	46733133	37844551	4378197	4510385
旅游饭店	33871101	27320799	2902418	3647884
一般旅馆	7517055	6097021	945405	474629
其他住宿业	5344977	4426731	530374	387872
餐饮业	18309126	14266736	2671566	1370824
正餐服务	13870675	10912898	1964368	993409
快餐服务	923691	676126	183780	63785
饮料及冷饮服务	662181	486670	139488	36023
茶馆服务	137007	106242	25647	5118
咖啡馆服务	173755	131705	35968	6082
酒吧服务	283100	192841	72764	17495
其他饮料及冷饮服务	68319	55882	5109	7328
其他餐饮业	2852579	2191042	383930	277607
小吃服务	744029	617396	74489	52144
餐饮配送服务	371052	263595	90899	16558
其他未列明餐饮业	1737498	1310051	218542	208905
(九)信息传输、软件和信息技术服务业	**55163702**	**31237545**	**20912189**	**3013968**
电信、广播电视和卫星传输服务	24447012	12517949	11102967	826096
电信	23042289	11568708	10729802	743779
固定电信服务	4388434	2124134	1997714	266586
移动电信服务	16139528	8107393	7620690	411445
其他电信服务	2514327	1337181	1111398	65748

2-1-19 续表 21

单位：万元

行　业	投资额	建筑安装工程	设备工器具购置	其他费用
广播电视传输服务	1254158	898134	324146	31878
有线广播电视传输服务	926820	652134	247183	27503
无线广播电视传输服务	327338	246000	76963	4375
卫星传输服务	150565	51107	49019	50439
互联网和相关服务	8012541	4005385	3420366	586790
互联网接入及相关服务	2517645	1247607	1115410	154628
互联网信息服务	3851441	1684554	1841622	325265
其他互联网服务	1643455	1073224	463334	106897
软件和信息技术服务业	22704149	14714211	6388856	1601082
软件开发	9633407	6033749	2973556	626102
信息系统集成服务	3872876	2539230	1029440	304206
信息技术咨询服务	2110027	1439230	484960	185837
数据处理和存储服务	2974304	1690190	1064866	219248
集成电路设计	583045	437968	98389	46688
其他信息技术服务业	3530490	2573844	737645	219001
数字内容服务	552188	389150	143513	19525
呼叫中心	534934	442525	46454	45955
其他未列明信息技术服务业	2443368	1742169	547678	153521
(十)金融业	**13672488**	**9889573**	**2172819**	**1610096**
货币金融服务	6656409	4416154	1426389	813866
中央银行服务	611443	420475	152379	38589
货币银行服务	5127023	3562647	1098714	465662
非货币银行服务	905193	424962	171426	308805
金融租赁服务	487509	150976	58661	277872
财务公司	99533	53922	28849	16762
典当	49741	36537	10064	3140
其他非货币银行服务	268410	183527	73852	11031
银行监管服务	12750	8070	3870	810
资本市场服务	3475458	2599497	371585	504376
证券市场服务	1002371	621008	69894	311469
证券市场管理服务	152528	119349	8670	24509
证券经纪交易服务	791488	451502	53092	286894
基金管理服务	58355	50157	8132	66
期货市场服务	54766	51669	1152	1945
期货市场管理服务	35464	34086		1378
其他期货市场服务	19302	17583	1152	567
证券期货监管服务	48288	38765	5538	3985
资本投资服务	1620723	1276055	236861	107807
其他资本市场服务	749310	612000	58140	79170
保险业	1309663	1082223	154410	73030
人身保险	877916	804758	15725	57433
人寿保险	874013	802758	15725	55530
健康和意外保险	3903	2000		1903
财产保险	337450	217041	106567	13842
再保险				
养老金				
保险经纪与代理服务	59189	38218	19216	1755
保险监管服务	5062	5062		
其他保险活动	30046	17144	12902	
风险和损失评估	11135	8640	2495	
其他未列明保险活动	18911	8504	10407	

2-1-19　续表 22　　　　单位：万元

行　　业	投资额	建筑安装工程	设备工器具购置	其他费用
其他金融业	2230958	1791699	220435	218824
金融信托与管理服务	970232	850340	27817	92075
控股公司服务	188868	135060	42746	11062
非金融机构支付服务	65717	36217	26832	2668
金融信息服务	383109	270124	43176	69809
其他未列明金融业	623032	499958	79864	43210
（十一）房地产业	**1267061569**	**979091822**	**20362537**	**267607210**
房地产业	1267061569	979091822	20362537	267607210
房地产开发经营	1005009765	750600235	13585029	240824501
物业管理	4429060	3449047	686836	293177
房地产中介服务	416487	297872	42637	75978
自有房地产经营活动	22863586	18947256	672541	3243789
其他房地产业	234342671	205797412	5375494	23169765
（十二）租赁和商务服务业	**94358309**	**70488481**	**15241722**	**8628106**
租赁业	8920414	2022069	6670681	227664
机械设备租赁	8455878	1633800	6626395	195683
汽车租赁	1108073	339856	729187	39030
农业机械租赁	150917	106359	34947	9611
建筑工程机械与设备租赁	1538841	653055	797240	88546
计算机及通讯设备租赁	33881	29895	3035	951
其他机械与设备租赁	5624166	504635	5061986	57545
文化及日用品出租	464536	388269	44286	31981
娱乐及体育设备出租	317655	272356	24154	21145
图书出租	5796	2805	2416	575
音像制品出租	10938	10055	440	443
其他文化及日用品出租	130147	103053	17276	9818
商务服务业	85437895	68466412	8571041	8400442
企业管理服务	31206703	25415313	2600276	3191114
企业总部管理	7972531	6365690	656705	950136
投资与资产管理	18368656	15211704	1338405	1818547
单位后勤管理服务	729923	563667	117971	48285
其他企业管理服务	4135593	3274252	487195	374146
法律服务	217281	170514	35909	10858
律师及相关法律服务	112658	79421	28476	4761
公证服务	10632	9652	826	154
其他法律服务	93991	81441	6607	5943
咨询与调查	3062907	2384511	521358	157038
会计、审计及税务服务	164700	133139	25589	5972
市场调查	53487	38254	12350	2883
社会经济咨询	773413	573286	160302	39825
其他专业咨询	2071307	1639832	323117	108358
广告业	3317696	2183903	936406	197387
知识产权服务	207080	164941	18633	23506
人力资源服务	1294610	940072	254398	100140
公共就业服务	380136	255979	81696	42461
职业中介服务	135756	100424	22499	12833
劳务派遣服务	399523	276297	101911	21315
其他人力资源服务	379195	307372	48292	23531

2-1-19 续表 23

单位：万元

行　　业	投资额	建筑安装工程	设备工器具购置	其他费用
旅行社及相关服务	11653299	9462835	1000727	1189737
旅行社服务	568096	439995	91895	36206
旅游管理服务	10603445	8635331	848783	1119331
其他旅行社相关服务	481758	387509	60049	34200
安全保护服务	818933	545309	227295	46329
安全服务	283998	207059	54375	22564
安全系统监控服务	376561	243624	119702	13235
其他安全保护服务	158374	94626	53218	10530
其他商务服务业	33659386	27199014	2976039	3484333
市场管理	12788617	10243497	1335277	1209843
会议及展览服务	7299442	5909161	369246	1021035
包装服务	364573	241649	105234	17690
办公服务	1965833	1730873	103756	131204
信用服务	112305	90415	1500	20390
担保服务	121939	86467	30965	4507
其他未列明商务服务业	11006677	8896952	1030061	1079664
（十三）科学研究和技术服务业	**47515401**	**32337164**	**11356590**	**3821647**
研究和试验发展	14142894	9805266	2940365	1397263
自然科学研究和试验发展	1814743	1204513	415780	194450
工程和技术研究和试验发展	8398244	5790835	1726025	881384
农业科学研究和试验发展	2171583	1607784	400069	163730
医学研究和试验发展	1515988	1019334	369558	127096
社会人文科学研究	242336	182800	28933	30603
专业技术服务业	17175456	11455285	4374341	1345830
气象服务	404265	253939	57597	92729
地震服务	113242	99922	6747	6573
海洋服务	230591	102763	106225	21603
测绘服务	355663	226364	111553	17746
质检技术服务	3058755	1721702	1070744	266309
环境与生态监测	1004019	688503	236277	79239
环境保护监测	811439	526445	218032	66962
生态监测	192580	162058	18245	12277
地质勘查	2395520	1539257	542861	313402
能源矿产地质勘查	674783	390078	183571	101134
固体矿产地质勘查	936490	759706	63409	113375
水、二氧化碳等矿产地质勘查	55851	54210	1641	
基础地质勘查	269363	98519	136439	34405
地质勘查技术服务	459033	236744	157801	64488
工程技术	5563894	4083856	1141541	338497
工程管理服务	1685861	1236428	385328	64105
工程勘察设计	1948104	1323281	494221	130602
规划管理	1929929	1524147	261992	143790
其他专业技术服务业	4049507	2738979	1100796	209732
专业化设计服务	1543113	1116598	343096	83419
摄影扩印服务	291708	198612	84555	8541
兽医服务	54554	43000	11416	138
其他未列明专业技术服务业	2160132	1380769	661729	117634
科技推广和应用服务业	16197051	11076613	4041884	1078554
技术推广服务	11171879	7428192	3061426	682261
农业技术推广服务	4723427	3433290	962404	327733
生物技术推广服务	1255387	822551	353229	79607

2-1-19　续表 24　　　　　　　　　　　　　　　　单位：万元

行　　业	投资额	建筑安装工程	设备工器具购置	其他费用
新材料技术推广服务	1690755	931145	650710	108900
节能技术推广服务	1862369	1036955	744243	81171
其他技术推广服务	1639941	1204251	350840	84850
科技中介服务	1895790	1435730	245493	214567
其他科技推广和应用服务业	3129382	2212691	734965	181726
（十四）水利、环境和公共设施管理业	**556790336**	**467106397**	**26955602**	**62728337**
水利管理业	72498589	62618014	2936258	6944317
防洪除涝设施管理	35466186	30940465	1044587	3481134
水资源管理	11293680	9508738	750431	1034511
天然水收集与分配	11891206	10006677	493725	1390804
水文服务	318269	250682	43304	24283
其他水利管理业	13529248	11911452	604211	1013585
生态保护和环境治理业	22490014	17338365	2665187	2486462
生态保护	4709714	3720875	278976	709863
自然保护区管理	1502323	1075307	57212	369804
野生动物保护	357422	272367	20481	64574
野生植物保护	309684	256838	11921	40925
其他自然保护	2540285	2116363	189362	234560
环境治理业	17780300	13617490	2386211	1776599
水污染治理	10057742	8200296	753206	1104240
大气污染治理	1515476	835150	578673	101653
固体废物治理	2460279	1742596	491413	226270
危险废物治理	400574	241526	115272	43776
放射性废物治理	14489	11703	1634	1152
其他污染治理	3331740	2586219	446013	299508
公共设施管理业	461801733	387150018	21354157	53297558
市政设施管理	322075780	274059207	11922312	36094261
环境卫生管理	8200830	6518200	1033251	649379
城乡市容管理	23428933	20111748	1240462	2076723
绿化管理	20889172	16369654	924243	3595275
公园和游览景区管理	87207018	70091209	6233889	10881920
公园管理	20860140	16753620	1171743	2934777
游览景区管理	66346878	53337589	5062146	7947143
（十五）居民服务、修理和其他服务业	**26281617**	**20218475**	**4081416**	**1981726**
居民服务业	14742965	12054729	1493456	1194780
家庭服务	893474	740415	50354	102705
托儿所服务	131665	98911	20592	12162
洗染服务	181706	116040	57049	8617
理发及美容服务	358990	234165	110102	14723
洗浴服务	1591040	1273736	218844	98460
保健服务	459237	342428	84159	32650
婚姻服务	227581	160535	60229	6817
殡葬服务	1818700	1458893	143110	216697
其他居民服务业	9080572	7629606	749017	701949
机动车、电子产品和日用产品修理业	6493615	4316017	1783091	394507
汽车、摩托车修理与维护	5802635	3941292	1544745	316598
汽车修理与维护	5767366	3923220	1529902	314244
摩托车修理与维护	35269	18072	14843	2354
计算机和办公设备维修	440122	258000	146918	35204
计算机和辅助设备修理	139382	94668	40452	4262
通讯设备修理	150976	78694	64906	7376
其他办公设备维修	149764	84638	41560	23566

2-1-19 续表 25

单位：万元

行 业	投资额	建筑安装工程	设备工器具购置	其他费用
家用电器修理	93485	61174	26214	6097
家用电子产品修理	50544	29980	15628	4936
日用电器修理	42941	31194	10586	1161
其他日用产品修理业	157373	55551	65214	36608
自行车修理	3975	3975		
鞋和皮革修理	1150	1130	20	
家具和相关物品修理	16561	9491	5032	2038
其他未列明日用产品修理业	135687	40955	60162	34570
其他服务业	5045037	3847729	804869	392439
清洁服务	762171	497707	230713	33751
建筑物清洁服务	175114	130535	35968	8611
其他清洁服务	587057	367172	194745	25140
其他未列明服务业	4282866	3350022	574156	358688
(十六)教育	**77232422**	**63962938**	**7541149**	**5728335**
教育	77232422	63962938	7541149	5728335
学前教育	6385734	5395164	598061	392509
初等教育	16971044	14593475	1181703	1195866
普通小学教育	16616104	14274609	1162489	1179006
成人小学教育	354940	318866	19214	16860
中等教育	26077508	22233431	2127814	1716263
普通初中教育	13434448	11520151	1076266	838031
职业初中教育	457545	401102	41385	15058
成人初中教育	143736	119998	10097	13641
普通高中教育	7180185	6093361	573231	513593
成人高中教育	118421	95304	12070	11047
中等职业学校教育	4743173	4003515	414765	324893
高等教育	16341921	13153671	1831407	1356843
普通高等教育	15340860	12279194	1745625	1316041
成人高等教育	1001061	874477	85782	40802
特殊教育	411995	337871	39409	34715
技能培训、教育辅助及其他教育	11044220	8249326	1762755	1032139
职业技能培训	6333903	4682924	1072220	578759
体校及体育培训	717222	533128	72118	111976
文化艺术培训	818122	618179	154220	45723
教育辅助服务	933266	702589	179207	51470
其他未列明教育	2241707	1712506	284990	244211
(十七)卫生和社会工作	**51746895**	**39017468**	**8646624**	**4082803**
卫生	39402975	28718846	7719542	2964587
医院	31971972	22912375	6541349	2518248
综合医院	22883575	16457215	4649923	1776437
中医医院	2800024	2054551	513011	232462
中西医结合医院	683321	515906	137842	29573
民族医院	143336	119732	19066	4538
专科医院	4086870	2742287	1032282	312301
疗养院	1374846	1022684	189225	162937
社区医疗与卫生院	4175520	3342265	587557	245698
社区卫生服务中心(站)	1376566	1093187	200170	83209
街道卫生院	268831	214015	42886	11930
乡镇卫生院	2530123	2035063	344501	150559

2-1-19 续表 26

单位：万元

行　　业	投资额	建筑安装工程	设备工器具购置	其他费用
门诊部(所)	433180	282156	130299	20725
计划生育技术服务活动	245452	202070	22919	20463
妇幼保健院(所、站)	1021477	828234	135625	57618
专科疾病防治院(所、站)	197190	135331	46296	15563
疾病预防控制中心	348634	265339	68633	14662
其他卫生活动	1009550	751076	186864	71610
社会工作	12343920	10298622	927082	1118216
提供住宿社会工作	11407228	9470964	861487	1074777
干部休养所	283172	241531	11188	30453
护理机构服务	1081020	892505	97152	91363
精神康复服务	225916	174859	8563	42494
老年人、残疾人养护服务	8968838	7387796	719624	861418
孤残儿童收养和庇护服务	267320	242937	5356	19027
其他提供住宿社会救助	580962	531336	19604	30022
不提供住宿社会工作	936692	827658	65595	43439
社会看护与帮助服务	627442	553414	43027	31001
其他不提供住宿社会工作	309250	274244	22568	12438
(十八)文化、体育和娱乐业	**67241195**	**52828720**	**7478057**	**6934418**
新闻和出版业	1297902	1081296	95775	120831
新闻业	412782	344596	13891	54295
出版业	885120	736700	81884	66536
图书出版	415491	389922	16591	8978
报纸出版	261982	202790	12748	46444
期刊出版	50617	42495	6524	1598
音像制品出版	16203	9044	5187	1972
电子出版物出版	94565	64744	28473	1348
其他出版业	46262	27705	12361	6196
广播、电视、电影和影视录音制作业	4919705	3539120	905408	475177
广播	393108	278033	100529	14546
电视	1140883	791265	253184	96434
电影和影视节目制作	1903496	1478676	195581	229239
电影和影视节目发行	193374	90207	60419	42748
电影放映	1237445	867132	278252	92061
录音制作	51399	33807	17443	149
文化艺术业	30777930	24494179	2960292	3323459
文艺创作与表演	1643135	1175416	138099	329620
艺术表演场馆	2229189	1808693	170613	249883
图书馆与档案馆	1791538	1607665	98432	85441
图书馆	1414272	1268057	86066	60149
档案馆	377266	339608	12366	25292
文物及非物质文化遗产保护	6196503	4931035	403660	861808
博物馆	3817827	3183034	326184	308609
烈士陵园、纪念馆	1022217	836622	46907	138688
群众文化活动	7572557	5879580	953778	739199
其他文化艺术业	6504964	5072134	822619	610211
体育	10318266	8514591	766944	1036731
体育组织	229851	147038	8129	74684
体育场馆	4255957	3596129	203789	456039
休闲健身活动	5115451	4228560	493234	393657
其他体育	717007	542864	61792	112351

2-1-19 续表 27

单位：万元

行　　业	投资额	建筑安装工程	设备工器具购置	其他费用
娱乐业	19927392	15199534	2749638	1978220
室内娱乐活动	3321619	2528868	527181	265570
歌舞厅娱乐活动	1378478	1002566	246102	129810
电子游艺厅娱乐活动	141005	101871	28204	10930
网吧活动	395664	261177	116354	18133
其他室内娱乐活动	1406472	1163254	136521	106697
游乐园	10425853	7760464	1426865	1238524
彩票活动	47630	23805	18975	4850
文化、娱乐、体育经纪代理	192892	136372	40321	16199
文化娱乐经纪人	61786	48702	5984	7100
体育经纪人				
其他文化艺术经纪代理	131106	87670	34337	9099
其他娱乐业	5939398	4750025	736296	453077
(十九)公共管理、社会保障和社会组织	**78509175**	**65744880**	**6393382**	**6370913**
中国共产党机关	253769	219077	22767	11925
中国共产党机关	253769	219077	22767	11925
国家机构	52360356	42894447	5035727	4430182
国家权力机构	1035322	878087	65193	92042
国家行政机构	49197005	40175158	4805346	4216501
综合事务管理机构	18162265	15153657	1481860	1526748
对外事务管理机构	253095	180861	12554	59680
公共安全管理机构	11403913	8464590	1516820	1422503
社会事务管理机构	8600771	7315201	819489	466081
经济事务管理机构	9173000	7796256	752293	624451
行政监督检查机构	1603961	1264593	222330	117038
人民法院和人民检察院	1035762	901364	52690	81708
人民法院	702667	632239	37369	33059
人民检察院	333095	269125	15321	48649
其他国家机构	1092267	939838	112498	39931
人民政协、民主党派	163628	157745	3785	2098
人民政协	66681	62388	2195	2098
民主党派	96947	95357	1590	
社会保障	2851788	2467671	86154	297963
社会保障	2851788	2467671	86154	297963
群众团体、社会团体和其他成员组织	6427720	5408008	467005	552707
群众团体	195215	170614	9374	15227
工会	84628	77780	2189	4659
妇联	21223	16485	362	4376
共青团	7331	7331		
其他群众团体	82033	69018	6823	6192
社会团体	3246238	2800280	211243	234715
专业性团体	2706302	2376068	144843	185391
行业性团体	259505	202912	33382	23211
其他社会团体	280431	221300	33018	26113
基金会				
宗教组织	2986267	2437114	246388	302765
基层群众自治组织	16451914	14597932	777944	1076038
社区自治组织	5270202	4553042	365898	351262
村民自治组织	11181712	10044890	412046	724776

2-1-20　国民经济行业小类按隶属关系分的固定资产投资(不含农户)

单位：万元

行　　业	合计	中央项目	地方项目				
				省属	地市属	县属	其他
全国总计	**5515900384**	**259422724**	**5256477660**	**236203688**	**467591511**	**955075357**	**3597607104**
(一)农、林、牧、渔业	**190623164**	**1837645**	**188785519**	**1559603**	**3291268**	**42872341**	**141062307**
农业	78493369	521311	77972058	567872	823061	14134258	62446867
谷物种植	7880955	57179	7823776	417038	132566	2314067	4960105
稻谷种植	4308783	25017	4283766	348391	54239	1372828	2508308
小麦种植	771309	26020	745289	5	1334	269190	474760
玉米种植	1395504	2201	1393303	55977	46478	367302	923546
其他谷物种植	1405359	3941	1401418	12665	30515	304747	1053491
豆类、油料和薯类种植	2603227	9237	2593990	9705	10668	591710	1981907
豆类种植	697475	9237	688238	9705	9009	148478	521046
油料种植	1200458		1200458		1659	254295	944504
薯类种植	705294		705294			188937	516357
棉、麻、糖、烟草种植	1596734	43692	1553042	10740	20452	484092	1037758
棉花种植	568724	36311	532413	2023	11691	40883	477816
麻类种植	74326		74326			17547	56779
糖料种植	412775	6480	406295	3250	1300	174532	227213
烟草种植	540909	901	540008	5467	7461	251130	275950
蔬菜、食用菌及园艺作物种植	30948795	148114	30800681	82995	370861	4137898	26208927
蔬菜种植	16579430	134555	16444875	72406	101875	2729847	13540747
食用菌种植	4530930	800	4530130	7000	48806	498404	3975920
花卉种植	6378381	10329	6368052	2613	183643	513710	5668086
其他园艺作物种植	3460054	2430	3457624	976	36537	395937	3024174
水果种植	16102814	129124	15973690	4692	127707	2542576	13298715
仁果类和核果类水果种植	5682649	97309	5585340	600	52167	1140646	4391927
葡萄种植	2344232	22612	2321620	1064	28148	312265	1980143
柑橘类种植	1080619	2400	1078219	750	17885	122879	936705
香蕉等亚热带水果种植	778249		778249		428	234064	543757
其他水果种植	6217065	6803	6210262	2278	29079	732722	5446183
坚果、含油果、香料和饮料作物种植	6071178	12079	6059099	3460	23460	1368290	4663889
坚果种植	2411649	5869	2405780		17820	753775	1634185
含油果种植	598322		598322			124619	473703
香料作物种植	348754	1810	346944			66482	280462
茶及其他饮料作物种植	2712453	4400	2708053	3460	5640	423414	2275539
中药材种植	5638599	2950	5635649	12514	23296	852817	4747022
其他农业	7651067	118936	7532131	26728	114051	1842808	5548544
林业	19668859	158289	19510570	421042	1394560	6349610	11345358
林木育种和育苗	10221637	64525	10157112	73447	116895	1663779	8302991
林木育种	2565295	7280	2558015	18232	20441	327939	2191403
林木育苗	7656342	57245	7599097	55215	96454	1335840	6111588
造林和更新	7848749	89400	7759349	295127	1054708	4222686	2186828
森林经营和管护	1238482	4364	1234118	31782	222957	389185	590194
木材和竹材采运	125609		125609	17980		12711	94918
木材采运	81194		81194	17980		10505	52709
竹材采运	44415		44415			2206	42209
林产品采集	234382		234382	2706		61249	170427
木竹材林产品采集	140704		140704	2706		28427	109571
非木竹材林产品采集	93678		93678			32822	60856
畜牧业	48549116	366933	48182183	230544	247044	7001938	40702657
牲畜饲养	38343758	298904	38044854	206597	192555	5919037	31726665
牛的饲养	13080572	159864	12920708	33521	130270	2434653	10322264
马的饲养	154902	510	154392			30532	123860

2-1-20 续表 1　　　　单位：万元

行业	合计	中央项目	地方项目				
				省属	地市属	县属	其他
猪的饲养	13873427	45051	13828376	159006	39509	1504259	12125602
羊的饲养	9618683	87879	9530804	13220	17729	1665748	7834107
骆驼饲养	27529		27529			16309	11220
其他牲畜饲养	1588645	5600	1583045	850	5047	267536	1309612
家禽饲养	7443268	47342	7395926	7973	27317	657156	6703480
鸡的饲养	5726363	40475	5685888	7973	27317	469212	5181386
鸭的饲养	590806		590806			53830	536976
鹅的饲养	208599	550	208049			46626	161423
其他家禽饲养	917500	6317	911183			87488	823695
狩猎和捕捉动物	225001		225001			2350	222651
其他畜牧业	2537089	20687	2516402	15974	27172	423395	2049861
渔业	8906638	7560	8899078	17460	43806	699601	8138211
水产养殖	8122187	6450	8115737	7760	24186	638277	7445514
海水养殖	3168219		3168219	4060	5759	94926	3063474
内陆养殖	4953968	6450	4947518	3700	18427	543351	4382040
水产捕捞	784451	1110	783341	9700	19620	61324	692697
海水捕捞	716989		716989	9700	19620	35679	651990
内陆捕捞	67462	1110	66352			25645	40707
农、林、牧、渔服务业	35005182	783552	34221630	322685	782797	14686934	18429214
农业服务业	31181204	746566	30434638	300776	710803	13352082	16070977
农业机械服务	3331840	68970	3262870	36228	13548	1139809	2073285
灌溉服务	7762033	476952	7285081	82336	317453	4749377	2135915
农产品初加工服务	4383185	51861	4331324	9996	48037	521242	3752049
其他农业服务	15704146	148783	15555363	172216	331765	6941654	8109728
林业服务业	1354944	19627	1335317	11393	51876	577495	694553
林业有害生物防治服务	102153		102153			40369	61784
森林防火服务	169210	1069	168141	2626	5487	128012	32016
林产品初级加工服务	221154		221154	1230		28844	191080
其他林业服务	862427	18558	843869	7537	46389	380270	409673
畜牧服务业	1787250	13859	1773391	10516	5340	699196	1058339
渔业服务业	681784	3500	678284		14778	58161	605345
(二)采矿业	**129702184**	**27195265**	**102506919**	**14358173**	**2978700**	**17895046**	**67275000**
煤炭开采和洗选业	40066554	1950623	38115931	8807098	1251051	7029157	21028625
烟煤和无烟煤开采洗选	36912709	1682325	35230384	8373620	1148651	6334856	19373257
褐煤开采洗选	1990726	268298	1722428	369473	22832	419127	910996
其他煤炭采选	1163119		1163119	64005	79568	275174	744372
石油和天然气开采业	34249259	24093798	10155461	2757310	435207	4092778	2870166
石油开采	28461030	21558584	6902446	1423110	291265	3523853	1664218
天然气开采	5788229	2535214	3253015	1334200	143942	568925	1205948
黑色金属矿采选业	13657166	245384	13411782	781917	256844	1009158	11363863
铁矿采选	12258789	238664	12020125	768320	256844	788580	10206381
锰矿、铬矿采选	880657	6720	873937	12597		78526	782814
其他黑色金属矿采选	517720		517720	1000		142052	374668
有色金属矿采选业	15881824	522511	15359313	1353406	436356	3170074	10399477
常用有色金属矿采选	9651033	202912	9448121	1007878	159904	1850834	6429505
铜矿采选	2612535	2590	2609945	455279	107599	393437	1653630
铅锌矿采选	3313833	9063	3304770	139759	37802	1065010	2062199
镍钴矿采选	90309		90309	14334		7513	68462
锡矿采选	567206		567206	180214	10613	2741	373638
锑矿采选	138217	23720	114497	2230		29695	82572
铝矿采选	903890	121249	782641	11465		18612	752564
镁矿采选	198059		198059	21150		9320	167589
其他常用有色金属矿采选	1826984	46290	1780694	183447	3890	324506	1268851

2-1-20 续表 2

单位：万元

行业	合计	中央项目	地方项目				
				省属	地市属	县属	其他
贵金属矿采选	4611788	118965	4492823	217144	233725	924841	3117113
金矿采选	4059700	118965	3940735	198754	233725	862632	2645624
银矿采选	257705		257705			62209	195496
其他贵金属矿采选	294383		294383	18390			275993
稀有稀土金属矿采选	1619003	200634	1418369	128384	42727	394399	852859
钨钼矿采选	949797	132381	817416	82900		125075	609441
稀土金属矿采选	327069	16368	310701		3678	213230	93793
放射性金属矿采选	47210	37710	9500			9500	
其他稀有金属矿采选	294927	14175	280752	45484	39049	46594	149625
非金属矿采选业	20921004	60647	20860357	165780	218839	1606809	18868929
土砂石开采	15460001	58557	15401444	15690	50539	1051222	14283993
石灰石、石膏开采	4205795	53257	4152538	4320	13616	226615	3907987
建筑装饰用石开采	5183357		5183357		2000	420694	4760663
耐火土石开采	1017682		1017682	3820	9802	53156	950904
粘土及其他土砂石开采	5053167	5300	5047867	7550	25121	350757	4664439
化学矿开采	1859387	2090	1857297	113855	72954	242709	1427779
采盐	704898		704898	15335	7080	94515	587968
石棉及其他非金属矿采选	2896718		2896718	20900	88266	218363	2569189
石棉、云母矿采选	86856		86856				86856
石墨、滑石采选	501435		501435	20900	71579	12704	396252
宝石、玉石采选	400076		400076		9200	92000	298876
其他未列明非金属矿采选	1908351		1908351		7487	113659	1787205
开采辅助活动	4244588	319452	3925136	462101	371040	917294	2174701
煤炭开采和洗选辅助活动	2012411	50829	1961582	43466	234719	508062	1175335
石油和天然气开采辅助活动	1485487	255924	1229563	411380	75221	187537	555425
其他开采辅助活动	746690	12699	733991	7255	61100	221695	443941
其他采矿业	681789	2850	678939	30561	9363	69776	569239
其他采矿业	681789	2850	678939	30561	9363	69776	569239
(三)制造业	**1802334022**	**28889961**	**1773444061**	**26499187**	**53655529**	**131624070**	**1561665275**
农副食品加工业	107611992	193019	107418973	249234	1371206	9177477	96621056
谷物磨制	19136028	14498	19121530	43626	388308	1588062	17101534
饲料加工	13540956	21759	13519197	15607	175029	1080166	12248395
植物油加工	10360929	78411	10282518	8900	162200	820416	9291002
食用植物油加工	9268718	78411	9190307	8900	151540	754920	8274947
非食用植物油加工	1092211		1092211		10660	65496	1016055
制糖业	1545094	12393	1532701	32907	49114	111800	1338880
屠宰及肉类加工	17330657	12486	17318171	28588	199832	1508972	15580779
牲畜屠宰	5016470	12486	5003984	3476	38920	489624	4471964
禽类屠宰	3156441		3156441		26740	138547	2991154
肉制品及副产品加工	9157746		9157746	25112	134172	880801	8117661
水产品加工	8106810	2096	8104714		46374	542785	7515555
水产品冷冻加工	5240100	196	5239904		39853	377744	4822307
鱼糜制品及水产品干腌制加工	911097	1900	909197		1777	98921	808499
水产饲料制造	451835		451835			23792	428043
鱼油提取及制品制造	54772		54772			4927	49845
其他水产品加工	1449006		1449006		4744	37401	1406861
蔬菜、水果和坚果加工	17211444	44326	17167118	15759	77077	1454560	15619722
蔬菜加工	10819510	7350	10812160	14559	56680	850352	9890569
水果和坚果加工	6391934	36976	6354958	1200	20397	604208	5729153

2-1-20 续表 3

单位：万元

行业	合计	中央项目	地方项目				
				省属	地市属	县属	其他
其他农副食品加工	20380074	7050	20373024	103847	273272	2070716	17925189
淀粉及淀粉制品制造	4706636		4706636	31447	77160	492747	4105282
豆制品制造	2996461		2996461		36150	278689	2681622
蛋品加工	857310		857310		3452	70770	783088
其他未列明农副食品加工	11819667	7050	11812617	72400	156510	1228510	10355197
食品制造业	50890084	172080	50718004	327579	879636	4215023	45295766
焙烤食品制造	7993430		7993430	13530	128920	536658	7314322
糕点、面包制造	4107820		4107820	3800	37356	308282	3758382
饼干及其他焙烤食品制造	3885610		3885610	9730	91564	228376	3555940
糖果、巧克力及蜜饯制造	3319294		3319294		66950	257818	2994526
糖果、巧克力制造	2165073		2165073		66950	151331	1946792
蜜饯制作	1154221		1154221			106487	1047734
方便食品制造	9432616	110824	9321792	13694	163582	625348	8519168
米、面制品制造	4782046	110824	4671222	4080	78719	379551	4208872
速冻食品制造	2094146		2094146	8700	79663	96786	1908997
方便面及其他方便食品制造	2556424		2556424	914	5200	149011	2401299
乳制品制造	3755267	37720	3717547	166112	84261	383646	3083528
罐头食品制造	3337479	6259	3331220	55680	64156	102885	3108499
肉、禽类罐头制造	662895		662895	48900	2548	13860	597587
水产品罐头制造	163928		163928		649	32261	131018
蔬菜、水果罐头制造	1779742	6259	1773483	6780	16100	45414	1705189
其他罐头食品制造	730914		730914		44859	11350	674705
调味品、发酵制品制造	6095199		6095199		61068	723468	5310663
味精制造	765723		765723		382	252185	513156
酱油、食醋及类似制品制造	2085523		2085523		30166	105915	1949442
其他调味品、发酵制品制造	3243953		3243953		30520	365368	2848065
其他食品制造	16956799	17277	16939522	78563	310699	1585200	14965060
营养食品制造	2320702		2320702	11444	110098	216775	1982385
保健食品制造	4587737	8074	4579663	21786	108652	316193	4133032
冷冻饮品及食用冰制造	1034267		1034267	30603	6170	91728	905766
盐加工	542828	8773	534055	6662	5912	126404	395077
食品及饲料添加剂制造	3179999		3179999		15727	206532	2957740
其他未列明食品制造	5291266	430	5290836	8068	64140	627568	4591060
酒、饮料和精制茶制造业	40900681	116978	40783703	143586	829386	3735233	36075498
酒的制造	17616479	114419	17502060	98020	552688	1827322	15024030
酒精制造	718782	6906	711876		15954	61496	634426
白酒制造	10227280	92441	10134839	78330	323220	944572	8788717
啤酒制造	2292661	10192	2282469		119546	287204	1875719
黄酒制造	578733		578733	17132		21410	540191
葡萄酒制造	2111435	4880	2106555	2558	74937	374357	1654703
其他酒制造	1687588		1687588		19031	138283	1530274
饮料制造	16062968	2559	16060409	43766	268156	1500493	14247994
碳酸饮料制造	1790728		1790728	5418	34205	156360	1594745
瓶(罐)装饮用水制造	4277694		4277694	5510	25555	467042	3779587
果菜汁及果菜汁饮料制造	3536438	2559	3533879	9300	36347	303867	3184365
含乳饮料和植物蛋白饮料制造	2131733		2131733	18858	94931	218365	1799579
固体饮料制造	650886		650886		25949	51699	573238
茶饮料及其他饮料制造	3675489		3675489	4680	51169	303160	3316480
精制茶加工	7221234		7221234	1800	8542	407418	6803474
烟草制品业	2654007	507694	2146313	721524	448342	246550	729897
烟叶复烤	500156	9980	490176	95286	34071	75541	285278
卷烟制造	1828252	457547	1370705	615046	336987	123139	295533
其他烟草制品制造	325599	40167	285432	11192	77284	47870	149086

2-1-20　续表 4

单位：万元

行业	合计	中央项目	地方项目				
				省属	地市属	县属	其他
纺织业	60016028	310279	59705749	167892	505961	2906875	56125021
棉纺织及印染精加工	29337677	235337	29102340	127571	305503	1291894	27377372
棉纺纱加工	19559334	203537	19355797	124271	218141	910546	18102839
棉织造加工	6361869		6361869		11329	229638	6120902
棉印染精加工	3416474	31800	3384674	3300	76033	151710	3153631
毛纺织及染整精加工	3438526	8292	3430234	26800	75759	340418	2987257
毛条和毛纱线加工	1521092		1521092		30073	130797	1360222
毛织造加工	1573561	8292	1565269	26800	45686	202855	1289928
毛染整精加工	343873		343873			6766	337107
麻纺织及染整精加工	1402007		1402007	135		141973	1259899
麻纤维纺前加工和纺纱	604098		604098			101228	502870
麻织造加工	558232		558232			40745	517487
麻染整精加工	239677		239677	135			239542
丝绢纺织及印染精加工	1737641		1737641		9100	147773	1580768
缫丝加工	727283		727283			56943	670340
绢纺和丝织加工	771468		771468			90830	680638
丝印染精加工	238890		238890		9100		229790
化纤织造及印染精加工	4211004	66650	4144354	12000	31975	212787	3887592
化纤织造加工	3330205		3330205		11615	196294	3122296
化纤织物染整精加工	880799	66650	814149	12000	20360	16493	765296
针织或钩针编织物及其制品制造	5524555		5524555	1386	2724	145516	5374929
针织或钩针编织物织造	4410418		4410418	1386	2724	92350	4313958
针织或钩针编织物印染精加工	333424		333424			16195	317229
针织或钩针编织品制造	780713		780713			36971	743742
家用纺织制成品制造	7745748		7745748		35288	416529	7293931
床上用品制造	3932773		3932773			78008	3854765
毛巾类制品制造	1039747		1039747		2600	40755	996392
窗帘、布艺类产品制造	590765		590765			31173	559592
其他家用纺织制成品制造	2182463		2182463		32688	266593	1883182
非家用纺织制成品制造	6618870		6618870		45612	209985	6363273
非织造布制造	2689281		2689281		18066	70763	2600452
绳、索、缆制造	583025		583025			3308	579717
纺织带和帘子布制造	640665		640665		18442	23125	599098
篷、帆布制造	831219		831219		1679	17319	812221
其他非家用纺织制成品制造	1874680		1874680		7425	95470	1771785
纺织服装、服饰业	45285317	72175	45213142	7928	350888	2731163	42123163
机织服装制造	29317220	50635	29266585	4876	230394	1948205	27083110
针织或钩针编织服装制造	6050654		6050654		41026	240392	5769236
服饰制造	9917443	21540	9895903	3052	79468	542566	9270817
皮革、毛皮、羽毛及其制品和制鞋业	21638095	25429	21612666	38461	317638	1720940	19535627
皮革鞣制加工	1253002		1253002		8000	141746	1103256
皮革制品制造	6639253		6639253		64101	205762	6369390
皮革服装制造	1296545		1296545		15202	43346	1237997
皮箱、包(袋)制造	2719514		2719514		11577	88235	2619702
皮手套及皮装饰制品制造	959714		959714		1889	13870	943955
其他皮革制品制造	1663480		1663480		35433	60311	1567736
毛皮鞣制及制品加工	2364780		2364780	3810		308840	2052130
毛皮鞣制加工	279339		279339			10100	269239
毛皮服装加工	1583111		1583111	3810		258796	1320505
其他毛皮制品加工	502330		502330			39944	462386

2-1-20 续表 5

单位：万元

行业	合计	中央项目	地方项目				
				省属	地市属	县属	其他
羽毛(绒)加工及制品制造	1278539		1278539	3900	1143	4920	1268576
羽毛(绒)加工	491386		491386	3900		4270	483216
羽毛(绒)制品加工	787153		787153		1143	650	785360
制鞋业	10102521	25429	10077092	30751	244394	1059672	8742275
纺织面料鞋制造	1686383		1686383		5800	111309	1569274
皮鞋制造	5167578	25429	5142149	30751	110194	740607	4260597
塑料鞋制造	691700		691700			13155	678545
橡胶鞋制造	841241		841241		44270	29753	767218
其他制鞋业	1715619		1715619		84130	164848	1466641
木材加工和木、竹、藤、棕、草制品业	41166023	7846	41158177	88213	227422	2220560	38621982
木材加工	11621601	7846	11613755	31230	116357	747969	10718199
锯材加工	3037827	7846	3029981		38770	300942	2690269
木片加工	2883015		2883015	11330	14400	158533	2698752
单板加工	2531463		2531463		9750	70561	2451152
其他木材加工	3169296		3169296	19900	53437	217933	2878026
人造板制造	13291688		13291688	16779	63213	536676	12675020
胶合板制造	7319057		7319057	3585	13870	196262	7105340
纤维板制造	2053973		2053973	2194	9965	138610	1903204
刨花板制造	1054947		1054947		11978	81192	961777
其他人造板制造	2863711		2863711	11000	27400	120612	2704699
木制品制造	11525251		11525251	40204	41838	733369	10709840
建筑用木料及木材组件加工	2980284		2980284	31854	20485	91897	2836048
木门窗、楼梯制造	3199101		3199101		5620	237577	2955904
地板制造	1666908		1666908	8350		11776	1646782
木制容器制造	872582		872582		8700	11910	851972
软木制品及其他木制品制造	2806376		2806376		7033	380209	2419134
竹、藤、棕、草等制品制造	4727483		4727483		6014	202546	4518923
竹制品制造	4075721		4075721		6014	132972	3936735
藤制品制造	130837		130837			15951	114886
棕制品制造	71983		71983			899	71084
草及其他制品制造	448942		448942			52724	396218
家具制造业	28818314	11391	28806923	1857	305329	1330040	27169697
木质家具制造	21596564	3200	21593364	1857	241411	928123	20421973
竹、藤家具制造	578328	8191	570137			25551	544586
金属家具制造	2713678		2713678		20110	90663	2602905
塑料家具制造	509045		509045		1615	74970	432460
其他家具制造	3420699		3420699		42193	210733	3167773
造纸和纸制品业	28127973	6717	28121256	22176	543685	2484811	25070584
纸浆制造	536215		536215		9060	32062	495093
木竹浆制造	348459		348459		9060	26652	312747
非木竹浆制造	187756		187756			5410	182346
造纸	10874423		10874423	22176	317665	1415070	9119512
机制纸及纸板制造	8780178		8780178	20176	206018	1292930	7261054
手工纸制造	459060		459060		1470	30900	426690
加工纸制造	1635185		1635185	2000	110177	91240	1431768
纸制品制造	16717335	6717	16710618		216960	1037679	15455979
纸和纸板容器制造	7885571		7885571		76000	586421	7223150
其他纸制品制造	8831764	6717	8825047		140960	451258	8232829
印刷和记录媒介复制业	18495961	158720	18337241	297562	425788	1042070	16571821
印刷	17304441	149120	17155321	257787	401537	977797	15518200

2-1-20　续表 6

单位：万元

行　业	合计	中央项目	地方项目				
				省属	地市属	县属	其他
书、报刊印刷	2426868	9560	2417308	66766	103429	191270	2055843
本册印制	862919	7909	855010	175689	34790	22027	622504
包装装潢及其他印刷	14014654	131651	13883003	15332	263318	764500	12839853
装订及印刷相关服务	1078370	9600	1068770	29815	15751	49923	973281
记录媒介复制	113150		113150	9960	8500	14350	80340
文教、工美、体育和娱乐用品制造业	23283487	9245	23274242	21728	647447	1551192	21053875
文教办公用品制造	2158924		2158924	5567	21623	61039	2070695
文具制造	670123		670123		19506	7970	642647
笔的制造	466235		466235		1156	14754	450325
教学用模型及教具制造	373340		373340		961	35760	336619
墨水、墨汁制造	90532		90532				90532
其他文教办公用品制造	558694		558694	5567		2555	550572
乐器制造	944361		944361	498	7975	121133	814755
中乐器制造	205267		205267			39222	166045
西乐器制造	309621		309621		2105	1135	306381
电子乐器制造	168905		168905	498	5500		162907
其他乐器及零件制造	260568		260568		370	80776	179422
工艺美术品制造	12369404	2245	12367159	15663	584895	1030707	10735894
雕塑工艺品制造	2495482		2495482	3700	21963	205635	2264184
金属工艺品制造	1558665		1558665		2720	77828	1478117
漆器工艺品制造	174311		174311		12000	18830	143481
花画工艺品制造	240289		240289			24970	215319
天然植物纤维编织工艺品制造	781700		781700			152885	628815
抽纱刺绣工艺品制造	708097	2245	705852			28279	677573
地毯、挂毯制造	961786		961786	2453	130800	15547	812986
珠宝首饰及有关物品制造	1647952		1647952	2751	107060	162281	1375860
其他工艺美术品制造	3801122		3801122	6759	310352	344452	3139559
体育用品制造	3633731		3633731		16569	157205	3459957
球类制造	294836		294836		12042		282794
体育器材及配件制造	1394366		1394366		2760	73351	1318255
训练健身器材制造	735693		735693		1	48567	687125
运动防护用具制造	225461		225461			13787	211674
其他体育用品制造	983375		983375		1766	21500	960109
玩具制造	3071369		3071369		16385	48735	3006249
游艺器材及娱乐用品制造	1105698	7000	1098698			132373	966325
露天游乐场所游乐设备制造	572737		572737			103056	469681
游艺用品及室内游艺器材制造	246832		246832				246832
其他娱乐用品制造	286129	7000	279129			29317	249812
石油加工、炼焦和核燃料加工业	25386483	4429804	20956679	1609751	1294202	1806352	16246374
精炼石油产品制造	19815919	4250894	15565025	1307232	691497	698310	12867986
原油加工及石油制品制造	18559204	4238415	14320789	1241608	651522	584961	11842698
人造原油制造	1256715	12479	1244236	65624	39975	113349	1025288
炼焦	5570564	178910	5391654	302519	602705	1108042	3378388
化学原料和化学制品制造业	149908823	3776560	146132263	4142626	4367670	14207745	123414222
基础化学原料制造	52199743	2926513	49273230	2570482	2476955	5965871	38259922
无机酸制造	3266254		3266254	74275	134811	246776	2810392
无机碱制造	2264889	4315	2260574	210412	410128	73595	1566439
无机盐制造	4149485	22266	4127219	92233	58085	1155871	2821030
有机化学原料制造	31506958	2582918	28924040	1924393	1313631	2678753	23007263
其他基础化学原料制造	11012157	317014	10695143	269169	560300	1810876	8054798

2-1-20 续表 7

单位：万元

行　　业	合计	中央项目	地方项目				
				省属	地市属	县属	其他
肥料制造	18717741	172017	18545724	183269	681064	3007727	14673664
氮肥制造	3127535	22871	3104664	5213	337944	1392712	1368795
磷肥制造	944539	14250	930289	65073	89705	35060	740451
钾肥制造	992705	66773	925932		8600	204927	712405
复混肥料制造	6161626	59149	6102477	90274	193897	907178	4911128
有机肥料及微生物肥料制造	6071573	4414	6067159	11027	36874	362985	5656273
其他肥料制造	1419763	4560	1415203	11682	14044	104865	1284612
农药制造	5017715	3034	5014681	42903	86898	635701	4249179
化学农药制造	3432148	3034	3429114	42688	59801	491117	2835508
生物化学农药及微生物农药制造	1585567		1585567	215	27097	144584	1413671
涂料、油墨、颜料及类似产品制造	11806262	3586	11802676	594	64697	628705	11108680
涂料制造	7574604	3586	7571018	594	47315	431978	7091131
油墨及类似产品制造	571409		571409		1994	32297	537118
颜料制造	1580145		1580145		8902	70679	1500564
染料制造	1329669		1329669			78849	1250820
密封用填料及类似品制造	750435		750435		6486	14902	729047
合成材料制造	19168128	199654	18968474	485253	355146	1520018	16608057
初级形态塑料及合成树脂制造	8051064	97202	7953862	232697	254556	566782	6899827
合成橡胶制造	1822238	578	1821660	7014		243567	1571079
合成纤维单(聚合)体制造	3784956	85600	3699356	245542		348892	3104922
其他合成材料制造	5509870	16274	5493596		100590	360777	5032229
专用化学产品制造	31670880	448848	31222032	730507	581328	1869760	28040437
化学试剂和助剂制造	11133304	117483	11015821	394521	163645	500959	9956696
专项化学用品制造	10016847	190642	9826205	15504	176269	693983	8940449
林产化学产品制造	918966		918966	2865	14200	49911	851990
信息化学品制造	2699268	55533	2643735	309742	152228	139054	2042711
环境污染处理专用药剂材料制造	1769671	36179	1733492	1232	32723	116488	1583049
动物胶制造	431075	5315	425760	6643		23913	395204
其他专用化学产品制造	4701749	43696	4658053		42263	345452	4270338
炸药、火工及焰火产品制造	5364463	6950	5357513	111812	34247	184993	5026461
焰火、鞭炮产品制造	5364463	6950	5357513	111812	34247	184993	5026461
日用化学产品制造	5963891	15958	5947933	17806	87335	394970	5447822
肥皂及合成洗涤剂制造	1641672		1641672	13206	12012	91005	1525449
化妆品制造	1292659	358	1292301		43916	26639	1221746
口腔清洁用品制造	114558		114558		10529	4000	100029
香料、香精制造	1410201	15600	1394601	4600	7690	122469	1259842
其他日用化学产品制造	1504801		1504801		13188	150857	1340756
医药制造业	58118761	310340	57808421	898764	2730196	6536204	47643257
化学药品原料药制造	10620552	18220	10602332	201965	859728	1151490	8389149
化学药品制剂制造	8764662	25748	8738914	266119	335739	705522	7431534
中药饮片加工	8541781	29117	8512664	83271	96394	1362584	6970415
中成药生产	10755141	110428	10644713	271909	564404	1634044	8174356
兽用药品制造	2106292	21699	2084593	11445	15202	200845	1857101
生物药品制造	11462426	105128	11357298	62148	545909	1045066	9704175
卫生材料及医药用品制造	5867907		5867907	1907	312820	436653	5116527
化学纤维制造业	11122065	81679	11040386	15623	390966	833980	9799817
纤维素纤维原料及纤维制造	2102005	80210	2021795	6935	22626	125707	1866527
化纤浆粕制造	298942	3500	295442		4180	9140	282122
人造纤维(纤维素纤维)制造	1803063	76710	1726353	6935	18446	116567	1584405
合成纤维制造	9020060	1469	9018591	8688	368340	708273	7933290
锦纶纤维制造	1818262		1818262		176149	206082	1436031
涤纶纤维制造	3255936	520	3255416		16766	248573	2990077

2-1-20　续表 8

单位：万元

行　业	合计	中央项目	地方项目				
				省属	地市属	县属	其他
腈纶纤维制造	226300	949	225351		28115	2650	194586
维纶纤维制造	334652		334652			7880	326772
丙纶纤维制造	240832		240832	7218			233614
氨纶纤维制造	635550		635550		60820	83230	491500
其他合成纤维制造	2508528		2508528	1470	86490	159858	2260710
橡胶和塑料制品业	65307762	188618	65119144	236104	1439656	3503196	59940188
橡胶制品业	16005931	30074	15975857	120719	636208	1031128	14187802
轮胎制造	6012524	28774	5983750	90106	450879	547424	4895341
橡胶板、管、带制造	3518125	1300	3516825	792	55908	155598	3304527
橡胶零件制造	1940382		1940382		5126	71221	1864035
再生橡胶制造	1112459		1112459			58995	1053464
日用及医用橡胶制品制造	945442		945442	15861	4430	44811	880340
其他橡胶制品制造	2476999		2476999	13960	119865	153079	2190095
塑料制品业	49301831	158544	49143287	115385	803448	2472068	45752386
塑料薄膜制造	6384177		6384177	2773	153982	324796	5902626
塑料板、管、型材制造	11653460	140707	11512753	60140	227169	674425	10551019
塑料丝、绳及编织品制造	4957044		4957044		15584	182716	4758744
泡沫塑料制造	2256013		2256013	45620	6770	104674	2098949
塑料人造革、合成革制造	828306		828306		17660	60461	750185
塑料包装箱及容器制造	5733876	11320	5722556	2020	77318	216808	5426410
日用塑料制品制造	4518234	2390	4515844		55439	234168	4226237
塑料零件制造	3031145		3031145	4832	60373	31065	2934875
其他塑料制品制造	9939576	4127	9935449		189153	642955	9103341
非金属矿物制品业	167476343	791357	166684986	973258	2392279	11678258	151641191
水泥、石灰和石膏制造	13683664	347577	13336087	404159	369069	1417594	11145265
水泥制造	9901386	333077	9568309	404159	288132	1126764	7749254
石灰和石膏制造	3782278	14500	3767778		80937	290830	3396011
石膏、水泥制品及类似制品制造	30924632	141880	30782752	143559	511613	1992958	28134622
水泥制品制造	16265885	59618	16206267	127240	179555	874115	15025357
砼结构构件制造	4730466	68773	4661693	11129	174164	473085	4003315
石棉水泥制品制造	566968	8800	558168	4350	9680	30452	513686
轻质建筑材料制造	5744510	2389	5742121		62846	391104	5288171
其他水泥类似制品制造	3616803	2300	3614503	840	85368	224202	3304093
砖瓦、石材等建筑材料制造	66949903	159158	66790745	134320	528464	4365470	61762491
粘土砖瓦及建筑砌块制造	16767210	3960	16763250	21176	93957	1002032	15646085
建筑陶瓷制品制造	8118959		8118959	20020	76561	385264	7637114
建筑用石加工	17038698	21110	17017588	73094	38692	1452318	15453484
防水建筑材料制造	3737579	1200	3736379		32877	216904	3486598
隔热和隔音材料制造	5488289		5488289		7701	165559	5315029
其他建筑材料制造	15799168	132888	15666280	20030	278676	1143393	14224181
玻璃制造	6625844	16845	6608999	40364	250257	576546	5741832
平板玻璃制造	2706352	16845	2689507	35514	175291	330199	2148503
其他玻璃制造	3919492		3919492	4850	74966	246347	3593329
玻璃制品制造	11663661	26926	11636735	10428	336473	725190	10564644
技术玻璃制品制造	3089847	2500	3087347	9000	178889	169718	2729740
光学玻璃制造	818886		818886	1428		106555	710903
玻璃仪器制造	318016	3445	314571			10666	303905
日用玻璃制品制造	2190596		2190596		34513	135570	2020513
玻璃包装容器制造	1082997	982	1082015		37621	78709	965685
玻璃保温容器制造	298283		298283		6853	5837	285593
制镜及类似品加工	384815		384815			29836	354979
其他玻璃制品制造	3480221	19999	3460222		78597	188299	3193326

2-1-20　续表 9

单位：万元

行　　业	合计	中央项目	地方项目				
				省属	地市属	县属	其他
玻璃纤维和玻璃纤维增强塑料制品制造	4412195	7067	4405128	14187	43198	425058	3922685
玻璃纤维及制品制造	2805923		2805923	14187	43198	356894	2391644
玻璃纤维增强塑料制品制造	1606272	7067	1599205			68164	1531041
陶瓷制品制造	9457734	39034	9418700	138	79114	685276	8654172
卫生陶瓷制品制造	1277731		1277731		7801	36300	1233630
特种陶瓷制品制造	3139415	39034	3100381		48389	133943	2918049
日用陶瓷制品制造	3593436		3593436	138	12630	329073	3251595
园林、陈设艺术及其他陶瓷制品制造	1447152		1447152		10294	185960	1250898
耐火材料制品制造	9145196		9145196	113104	24726	216037	8791329
石棉制品制造	801483		801483		1500	41635	758348
云母制品制造	474382		474382		9600	37243	427539
耐火陶瓷制品及其他耐火材料制造	7869331		7869331	113104	13626	137159	7605442
石墨及其他非金属矿物制品制造	14613514	52870	14560644	112999	249365	1274129	12924151
石墨及碳素制品制造	5490732	52270	5438462	44373	47764	521007	4825318
其他非金属矿物制品制造	9122782	600	9122182	68626	201601	753122	8098833
黑色金属冶炼和压延加工业	42571864	1237216	41334648	1730877	2723291	2642598	34237882
炼铁	2165526	37421	2128105	255336	92123	82907	1697739
炼钢	8380086	311580	8068506	500587	1382431	526430	5659058
黑色金属铸造	7035205	20034	7015171	13001	81807	296488	6623875
钢压延加工	21036170	860498	20175672	940414	1095170	1235167	16904921
铁合金冶炼	3954877	7683	3947194	21539	71760	501606	3352289
有色金属冶炼和压延加工业	55801338	800606	55000732	2682812	1900788	8748390	41668742
常用有色金属冶炼	14913830	558112	14355718	1518597	622729	2226364	9988028
铜冶炼	2356493	97209	2259284	269392	120591	167151	1702150
铅锌冶炼	2322910		2322910	157348	12430	333245	1819887
镍钴冶炼	992861		992861	101608	17984	245345	627924
锡冶炼	422108		422108	96668	3800	28812	292828
锑冶炼	178819		178819			24771	154048
铝冶炼	5571779	452903	5118876	841810	411637	620148	3245281
镁冶炼	848783	1000	847783		14400	603065	230318
其他常用有色金属冶炼	2220077	7000	2213077	51771	41887	203827	1915592
贵金属冶炼	1780135	21631	1758504	83863	53889	238910	1381842
金冶炼	425810	5191	420619	83863	9184	83686	243886
银冶炼	857180		857180			136155	721025
其他贵金属冶炼	497145	16440	480705		44705	19069	416931
稀有稀土金属冶炼	1776749	92380	1684369	82716	24642	121485	1455526
钨钼冶炼	589021	42380	546641	12849	15542	74121	444129
稀土金属冶炼	749798		749798	15766	9100	42743	682189
其他稀有金属冶炼	437930	50000	387930	54101		4621	329208
有色金属合金制造	8247005		8247005	456104	106545	1207063	6477293
有色金属铸造	2144919		2144919		16538	164526	1963855
有色金属压延加工	26938700	128483	26810217	541532	1076445	4790042	20402198
铜压延加工	4788968	86061	4702907	3269	60940	354444	4284254
铝压延加工	17772611	29508	17743103	487592	707539	4275118	12272854
贵金属压延加工	518795	4553	514242		524	6877	506841
稀有稀土金属压延加工	677749		677749	526	16420	84449	576354
其他有色金属压延加工	3180577	8361	3172216	50145	291022	69154	2761895
金属制品业	94906389	367134	94539255	313808	1738980	5403317	87083150
结构性金属制品制造	37272325	166756	37105569	182112	641511	2158628	34123318
金属结构制造	26816426	165056	26651370	170460	479391	1647440	24354079
金属门窗制造	10455899	1700	10454199	11652	162120	511188	9769239

2-1-20　续表 10

单位：万元

行　　业	合计	中央项目	地方项目				
				省属	地市属	县属	其他
金属工具制造	8619887	18747	8601140	46035	178634	648479	7727992
切削工具制造	2645410	18747	2626663	46035	18473	123911	2438244
手工具制造	1106043		1106043			128551	977492
农用及园林用金属工具制造	1016545		1016545			88186	928359
刀剪及类似日用金属工具制造	603702		603702		4010	9563	590129
其他金属工具制造	3248187		3248187		156151	298268	2793768
集装箱及金属包装容器制造	5839636	71183	5768453	14850	209555	473162	5070886
集装箱制造	584329		584329		980	156561	426788
金属压力容器制造	2284761	71183	2213578		50349	101202	2062027
金属包装容器制造	2970546		2970546	14850	158226	215399	2582071
金属丝绳及其制品制造	4401531	13000	4388531	22525	27250	154146	4184610
建筑、安全用金属制品制造	11678033	6637	11671396	530	281402	643315	10746149
建筑、家具用金属配件制造	3832282	4937	3827345	530	15850	132219	3678746
建筑装饰及水暖管道零件制造	4115101	1700	4113401		66313	315352	3731736
安全、消防用金属制品制造	2067841		2067841		23678	62576	1981587
其他建筑、安全用金属制品制造	1662809		1662809		175561	133168	1354080
金属表面处理及热处理加工	5335792		5335792	6540	96300	106159	5126793
搪瓷制品制造	1317840		1317840		4000	29821	1284019
生产专用搪瓷制品制造	191091		191091			7491	183600
建筑装饰搪瓷制品制造	401612		401612				401612
搪瓷卫生洁具制造	496698		496698			1650	495048
搪瓷日用品及其他搪瓷制品制造	228439		228439		4000	20680	203759
金属制日用品制造	5859415		5859415		81133	232730	5545552
金属制厨房用器具制造	1726091		1726091		47073	31319	1647699
金属制餐具和器皿制造	1177474		1177474			17869	1159605
金属制卫生器具制造	289477		289477			5850	283627
其他金属制日用品制造	2666373		2666373		34060	177692	2454621
其他金属制品制造	14581930	90811	14491119	41216	219195	956877	13273831
锻件及粉末冶金制品制造	4973668	13600	4960068	14065	85829	173384	4686790
交通及公共管理用金属标牌制造	694006	1200	692806		3653	18271	670882
其他未列明金属制品制造	8914256	76011	8838245	27151	129713	765222	7916159
通用设备制造业	133639297	948718	132690579	522527	2703151	6635231	122829670
锅炉及原动设备制造	11363262	293910	11069352	127071	608766	1159334	9174181
锅炉及辅助设备制造	5400814	65715	5335099	12128	132505	561467	4628999
内燃机及配件制造	3319389	79868	3239521	45183	290471	205298	2698569
汽轮机及辅机制造	560023	74580	485443	4052	31351	25231	424809
水轮机及辅机制造	400981		400981	59950		89350	251681
风能原动设备制造	765759	31447	734312	5758	4387	136392	587775
其他原动设备制造	916296	42300	873996		150052	141596	582348
金属加工机械制造	28543075	167476	28375599	117448	606316	769640	26882195
金属切削机床制造	4228277		4228277	4850	121229	67129	4035069
金属成形机床制造	3417538	71746	3345792	105302	41699	46674	3152117
铸造机械制造	6477562	2000	6475562		107029	163037	6205496
金属切割及焊接设备制造	2720964		2720964		249351	42898	2428715
机床附件制造	2208197	91200	2116997		14830	75755	2026412
其他金属加工机械制造	9490537	2530	9488007	7296	72178	374147	9034386
物料搬运设备制造	13994162	34171	13959991	42441	335304	828258	12753988
轻小型起重设备制造	1394214		1394214	5189	8277	159525	1221223
起重机制造	3470028	26161	3443867		103943	34046	3305878

2-1-20 续表 11

单位：万元

行业	合计	中央项目	地方项目				
				省属	地市属	县属	其他
生产专用车辆制造	1952683	3500	1949183		31505	97536	1820142
连续搬运设备制造	1443014	4510	1438504	8200	4500	168699	1257105
电梯、自动扶梯及升降机制造	4429603		4429603	28064	131079	327409	3943051
其他物料搬运设备制造	1304620		1304620	988	56000	41043	1206589
泵、阀门、压缩机及类似机械制造	17439903	23859	17416044	74880	162155	742505	16436504
泵及真空设备制造	4970764	14776	4955988		22835	332021	4601132
气体压缩机械制造	2190789		2190789	3400	12581	41426	2133382
阀门和旋塞制造	5134119	2980	5131139	1066	60255	97557	4972261
液压和气压动力机械及元件制造	5144231	6103	5138128	70414	66484	271501	4729729
轴承、齿轮和传动部件制造	13974725	60900	13913825	53411	228131	744714	12887569
轴承制造	7304905	38300	7266605	33025	82059	241497	6910024
齿轮及齿轮减、变速箱制造	4750721	18100	4732621	20386	136433	184817	4390985
其他传动部件制造	1919099	4500	1914599		9639	318400	1586560
烘炉、风机、衡器、包装等设备制造	14684279	165963	14518316	51746	338594	776861	13351115
烘炉、熔炉及电炉制造	1654690	6959	1647731	21200	4496	146508	1475527
风机、风扇制造	2142650	135306	2007344	20546	96914	111067	1778817
气体、液体分离及纯净设备制造	1926437	8514	1917923		129885	155667	1632371
制冷、空调设备制造	5469193	10864	5458329	10000	86164	258343	5103822
风动和电动工具制造	1213050		1213050		1670	12690	1198690
喷枪及类似器具制造	253639		253639			27960	225679
衡器制造	463431		463431			31249	432182
包装专用设备制造	1561189	4320	1556869		19465	33377	1504027
文化、办公用机械制造	1509011	44747	1464264		11038	201119	1252107
电影机械制造	48593	8234	40359				40359
幻灯及投影设备制造	77283		77283			577	76706
照相机及器材制造	170446		170446		2660		167786
复印和胶印设备制造	553262	35713	517549			178820	338729
计算器及货币专用设备制造	156547		156547		8378	8832	139337
其他文化、办公用机械制造	502880	800	502080			12890	489190
通用零部件制造	22835483	67597	22767886	16657	254363	589497	21907369
金属密封件制造	1361289	13300	1347989		54950	16117	1276922
紧固件制造	3039852	1001	3038851		8522	43053	2987276
弹簧制造	663070		663070		7330	22250	633490
机械零部件加工	13572982	22453	13550529	16657	131354	385033	13017485
其他通用零部件制造	4198290	30843	4167447		52207	123044	3992196
其他通用设备制造业	9295397	90095	9205302	38873	158484	823303	8184642
专用设备制造业	########	1372740	122160840	1309184	4131822	7373863	109345971
采矿、冶金、建筑专用设备制造	32840414	545542	32294872	752097	965103	1686609	28891063
矿山机械制造	11743855	251481	11492374	232548	267782	722791	10269253
石油钻采专用设备制造	7714203	107520	7606683	387358	429212	556483	6233630
建筑工程用机械制造	6032649	24816	6007833	121046	167973	155654	5563160
海洋工程专用设备制造	1450776	5000	1445776		39918	35820	1370038
建筑材料生产专用机械制造	3580727		3580727		47158	120581	3412988
冶金专用设备制造	2318204	156725	2161479	11145	13060	95280	2041994
化工、木材、非金属加工专用设备制造	19141053	87102	19053951	21275	501128	1110280	17421268
炼油、化工生产专用设备制造	3423580	9368	3414212	5000	285912	551012	2572288
橡胶加工专用设备制造	913490	22544	890946		17860	26370	846716
塑料加工专用设备制造	2511409		2511409		14147	121394	2375868
木材加工机械制造	1032229	42600	989629		2000	14440	973189
模具制造	9069897	9590	9060307	16275	123281	251697	8669054
其他非金属加工专用设备制造	2190448	3000	2187448		57928	145367	1984153

2-1-20 续表 12

单位：万元

行业	合计	中央项目	地方项目				
				省属	地市属	县属	其他
食品、饮料、烟草及饲料生产专用设备制造	4151831	73911	4077920		114556	319418	3643946
食品、酒、饮料及茶生产专用设备制造	1567265		1567265		15630	132991	1418644
农副食品加工专用设备制造	1917786	45900	1871886		51978	84555	1735353
烟草生产专用设备制造	217279	28011	189268		46948	55372	86948
饲料生产专用设备制造	449501		449501			46500	403001
印刷、制药、日化及日用品生产专用设备制造	7284914	14720	7270194	107843	425146	499270	6237935
制浆和造纸专用设备制造	958995	120	958875		4142	68501	886232
印刷专用设备制造	1983485		1983485	84821	24087	134625	1739952
日用化工专用设备制造	783966	14600	769366		12500	89112	667754
制药专用设备制造	763665		763665	23022	52619	28514	659510
照明器具生产专用设备制造	1379621		1379621		291728	60235	1027658
玻璃、陶瓷和搪瓷制品生产专用设备制造	663509		663509		40070	92853	530586
其他日用品生产专用设备制造	751673		751673			25430	726243
纺织、服装和皮革加工专用设备制造	3730331		3730331	60126	108764	95181	3466260
纺织专用设备制造	2708673		2708673	60126	99564	49745	2499238
皮革、毛皮及其制品加工专用设备制造	302610		302610			27301	275309
缝制机械制造	531118		531118			18135	512983
洗涤机械制造	187930		187930		9200		178730
电子和电工机械专用设备制造	10041644	38285	10003359	83638	548797	637571	8733353
电工机械专用设备制造	3809022	1690	3807332	9808	111018	144247	3542259
电子工业专用设备制造	6232622	36595	6196027	73830	437779	493324	5191094
农、林、牧、渔专用机械制造	11058797	114695	10944102	13693	309942	841008	9779459
拖拉机制造	1336069	61038	1275031	6000	53236	201053	1014742
机械化农业及园艺机具制造	3862224	10000	3852224	255	76339	288423	3487207
营林及木竹采伐机械制造	189514		189514		8385	3880	177249
畜牧机械制造	781935		781935			33562	748373
渔业机械制造	208697	4800	203897				203897
农林牧渔机械配件制造	2252727	38857	2213870	7438	148682	187763	1869987
棉花加工机械制造	225782		225782			2460	223322
其他农、林、牧、渔业机械制造	2201849		2201849		23300	123867	2054682
医疗仪器设备及器械制造	9774942	45727	9729215	37295	640046	365388	8686486
医疗诊断、监护及治疗设备制造	2973935		2973935	10841	448112	136723	2378259
口腔科用设备及器具制造	278321		278321		6850	14293	257178
医疗实验室及医用消毒设备和器具制造	926174		926174	14088	13080	28984	870022
医疗、外科及兽医用器械制造	1747042		1747042		96702	39595	1610745
机械治疗及病房护理设备制造	832415	13163	819252	4660	1989	100680	711923
假肢、人工器官及植(介)入器械制造	434249		434249	7545		3000	423704
其他医疗设备及器械制造	2582806	32564	2550242	161	73313	42113	2434655
环保、社会公共服务及其他专用设备制造	25509654	452758	25056896	233217	518340	1819138	22486201
环境保护专用设备制造	12662750	285001	12377749	179001	87416	969739	11141593
地质勘查专用设备制造	430875	62337	368538	12263	20410	21837	314028
邮政专用机械及器材制造	40107		40107			16000	24107
商业、饮食、服务专用设备制造	208647		208647		4800	36129	167718
社会公共安全设备及器材制造	1566900	51908	1514992	9500	31325	91868	1382299
交通安全、管制及类似专用设备制造	662386		662386	16411	18855	42148	584972
水资源专用机械制造	885893		885893		51630	95020	739243
其他专用设备制造	9052096	53512	8998584	16042	303904	546397	8132241
汽车制造业	115152886	6802140	108350746	3806530	4806604	8274214	91463398
汽车整车制造	23808567	5953414	17855153	2492425	1554902	1444683	12363143

2-1-20 续表 13　　单位：万元

行　　业	合计	中央项目	地方项目				
				省属	地市属	县属	其他
改装汽车制造	3140400	52738	3087662	8270	128409	357659	2593324
低速载货汽车制造	648936	110000	538936	57000	60454	13758	407724
电车制造	3464111	111886	3352225	700	98925	441269	2811331
汽车车身、挂车制造	2140014	3542	2136472	207358	88904	77090	1763120
汽车零部件及配件制造	81950858	570560	81380298	1040777	2875010	5939755	71524756
铁路、船舶、航空航天和其他运输设备制造业	32263099	3160706	29102393	1269372	1352635	3195314	23285072
铁路运输设备制造	6087900	871894	5216006	351924	76910	466303	4320869
铁路机车车辆及动车组制造	990692	305622	685070	40057	46853	141042	457118
窄轨机车车辆制造	129668		129668				129668
铁路机车车辆配件制造	2613532	495835	2117697	271567	5000	73175	1767955
铁路专用设备及器材、配件制造	1865913	65237	1800676	12951	22136	168563	1597026
其他铁路运输设备制造	488095	5200	482895	27349	2921	83523	369102
城市轨道交通设备制造	890049	192234	697815	19581	77075	4500	596659
船舶及相关装置制造	7884933	386153	7498780	135912	408495	559426	6394947
金属船舶制造	2431482	224001	2207481	92517	33268	116704	1964992
非金属船舶制造	406829	5145	401684			10100	391584
娱乐船和运动船制造	989525		989525		32931	10872	945722
船用配套设备制造	3246256	125472	3120784	40105	339702	186118	2554859
船舶改装与拆除	177632	2956	174676	3290	2594	10747	158045
航标器材及其他相关装置制造	633209	28579	604630			224885	379745
摩托车制造	3964460	16920	3947540	43731	77219	259108	3567482
摩托车整车制造	1287041	50	1286991	36900	18230	114386	1117475
摩托车零部件及配件制造	2677419	16870	2660549	6831	58989	144722	2450007
自行车制造	4527219	184638	4342581		108522	346476	3887583
脚踏自行车及残疾人座车制造	1174554	178859	995695		102154	78074	815467
助动自行车制造	3352665	5779	3346886		6368	268402	3072116
非公路休闲车及零配件制造	894469		894469			51087	843382
潜水救捞及其他未列明运输设备制造	8014069	1508867	6505202	718224	604414	1508414	3674150
其他未列明运输设备制造	8014069	1508867	6505202	718224	604414	1508414	3674150
电气机械和器材制造业	113145339	529521	112615818	471835	4503307	6548628	1.01E+08
电机制造	12118832	130882	11987950	108943	602610	480886	10795511
发电机及发电机组制造	5508731	127862	5380869	89322	369201	298512	4623834
电动机制造	3509590	3020	3506570	19621	130509	109804	3246636
微电机及其他电机制造	3100511		3100511		102900	72570	2925041
输配电及控制设备制造	39538506	140457	39398049	239623	1805063	2311254	35042109
变压器、整流器和电感器制造	7485908	36963	7448945	63859	290270	350810	6744006
电容器及其配套设备制造	1746289	5300	1740989		17182	69572	1654235
配电开关控制设备制造	6415381	16479	6398902	54910	226296	482417	5635279
电力电子元器件制造	8467003	32918	8434085		376466	330044	7727575
光伏设备及元器件制造	10776372	1408	10774964	120854	660001	575304	9418805
其他输配电及控制设备制造	4647553	47389	4600164		234848	503107	3862209
电线、电缆、光缆及电工器材制造	17447817	37126	17410691	10189	362253	883087	16155162
电线、电缆制造	12589457	3461	12585996	1064	309908	646200	11628824
光纤、光缆制造	1747897		1747897		24945	35511	1687441
绝缘制品制造	1479926	29815	1450111	9125	18194	67265	1355527
其他电工器材制造	1630537	3850	1626687		9206	134111	1483370
电池制造	12136901	156521	11980380	66443	513174	1210308	10190455
锂离子电池制造	6892729	121021	6771708	11843	201944	395764	6162157
镍氢电池制造	651557		651557		6716	76715	568126
其他电池制造	4592615	35500	4557115	54600	304514	737829	3460172

2-1-20　续表 14

单位：万元

行　　业	合计	中央项目	地方项目				
				省属	地市属	县属	其他
家用电力器具制造	10100436	4154	10096282	13854	507976	355120	9219332
家用制冷电器具制造	2301463		2301463		279092	69510	1952861
家用空气调节器制造	1219218	2319	1216899	3974	46576	43897	1122452
家用通风电器具制造	462776		462776		5350	19888	437538
家用厨房电器具制造	2281851		2281851		93580	100716	2087555
家用清洁卫生电器具制造	598531	1835	596696			5930	590766
家用美容、保健电器具制造	330404		330404			4259	326145
家用电力器具专用配件制造	1305532		1305532		71528	15013	1218991
其他家用电力器具制造	1600661		1600661	9880	11850	95907	1483024
非电力家用器具制造	4609375	17557	4591818	1556	186725	273504	4130033
燃气、太阳能及类似能源家用器具制造	4266645	14057	4252588	1556	186725	254720	3809587
其他非电力家用器具制造	342730	3500	339230			18784	320446
照明器具制造	11147793	3359	11144434	26087	322283	662058	10134006
电光源制造	2279409	2659	2276750		8316	55679	2212755
照明灯具制造	7466375	700	7465675	22270	282055	499708	6661642
灯用电器附件及其他照明器具制造	1402009		1402009	3817	31912	106671	1259609
其他电气机械及器材制造	6045679	39465	6006214	5140	203223	372411	5425440
电气信号设备装置制造	998871		998871	3640	14334	46788	934109
其他未列明电气机械及器材制造	5046808	39465	5007343	1500	188889	325623	4491331
计算机、通信和其他电子设备制造业	90360581	1871895	88488686	3778687	6418898	5777215	72513886
计算机制造	10981463	17236	10964227	488505	482833	837261	9155628
计算机整机制造	1845180	13736	1831444	259174	52684	26616	1492970
计算机零部件制造	4828207		4828207	69134	109209	519488	4130376
计算机外围设备制造	1602687	3500	1599187	747	57505	103190	1437745
其他计算机制造	2705389		2705389	159450	263435	187967	2094537
通信设备制造	11891469	424626	11466843	152474	762357	1319146	9232866
通信系统设备制造	5732563	394376	5338187	87321	257136	476716	4517014
通信终端设备制造	6158906	30250	6128656	65153	505221	842430	4715852
广播电视设备制造	2189275		2189275	2133	30505	98113	2058524
广播电视节目制作及发射设备制造	398352		398352			33983	364369
广播电视接收设备及器材制造	1104847		1104847	2133	11027	46280	1045407
应用电视设备及其他广播电视设备制造	686076		686076		19478	17850	648748
视听设备制造	2438872	3321	2435551	18159	180851	131879	2104662
电视机制造	982756	3321	979435	15766	134695	86429	742545
音响设备制造	817995		817995		35397	38950	743648
影视录放设备制造	638121		638121	2393	10759	6500	618469
电子器件制造	30325842	1280970	29044872	2658441	2498490	1429424	22458517
电子真空器件制造	871501	45120	826381		28599	83716	714066
半导体分立器件制造	1215635	1776	1213859	31338	157147	25135	1000239
集成电路制造	6714323	48051	6666272	103341	499587	166200	5897144
光电子器件及其他电子器件制造	21524383	1186023	20338360	2523762	1813157	1154373	14847068
电子元件制造	20322424	55643	20266781	67140	791865	1204999	18202777
电子元件及组件制造	16916936	29543	16887393	63360	631013	1126196	15066824
印制电路板制造	3405488	26100	3379388	3780	160852	78803	3135953
其他电子设备制造	12211236	90099	12121137	391835	1671997	756393	9300912
仪器仪表制造业	16459351	181687	16277664	186432	600088	1016764	14474380
通用仪器仪表制造	8097165	55060	8042105	109471	231911	341866	7358857
工业自动控制系统装置制造	3879838	55060	3824778	24799	75355	180119	3544505
电工仪器仪表制造	1362805		1362805	8604	16678	56633	1280890
绘图、计算及测量仪器制造	653932		653932		22520	29718	601694

2-1-20　续表 15

单位：万元

行　　业	合计	中央项目	地方项目				
				省属	地市属	县属	其他
实验分析仪器制造	547943		547943	8628	39791	14793	484731
试验机制造	209265		209265				209265
供应用仪表及其他通用仪器制造	1443382		1443382	67440	77567	60603	1237772
专用仪器仪表制造	3820076	96286	3723790	19298	96964	381435	3226093
环境监测专用仪器仪表制造	662417		662417	1446		50913	610058
运输设备及生产用计数仪表制造	527227		527227		9105	27556	490566
农林牧渔专用仪器仪表制造	230866		230866			185000	45866
地质勘探和地震专用仪器制造	120253	35256	84997				84997
教学专用仪器制造	181877		181877			2851	179026
电子测量仪器制造	618939		618939	15480	38973	45177	519309
其他专用仪器制造	1478497	61030	1417467	2372	48886	69938	1296271
钟表与计时仪器制造	571362	9841	561521		4260	16978	540283
光学仪器及眼镜制造	2075606	20500	2055106	213	189151	60661	1805081
光学仪器制造	1717806	20500	1697306	213	189151	53692	1454250
眼镜制造	357800		357800			6969	350831
其他仪器仪表制造业	1895142		1895142	57450	77802	215824	1544066
其他制造业	21795875	127438	21668437	135476	2579878	2707958	16245125
日用杂品制造	2201465		2201465	22677	5970	117249	2055569
鬃毛加工、制刷及清扫工具制造	614918		614918			7460	607458
其他日用杂品制造	1586547		1586547	22677	5970	109789	1448111
煤制品制造	2144509		2144509	23898	15290	111229	1994092
其他未列明制造业	17449901	127438	17322463	88901	2558618	2479480	12195464
废弃资源综合利用业	13121269	278809	12842460	98137	248482	1038503	11457338
金属废料和碎屑加工处理	7447964	34161	7413803	56157	176695	501575	6679376
非金属废料和碎屑加工处理	5673305	244648	5428657	41980	71787	536928	4777962
金属制品、机械和设备修理业	3374955	41420	3333535	229644	479908	334406	2289577
金属制品修理	224306	113	224193		23638	8682	191873
通用设备修理	458574		458574	60400	10004	17868	370302
专用设备修理	764810	17142	747668	8031	40724	63393	635520
铁路、船舶、航空航天等运输设备修理	1131367	11679	1119688	124797	336982	130567	527342
铁路运输设备修理	80804	10080	70724		2		70722
船舶修理	540847	1599	539248		309750	21620	207878
航空航天器修理	263048		263048	124797	27230	52993	58028
其他运输设备修理	246668		246668			55954	190714
电气设备修理	147635		147635	11380		41019	95236
仪器仪表修理	52094		52094				52094
其他机械和设备修理业	596169	12486	583683	25036	68560	72877	417210
(四)电力、热力、燃气及水生产和供应业	**267096283**	**55710065**	**211386218**	**28607897**	**20466483**	**54562007**	**107749831**
电力、热力生产和供应业	202604140	53986357	148617783	24328663	12528752	34161538	77598830
电力生产	138090645	35790297	102300348	14038571	5064905	20703575	62493297
火力发电	36866188	11920732	24945456	7480464	1735109	3476953	12252930
水力发电	20696862	8421788	12275074	1040910	845103	2902066	7486995
核力发电	8797474	7438145	1359329	548476	699486		111367
风力发电	32817293	5839044	26978249	3401091	664068	7853887	15059203
太阳能发电	30839961	1751295	29088666	1291157	794865	5392407	21610237
其他电力生产	8072867	419293	7653574	276473	326274	1078262	5972565
电力供应	48294117	17353699	30940418	9625438	4418802	9417727	7478451
热力生产和供应	16219378	842361	15377017	664654	3045045	4040236	7627082
燃气生产和供应业	23314898	1071953	22242945	1616335	2021028	4281662	14323920
燃气生产和供应业	23314898	1071953	22242945	1616335	2021028	4281662	14323920

2-1-20 续表 16

单位：万元

行业	合计	中央项目	地方项目				
				省属	地市属	县属	其他
水的生产和供应业	41177245	651755	40525490	2662899	5916703	16118807	15827081
自来水生产和供应	19188205	335346	18852859	804020	2901825	8628310	6518704
污水处理及其再生利用	18925924	118708	18807216	1548374	2754078	6296735	8208029
其他水的处理、利用与分配	3063116	197701	2865415	310505	260800	1193762	1100348
（五）建筑业	**48967011**	**1257566**	**47709445**	**1199027**	**2636541**	**19515770**	**24358107**
房屋建筑业	15362734	169386	15193348	223996	404664	6508172	8056516
房屋建筑业	15362734	169386	15193348	223996	404664	6508172	8056516
土木工程建筑业	24834591	1068586	23766005	914009	1937046	10844716	10070234
铁路、道路、隧道和桥梁工程建筑	15769061	602173	15166888	671666	1359551	7300238	5835433
铁路工程建筑	650901	260030	390871	169135	34365	44894	142477
公路工程建筑	6489253	69501	6419752	319393	447443	3466017	2186899
市政道路工程建筑	5365435	143517	5221918	140951	558989	2292437	2229541
其他道路、隧道和桥梁工程建筑	3263472	129125	3134347	42187	318754	1496890	1276516
水利和内河港口工程建筑	3812257	285315	3526942	130284	353326	1744984	1298348
水源及供水设施工程建筑	1465279	91378	1373901	19562	51131	723108	580100
河湖治理及防洪设施工程建筑	1848385	7959	1840426	64468	272462	996766	506730
港口及航运设施工程建筑	498593	185978	312615	46254	29733	25110	211518
海洋工程建筑	475912	434	475478	2718		29529	443231
工矿工程建筑	473217	80190	393027	18714	21741	39467	313105
架线和管道工程建筑	1600887	83891	1516996	66268	118423	743871	588434
架线及设备工程建筑	634143	59610	574533	47334	26554	237876	262769
管道工程建筑	966744	24281	942463	18934	91869	505995	325665
其他土木工程建筑	2703257	16583	2686674	24359	84005	986627	1591683
建筑安装业	2568512	9857	2558655	38402	80922	522142	1917189
电气安装	511462	5709	505753	18848	28190	123591	335124
管道和设备安装	749344		749344	8049	35287	187755	518253
其他建筑安装业	1307706	4148	1303558	11505	17445	210796	1063812
建筑装饰和其他建筑业	6201174	9737	6191437	22620	213909	1640740	4314168
建筑装饰业	2682345	750	2681595	580	38568	242200	2400247
工程准备活动	856321	4810	851511	5500	124078	203676	518257
建筑物拆除活动	293814	4800	289014		94332	64499	130183
其他工程准备活动	562507	10	562497	5500	29746	139177	388074
提供施工设备服务	222627		222627			8420	214207
其他未列明建筑业	2439881	4177	2435704	16540	51263	1186444	1181457
（六）批发和零售业	**186814246**	**1092962**	**185721284**	**1711609**	**6804078**	**19004886**	**158200711**
批发业	94302280	497836	93804444	1033126	2560017	8195885	82015416
农、林、牧产品批发	10297114	89716	10207398	48525	140607	1686699	8331567
谷物、豆及薯类批发	2862194	27845	2834349	15382	9964	432440	2376563
种子批发	810173		810173			56038	754135
饲料批发	391418		391418	181		101244	289993
棉、麻批发	346483	44845	301638			71921	229717
林业产品批发	1287190		1287190	22034	23847	105349	1135960
牲畜批发	444782	209	444573			32383	412190
其他农牧产品批发	4154874	16817	4138057	10928	106796	887324	3133009
食品、饮料及烟草制品批发	13436134	40913	13395221	128293	312526	1654570	11299832
米、面制品及食用油批发	1179245	2620	1176625	7124	34047	240909	894545
糕点、糖果及糖批发	219654		219654			1500	218154
果品、蔬菜批发	5470773	8858	5461915	25597	91307	899511	4445500
肉、禽、蛋、奶及水产品批发	2291111	2501	2288610		36548	254527	1997535
盐及调味品批发	185039		185039	14406	49998	27129	93506

2-1-20 续表 17

单位：万元

行业	合计	中央项目	地方项目				
				省属	地市属	县属	其他
营养和保健品批发	237131		237131			6959	230172
酒、饮料及茶叶批发	1370491		1370491	5130	41774	61270	1262317
烟草制品批发	356769	25983	330786	76036	45988	58279	150483
其他食品批发	2125921	951	2124970		12864	104486	2007620
纺织、服装及家庭用品批发	11213494	900	11212594	12611	179521	474492	10545970
纺织品、针织品及原料批发	3760954		3760954	6600	37020	147855	3569479
服装批发	2682601	900	2681701	1011	84004	165969	2430717
鞋帽批发	321441		321441		6692	7374	307375
化妆品及卫生用品批发	381251		381251		3681	26247	351323
厨房、卫生间用具及日用杂货批发	659659		659659			30273	629386
灯具、装饰物品批发	837195		837195			11100	826095
家用电器批发	1109551		1109551		11471	37456	1060624
其他家庭用品批发	1460842		1460842	5000	36653	48218	1370971
文化、体育用品及器材批发	1898128		1898128	19660	84841	115984	1677643
文具用品批发	421353		421353	10006	3299	9800	398248
体育用品及器材批发	221467		221467			10964	210503
图书批发	216171		216171	9654	31565	5395	169557
报刊批发	10517		10517				10517
音像制品及电子出版物批发	122121		122121				122121
首饰、工艺品及收藏品批发	559974		559974		33938	66468	459568
其他文化用品批发	346525		346525		16039	23357	307129
医药及医疗器材批发	3644936	25329	3619607	18645	78730	205025	3317207
西药批发	1123935	17667	1106268	14675	46103	41144	1004346
中药批发	939000		939000		6850	136439	795711
医疗用品及器材批发	1582001	7662	1574339	3970	25777	27442	1517150
矿产品、建材及化工产品批发	26220851	286310	25934541	544814	740066	2080270	22569391
煤炭及制品批发	1945512	7428	1938084	105456	7450	91446	1733732
石油及制品批发	4182770	219412	3963358	299720	200892	269525	3193221
非金属矿及制品批发	820767		820767			9430	811337
金属及金属矿批发	3391416	27179	3364237	30150	29293	234175	3070619
建材批发	12914289	24334	12889955	94830	469721	1268102	11057302
化肥批发	712863	790	712073	8300		64281	639492
农药批发	189842	7067	182775		4738	32000	146037
农用薄膜批发	26251		26251			300	25951
其他化工产品批发	2037141	100	2037041	6358	27972	111011	1891700
机械设备、五金产品及电子产品批发	15880296	48303	15831993	124795	555224	809560	14342414
农业机械批发	1172745		1172745		45000	115361	1012384
汽车批发	2689683		2689683		172172	252368	2265143
汽车零配件批发	1617563	2000	1615563	45806	7215	78602	1483940
摩托车及零配件批发	257738		257738			2700	255038
五金产品批发	3308338		3308338		104861	124257	3079220
电气设备批发	1405188		1405188	14592	50645	18130	1321821
计算机、软件及辅助设备批发	706433		706433		58010	33403	615020
通讯及广播电视设备批发	360599		360599	5200	24479	17155	313765
其他机械设备及电子产品批发	4362009	46303	4315706	59197	92842	167584	3996083
贸易经纪与代理	5107261	2354	5104907	45667	381714	209417	4468109
贸易代理	3547843	2354	3545489	42087	276493	103540	3123369
拍卖	15176		15176		1164	995	13017
其他贸易经纪与代理	1544242		1544242	3580	104057	104882	1331723

2-1-20　续表 18　　　　　　　　　　　　单位：万元

行　　业	合计	中央项目	地方项目	省属	地市属	县属	其他
其他批发业	6604066	4011	6600055	90116	86788	959868	5463283
再生物资回收与批发	1697546	345	1697201		24004	103878	1569319
其他未列明批发业	4906520	3666	4902854	90116	62784	855990	3893964
零售业	92511966	595126	91916840	678483	4244061	10809001	76185295
综合零售	37043633	260461	36783172	358964	1965606	5899138	28559464
百货零售	19509798	104957	19404841	246864	1036453	2854466	15267058
超级市场零售	8736871	51444	8685427	47482	516673	1270683	6850589
其他综合零售	8796964	104060	8692904	64618	412480	1773989	6441817
食品、饮料及烟草制品专门零售	4745190	60313	4684877	18040	74132	702941	3889764
粮油零售	538187	13699	524488	4930	18110	109620	391828
糕点、面包零售	96798		96798	2900	5312	13018	75568
果品、蔬菜零售	1138180	5150	1133030		25266	215781	891983
肉、禽、蛋、奶及水产品零售	923050	1291	921759	6000	13114	137897	764748
营养和保健品零售	161781		161781		850		160931
酒、饮料及茶叶零售	528415	15130	513285			6343	506942
烟草制品零售	61523	600	60923	4210	2900	6364	47449
其他食品零售	1297256	24443	1272813		8580	213918	1050315
纺织、服装及日用品专门零售	3994126	22570	3971556	14510	411610	455280	3090156
纺织品及针织品零售	570743		570743		12220	75071	483452
服装零售	2040882	4614	2036268	3000	363462	194790	1475016
鞋帽零售	82121		82121			2700	79421
化妆品及卫生用品零售	178936	17854	161082		2400	1100	157582
钟表、眼镜零售	105169		105169		2800	6000	96369
箱、包零售	93099		93099			7448	85651
厨房用具及日用杂品零售	100253		100253		4452	9011	86790
自行车零售	94154		94154			27000	67154
其他日用品零售	728769	102	728667	11510	26276	132160	558721
文化、体育用品及器材专门零售	2559436	2192	2557244	26499	135829	247701	2147215
文具用品零售	122901		122901			49712	73189
体育用品及器材零售	170378	30	170348			27731	142617
图书、报刊零售	209760	2162	207598	26499	88817	22727	69555
音像制品及电子出版物零售	46420		46420				46420
珠宝首饰零售	809890		809890		13980	46916	748994
工艺美术品及收藏品零售	984689		984689		25523	100615	858551
乐器零售	49603		49603				49603
照相器材零售	43322		43322		3450		39872
其他文化用品零售	122473		122473		4059		118414
医药及医疗器材专门零售	1808452		1808452		153800	144061	1510591
药品零售	1393447		1393447		153800	129101	1110546
医疗用品及器材零售	415005		415005			14960	400045
汽车、摩托车、燃料及零配件专门零售	22722990	154402	22568588	184373	752140	2006541	19625534
汽车零售	16634554	6769	16627785	78993	484330	1425541	14638921
汽车零配件零售	1767380	9900	1757480	27900	48302	177156	1504122
摩托车及零配件零售	142180		142180		5973	12080	124127
机动车燃料零售	4178876	137733	4041143	77480	213535	391764	3358364
家用电器及电子产品专门零售	3306767	15807	3290960	4235	45815	193633	3047277
家用视听设备零售	328483		328483		3000	10082	315401
日用家电设备零售	992602		992602		12259	101235	879108
计算机、软件及辅助设备零售	739760		739760		22950	34436	682374
通信设备零售	453315	15807	437508		4506	34762	398240
其他电子产品零售	792607		792607	4235	3100	13118	772154

2-1-20 续表 19 单位：万元

行业	合计	中央项目	地方项目	省属	地市属	县属	其他
五金、家具及室内装饰材料专门零售	9361929	67300	9294629	22135	452733	547429	8272332
五金零售	1443076		1443076		49694	57665	1335717
灯具零售	189924		189924		4500	9882	175542
家具零售	4455469		4455469	5135	136776	380149	3933409
涂料零售	114739		114739				114739
卫生洁具零售	67305		67305				67305
木质装饰材料零售	363057		363057	17000		8100	337957
陶瓷、石材装饰材料零售	1321261		1321261		50534	27674	1243053
其他室内装饰材料零售	1407098	67300	1339798		211229	63959	1064610
货摊、无店铺及其他零售业	6969443	12081	6957362	49727	252396	612277	6042962
货摊食品零售	176823	1000	175823		4980	56736	114107
货摊纺织、服装及鞋零售	69722		69722		6300	20580	42842
货摊日用品零售	69767		69767	3236			66531
互联网零售	2110499		2110499	8360	57323	109715	1935101
邮购及电视、电话零售	60349		60349		38036	687	21626
旧货零售	65944		65944			1020	64924
生活用燃料零售	805964	1131	804833	5017	31358	80573	687885
其他未列明零售业	3610375	9950	3600425	33114	114399	342966	3109946
（七）交通运输、仓储和邮政业	**489748106**	**79252486**	**410495620**	**78224738**	**83157830**	**106943103**	**142169949**
铁路运输业	77299405	59902637	17396768	6338024	3811389	3017769	4229586
铁路旅客运输	42010172	33639937	8370235	3874605	2354398	772487	1368745
铁路货物运输	28966963	23288690	5678273	1715695	613449	1459075	1890054
铁路运输辅助活动	6322270	2974010	3348260	747724	843542	786207	970787
客运火车站	1886729	350399	1536330	547562	294335	207571	486862
货运火车站	439487	209466	230021	2363	89763	69660	68235
其他铁路运输辅助活动	3996054	2414145	1581909	197799	459444	508976	415690
道路运输业	286141047	9279929	276861118	63348053	68077983	85654725	59780357
城市公共交通运输	48518717	344563	48174154	11220567	27858910	4497019	4597658
公共电汽车客运	5342185	254444	5087741	702339	1899446	1607329	878627
城市轨道交通	36834325	19927	36814398	10310060	25007244	413432	1083662
出租车客运	546616		546616	103717	80488	29257	333154
其他城市公共交通运输	5795591	70192	5725399	104451	871732	2447001	2302215
公路旅客运输	96055118	5404301	90650817	35548914	18230660	24516557	12354686
道路货物运输	72437621	2126335	70311286	6438663	9303797	26406078	28162748
道路运输辅助活动	69129591	1404730	67724861	10139909	12684616	30235071	14665265
客运汽车站	2935880	79612	2856268	116901	626118	1188073	925176
公路管理与养护	49296796	1197438	48099358	7352057	10475035	22294150	7978116
其他道路运输辅助活动	16896915	127680	16769235	2670951	1583463	6752848	5761973
水上运输业	23522803	1378850	22143953	2609908	3646447	4802758	11084840
水上旅客运输	1035228	140259	894969	137649	159608	253160	344552
海洋旅客运输	411463	140259	271204	810	119342	88280	62772
内河旅客运输	438468		438468	135474	1056	135064	166874
客运轮渡运输	185297		185297	1365	39210	29816	114906
水上货物运输	5905011	315626	5589385	378639	713705	708588	3788453
远洋货物运输	959989	156327	803662	31589	25911	177807	568355
沿海货物运输	2509884	137845	2372039	139561	449347	214680	1568451
内河货物运输	2435138	21454	2413684	207489	238447	316101	1651647
水上运输辅助活动	16582564	922965	15659599	2093620	2773134	3841010	6951835
客运港口	794088	45161	748927	58573	219576	284190	186588
货运港口	12296031	508901	11787130	1364648	2044297	2867487	5510698
其他水上运输辅助活动	3492445	368903	3123542	670399	509261	689333	1254549

2-1-20　续表 20　　　　单位：万元

行业	合计	中央项目	地方项目				
				省属	地市属	县属	其他
航空运输业	18398555	6883819	11514736	3521863	2984292	841048	4167533
航空客货运输	10673515	4334527	6338988	2255049	1698782	125729	2259428
航空旅客运输	10482880	4328981	6153899	2251898	1654952	107029	2140020
航空货物运输	190635	5546	185089	3151	43830	18700	119408
通用航空服务	783889	32121	751768	36905	12502	212409	489952
航空运输辅助活动	6941151	2517171	4423980	1229909	1273008	502910	1418153
机场	5745204	2496827	3248377	831641	1027215	336513	1053008
空中交通管理	50283	4807	45476	900	42276		2300
其他航空运输辅助活动	1145664	15537	1130127	397368	203517	166397	362845
管道运输业	2991491	259680	2731811	748152	80290	431544	1471825
管道运输业	2991491	259680	2731811	748152	80290	431544	1471825
装卸搬运和运输代理业	12752397	95312	12657085	173246	770702	1290153	10422984
装卸搬运	2483238	56260	2426978	129090	528837	240307	1528744
运输代理业	10269159	39052	10230107	44156	241865	1049846	8894240
货物运输代理	7919038	39052	7879986	39371	192697	798537	6849381
旅客票务代理	11572		11572			4581	6991
其他运输代理业	2338549		2338549	4785	49168	246728	2037868
仓储业	66201524	1355259	64846265	1407259	3642350	10682700	49113956
谷物、棉花等农产品仓储	15937271	201253	15736018	415175	613137	3499011	11208695
谷物仓储	8915636	170191	8745445	184240	432082	2452305	5676818
棉花仓储	528714		528714			71558	457156
其他农产品仓储	6492921	31062	6461859	230935	181055	975148	5074721
其他仓储业	50264253	1154006	49110247	992084	3029213	7183689	37905261
邮政业	2440884	97000	2343884	78233	144377	222406	1898868
邮政基本服务	557408	35992	521416	18776	42461	123313	336866
快递服务	1883476	61008	1822468	59457	101916	99093	1562002
(八)住宿和餐饮业	**65042259**	**152091**	**64890168**	**1074767**	**3382704**	**7502172**	**52930525**
住宿业	46733133	134373	46598760	966794	2811981	5914656	36905329
旅游饭店	33871101	109251	33761850	734697	2357029	4279236	26390888
一般旅馆	7517055	14821	7502234	192206	256526	863659	6189843
其他住宿业	5344977	10301	5334676	39891	198426	771761	4324598
餐饮业	18309126	17718	18291408	107973	570723	1587516	16025196
正餐服务	13870675	14858	13855817	105223	441058	1194208	12115328
快餐服务	923691		923691		29130	77990	816571
饮料及冷饮服务	662181		662181		18130	47056	596995
茶馆服务	137007		137007			11105	125902
咖啡馆服务	173755		173755		4000	9170	160585
酒吧服务	283100		283100		14130	23761	245209
其他饮料及冷饮服务	68319		68319			3020	65299
其他餐饮业	2852579	2860	2849719	2750	82405	268262	2496302
小吃服务	744029	2160	741869		750	116151	624968
餐饮配送服务	371052		371052		7900	50313	312839
其他未列明餐饮业	1737498	700	1736798	2750	73755	101798	1558495
(九)信息传输、软件和信息技术服务业	**55163702**	**9518561**	**45645141**	**6726979**	**6258339**	**4048203**	**28611620**
电信、广播电视和卫星传输服务	24447012	8005987	16441025	5459824	3093442	1661411	6226348
电信	23042289	7967223	15075066	5015692	2901560	1281287	5876527
固定电信服务	4388434	1919215	2469219	916925	567235	188559	796500
移动电信服务	16139528	5451327	10688201	3651753	1984916	900684	4150848
其他电信服务	2514327	596681	1917646	447014	349409	192044	929179

2-1-20 续表 21 单位：万元

行 业	合计	中央项目	地方项目				
				省属	地市属	县属	其他
广播电视传输服务	1254158	15811	1238347	391305	187937	331437	327668
有线广播电视传输服务	926820	15811	911009	369172	70594	267526	203717
无线广播电视传输服务	327338		327338	22133	117343	63911	123951
卫星传输服务	150565	22953	127612	52827	3945	48687	22153
互联网和相关服务	8012541	829551	7182990	749858	829992	787287	4815853
互联网接入及相关服务	2517645	297977	2219668	360891	503935	262826	1092016
互联网信息服务	3851441	531574	3319867	349621	179599	189757	2600890
其他互联网服务	1643455		1643455	39346	146458	334704	1122947
软件和信息技术服务业	22704149	683023	22021126	517297	2334905	1599505	17569419
软件开发	9633407	251252	9382155	159842	1003809	543023	7675481
信息系统集成服务	3872876	174033	3698843	153880	348747	256324	2939892
信息技术咨询服务	2110027	49512	2060515	23363	137680	187528	1711944
数据处理和存储服务	2974304	130175	2844129	145321	476827	206683	2015298
集成电路设计	583045		583045	8481	12768	32669	529127
其他信息技术服务业	3530490	78051	3452439	26410	355074	373278	2697677
数字内容服务	552188		552188		48939	37668	465581
呼叫中心	534934	18543	516391	192	21340	69471	425388
其他未列明信息技术服务业	2443368	59508	2383860	26218	284795	266139	1806708
(十)金融业	**13672488**	**1383877**	**12288611**	**1594309**	**1771097**	**1592149**	**7331056**
货币金融服务	6656409	901778	5754631	1179915	899703	995998	2679015
中央银行服务	611443	77970	533473	37788	9113	202254	284318
货币银行服务	5127023	755982	4371041	1073762	872252	768145	1656882
非货币银行服务	905193	67826	837367	68365	13238	23799	731965
金融租赁服务	487509	7135	480374	35000	4978	6489	433907
财务公司	99533	23269	76264			2100	74164
典当	49741		49741				49741
其他非货币银行服务	268410	37422	230988	33365	8260	15210	174153
银行监管服务	12750		12750		5100	1800	5850
资本市场服务	3475458	96689	3378769	128221	358740	237147	2654661
证券市场服务	1002371	49116	953255	126844	262894	24637	538880
证券市场管理服务	152528	45616	106912	33729	23765	24637	24781
证券经纪交易服务	791488	3500	787988	81910	239129		466949
基金管理服务	58355		58355	11205			47150
期货市场服务	54766	3500	51266			1680	49586
期货市场管理服务	35464	3500	31964				31964
其他期货市场服务	19302		19302			1680	17622
证券期货监管服务	48288	24521	23767				23767
资本投资服务	1620723	19552	1601171	1377	95846	160810	1343138
其他资本市场服务	749310		749310			50020	699290
保险业	1309663	244900	1064763	227620	126251	62387	648505
人身保险	877916	189227	688689	134507	58227	3100	492855
人寿保险	874013	189227	684786	134507	58227	3100	488952
健康和意外保险	3903		3903				3903
财产保险	337450	55673	281777	93113	58374	39597	90693
再保险							
养老金							
保险经纪与代理服务	59189		59189		9500	9790	39899
保险监管服务	5062		5062				5062
其他保险活动	30046		30046		150	9900	19996
风险和损失评估	11135		11135				11135
其他未列明保险活动	18911		18911		150	9900	8861

2-1-20　续表 22　　　　单位：万元

行　　业	合计	中央项目	地方项目				
				省属	地市属	县属	其他
其他金融业	2230958	140510	2090448	58553	386403	296617	1348875
金融信托与管理服务	970232	74480	895752	12591	250698	47687	584776
控股公司服务	188868	4850	184018	21103	43085	37297	82533
非金融机构支付服务	65717		65717			32125	33592
金融信息服务	383109	61180	321929	14000	30386	82874	194669
其他未列明金融业	623032		623032	10859	62234	96634	453305
(十一)房地产业	**1267061569**	**24141758**	**1242919811**	**36221792**	**137738873**	**200659565**	**868299581**
房地产业	1267061569	24141758	1242919811	36221792	137738873	200659565	868299581
房地产开发经营	1005009765	19895006	985114759	30691646	115154464	99574813	739693836
物业管理	4429060	130116	4298944	41563	189080	365831	3702470
房地产中介服务	416487	130186	286301		46458	8778	231065
自有房地产经营活动	22863586	614424	22249162	360266	2066046	6218800	13604050
其他房地产业	234342671	3372026	230970645	5128317	20282825	94491343	111068160
(十二)租赁和商务服务业	**94358309**	**666209**	**93692100**	**2242884**	**10981765**	**14258014**	**66209437**
租赁业	8920414	61722	8858692	144763	2610782	1091591	5011556
机械设备租赁	8455878	45742	8410136	142599	2605878	958606	4703053
汽车租赁	1108073	22789	1085284	103701	28115	34652	918816
农业机械租赁	150917		150917			8296	142621
建筑工程机械与设备租赁	1538841	2800	1536041		17000	164408	1354633
计算机及通讯设备租赁	33881	20153	13728				13728
其他机械与设备租赁	5624166		5624166	38898	2560763	751250	2273255
文化及日用品出租	464536	15980	448556	2164	4904	132985	308503
娱乐及体育设备出租	317655	12000	305655	2154	144	132985	170372
图书出租	5796		5796				5796
音像制品出租	10938		10938				10938
其他文化及日用品出租	130147	3980	126167	10	4760		121397
商务服务业	85437895	604487	84833408	2098121	8370983	13166423	61197881
企业管理服务	31206703	472000	30734703	1202170	3944971	5312323	20275239
企业总部管理	7972531	276163	7696368	508357	1096823	631852	5459336
投资与资产管理	18368656	174908	18193748	564339	2594082	3524505	11510822
单位后勤管理服务	729923	4943	724980	107683	109012	166114	342171
其他企业管理服务	4135593	15986	4119607	21791	145054	989852	2962910
法律服务	217281	588	216693	1	27629	20408	168655
律师及相关法律服务	112658	588	112070	1		16110	95959
公证服务	10632		10632				10632
其他法律服务	93991		93991		27629	4298	62064
咨询与调查	3062907	2375	3060532	8290	448589	77524	2526129
会计、审计及税务服务	164700		164700	2990	7210	6549	147951
市场调查	53487		53487				53487
社会经济咨询	773413		773413		30443	16093	726877
其他专业咨询	2071307	2375	2068932	5300	410936	54882	1597814
广告业	3317696		3317696	10975	78404	153944	3074373
知识产权服务	207080		207080	40033		37595	129452
人力资源服务	1294610	6476	1288134	20437	69991	280197	917509
公共就业服务	380136	596	379540		15722	159683	204135
职业中介服务	135756		135756		9315	2523	123918
劳务派遣服务	399523		399523		15363	8710	375450
其他人力资源服务	379195	5880	373315	20437	29591	109281	214006

2-1-20 续表 23　　　　单位：万元

行　　业	合计	中央项目	地方项目				
				省属	地市属	县属	其他
旅行社及相关服务	11653299	58097	11595202	128027	466397	2510133	8490645
旅行社服务	568096		568096		40728	57206	470162
旅游管理服务	10603445	58097	10545348	128027	413634	2376083	7627604
其他旅行社相关服务	481758		481758		12035	76844	392879
安全保护服务	818933	4473	814460	6444	72967	267573	467476
安全服务	283998	3975	280023		35419	78667	165937
安全系统监控服务	376561		376561	1526	25076	160413	189546
其他安全保护服务	158374	498	157876	4918	12472	28493	111993
其他商务服务业	33659386	60478	33598908	681744	3262035	4506726	25148403
市场管理	12788617	33601	12755016	169730	459131	1798846	10327309
会议及展览服务	7299442	5968	7293474	453800	1428907	794472	4616295
包装服务	364573		364573		90	19450	345033
办公服务	1965833	1300	1964533	8633	127913	472128	1355859
信用服务	112305		112305			24402	87903
担保服务	121939		121939			22700	99239
其他未列明商务服务业	11006677	19609	10987068	49581	1245994	1374728	8316765
(十三)科学研究和技术服务业	**47515401**	**3118572**	**44396829**	**2336759**	**3122154**	**5564891**	**33373025**
研究和试验发展	14142894	2137237	12005657	1069356	971678	1380172	8584451
自然科学研究和试验发展	1814743	275101	1539642	319749	191093	69041	959759
工程和技术研究和试验发展	8398244	1760792	6637452	408195	572046	749468	4907743
农业科学研究和试验发展	2171583	13524	2158059	205735	85814	318791	1547719
医学研究和试验发展	1515988	79405	1436583	108989	104625	203882	1019087
社会人文科学研究	242336	8415	233921	26688	18100	38990	150143
专业技术服务业	17175456	786624	16388832	997520	1463898	2150588	11776826
气象服务	404265	43913	360352	20604	95869	134271	109608
地震服务	113242	14883	98359	13937	12118	36608	35696
海洋服务	230591	25177	205414	16885	14618	11185	162726
测绘服务	355663	74252	281411	30118	31840	29137	190316
质检技术服务	3058755	62092	2996663	222283	245722	294299	2234359
环境与生态监测	1004019	17168	986851	45356	57677	274747	609071
环境保护监测	811439	12085	799354	45356	53561	189054	511383
生态监测	192580	5083	187497		4116	85693	97688
地质勘查	2395520	304225	2091295	296910	206560	349435	1238390
能源矿产地质勘查	674783	123190	551593	26577	12864	122928	389224
固体矿产地质勘查	936490	2476	934014	226204	42890	143535	521385
水、二氧化碳等矿产地质勘查	55851		55851		40277	6533	9041
基础地质勘查	269363	39974	229389	21772	973	15190	191454
地质勘查技术服务	459033	138585	320448	22357	109556	61249	127286
工程技术	5563894	195666	5368228	250699	357034	876161	3884334
工程管理服务	1685861	11398	1674463	86261	217023	158959	1212220
工程勘察设计	1948104	184268	1763836	159739	94280	110225	1399592
规划管理	1929929		1929929	4699	45731	606977	1272522
其他专业技术服务业	4049507	49248	4000259	100728	442460	144745	3312326
专业化设计服务	1543113	13039	1530074	42268	202797	34471	1250538
摄影扩印服务	291708		291708	29100	8811		253797
兽医服务	54554		54554		10476	35339	8739
其他未列明专业技术服务业	2160132	36209	2123923	29360	220376	74935	1799252
科技推广和应用服务业	16197051	194711	16002340	269883	686578	2034131	13011748
技术推广服务	11171879	119815	11052064	188234	229757	1249439	9384634
农业技术推广服务	4723427	20943	4702484	45348	72640	889177	3695319
生物技术推广服务	1255387		1255387	7266	31084	34960	1182077

2-1-20　续表 24　　单位：万元

行　　业	合计	中央项目	地方项目				
				省属	地市属	县属	其他
新材料技术推广服务	1690755	4890	1685865	66566	24470	35042	1559787
节能技术推广服务	1862369	2648	1859721	10100	18237	208823	1622561
其他技术推广服务	1639941	91334	1548607	58954	83326	81437	1324890
科技中介服务	1895790	20993	1874797	34415	184719	511343	1144320
其他科技推广和应用服务业	3129382	53903	3075479	47234	272102	273349	2482794
（十四）水利、环境和公共设施管理业	**556790336**	**11242315**	**545548021**	**18399065**	**97899570**	**226678828**	**202570558**
水利管理业	72498589	2511523	69987066	5883023	9646984	38021759	16435300
防洪除涝设施管理	35466186	903301	34562885	2991218	4694736	18399974	8476957
水资源管理	11293680	542950	10750730	634686	2101349	5614754	2399941
天然水收集与分配	11891206	694612	11196594	1178111	966451	7315892	1736140
水文服务	318269	3343	314926	34264	62569	139795	78298
其他水利管理业	13529248	367317	13161931	1044744	1821879	6551344	3743964
生态保护和环境治理业	22490014	366831	22123183	433012	3190067	8663552	9836552
生态保护	4709714	23848	4685866	49988	415682	2254860	1965336
自然保护区管理	1502323	4447	1497876	6881	94654	911019	485322
野生动物保护	357422	12524	344898	2692	57853	44209	240144
野生植物保护	309684	1450	308234		60458	102387	145389
其他自然保护	2540285	5427	2534858	40415	202717	1197245	1094481
环境治理业	17780300	342983	17437317	383024	2774385	6408692	7871216
水污染治理	10057742	156829	9900913	110177	1903264	4157218	3730254
大气污染治理	1515476	55305	1460171	162348	166194	271663	859966
固体废物治理	2460279	88802	2371477	83817	258008	653970	1375682
危险废物治理	400574	23580	376994	8130	35673	31239	301952
放射性废物治理	14489		14489			10461	4028
其他污染治理	3331740	18467	3313273	18552	411246	1284141	1599334
公共设施管理业	461801733	8363961	453437772	12083030	85062519	179993517	176298706
市政设施管理	322075780	7075984	314999796	10583335	70868550	133078044	100469867
环境卫生管理	8200830	141546	8059284	228545	976071	3148752	3705916
城乡市容管理	23428933	190883	23238050	258031	2001314	10525182	10453523
绿化管理	20889172	255717	20633455	437200	4398939	7883455	7913861
公园和游览景区管理	87207018	699831	86507187	575919	6817645	25358084	53755539
公园管理	20860140	405188	20454952	220356	2891928	7828765	9513903
游览景区管理	66346878	294643	66052235	355563	3925717	17529319	44241636
（十五）居民服务、修理和其他服务业	**26281617**	**191060**	**26090557**	**320971**	**1098323**	**4825853**	**19845410**
居民服务业	14742965	116146	14626819	292102	625413	3754140	9955164
家庭服务	893474	27974	865500	64430	90816	226867	483387
托儿所服务	131665		131665		4950	17602	109113
洗染服务	181706		181706	1110	285	15719	164592
理发及美容服务	358990		358990		1000	16581	341409
洗浴服务	1591040	3769	1587271	48000	23152	163624	1352495
保健服务	459237		459237	34500	18280	83401	323056
婚姻服务	227581		227581		18400	10431	198750
殡葬服务	1818700	13450	1805250	16455	151085	770035	867675
其他居民服务业	9080572	70953	9009619	127607	317445	2449880	6114687
机动车、电子产品和日用产品修理业	6493615	8643	6484972	10757	219195	490818	5764202
汽车、摩托车修理与维护	5802635	1400	5801235	100	140666	417379	5243090
汽车修理与维护	5767366	1400	5765966	100	140666	413166	5212034
摩托车修理与维护	35269		35269			4213	31056
计算机和办公设备维修	440122	6443	433679	10657	78529	66513	277980
计算机和辅助设备修理	139382	661	138721		35983	19925	82813
通讯设备修理	150976	1782	149194	7350	40506	23677	77661
其他办公设备维修	149764	4000	145764	3307	2040	22911	117506

2-1-20 续表 25

单位：万元

行业	合计	中央项目	地方项目				
				省属	地市属	县属	其他
家用电器修理	93485		93485			2734	90751
家用电子产品修理	50544		50544			1744	48800
日用电器修理	42941		42941			990	41951
其他日用产品修理业	157373	800	156573			4192	152381
自行车修理	3975		3975				3975
鞋和皮革修理	1150		1150				1150
家具和相关物品修理	16561		16561				16561
其他未列明日用产品修理业	135687	800	134887			4192	130695
其他服务业	5045037	66271	4978766	18112	253715	580895	4126044
清洁服务	762171	7000	755171		22759	65558	666854
建筑物清洁服务	175114	2000	173114		18469	6336	148309
其他清洁服务	587057	5000	582057		4290	59222	518545
其他未列明服务业	4282866	59271	4223595	18112	230956	515337	3459190
（十六）教育	**77232422**	**3919106**	**73313316**	**6740948**	**11010610**	**29042936**	**26518822**
教育	77232422	3919106	73313316	6740948	11010610	29042936	26518822
学前教育	6385734	80611	6305123	64462	475994	2736374	3028293
初等教育	16971044	313897	16657147	75876	1428718	9245908	5906645
普通小学教育	16616104	313897	16302207	75876	1342080	9067051	5817200
成人小学教育	354940		354940		86638	178857	89445
中等教育	26077508	405614	25671894	492891	4039683	13203756	7935564
普通初中教育	13434448	251418	13183030	101531	1405729	7607930	4067840
职业初中教育	457545	11234	446311	25214	75364	276126	69607
成人初中教育	143736	950	142786		2329	87497	52960
普通高中教育	7180185	60733	7119452	88735	1111588	3693005	2226124
成人高中教育	118421		118421	720	32700	56719	28282
中等职业学校教育	4743173	81279	4661894	276691	1411973	1482479	1490751
高等教育	16341921	2918305	13423616	5483065	3492338	1468695	2979518
普通高等教育	15340860	2782774	12558086	5332657	3328302	1339905	2557222
成人高等教育	1001061	135531	865530	150408	164036	128790	422296
特殊教育	411995	10060	401935	22959	121992	88069	168915
技能培训、教育辅助及其他教育	11044220	190619	10853601	601695	1451885	2300134	6499887
职业技能培训	6333903	141005	6192898	392391	726068	924131	4150308
体校及体育培训	717222	15361	701861	59244	110374	183694	348549
文化艺术培训	818122		818122	34270	48762	210668	524422
教育辅助服务	933266		933266	29594	84749	307883	511040
其他未列明教育	2241707	34253	2207454	86196	481932	673758	965568
（十七）卫生和社会工作	**51746895**	**1034685**	**50712210**	**3984053**	**7601668**	**16612184**	**22514305**
卫生	39402975	879955	38523020	3690409	6807497	13089585	14935529
医院	31971972	784818	31187154	3486026	6190400	9770197	11740531
综合医院	22883575	589129	22294446	2742618	4910224	7107860	7533744
中医医院	2800024	11280	2788744	261404	293693	1583163	650484
中西医结合医院	683321	5076	678245	18268	124025	310222	225730
民族医院	143336	2650	140686	200	6498	95334	38654
专科医院	4086870	124888	3961982	364078	791753	482997	2323154
疗养院	1374846	51795	1323051	99458	64207	190621	968765
社区医疗与卫生院	4175520	29473	4146047	5370	138273	2082004	1920400
社区卫生服务中心(站)	1376566	8744	1367822	4870	96353	505129	761470
街道卫生院	268831	2810	266021		12616	125675	127730
乡镇卫生院	2530123	17919	2512204	500	29304	1451200	1031200

2-1-20 续表 26

单位：万元

行业	合计	中央项目	地方项目				
				省属	地市属	县属	其他
门诊部(所)	433180	9868	423312	8949	47336	70814	296213
计划生育技术服务活动	245452		245452	73150	36840	101929	33533
妇幼保健院(所、站)	1021477	47760	973717	33084	170265	487858	282510
专科疾病防治院(所、站)	197190	3700	193490	6764	32745	42534	111447
疾病预防控制中心	348634	2548	346086	32152	70274	180142	63518
其他卫生活动	1009550	1788	1007762	44914	121364	354107	487377
社会工作	12343920	154730	12189190	293644	794171	3522599	7578776
提供住宿社会工作	11407228	126261	11280967	281464	761079	3196162	7042262
干部休养所	283172	7538	275634	31710	69510	127059	47355
护理机构服务	1081020	9050	1071970	16161	98248	180810	776751
精神康复服务	225916		225916	7019	62810	68263	87824
老年人、残疾人养护服务	8968838	92723	8876115	205744	410829	2425781	5833761
孤残儿童收养和庇护服务	267320	8800	258520		88273	111733	58514
其他提供住宿社会救助	580962	8150	572812	20830	31409	282516	238057
不提供住宿社会工作	936692	28469	908223	12180	33092	326437	536514
社会看护与帮助服务	627442	27663	599779	2040	8873	234022	354844
其他不提供住宿社会工作	309250	806	308444	10140	24219	92415	181670
（十八）文化、体育和娱乐业	**67241195**	**861782**	**66379413**	**2335444**	**7340816**	**16753771**	**39949382**
新闻和出版业	1297902	48779	1249123	521215	284642	104070	339196
新闻业	412782	33915	378867	178907	60480	74934	64546
出版业	885120	14864	870256	342308	224162	29136	274650
图书出版	415491	4800	410691	196016	57700	1530	155445
报纸出版	261982	10064	251918	141440	69916	13500	27062
期刊出版	50617		50617	4852	22916	4586	18263
音像制品出版	16203		16203				16203
电子出版物出版	94565		94565		65200	9520	19845
其他出版业	46262		46262		8430		37832
广播、电视、电影和影视录音制作业	4919705	130541	4789164	670217	525396	1021228	2572323
广播	393108	44775	348333	98094	14838	137381	98020
电视	1140883	72087	1068796	507830	149670	203655	207641
电影和影视节目制作	1903496	2737	1900759	5913	208489	464309	1222048
电影和影视节目发行	193374	8700	184674	43887	52021	6040	82726
电影放映	1237445	2242	1235203	7390	100378	198824	928611
录音制作	51399		51399	7103		11019	33277
文化艺术业	30777930	382962	30394968	738028	4241842	9461448	15953650
文艺创作与表演	1643135	36836	1606299	107094	276472	173562	1049171
艺术表演场馆	2229189	14061	2215128	239549	508451	503424	963704
图书馆与档案馆	1791538	61559	1729979	126206	486096	587849	529828
图书馆	1414272	53934	1360338	105643	374339	413554	466802
档案馆	377266	7625	369641	20563	111757	174295	63026
文物及非物质文化遗产保护	6196503	27942	6168561	52658	538007	2781211	2796685
博物馆	3817827	109660	3708167	80978	755184	1314128	1557877
烈士陵园、纪念馆	1022217	25217	997000	2738	87121	587127	320014
群众文化活动	7572557	98901	7473656	70963	1007623	2230071	4164999
其他文化艺术业	6504964	8786	6496178	57842	582888	1284076	4571372
体育	10318266	77398	10240868	167245	1312215	3425429	5335979
体育组织	229851	7692	222159	11843	40900	30611	138805
体育场馆	4255957	53962	4201995	115189	945119	1756861	1384826
休闲健身活动	5115451	15744	5099707	35450	216803	1464091	3383363
其他体育	717007		717007	4763	109393	173866	428985

2-1-20 续表 27

单位：万元

行　　业	合计	中央项目	地方项目				
				省属	地市属	县属	其他
娱乐业	19927392	222102	19705290	238739	976721	2741596	15748234
室内娱乐活动	3321619	164489	3157130	163902	25038	191683	2776507
歌舞厅娱乐活动	1378478	158836	1219642	116058	7800	52863	1042921
电子游艺厅娱乐活动	141005		141005		1600	6000	133405
网吧活动	395664		395664			14850	380814
其他室内娱乐活动	1406472	5653	1400819	47844	15638	117970	1219367
游乐园	10425853	35951	10389902	21968	836372	1528124	8003438
彩票活动	47630		47630	17521		13465	16644
文化、娱乐、体育经纪代理	192892		192892			27175	165717
文化娱乐经纪人	61786		61786			14290	47496
体育经纪人							
其他文化艺术经纪代理	131106		131106			12885	118221
其他娱乐业	5939398	21662	5917736	35348	115311	981149	4785928
(十九)公共管理、社会保障和社会组织	**78509175**	**7956758**	**70552417**	**2065483**	**6395163**	**35119568**	**26972203**
中国共产党机关	253769	31837	221932	40314	28526	82281	70811
中国共产党机关	253769	31837	221932	40314	28526	82281	70811
国家机构	52360356	7044984	45315372	1874533	5732190	26830669	10877980
国家权力机构	1035322	1250	1034072	75488	189845	436291	332448
国家行政机构	49197005	7001510	42195495	1605659	5092286	25379828	10117722
综合事务管理机构	18162265	387581	17774684	309582	1793468	10513823	5157811
对外事务管理机构	253095	1336	251759	6242	74002	119536	51979
公共安全管理机构	11403913	6266762	5137151	769570	1437123	2137916	792542
社会事务管理机构	8600771	148376	8452395	225990	715506	5511277	1999622
经济事务管理机构	9173000	63835	9109165	122694	804525	6202218	1979728
行政监督检查机构	1603961	133620	1470341	171581	267662	895058	136040
人民法院和人民检察院	1035762	24499	1011263	33652	252059	582358	143194
人民法院	702667	17140	685527	11324	169377	411062	93764
人民检察院	333095	7359	325736	22328	82682	171296	49430
其他国家机构	1092267	17725	1074542	159734	198000	432192	284616
人民政协、民主党派	163628	100	163528	23347	3092	43355	93734
人民政协	66681		66681		3092	43355	20234
民主党派	96947	100	96847	23347			73500
社会保障	2851788	14419	2837369	21612	232079	1214893	1368785
社会保障	2851788	14419	2837369	21612	232079	1214893	1368785
群众团体、社会团体和其他成员组织	6427720	759445	5668275	71809	249701	2082358	3264407
群众团体	195215	9069	186146	5918	29902	73037	77289
工会	84628	4336	80292	426	5530	42857	31479
妇联	21223	4172	17051	4924	8352	3775	
共青团	7331		7331		3777	3554	
其他群众团体	82033	561	81472	568	12243	22851	45810
社会团体	3246238	749160	2497078	22350	131917	1408101	934710
专业性团体	2706302	742244	1964058	19150	124133	1308993	511782
行业性团体	259505	6916	252589		1257	31919	219413
其他社会团体	280431		280431	3200	6527	67189	203515
基金会							
宗教组织	2986267	1216	2985051	43541	87882	601220	2252408
基层群众自治组织	16451914	105973	16345941	33868	149575	4866012	11296486
社区自治组织	5270202	72771	5197431	22940	83957	1038896	4051638
村民自治组织	11181712	33202	11148510	10928	65618	3827116	7244848

2-1-21　国民经济行业小类按建设性质分的固定资产投资(不含农户)

单位：万元

行　　业	新建	扩建	改建和技术改造	单纯建造生活设施	迁建	恢复	单纯购置
全国总计	**3809589064**	**672688441**	**818576589**	**25745643**	**32627563**	**5890907**	**150782177**
(一)农、林、牧、渔业	**147326609**	**26971965**	**13909367**	**349549**	**213480**	**252748**	**1599446**
农业	63551518	9891449	4452006	195621	65469	39287	298019
谷物种植	5988752	831935	836765	31966	25900	3680	161957
稻谷种植	3073868	478055	560738	30066	15400	3680	146976
小麦种植	634807	72258	63744				500
玉米种植	1105759	156463	126704		3800		2778
其他谷物种植	1174318	125159	85579	1900	6700		11703
豆类、油料和薯类种植	2184996	310387	98644				9200
豆类种植	657787	28458	11230				
油料种植	958701	184577	47980				9200
薯类种植	568508	97352	39434				
棉、麻、糖、烟草种植	1114635	307718	171807	974			1600
棉花种植	443223	57650	67851				
麻类种植	41834	18897	13595				
糖料种植	306162	62965	42048				1600
烟草种植	323416	168206	48313	974			
蔬菜、食用菌及园艺作物种植	25174399	3962042	1618800	57050	34723	11618	90163
蔬菜种植	13416191	2177499	872527	42488	15200	8906	46619
食用菌种植	3539882	656513	307422	128	8386		18599
花卉种植	5485565	722880	131840	14434	11137		12525
其他园艺作物种植	2732761	405150	307011			2712	12420
水果种植	12821174	2446850	740645	83731	4841	959	4614
仁果类和核果类水果种植	4558336	880403	190227	53683			
葡萄种植	1848627	377591	111710	1463	4841		
柑橘类种植	781024	150208	149387				
香蕉等亚热带水果种植	562597	189892	16476	5385			3899
其他水果种植	5070590	848756	272845	23200		959	715
坚果、含油果、香料和饮料作物种植	5187114	637460	235404	9400		1800	
坚果种植	2047152	259081	96016	9400			
含油果种植	557243	27091	12188			1800	
香料作物种植	278190	59580	10984				
茶及其他饮料作物种植	2304529	291708	116216				
中药材种植	4547374	792280	282095	4780		6080	5990
其他农业	6533074	602777	467846	7720	5	15150	24495
林业	15267670	2863992	1412153	18975	2794	72586	30689
林木育种和育苗	8233106	1379530	563538	14368		11793	19302
林木育种	2076552	348799	129903	1349		2685	6007
林木育苗	6156554	1030731	433635	13019		9108	13295
造林和更新	5964517	1188054	635083	4479	2794	49197	4625
森林经营和管护	806590	256273	170895	128		4596	
木材和竹材采运	85643	19366	13838				6762
木材采运	54367	8816	11249				6762
竹材采运	31276	10550	2589				
林产品采集	177814	20769	28799			7000	
木竹材林产品采集	99065	17740	16899			7000	
非木竹材林产品采集	78749	3029	11900				
畜牧业	38326177	7400902	2451519	97327	103051	19395	150745
牲畜饲养	30779572	5741073	1517286	93062	84143	15930	112692
牛的饲养	10576075	1933440	447232	19760	42497	2940	58628
马的饲养	130231	14900	9771				

2-1-21 续表 1 单位：万元

行　　业	新建	扩建	改建和技术改造	单纯建造生活设施	迁建	恢复	单纯购置
猪的饲养	10597750	2392346	769952	57807	13368	3650	38554
羊的饲养	8129124	1227699	199469	15495	28278	8040	10578
骆驼饲养	27529						
其他牲畜饲养	1318863	172688	90862			1300	4932
家禽饲养	5375203	1339250	670280	4265	14800	3465	36005
鸡的饲养	4115973	1078436	482100	4265	14800		30789
鸭的饲养	403891	84574	98876			3465	
鹅的饲养	159053	34552	14994				
其他家禽饲养	696286	141688	74310				5216
狩猎和捕捉动物	131885	74742	17174				1200
其他畜牧业	2039517	245837	246779		4108		848
渔业	5695807	1147297	1496517	11600	6000	508	548909
水产养殖	5570689	1089465	1393461	11600	6000	508	50464
海水养殖	1790529	526645	821084				29961
内陆养殖	3780160	562820	572377	11600	6000	508	20503
水产捕捞	125118	57832	103056				498445
海水捕捞	103181	51076	93366				469366
内陆捕捞	21937	6756	9690				29079
农、林、牧、渔服务业	24485437	5668325	4097172	26026	36166	120972	571084
农业服务业	21779046	4937404	3751363	26026	36166	99113	552086
农业机械服务	2168569	411211	296487	11600	7910	1126	434937
灌溉服务	4819027	1606194	1314898	6591	768	14555	
农产品初加工服务	3176088	724795	438729		9088		34485
其他农业服务	11615362	2195204	1701249	7835	18400	83432	82664
林业服务业	1029526	215702	105109				4607
林业有害生物防治服务	81889	3803	16461				
森林防火服务	98383	47346	23481				
林产品初级加工服务	160280	32765	28109				
其他林业服务	688974	131788	37058				4607
畜牧服务业	1285310	386870	100221			11600	3249
渔业服务业	391555	128349	140479			10259	11142
(二)采矿业	**64954972**	**21513369**	**40841343**	**196320**	**90994**	**352077**	**1753109**
煤炭开采和洗选业	18616850	6428062	13995065	165906	9186	94228	757257
烟煤和无烟煤开采洗选	16627888	6006868	13350598	162906	9006	63888	691555
褐煤开采洗选	1436810	249460	265866	3000	180	30340	5070
其他煤炭采选	552152	171734	378601				60632
石油和天然气开采业	22241913	4136464	7749963	11585			109334
石油开采	18079287	2918064	7353107	9985			100587
天然气开采	4162626	1218400	396856	1600			8747
黑色金属矿采选业	4357827	2803022	6362063	9200	28350	5759	90945
铁矿采选	3905608	2565289	5692353	9200	28350		57989
锰矿、铬矿采选	203397	157925	493255			5759	20321
其他黑色金属矿采选	248822	79808	176455				12635
有色金属矿采选业	7560210	3110684	4791834	9628	7355	26260	375853
常用有色金属矿采选	4308566	1927946	3032390			21260	360871
铜矿采选	1157690	568364	851378				35103
铅锌矿采选	1479821	424708	1206812			20060	182432
镍钴矿采选	33601	3121	53587				
锡矿采选	10900	364144	192162				
锑矿采选	57755	11910	68552				
铝矿采选	331634	325869	246387				
镁矿采选	116804	44805	36450				
其他常用有色金属矿采选	1120361	185025	377062			1200	143336

2-1-21　续表 2

单位：万元

行　　业	新建	扩建	改建和技术改造	单纯建造生活设施	迁建	恢复	单纯购置
贵金属矿采选	2446795	940676	1210042	628	255		13392
金矿采选	1997790	920013	1127622	628	255		13392
银矿采选	224314	500	32891				
其他贵金属矿采选	224691	20163	49529				
稀有稀土金属矿采选	804849	242062	549402	9000	7100	5000	1590
钨钼矿采选	395688	131972	415037		7100		
稀土金属矿采选	267963	17478	40038				1590
放射性金属矿采选	18500	21070	7640				
其他稀有金属矿采选	122698	71542	86687	9000		5000	
非金属矿采选业	9259717	4545953	6715256		34503	7750	357825
土砂石开采	6683984	3365773	5051236		26103	2750	330155
石灰石、石膏开采	1591056	872518	1694056		8588		39577
建筑装饰用石开采	2345523	1180057	1531284		12460	750	113283
耐火土石开采	506873	211342	289966		5		9496
粘土及其他土砂石开采	2240532	1101856	1535930		5050	2000	167799
化学矿开采	840476	468509	549313				1089
采盐	230011	163533	301714				9640
石棉及其他非金属矿采选	1505246	548138	812993		8400	5000	16941
石棉、云母矿采选	51395	10901	24560				
石墨、滑石采选	198459	82426	220550				
宝石、玉石采选	323445	25768	48663				2200
其他未列明非金属矿采选	931947	429043	519220		8400	5000	14741
开采辅助活动	2591344	346924	1027233	1	11600	218080	49406
煤炭开采和洗选辅助活动	1015449	143036	640426			213500	
石油和天然气开采辅助活动	1139181	150293	167364	1			28648
其他开采辅助活动	436714	53595	219443		11600	4580	20758
其他采矿业	327111	142260	199929				12489
其他采矿业	327111	142260	199929				12489
（三）制造业	**872980202**	**336681582**	**494382136**	**957134**	**21817862**	**982037**	**74533069**
农副食品加工业	56733370	20866910	27382915	40915	648649	70732	1868501
谷物磨制	9186742	4257007	5306025	4000	59665		322589
饲料加工	7076720	2480636	3414038	4690	111714	17969	435189
植物油加工	5443116	1668287	3082611	9432	49935	5200	102348
食用植物油加工	4939200	1438369	2742146		44035	5200	99768
非食用植物油加工	503916	229918	340465	9432	5900		2580
制糖业	717142	350661	455746		1500	7700	12345
屠宰及肉类加工	9991274	3291360	3661388		128684	2832	255119
牲畜屠宰	3124231	912261	872665		55142		52171
禽类屠宰	1565033	655189	873020		22500	2832	37867
肉制品及副产品加工	5302010	1723910	1915703		51042		165081
水产品加工	2993243	1931577	2658116		146098	25296	352480
水产品冷冻加工	1858174	1283489	1684125		116503	18796	279013
鱼糜制品及水产品干腌制加工	359362	201828	306648		13160		30099
水产饲料制造	174143	86358	163207		16150	5000	6977
鱼油提取及制品制造	21239	15430	16603			1500	
其他水产品加工	580325	344472	487533		285		36391
蔬菜、水果和坚果加工	9584574	3503540	3864642	17993	66787	5500	168408
蔬菜加工	5818275	2451514	2384449		65449	5500	94323
水果和坚果加工	3766299	1052026	1480193	17993	1338		74085

2-1-21 续表 3 单位：万元

行业	新建	扩建	改建和技术改造	单纯建造生活设施	迁建	恢复	单纯购置
其他农副食品加工	11740559	3383842	4940349	4800	84266	6235	220023
淀粉及淀粉制品制造	2613104	947078	1091117		16339	5315	33683
豆制品制造	1676150	537395	691637		10613		80666
蛋品加工	501092	117957	237582			120	559
其他未列明农副食品加工	6950213	1781412	2920013	4800	57314	800	105115
食品制造业	26302397	9162359	13414906	33950	457160	10364	1508948
焙烤食品制造	4197347	1470364	1960614	3112	91245		270748
糕点、面包制造	2245405	731183	932967	995	71938		125332
饼干及其他焙烤食品制造	1951942	739181	1027647	2117	19307		145416
糖果、巧克力及蜜饯制造	1495676	700053	1006691	2980	39790		74104
糖果、巧克力制造	1108928	227123	751676		30225		47121
蜜饯制作	386748	472930	255015	2980	9565		26983
方便食品制造	5186132	1767916	2257322	2500	43906	2230	172610
米、面制品制造	2579400	810786	1278054	2500	24687		86619
速冻食品制造	1184072	391207	471180				47687
方便面及其他方便食品制造	1422660	565923	508088		19219	2230	38304
乳制品制造	1862722	683036	850199		47383		311927
罐头食品制造	1622936	650428	967159	3100	40799		53057
肉、禽类罐头制造	402842	62643	173094		4170		20146
水产品罐头制造	80973	45512	29194				8249
蔬菜、水果罐头制造	766524	457321	509023	3100	26112		17662
其他罐头食品制造	372597	84952	255848		10517		7000
调味品、发酵制品制造	2849229	1113078	1922000	8500	79921		122471
味精制造	225878	113864	425981				
酱油、食醋及类似制品制造	1180408	276891	534436	8500	13752		71536
其他调味品、发酵制品制造	1442943	722323	961583		66169		50935
其他食品制造	9088355	2777484	4450921	13758	114116	8134	504031
营养食品制造	1272259	303821	696116		19019	362	29125
保健食品制造	2528709	728117	1123057		42711		165143
冷冻饮品及食用冰制造	621317	123363	256857		20		32710
盐加工	342845	54470	117809	8978	9986		8740
食品及饲料添加剂制造	1351224	755902	942352		25560	4372	100589
其他未列明食品制造	2972001	811811	1314730	4780	16820	3400	167724
酒、饮料和精制茶制造业	20293477	8149015	10694598	26060	968784	23965	744782
酒的制造	7744424	3544994	5272276		730149	16927	307709
酒精制造	193690	161026	356366			4200	3500
白酒制造	4283293	1985530	3280453		476670	12727	188607
啤酒制造	996622	530865	479218		210710		75246
黄酒制造	278162	183859	101701		13526		1485
葡萄酒制造	1136015	450036	483231		8267		33886
其他酒制造	856642	233678	571307		20976		4985
饮料制造	9316725	2835814	3241466	26060	227304	6098	409501
碳酸饮料制造	962551	398991	374048		5395	6000	43743
瓶(罐)装饮用水制造	2242015	763001	1115107			98	157473
果菜汁及果菜汁饮料制造	2140469	667800	613442	18660	34530		61537
含乳饮料和植物蛋白饮料制造	1271231	346213	333820		125259		55210
固体饮料制造	428277	87858	129331		4000		1420
茶饮料及其他饮料制造	2272182	571951	675718	7400	58120		90118
精制茶加工	3232328	1768207	2180856		11331	940	27572
烟草制品业	1095167	343472	896435		168586		150347
烟叶复烤	243740	45052	206672		3350		1342
卷烟制造	622306	232441	662110		162390		149005
其他烟草制品制造	229121	65979	27653		2846		

2-1-21 续表 4 单位：万元

行业	新建	扩建	改建和技术改造	单纯建造生活设施	迁建	恢复	单纯购置
纺织业	23365123	14804438	18743642	18450	672837	7110	2404428
棉纺织及印染精加工	11897063	6077608	9668235	16000	432301	7110	1239360
棉纺纱加工	8892234	3908638	6104843		229597	1110	422912
棉织造加工	2247185	1580268	2156974	16000	56785	6000	298657
棉印染精加工	757644	588702	1406418		145919		517791
毛纺织及染整精加工	1249889	1041185	978380	2450	22645		143977
毛条和毛纱线加工	486717	612091	361042	950	18050		42242
毛织造加工	690710	357784	486692	1500	4595		32280
毛染整精加工	72462	71310	130646				69455
麻纺织及染整精加工	717452	218191	410889				55475
麻纤维纺前加工和纺纱	244318	83591	250243				25946
麻织造加工	311642	102573	125718				18299
麻染整精加工	161492	32027	34928				11230
丝绢纺织及印染精加工	802616	295984	596685		6000		36356
缫丝加工	275062	113947	327571		6000		4703
绢纺和丝织加工	432805	145892	171243				21528
丝印染精加工	94749	36145	97871				10125
化纤织造及印染精加工	1510527	1322570	1159289		37675		180943
化纤织造加工	1273564	1009208	893739		23665		130029
化纤织物染整精加工	236963	313362	265550		14010		50914
针织或钩针编织物及其制品制造	1413423	2402779	1351645		23939		332769
针织或钩针编织物织造	1040983	2112930	959769		19792		276944
针织或钩针编织物印染精加工	108420	74938	132138		2200		15728
针织或钩针编织品制造	264020	214911	259738		1947		40097
家用纺织制成品制造	3307895	1817642	2325596		88677		205938
床上用品制造	1487323	933086	1415743		41174		55447
毛巾类制品制造	415778	339550	281110				3309
窗帘、布艺类产品制造	263126	126455	152047		6000		43137
其他家用纺织制成品制造	1141668	418551	476696		41503		104045
非家用纺织制成品制造	2466258	1628479	2252923		61600		209610
非织造布制造	858888	653560	1032968		33897		109968
绳、索、缆制造	144167	247609	175226		2228		13795
纺织带和帘子布制造	239809	174965	208859		1597		15435
篷、帆布制造	396539	159304	239113		14278		21985
其他非家用纺织制成品制造	826855	393041	596757		9600		48427
纺织服装、服饰业	24132614	8967942	10583824	13005	203948	1100	1382884
机织服装制造	16170030	5757691	6464025	4738	150937		769799
针织或钩针编织服装制造	2508019	1218410	2004942	6667	16784		295832
服饰制造	5454565	1991841	2114857	1600	36227	1100	317253
皮革、毛皮、羽毛及其制品和制鞋业	10779692	5053815	4776960	6288	317533	20250	683557
皮革鞣制加工	610647	234394	357023		7027		43911
皮革制品制造	3400227	1519284	1424772		118989		175981
皮革服装制造	735765	215824	252287		72993		19676
皮箱、包(袋)制造	1423043	592106	588308		14501		101556
皮手套及皮装饰制品制造	485327	184388	277244		1415		11340
其他皮革制品制造	756092	526966	306933		30080		43409
毛皮鞣制及制品加工	842219	989744	399622		92775		40420
毛皮鞣制加工	73649	139739	62553				3398
毛皮服装加工	500092	722454	249265		84979		26321
其他毛皮制品加工	268478	127551	87804		7796		10701

2-1-21 续表 5

单位：万元

行业	新建	扩建	改建和技术改造	单纯建造生活设施	迁建	恢复	单纯购置
羽毛(绒)加工及制品制造	690661	310431	263397	3900			10150
羽毛(绒)加工	283204	64214	139468	3900			600
羽毛(绒)制品加工	407457	246217	123929				9550
制鞋业	5235938	1999962	2332146	2388	98742	20250	413095
纺织面料鞋制造	837456	373173	396490				79264
皮鞋制造	2910471	883257	1112194		48184	11600	201872
塑料鞋制造	388478	139331	138454	2388		8650	14399
橡胶鞋制造	323607	197965	276040		3258		40371
其他制鞋业	775926	406236	408968		47300		77189
木材加工和木、竹、藤、棕、草制品业	18039496	9531418	12402720	14848	278641	44880	854020
木材加工	5415301	2473658	3476218	12495	30457	21555	191917
锯材加工	1439058	587757	969345	5875	2172	1000	32620
木片加工	1233024	646384	944197		1854	11856	45700
单板加工	954460	747125	783337	2120	5200	1431	37790
其他木材加工	1788759	492392	779339	4500	21231	7268	75807
人造板制造	5206285	3307297	4401347	683	59628	12776	303672
胶合板制造	2477972	2011642	2618601	683	47156	11476	151527
纤维板制造	861041	461821	693751			1300	36060
刨花板制造	534560	224171	227201				69015
其他人造板制造	1332712	609663	861794		12472		47070
木制品制造	5527224	2494641	3022116	1670	144316	7376	327908
建筑用木料及木材组件加工	1427554	584241	776317		107565		84607
木门窗、楼梯制造	1554973	615497	936713	1670	7850	4623	77775
地板制造	919507	344503	319326		508		83064
木制容器制造	570987	138333	114275		25524		23463
软木制品及其他木制品制造	1054203	812067	875485		2869	2753	58999
竹、藤、棕、草等制品制造	1890686	1255822	1503039		44240	3173	30523
竹制品制造	1557529	1124954	1338957		34324	3173	16784
藤制品制造	77928	24242	26881				1786
棕制品制造	33243	20610	18130				
草及其他制品制造	221986	86016	119071		9916		11953
家具制造业	15631225	5872186	6483322	27130	190305	41957	572189
木质家具制造	11690056	4319576	4961294	19130	152015	36577	417916
竹、藤家具制造	281782	142360	147627		4816		1743
金属家具制造	1410366	659309	548066	8000	24127	2500	61310
塑料家具制造	258802	118036	124670				7537
其他家具制造	1990219	632905	701665		9347	2880	83683
造纸和纸制品业	12110889	6209878	8322385	9500	440524	14930	1019867
纸浆制造	287031	70947	150437				27800
木竹浆制造	238174	36274	74011				
非木竹浆制造	48857	34673	76426				27800
造纸	4059970	2491387	3738778		317771	10058	256459
机制纸及纸板制造	3109422	2028944	3118381		315114	10058	198259
手工纸制造	259505	70422	124281				4852
加工纸制造	691043	392021	496116		2657		53348
纸制品制造	7763888	3647544	4433170	9500	122753	4872	735608
纸和纸板容器制造	3592599	1787290	2181061		43658		280963
其他纸制品制造	4171289	1860254	2252109	9500	79095	4872	454645
印刷和记录媒介复制业	7749648	3523313	5633328	5329	121098		1463245
印刷	7227906	3323790	5282883	4410	118598		1346854

2-1-21　续表 6　　　　　　　　　　　　　　　　　　　　　　　　　单位：万元

行　　业	新建	扩建	改建和技术改造	单纯建造生活设施	迁建	恢复	单纯购置
书、报刊印刷	953899	334867	949947		10600		177555
本册印制	462041	98283	185857		5626		111112
包装装潢及其他印刷	5811966	2890640	4147079	4410	102372		1058187
装订及印刷相关服务	495692	177673	296405	919	2500		105181
记录媒介复制	26050	21850	54040				11210
文教、工美、体育和娱乐用品制造业	10785239	5484886	5740599	34400	283102	15248	940013
文教办公用品制造	898615	480706	605338		59185		115080
文具制造	275634	195222	133725		4336		61206
笔的制造	177851	133609	123411		15133		16231
教学用模型及教具制造	216131	70830	84418				1961
墨水、墨汁制造	20492	4378	54212		6000		5450
其他文教办公用品制造	208507	76667	209572		33716		30232
乐器制造	425201	340123	122337		11800		44900
中乐器制造	62475	89460	39427				13905
西乐器制造	119841	136502	32950		11800		8528
电子乐器制造	66995	70811	25603				5496
其他乐器及零件制造	175890	43350	24357				16971
工艺美术品制造	6319269	2711909	2734782	4500	75743	15013	508188
雕塑工艺品制造	1129764	560894	672556		25552	3337	103379
金属工艺品制造	759733	331832	355024		4970	10985	96121
漆器工艺品制造	91168	38006	33767				11370
花画工艺品制造	85459	69831	73520				11479
天然植物纤维编织工艺品制造	203092	145438	361482		31800		39888
抽纱刺绣工艺品制造	289200	168465	190807		1880		57745
地毯、挂毯制造	493646	315666	135015		550		16909
珠宝首饰及有关物品制造	1133954	199222	216880	4500	5711	691	86994
其他工艺美术品制造	2133253	882555	695731		5280		84303
体育用品制造	1392123	972560	1142656	8900	20555	235	96702
球类制造	125384	78396	78202		3248		9606
体育器材及配件制造	594035	384283	363974	8900			43174
训练健身器材制造	288786	258212	171159		11252	235	6049
运动防护用具制造	100242	53472	58085		6055		7607
其他体育用品制造	283676	198197	471236				30266
玩具制造	1269792	812177	741500	21000	96483		130417
游艺器材及娱乐用品制造	480239	167411	393986		19336		44726
露天游乐场所游乐设备制造	175702	94902	270196		8000		23937
游艺用品及室内游艺器材制造	153611	50974	26844		11336		4067
其他娱乐用品制造	150926	21535	96946				16722
石油加工、炼焦和核燃料加工业	11918965	6024018	6583885		117819	48821	692975
精炼石油产品制造	8939989	5482370	4706824		63539	12111	611086
原油加工及石油制品制造	8116553	5301956	4484232		49566	12111	594786
人造原油制造	823436	180414	222592		13973		16300
炼焦	2978976	541648	1877061		54280	36710	81889
化学原料和化学制品制造业	74460619	24195426	44908802	71585	2982404	159689	3130298
基础化学原料制造	29676461	6697066	13844412	12730	1261001	125363	582710
无机酸制造	1513984	367624	1020656		327042		36948
无机碱制造	1190435	195403	697744		181307		
无机盐制造	1981560	556164	1566586		27939	3109	14127
有机化学原料制造	18133164	4196158	8085663		591741	122254	377978
其他基础化学原料制造	6857318	1381717	2473763	12730	132972		153657

2-1-21 续表 7

单位：万元

行业	新建	扩建	改建和技术改造	单纯建造生活设施	迁建	恢复	单纯购置
肥料制造	10914131	2685949	4482842	15373	335397	12676	271373
氮肥制造	1811725	165760	921677		166291	2676	59406
磷肥制造	478035	102325	364179				
钾肥制造	692604	90950	209151				
复混肥料制造	3644312	971165	1274123	6838	151917	10000	103271
有机肥料及微生物肥料制造	3586572	1162335	1208355	8535	17189		88587
其他肥料制造	700883	193414	505357				20109
农药制造	2236102	560321	2052922		111017		57353
化学农药制造	1300764	464123	1584373		44559		38329
生物化学农药及微生物农药制造	935338	96198	468549		66458		19024
涂料、油墨、颜料及类似产品制造	5046558	2514457	3547186	2250	260829	11400	423582
涂料制造	3605098	1469006	2124327		38275	8600	329298
油墨及类似产品制造	264931	164731	124397				17350
颜料制造	537970	424288	576419		7190	2800	31478
染料制造	400590	174516	530423	2250	211870		10020
密封用填料及类似品制造	237969	281916	191620		3494		35436
合成材料制造	9215329	3603984	5564472	41232	291778	1750	449583
初级形态塑料及合成树脂制造	3222274	1903100	2543509	12032	151211		218938
合成橡胶制造	847110	268461	590379		81932		34356
合成纤维单(聚合)体制造	2508173	502591	739063		17044		18085
其他合成材料制造	2637772	929832	1691521	29200	41591	1750	178204
专用化学产品制造	13192990	5808371	10929830		667872	8500	1063317
化学试剂和助剂制造	4998723	1556836	3863874		340334	4800	368737
专项化学用品制造	3072118	2606175	3783552		245154	2300	307548
林产化学产品制造	307867	278656	311711		3450		17282
信息化学品制造	1401048	289485	773918		9947		224870
环境污染处理专用药剂材料制造	1173280	234313	317143		5496	1400	38039
动物胶制造	233121	70722	102698		1124		23410
其他专用化学产品制造	2006833	772184	1776934		62367		83431
炸药、火工及焰火产品制造	1425413	928342	2954794		20912		35002
焰火、鞭炮产品制造	1425413	928342	2954794		20912		35002
日用化学产品制造	2753635	1396936	1532344		33598		247378
肥皂及合成洗涤剂制造	640277	413335	512686		5050		70324
化妆品制造	649170	366678	227376		3212		46223
口腔清洁用品制造	34613	35325	37129				7491
香料、香精制造	705470	309356	303332		21136		70907
其他日用化学产品制造	724105	272242	451821		4200		52433
医药制造业	28857989	10601153	15566057	18821	1561273	16825	1496643
化学药品原料药制造	4847038	2197285	3199891		190759	4800	180779
化学药品制剂制造	4255604	1619788	2157164		400412	3500	328194
中药饮片加工	4915972	1164704	2295037		73591	3325	89152
中成药生产	5267828	1721769	2850886	1176	690281	1700	221501
兽用药品制造	872897	341110	767354		17071	3500	104360
生物药品制造	5659333	2301489	3011260	17645	93276		379423
卫生材料及医药用品制造	3039317	1255008	1284465		95883		193234
化学纤维制造业	4187664	3724197	2717772		197150		295282
纤维素纤维原料及纤维制造	651932	810932	548387				90754
化纤浆粕制造	111080	55556	129431				2875
人造纤维(纤维素纤维)制造	540852	755376	418956				87879
合成纤维制造	3535732	2913265	2169385		197150		204528
锦纶纤维制造	1112767	383809	309660				12026
涤纶纤维制造	573203	1512079	902714		154721		113219

2-1-21　续表 8　　　　单位：万元

行　　业	新建	扩建	改建和技术改造	单纯建造生活设施	迁建	恢复	单纯购置
腈纶纤维制造	181682	20690	23230				698
维纶纤维制造	114665	170937	46028				3022
丙纶纤维制造	147191	63558	25307				4776
氨纶纤维制造	315713	133102	178449				8286
其他合成纤维制造	1090511	629090	683997		42429		62501
橡胶和塑料制品业	28574840	14035817	18447839	33681	753474	92822	3369289
橡胶制品业	5611919	3979681	5093918	21190	303965	77862	917396
轮胎制造	1836062	1685433	1875299	11910	163901	73311	366608
橡胶板、管、带制造	1249970	757107	1306329		28063	986	175670
橡胶零件制造	673778	470290	591208		42998		162108
再生橡胶制造	500045	336970	261628		3500		10316
日用及医用橡胶制品制造	264528	192479	404495	4380	34781	3565	41214
其他橡胶制品制造	1087536	537402	654959	4900	30722		161480
塑料制品业	22962921	10056136	13353921	12491	449509	14960	2451893
塑料薄膜制造	2728209	1294215	2068986	2300	43517		246950
塑料板、管、型材制造	5882932	2165049	2873674		210883	1200	519722
塑料丝、绳及编织品制造	2379835	939814	1502547	5201	16456		113191
泡沫塑料制造	1110610	502325	485101		34561		123416
塑料人造革、合成革制造	318069	185295	300965		4719		19258
塑料包装箱及容器制造	2791422	960990	1557124		38532		385808
日用塑料制品制造	2170507	1018780	1103958		25234		199755
塑料零件制造	1006949	716997	943763		38786		324650
其他塑料制品制造	4574388	2272671	2517803	4990	36821	13760	519143
非金属矿物制品业	83960992	28902871	48614868	79897	1583108	84798	4249809
水泥、石灰和石膏制造	5946080	1811709	5416485		157282	14195	337913
水泥制造	4149874	1209242	4074973		155952	14195	297150
石灰和石膏制造	1796206	602467	1341512		1330		40763
石膏、水泥制品及类似制品制造	16258883	5317280	7880911	23940	363707	3333	1076578
水泥制品制造	8298318	2957782	4142607	23940	246816	3333	593089
砼结构构件制造	2602443	674078	1167581		78900		207464
石棉水泥制品制造	296177	80201	115083				75507
轻质建筑材料制造	3005471	1056676	1557757		7700		116906
其他水泥类似制品制造	2056474	548543	897883		30291		83612
砖瓦、石材等建筑材料制造	33552668	12134003	19360342	29031	490858	32398	1350603
粘土砖瓦及建筑砌块制造	6421913	3381331	6560265	20671	64689	13403	304938
建筑陶瓷制品制造	3345034	1878241	2787701				107983
建筑用石加工	9317592	3114725	4155534	3230	131522	15195	300900
防水建筑材料制造	1868155	558780	1233742		6462		70440
隔热和隔音材料制造	3040536	985274	1259828		93080		109571
其他建筑材料制造	9559438	2215652	3363272	5130	195105	3800	456771
玻璃制造	3145920	1100286	1839159	1476	145966	30086	362951
平板玻璃制造	1237406	337957	876682		145966	14250	94091
其他玻璃制造	1908514	762329	962477	1476		15836	268860
玻璃制品制造	5602890	2355110	3161615		102793		441253
技术玻璃制品制造	1538754	562873	692898		22050		273272
光学玻璃制造	466359	142204	165812				44511
玻璃仪器制造	92071	102986	104770		6001		12188
日用玻璃制品制造	848751	421921	845241		40505		34178
玻璃包装容器制造	402212	221537	415785		24673		18790
玻璃保温容器制造	147168	54495	95420		1200		
制镜及类似品加工	208785	79934	86396				9700
其他玻璃制品制造	1898790	769160	755293		8364		48614

2-1-21 续表 9 单位：万元

行　　业	新建	扩建	改建和技术改造	单纯建造生活设施	迁建	恢复	单纯购置
玻璃纤维和玻璃纤维增强塑料制品制造	1797462	1125455	1249680		68300		171298
玻璃纤维及制品制造	936246	847257	830590		64022		127808
玻璃纤维增强塑料制品制造	861216	278198	419090		4278		43490
陶瓷制品制造	4386262	1274114	3668875	1000	9430	3836	114217
卫生陶瓷制品制造	649094	197136	400853				30648
特种陶瓷制品制造	1214793	580886	1301434				42302
日用陶瓷制品制造	1589034	386734	1585989		9430		22249
园林、陈设艺术及其他陶瓷制品制造	933341	109358	380599	1000		3836	19018
耐火材料制品制造	5572143	1359885	2006970	19450	12297	950	173501
石棉制品制造	462966	211556	82579				44382
云母制品制造	194061	91376	172150		600	950	15245
耐火陶瓷制品及其他耐火材料制造	4915116	1056953	1752241	19450	11697		113874
石墨及其他非金属矿物制品制造	7698684	2425029	4030831	5000	232475		221495
石墨及碳素制品制造	2788876	1118897	1426960	5000	36588		114411
其他非金属矿物制品制造	4909808	1306132	2603871		195887		107084
黑色金属冶炼和压延加工业	15797899	8164084	16556572	44350	972328	9562	1027069
炼铁	745478	243616	1104469		3650	6742	61571
炼钢	3354148	2038241	2720652		219608		47437
黑色金属铸造	2456589	1928981	2395333		107721	850	145731
钢压延加工	6971150	3642284	9068369	9000	581047	1970	762350
铁合金冶炼	2270534	310962	1267749	35350	60302		9980
有色金属冶炼和压延加工业	28686940	7645107	17680934	18367	468014	24721	1277255
常用有色金属冶炼	7641362	1702199	5213178	67	122021	321	234682
铜冶炼	1229089	305809	769086		4085		48424
铅锌冶炼	847776	247425	1216996	67			10646
镍钴冶炼	243298	130697	600428				18438
锡冶炼	102029	141911	94025		76113		8030
锑冶炼	63565	12922	102332				
铝冶炼	3138145	607334	1720411		22700		83189
镁冶炼	696628	26281	125874				
其他常用有色金属冶炼	1320832	229820	584026		19123	321	65955
贵金属冶炼	596324	300211	845736	9200	16440		12224
金冶炼	160874	137712	109600	9200			8424
银冶炼	135386	51747	670047				
其他贵金属冶炼	300064	110752	66089		16440		3800
稀有稀土金属冶炼	810919	234487	648700		52151		30492
钨钼冶炼	239359	55959	262802		30901		
稀土金属冶炼	339514	123418	242324		21250		23292
其他稀有金属冶炼	232046	55110	143574				7200
有色金属合金制造	4460474	1456895	2125153	9100	94756		100627
有色金属铸造	729523	408779	870756		3230		132631
有色金属压延加工	14448338	3542536	7977411		179416	24400	766599
铜压延加工	2764275	539575	1244948		67415		172755
铝压延加工	9932425	2233762	5318619		87721	24400	175684
贵金属压延加工	229211	94496	186193		1280		7615
稀有稀土金属压延加工	130568	88889	433856				24436
其他有色金属压延加工	1391859	585814	793795		23000		386109
金属制品业	42799115	21228685	25734796	56797	1033481	58745	3994770
结构性金属制品制造	18892900	7319545	9401261	26401	369150	7213	1255855
金属结构制造	13269705	5529000	6993075	7000	104295	4125	909226
金属门窗制造	5623195	1790545	2408186	19401	264855	3088	346629

2-1-21　续表 10　　单位：万元

行　业	新建	扩建	改建和技术改造	单纯建造生活设施	迁建	恢复	单纯购置
金属工具制造	3570668	1799904	2536131	650	71023	32692	608819
切削工具制造	1108191	577819	658314		20601		280485
手工具制造	261047	283337	512048	650	2984		45977
农用及园林用金属工具制造	373387	254907	357402		16160		14689
刀剪及类似日用金属工具制造	299631	115324	100123		572	32692	55360
其他金属工具制造	1528412	568517	908244		30706		212308
集装箱及金属包装容器制造	2860825	1223271	1395072	2160	106623		251685
集装箱制造	364928	75175	112833				31393
金属压力容器制造	1082299	555235	568520	2160	12724		63823
金属包装容器制造	1413598	592861	713719		93899		156469
金属丝绳及其制品制造	1548367	1330318	1294580		95388		132878
建筑、安全用金属制品制造	5318792	2694095	3184534	7093	78985	10788	383746
建筑、家具用金属配件制造	1664815	942154	1074777		33638	2150	114748
建筑装饰及水暖管道零件制造	1764401	982558	1170368	1793	36273	2778	156930
安全、消防用金属制品制造	991903	471343	524973		7088	5860	66674
其他建筑、安全用金属制品制造	897673	298040	414416	5300	1986		45394
金属表面处理及热处理加工	1947466	1408982	1555005		109744		314595
搪瓷制品制造	766867	269329	243333				38311
生产专用搪瓷制品制造	97097	34695	46958				12341
建筑装饰搪瓷制品制造	278907	45351	65971				11383
搪瓷卫生洁具制造	291703	136109	62848				6038
搪瓷日用品及其他搪瓷制品制造	99160	53174	67556				8549
金属制日用品制造	2344914	1686697	1505996	9000	18663	7600	286545
金属制厨房用器具制造	826904	542128	313064		6631		37364
金属制餐具和器皿制造	476037	346334	283033		17	7600	64453
金属制卫生器具制造	134788	102104	41759				10826
其他金属制日用品制造	907185	696131	868140	9000	12015		173902
其他金属制品制造	5548316	3496544	4618884	11493	183905	452	722336
锻件及粉末冶金制品制造	1761837	1306743	1649071	9300	70497	452	175768
交通及公共管理用金属标牌制造	310897	166611	177574		8900		30024
其他未列明金属制品制造	3475582	2023190	2792239	2193	104508		516544
通用设备制造业	58032643	27774129	37393872	111740	2062033	33077	8231803
锅炉及原动设备制造	5157196	2059893	3372066		225526	4580	544001
锅炉及辅助设备制造	2345263	1135461	1564654		67066	4580	283790
内燃机及配件制造	1358938	613210	1197917		70100		79224
汽轮机及辅机制造	212338	80942	194318		9132		63293
水轮机及辅机制造	169039	42806	92156		79228		17752
风能原动设备制造	489341	74437	161301				40680
其他原动设备制造	582277	113037	161720				59262
金属加工机械制造	11965918	5829180	8530471	49540	543392	2000	1622574
金属切削机床制造	1823648	878866	1158793		109835		257135
金属成形机床制造	1307320	773848	969685		89896		276789
铸造机械制造	2477181	1294653	2315323		40638	2000	347767
金属切割及焊接设备制造	1406852	397462	779536		42892		94222
机床附件制造	768707	520459	646251		98139		174641
其他金属加工机械制造	4182210	1963892	2660883	49540	161992		472020
物料搬运设备制造	8159552	2419966	2654256		252648		507740
轻小型起重设备制造	710577	223929	382389		14866		62453
起重机制造	1999247	379080	847625		62479		181597

2-1-21 续表 11

单位：万元

行　　业	新建	扩建	改建和技术改造	单纯建造生活设施	迁建	恢复	单纯购置
生产专用车辆制造	1113969	411367	313364		18585		95398
连续搬运设备制造	730370	440949	164573		92275		14847
电梯、自动扶梯及升降机制造	2837020	786072	641906		63443		101162
其他物料搬运设备制造	768369	178569	304399		1000		52283
泵、阀门、压缩机及类似机械制造	7435966	3627923	5113705		228678	9281	1024350
泵及真空设备制造	2020387	998181	1604143		64072		283981
气体压缩机械制造	1080102	447375	477924		21757		163631
阀门和旋塞制造	1990404	1316821	1448552		70715		307627
液压和气压动力机械及元件制造	2345073	865546	1583086		72134	9281	269111
轴承、齿轮和传动部件制造	5829848	3505664	3539962	5608	304838		788805
轴承制造	3660092	1559048	1524569	5608	55090		500498
齿轮及齿轮减、变速箱制造	1368509	1482342	1624359		105887		169624
其他传动部件制造	801247	464274	391034		143861		118683
烘炉、风机、衡器、包装等设备制造	6374302	3245221	4009991	56592	259255	5000	733918
烘炉、熔炉及电炉制造	710722	217686	595447		117433		13402
风机、风扇制造	939055	387923	665978	56052	9854		83788
气体、液体分离及纯净设备制造	830015	394218	538946		45333		117925
制冷、空调设备制造	2651377	1115930	1382681		12330		306875
风动和电动工具制造	364045	524685	248719	540	2505		72556
喷枪及类似器具制造	71708	19278	120154		27960		14539
衡器制造	195156	98238	123692		4990	5000	36355
包装专用设备制造	612224	487263	334374		38850		88478
文化、办公用机械制造	778828	235221	371498		2553		120911
电影机械制造	10057		38536				
幻灯及投影设备制造	37492	14329	22985				2477
照相机及器材制造	53454	37481	51728				27783
复印和胶印设备制造	372190	35510	74530		2553		68479
计算器及货币专用设备制造	94667	14808	37460				9612
其他文化、办公用机械制造	210968	133093	146259				12560
通用零部件制造	8044635	5182498	7107924		113404	12216	2374806
金属密封件制造	477955	424283	342870		8394		107787
紧固件制造	1099742	855620	871328		36395	11076	165691
弹簧制造	255627	201955	138792		10210		56486
机械零部件加工	4474408	2571200	4655253		39070	1140	1831911
其他通用零部件制造	1736903	1129440	1099681		19335		212931
其他通用设备制造业	4286398	1668563	2693999		131739		514698
专用设备制造业	59971734	23151463	32348412	68564	1229069	79353	6684985
采矿、冶金、建筑专用设备制造	15325931	6393541	9418548	22300	237480	42006	1400608
矿山机械制造	5839538	2288548	3052671	3900	121960	15526	421712
石油钻采专用设备制造	3666628	1417772	2142950	9600	62561		414692
建筑工程用机械制造	2728406	1012040	1865491	8800	31867	18680	367365
海洋工程专用设备制造	400626	582093	439021				29036
建筑材料生产专用机械制造	1790643	717221	961827		13596		97440
冶金专用设备制造	900090	375867	956588		7496	7800	70363
化工、木材、非金属加工专用设备制造	8454465	3879820	5281696	23172	134879		1367021
炼油、化工生产专用设备制造	1650291	761276	895175	9199	2411		105228
橡胶加工专用设备制造	345479	144813	357134		37930		28134
塑料加工专用设备制造	944257	772879	673512	8873	37087		74801
木材加工机械制造	476975	178774	311728		1600		63152
模具制造	3843071	1719849	2521924	5100	31241		948712
其他非金属加工专用设备制造	1194392	302229	522223		24610		146994

2-1-21　续表 12　　　　单位：万元

行　　业	新建	扩建	改建和技术改造	单纯建造生活设施	迁建	恢复	单纯购置
食品、饮料、烟草及饲料生产专用设备制造	2141870	779984	1023916		56304		149757
食品、酒、饮料及茶生产专用设备制造	954354	263571	276483		10104		62753
农副食品加工专用设备制造	853579	453435	549549		34320		26903
烟草生产专用设备制造	74843	7272	69870		11880		53414
饲料生产专用设备制造	259094	55706	128014				6687
印刷、制药、日化及日用品生产专用设备制造	3985811	1167407	1730952		88216	912	311616
制浆和造纸专用设备制造	496955	181552	196789		56707		26992
印刷专用设备制造	1063907	314128	555253		5193		45004
日用化工专用设备制造	460926	77655	209579		7500		28306
制药专用设备制造	400245	109061	215514		1383		37462
照明器具生产专用设备制造	934404	123567	205482		4047		112121
玻璃、陶瓷和搪瓷制品生产专用设备制造	307676	137043	185912		13386		19492
其他日用品生产专用设备制造	321698	224401	162423			912	42239
纺织、服装和皮革加工专用设备制造	1410774	944737	951740	2690	87737	2816	329837
纺织专用设备制造	1022275	662321	691579	2690	87737	2816	239255
皮革、毛皮及其制品加工专用设备制造	86756	125298	52807				37749
缝制机械制造	190744	151249	158854				30271
洗涤机械制造	110999	5869	48500				22562
电子和电工机械专用设备制造	5319251	1824953	2228514	5868	26252		636806
电工机械专用设备制造	1782939	752122	1023604		14511		235846
电子工业专用设备制造	3536312	1072831	1204910	5868	11741		400960
农、林、牧、渔专用机械制造	5116449	2273880	3073348	4534	228953	27619	334014
拖拉机制造	532946	177057	520316		1246	9619	94885
机械化农业及园艺机具制造	1989637	708337	1038139		36926		89185
营林及木竹采伐机械制造	105305	35470	40511		500		7728
畜牧机械制造	424670	150558	170012		10073	8000	18622
渔业机械制造	112199	30021	63650				2827
农林牧渔机械配件制造	728510	567986	694984		161862	9000	90385
棉花加工机械制造	155464	24209	41091		5018		
其他农、林、牧、渔业机械制造	1067718	580242	504645	4534	13328	1000	30382
医疗仪器设备及器械制造	4759888	1578149	2611655		59129		766121
医疗诊断、监护及治疗设备制造	1604172	380137	860961		14363		114302
口腔科用设备及器具制造	134316	72005	51411				20589
医疗实验室及医用消毒设备和器具制造	465888	166323	205768		15001		73194
医疗、外科及兽医用器械制造	805959	379758	425590		4519		131216
机械治疗及病房护理设备制造	360312	112532	302636		5280		51655
假肢、人工器官及植(介)入器械制造	62354	52210	86182				233503
其他医疗设备及器械制造	1326887	415184	679107		19966		141662
环保、社会公共服务及其他专用设备制造	13457295	4308992	6028043	10000	310119	6000	1389205
环境保护专用设备制造	6672890	2243160	3227938		128523		390239
地质勘查专用设备制造	209689	37715	115260		62337		5874
邮政专用机械及器材制造	20800		19307				
商业、饮食、服务专用设备制造	86252	47840	71015				3540
社会公共安全设备及器材制造	858150	288258	310400		68230		41862
交通安全、管制及类似专用设备制造	335287	115571	151884	10000	10116		39528
水资源专用机械制造	435710	154884	242984		15895		36420
其他专用设备制造	4838517	1421564	1889255		25018	6000	871742
汽车制造业	55515656	17997122	33951512	80090	1482213	4440	6121853
汽车整车制造	9792519	3952149	8938599	49366	514848		561086

2-1-21 续表 13

单位：万元

行　　业	新建	扩建	改建和技术改造	单纯建造生活设施	迁建	恢复	单纯购置
改装汽车制造	1471655	529420	931043				208282
低速载货汽车制造	419582	24512	166489		31500		6853
电车制造	2263725	593270	468837		47747		90532
汽车车身、挂车制造	1017739	266397	804915	13000	20264		17699
汽车零部件及配件制造	40550436	12631374	22641629	17724	867854	4440	5237401
铁路、船舶、航空航天和其他运输设备制造业	17258434	4197871	7494682	35350	657530	9154	2610078
铁路运输设备制造	2652685	966610	1852148		212834	8924	394699
铁路机车车辆及动车组制造	372974	121913	288631		127494		79680
窄轨机车车辆制造	9635	25895	87625		2500		4013
铁路机车车辆配件制造	1081767	361286	1057312			8924	104243
铁路专用设备及器材、配件制造	855632	393266	338980		82840		195195
其他铁路运输设备制造	332677	64250	79600				11568
城市轨道交通设备制造	618512	90024	169961				11552
船舶及相关装置制造	3405915	1450991	2571972	19350	16903	230	419572
金属船舶制造	956851	387318	921926	19350	4584	230	141223
非金属船舶制造	103657	193777	85412		1965		22018
娱乐船和运动船制造	256171	46766	660729				25859
船用配套设备制造	1671677	676675	678462		9321		210121
船舶改装与拆除	54792	35325	73037		1033		13445
航标器材及其他相关装置制造	362767	111130	152406				6906
摩托车制造	2584682	305838	784044		119039		170857
摩托车整车制造	992820	48555	187741		35040		22885
摩托车零部件及配件制造	1591862	257283	596303		83999		147972
自行车制造	2753853	598816	731314	16000	249038		178198
脚踏自行车及残疾人座车制造	339500	275327	365991	16000	79748		97988
助动自行车制造	2414353	323489	365323		169290		80210
非公路休闲车及零配件制造	571756	241038	59930				21745
潜水救捞及其他未列明运输设备制造	4671031	544554	1325313		59716		1413455
其他未列明运输设备制造	4671031	544554	1325313		59716		1413455
电气机械和器材制造业	56147365	21072864	28581069	6833	1325301	77873	5934034
电机制造	5612837	2425069	3149928		176977		754021
发电机及发电机组制造	2712804	1080285	1385507		52697		277438
电动机制造	1668963	561591	977656		113116		188264
微电机及其他电机制造	1231070	783193	786765		11164		288319
输配电及控制设备制造	19285998	7798322	9725471	750	483599		2244366
变压器、整流器和电感器制造	3431479	1642801	1940861		96977		373790
电容器及其配套设备制造	756570	333564	457125		134287		64743
配电开关控制设备制造	2536815	1280791	2146164		59488		392123
电力电子元器件制造	4003476	1505387	2313362	750	30355		613673
光伏设备及元器件制造	6023512	2167366	1875926		112442		597126
其他输配电及控制设备制造	2534146	868413	992033		50050		202911
电线、电缆、光缆及电工器材制造	7717575	3247076	5405571	3092	347380	7450	719673
电线、电缆制造	5628460	2098803	4039590	3092	331336	7450	480726
光纤、光缆制造	753929	436906	494048				63014
绝缘制品制造	650885	313766	452798		9755		52722
其他电工器材制造	684301	397601	419135		6289		123211
电池制造	6785115	1667655	2770236		157398		756497
锂离子电池制造	4060137	877409	1364831		23880		566472
镍氢电池制造	252569	100470	242521		27589		28408
其他电池制造	2472409	689776	1162884		105929		161617

2-1-21 续表 14

单位：万元

行业	新建	扩建	改建和技术改造	单纯建造生活设施	迁建	恢复	单纯购置
家用电力器具制造	4622731	2199750	2599894	2991	100785	57186	517099
家用制冷电器具制造	882862	591784	715675		4100		107042
家用空气调节器制造	551152	254317	292154		53195		68400
家用通风电器具制造	184775	193268	51722		16323		16688
家用厨房电器具制造	1271924	391241	494184	2991	5310	57186	59015
家用清洁卫生电器具制造	244636	120234	136635		13607		83419
家用美容、保健电器具制造	184363	55204	65403				25434
家用电力器具专用配件制造	467735	314848	401171		5880		115898
其他家用电力器具制造	835284	278854	442950		2370		41203
非电力家用器具制造	2314723	765018	1332612		27006	5647	164369
燃气、太阳能及类似能源家用器具制造	2153791	715988	1215253		27006	5647	148960
其他非电力家用器具制造	160932	49030	117359				15409
照明器具制造	6792017	1873654	2121765		14903	7590	337864
电光源制造	1450818	322605	402561		3220		100205
照明灯具制造	4623842	1288986	1371808		6743	7590	167406
灯用电器附件及其他照明器具制造	717357	262063	347396		4940		70253
其他电气机械及器材制造	3016369	1096320	1475592		17253		440145
电气信号设备装置制造	570483	141939	164014		5179		117256
其他未列明电气机械及器材制造	2445886	954381	1311578		12074		322889
计算机、通信和其他电子设备制造业	49409174	11497776	20178201	64577	364099	4900	8841854
计算机制造	6249459	1234600	2283470		72919		1141015
计算机整机制造	1080525	155118	249373				360164
计算机零部件制造	2527696	637766	1146045		24625		492075
计算机外围设备制造	739803	210066	472336		23253		157229
其他计算机制造	1901435	231650	415716		25041		131547
通信设备制造	6724983	1415150	2521374	9830	32344		1187788
通信系统设备制造	2913547	523329	1531478	9830	27758		726621
通信终端设备制造	3811436	891821	989896		4586		461167
广播电视设备制造	1005002	276596	680572				227105
广播电视节目制作及发射设备制造	112170	58538	166751				60893
广播电视接收设备及器材制造	471600	136661	367111				129475
应用电视设备及其他广播电视设备制造	421232	81397	146710				36737
视听设备制造	1066728	401374	574339	4375	93		391963
电视机制造	421823	109158	332861				118914
音响设备制造	378987	204881	136526		93		97508
影视录放设备制造	265918	87335	104952	4375			175541
电子器件制造	16150734	4025724	6860840		50289		3238255
电子真空器件制造	435022	147830	195446				93203
半导体分立器件制造	488996	244469	359591		1770		120809
集成电路制造	3130022	201629	1627607		27998		1727067
光电子器件及其他电子器件制造	12096694	3431796	4678196		20521		1297176
电子元件制造	9908675	2979362	5188616	6522	82090	4850	2152309
电子元件及组件制造	8206511	2540226	4419462		82090	4850	1663797
印制电路板制造	1702164	439136	769154	6522			488512
其他电子设备制造	8303593	1164970	2068990	43850	126364	50	503419
仪器仪表制造业	8480864	2527005	4209017	15333	96922		1130210
通用仪器仪表制造	3746798	1237251	2427630	14560	65839		605087
工业自动控制系统装置制造	1711149	660261	1170679		29189		308560
电工仪器仪表制造	528975	251574	460783		16130		105343
绘图、计算及测量仪器制造	389526	114918	133185				16303

2-1-21 续表 15 单位：万元

行业	新建	扩建	改建和技术改造	单纯建造生活设施	迁建	恢复	单纯购置
实验分析仪器制造	224012	57715	158299	14560	12720		80637
试验机制造	71821	18750	72417				46277
供应用仪表及其他通用仪器制造	821315	134033	432267		7800		47967
专用仪器仪表制造	1882754	638046	1014889		25716		258671
环境监测专用仪器仪表制造	369784	134364	118357				39912
运输设备及生产用计数仪表制造	113399	171081	174678				68069
农林牧渔专用仪器仪表制造	218866	4000	8000				
地质勘探和地震专用仪器制造	47802	12636	30442				29373
教学专用仪器制造	73437	31545	71135				5760
电子测量仪器制造	276687	125935	148304		2001		66012
其他专用仪器制造	782779	158485	463973		23715		49545
钟表与计时仪器制造	402998	43709	81352				43303
光学仪器及眼镜制造	1322468	389494	236958				126686
光学仪器制造	1175935	274745	161897				105229
眼镜制造	146533	114749	75061				21457
其他仪器仪表制造业	1125846	218505	448188	773	5367		96463
其他制造业	13189959	3441986	3633364	12624	113463	9724	1394755
日用杂品制造	810632	725070	570790		19057		75916
鬃毛加工、制刷及清扫工具制造	195674	197649	190785		9846		20964
其他日用杂品制造	614958	527421	380005		9211		54952
煤制品制造	1559628	200217	331518		16990		36156
其他未列明制造业	10819699	2516699	2731056	12624	77416	9724	1282683
废弃资源综合利用业	7421793	1835571	3588634	3650	41832	3867	225922
金属废料和碎屑加工处理	3894632	1053194	2324548		21848		153742
非金属废料和碎屑加工处理	3527161	782377	1264086	3650	19984	3867	72180
金属制品、机械和设备修理业	1289220	694805	1116214	5000	25182	13130	231404
金属制品修理	67621	56193	97392				3100
通用设备修理	281852	37903	101142		8000		29677
专用设备修理	268628	54251	404155		9210		28566
铁路、船舶、航空航天等运输设备修理	324593	427829	303793	5000	640		69512
铁路运输设备修理	22442		25436				32926
船舶修理	47235	391902	82775	5000	640		13295
航空航天器修理	86882		152875				23291
其他运输设备修理	168034	35927	42707				
电气设备修理	34955	34525	53855		232		24068
仪器仪表修理	30268	5000	11986				4840
其他机械和设备修理业	281303	79104	143891		7100	13130	71641
(四)电力、热力、燃气及水生产和供应业	**182928599**	**38016158**	**42203772**	**731373**	**795451**	**425060**	**1995870**
电力、热力生产和供应业	141252248	28166389	30488002	314501	559106	376323	1447571
电力生产	103003309	18032545	15333868	160467	405162	163889	991405
火力发电	22122506	6453385	7519277	9800	160980	6000	594240
水力发电	15463426	2124834	2891818	17405	20923	113593	64863
核力发电	6401352	2375386	11236	9500			
风力发电	27127522	3541742	1859475	80212	125720	3422	79200
太阳能发电	26391759	2531342	1626342	43550	45296	37674	163998
其他电力生产	5496744	1005856	1425720		52243	3200	89104
电力供应	28465675	7728427	11510002	39033	94563	159737	296680
热力生产和供应	9783264	2405417	3644132	115001	59381	52697	159486
燃气生产和供应业	15811836	3211614	3697834	167580	99858	4000	322176
燃气生产和供应业	15811836	3211614	3697834	167580	99858	4000	322176

2-1-21　续表 16　　　　单位：万元

行　　业	新建	扩建	改建和技术改造	单纯建造生活设施	迁建	恢复	单纯购置
水的生产和供应业	25864515	6638155	8017936	249292	136487	44737	226123
自来水生产和供应	12256651	2944927	3685207	124478	59987	17789	99166
污水处理及其再生利用	11645656	3317853	3686011	115042	64074	7638	89650
其他水的处理、利用与分配	1962208	375375	646718	9772	12426	19310	37307
(五)建筑业	**33989145**	**5098040**	**5964217**	**182127**	**140781**	**163533**	**3429168**
房屋建筑业	11966489	1128437	975277	22871	82794	16579	1170287
房屋建筑业	11966489	1128437	975277	22871	82794	16579	1170287
土木工程建筑业	17386841	2671060	3380477	106104	33308	111125	1145676
铁路、道路、隧道和桥梁工程建筑	11684734	1563338	1843925	79893	7410	17827	571934
铁路工程建筑	373399	29761	62065				185676
公路工程建筑	4964649	592294	782681	18057	5700	12839	113033
市政道路工程建筑	3828312	678777	669732	59976	1710	4988	121940
其他道路、隧道和桥梁工程建筑	2518374	262506	329447	1860			151285
水利和内河港口工程建筑	2400716	568226	684692	8600	7469	36038	106516
水源及供水设施工程建筑	1017843	196353	208823	8600	6851	10187	16622
河湖治理及防洪设施工程建筑	1167367	303662	342036		618	25851	8851
港口及航运设施工程建筑	215506	68211	133833				81043
海洋工程建筑	475129	783					
工矿工程建筑	102759	93814	157666	1000			117978
架线和管道工程建筑	1114445	209487	158634	11624	5229		101468
架线及设备工程建筑	379545	119907	48230		930		85531
管道工程建筑	734900	89580	110404	11624	4299		15937
其他土木工程建筑	1609058	235412	535560	4987	13200	57260	247780
建筑安装业	1242306	295412	488893	14698	1268		525935
电气安装	278520	88903	86811		1268		55960
管道和设备安装	408867	95651	185409				59417
其他建筑安装业	554919	110858	216673	14698			410558
建筑装饰和其他建筑业	3393509	1003131	1119570	38454	23411	35829	587270
建筑装饰业	1182951	486724	666972	27354	12130	3271	302943
工程准备活动	571370	75705	110309	5500	5800		87637
建筑物拆除活动	200678	19334	47147		5800		20855
其他工程准备活动	370692	56371	63162	5500			66782
提供施工设备服务	90233	45320	51966				35108
其他未列明建筑业	1548955	395382	290323	5600	5481	32558	161582
(六)批发和零售业	**127696313**	**26309383**	**24834085**	**312606**	**526537**	**114208**	**7021114**
批发业	59830517	15026829	14283077	103478	326646	59052	4672681
农、林、牧产品批发	7784095	1674319	704716	21178	35864	150	76792
谷物、豆及薯类批发	2306231	402072	126280	3238	6728		17645
种子批发	609426	84154	110293				6300
饲料批发	221359	65651	92942				11466
棉、麻批发	273204	46434	17295				9550
林业产品批发	808220	405965	60565		1800		10640
牲畜批发	334855	77074	31173				1680
其他农牧产品批发	3230800	592969	266168	17940	27336	150	19511
食品、饮料及烟草制品批发	9197072	2139565	1723430	19610	71833		284624
米、面制品及食用油批发	820878	158786	144688	17010			37883
糕点、糖果及糖批发	137172	60899	10380				11203
果品、蔬菜批发	4259809	793255	346624	2600	48455		20030
肉、禽、蛋、奶及水产品批发	1391541	404152	424473		13468		57477
盐及调味品批发	99975	65996	16549				2519

2-1-21 续表 17

单位：万元

行业	新建	扩建	改建和技术改造	单纯建造生活设施	迁建	恢复	单纯购置
营养和保健品批发	96061	90026	42591				8453
酒、饮料及茶叶批发	755697	250020	287873		3732		73169
烟草制品批发	247047	67038	33200				9484
其他食品批发	1388892	249393	417052		6178		64406
纺织、服装及家庭用品批发	7252148	1877691	1672868		20603	13312	376872
纺织品、针织品及原料批发	2430657	933985	321702		16958		57652
服装批发	1697626	323326	524918			13312	123419
鞋帽批发	168716	53466	87305				11954
化妆品及卫生用品批发	244538	72442	48919				15352
厨房、卫生间用具及日用杂货批发	461630	87404	81783				28842
灯具、装饰物品批发	579287	72870	176658				8380
家用电器批发	576027	166417	271200		3645		92262
其他家庭用品批发	1093667	167781	160383				39011
文化、体育用品及器材批发	938658	346474	474981		11070	14483	112462
文具用品批发	193743	58572	121600		1160	7850	38428
体育用品及器材批发	139281	35584	35616		5000		5986
图书批发	134961	14543	61826				4841
报刊批发			10517				
音像制品及电子出版物批发	66096	14010	33238				8777
首饰、工艺品及收藏品批发	208269	161251	141881		4910	6633	37030
其他文化用品批发	196308	62514	70303				17400
医药及医疗器材批发	2058494	477810	689604		5092	6110	407826
西药批发	706598	107525	217390				92422
中药批发	626322	177759	120951				13968
医疗用品及器材批发	725574	192526	351263		5092	6110	301436
矿产品、建材及化工产品批发	17038919	4537904	3294956	23626	65684	9315	1250447
煤炭及制品批发	1263935	435977	181105	3200	10280		51015
石油及制品批发	2592882	577410	813604	20426	15433	5100	157915
非金属矿及制品批发	507559	170002	71507				71699
金属及金属矿批发	1950105	734442	363999			650	342220
建材批发	9185197	1908012	1359501		35825	3565	422189
化肥批发	395187	194012	91011				32653
农药批发	133564	24272	32006				
农用薄膜批发	8871	5400	11680		300		
其他化工产品批发	1001619	488377	370543		3846		172756
机械设备、五金产品及电子产品批发	9120315	2160930	3169905	39064	50365	11002	1328715
农业机械批发	882292	150264	102779		3400		34010
汽车批发	2202404	310643	105860	7200	20000		43576
汽车零配件批发	810992	121139	606510		500		78422
摩托车及零配件批发	203668	16303	37767				
五金产品批发	1985224	548888	535342	9156	9785	11002	208941
电气设备批发	610005	217758	306099	3918			267408
计算机、软件及辅助设备批发	235532	59863	310341				100697
通讯及广播电视设备批发	66041	36930	188808				68820
其他机械设备及电子产品批发	2124157	699142	976399	18790	16680		526841
贸易经纪与代理	2300520	724814	1520771		5462		555694
贸易代理	1596363	523906	1061595				365979
拍卖	7676	995	2835				3670
其他贸易经纪与代理	696481	199913	456341		5462		186045

2-1-21　续表 18

单位：万元

行　　业	新建	扩建	改建和技术改造	单纯建造生活设施	迁建	恢复	单纯购置
其他批发业	4140296	1087322	1031846		60673	4680	279249
再生物资回收与批发	1098007	254097	242376		52850		50216
其他未列明批发业	3042289	833225	789470		7823	4680	229033
零售业	67865796	11282554	10551008	209128	199891	55156	2348433
综合零售	29610085	3691540	3062951	113355	14077	2730	548895
百货零售	15519907	1991208	1719208	92211	13077		174187
超级市场零售	7239745	715996	647135	12180	1000	2730	118085
其他综合零售	6850433	984336	696608	8964			256623
食品、饮料及烟草制品专门零售	2815363	980183	806884	11857	25533	15180	90190
粮油零售	387095	73130	73182		4000		780
糕点、面包零售	27976	23437	31624			8650	5111
果品、蔬菜零售	722897	203083	195650			6530	10020
肉、禽、蛋、奶及水产品零售	539981	184894	162141		14200		21834
营养和保健品零售	101550	25223	23368	8700			2940
酒、饮料及茶叶零售	315464	71233	108754				32964
烟草制品零售	17034	25487	16589				2413
其他食品零售	703366	373696	195576	3157	7333		14128
纺织、服装及日用品专门零售	2034984	782080	1054585	9170	800	945	111562
纺织品及针织品零售	313312	99099	137587				20745
服装零售	895913	537647	548177	5650	800		52695
鞋帽零售	14500	31509	35307				805
化妆品及卫生用品零售	112327	16399	49270				940
钟表、眼镜零售	21023	22896	59520				1730
箱、包零售	84853		8246				
厨房用具及日用杂品零售	61623	11500	23907				3223
自行车零售	53756	14763	25635				
其他日用品零售	477677	48267	166936	3520		945	31424
文化、体育用品及器材专门零售	1583700	329663	565627	10340		5609	64497
文具用品零售	67799	18710	32842				3550
体育用品及器材零售	69573	28798	47324			3500	21183
图书、报刊零售	91191	22599	94820	1150			
音像制品及电子出版物零售	20398	18460	3980				3582
珠宝首饰零售	471840	132280	185715	4530		573	14952
工艺美术品及收藏品零售	787041	74111	117121			1536	4880
乐器零售	370	14925	26737	4660			2911
照相器材零售	9877	4995	28450				
其他文化用品零售	65611	14785	28638				13439
医药及医疗器材专门零售	883293	266620	502132	11856	5620	7825	131106
药品零售	647822	208582	414307	11856	5620	7825	97435
医疗用品及器材零售	235471	58038	87825				33671
汽车、摩托车、燃料及零配件专门零售	17580310	2702367	1646584	17800	98979	7147	669803
汽车零售	13404267	1844286	890700	2380	32734	5661	454526
汽车零配件零售	1286333	255005	131151	10420			84471
摩托车及零配件零售	101753	15420	14549		7598		2860
机动车燃料零售	2787957	587656	610184	5000	58647	1486	127946
家用电器及电子产品专门零售	1836056	438838	828451	23103	9879		170440
家用视听设备零售	213228	53434	48671	4800			8350
日用家电设备零售	588057	151175	212559	7230	9879		23702
计算机、软件及辅助设备零售	421717	75782	199976	11073			31212
通信设备零售	125339	59065	223083				45828
其他电子产品零售	487715	99382	144162				61348

2-1-21 续表 19

单位：万元

行　　业	新建	扩建	改建和技术改造	单纯建造生活设施	迁建	恢复	单纯购置
五金、家具及室内装饰材料专门零售	6543340	1273150	1193476	2597	23538	15720	310108
五金零售	923929	225733	243990		9745		39679
灯具零售	105827	28705	41256				14136
家具零售	3447375	536550	421540	2597	13793	8220	25394
涂料零售	38299	20267	42288				13885
卫生洁具零售	13429	18738	21220				13918
木质装饰材料零售	204756	89169	62510				6622
陶瓷、石材装饰材料零售	826901	149928	155590			7500	181342
其他室内装饰材料零售	982824	204060	205082				15132
货摊、无店铺及其他零售业	4978665	818113	890318	9050	21465		251832
货摊食品零售	102066	54827	13815		6115		
货摊纺织、服装及鞋零售	31820	15455	22447				
货摊日用品零售	64199	5568					
互联网零售	1818259	103509	94870	9050	6750		78061
邮购及电视、电话零售	44816	5148	9698				687
旧货零售	42804	4800	2850		8600		6890
生活用燃料零售	510050	172495	98949				24470
其他未列明零售业	2364651	456311	647689				141724
（七）交通运输、仓储和邮政业	**356122586**	**49598900**	**50544431**	**429788**	**996109**	**666379**	**31389913**
铁路运输业	57383972	4981978	2561407	5920	130664	5700	12229764
铁路旅客运输	39570231	1744647	614389		69856		11049
铁路货物运输	13236975	2738986	836843	5920	42130		12106109
铁路运输辅助活动	4576766	498345	1110175		18678	5700	112606
客运火车站	1493548	103303	282615		7263		
货运火车站	289398	109274	20476		11415		8924
其他铁路运输辅助活动	2793820	285768	807084			5700	103682
道路运输业	208903971	30816166	39913894	321379	282536	575977	5327124
城市公共交通运输	42475100	2553294	1324982	51944	19205		2094192
公共电汽车客运	2999425	367667	413333	4887	18745		1538128
城市轨道交通	34996976	1510191	174723	38467			113968
出租车客运	149681	23036	30941	6440			336518
其他城市公共交通运输	4329018	652400	705985	2150	460		105578
公路旅客运输	72044039	7986690	15311428	152703	14524	264615	281119
道路货物运输	48172515	10518014	10655072	67317	131203	143797	2749703
道路运输辅助活动	46212317	9758168	12622412	49415	117604	167565	202110
客运汽车站	2397374	236297	162343	961	104738	868	33299
公路管理与养护	31395927	7436343	10273083	40732	9827	107526	33358
其他道路运输辅助活动	12419016	2085528	2186986	7722	3039	59171	135453
水上运输业	16938518	1825823	1587805	44773	62292	5790	3057802
水上旅客运输	651630	109741	48077	8616		1400	215764
海洋旅客运输	179145	35401	25119	8616			163182
内河旅客运输	343847	64376	3078			1400	25767
客运轮渡运输	128638	9964	19880				26815
水上货物运输	2403514	505096	413994				2582407
远洋货物运输	300846	13620	22503				623020
沿海货物运输	814481	143962	227899				1323542
内河货物运输	1288187	347514	163592				635845
水上运输辅助活动	13883374	1210986	1125734	36157	62292	4390	259631
客运港口	735774	34867	19674				3773
货运港口	10846454	752074	513870	26291	14894	4390	138058
其他水上运输辅助活动	2301146	424045	592190	9866	47398		117800

2-1-21　续表 20

单位：万元

行　　业	新建	扩建	改建和技术改造	单纯建造生活设施	迁建	恢复	单纯购置
航空运输业	6698377	1448871	1028345		98191	58120	9066651
航空客货运输	935170	346311	357830		28000		9006204
航空旅客运输	841275	346311	304177		28000		8963117
航空货物运输	93895		53653				43087
通用航空服务	488880	60756	204234				30019
航空运输辅助活动	5274327	1041804	466281		70191	58120	30428
机场	4489273	885539	228764		70191	58120	13317
空中交通管理	34422	15861					
其他航空运输辅助活动	750632	140404	237517				17111
管道运输业	2334373	328287	307029	3876	4817		13109
管道运输业	2334373	328287	307029	3876	4817		13109
装卸搬运和运输代理业	9834899	1569600	789735	1128	44817		512218
装卸搬运	1815170	328961	168186				170921
运输代理业	8019729	1240639	621549	1128	44817		341297
货物运输代理	6182443	992603	423889	1128	44817		274158
旅客票务代理	3874		2510				5188
其他运输代理业	1833412	248036	195150				61951
仓储业	52173068	8435901	4168047	50931	332207	20792	1020578
谷物、棉花等农产品仓储	11978905	2417865	1287153	4763	221259		27326
谷物仓储	6210005	1685454	797820		209287		13070
棉花仓储	355626	134303	30685				8100
其他农产品仓储	5413274	598108	458648	4763	11972		6156
其他仓储业	40194163	6018036	2880894	46168	110948	20792	993252
邮政业	1855408	192274	188169	1781	40585		162667
邮政基本服务	423337	44131	56351	1450	1295		30844
快递服务	1432071	148143	131818	331	39290		131823
(八)住宿和餐饮业	**49158237**	**7326623**	**7162237**	**202192**	**35750**	**84130**	**1073090**
住宿业	37326375	4523476	4125824	60718	29445	82180	585115
旅游饭店	27934747	3030208	2462196	23510	15196	39668	365576
一般旅馆	5128286	931724	1278846	30728		20352	127119
其他住宿业	4263342	561544	384782	6480	14249	22160	92420
餐饮业	11831862	2803147	3036413	141474	6305	1950	487975
正餐服务	8690967	2196117	2491415	123382	3020	1950	363824
快餐服务	588589	161507	101400	4950	3285		63960
饮料及冷饮服务	343575	118541	185914	3549			10602
茶馆服务	44861	34754	53843	3549			
咖啡馆服务	75712	25073	72378				592
酒吧服务	205163	32033	35894				10010
其他饮料及冷饮服务	17839	26681	23799				
其他餐饮业	2208731	326982	257684	9593			49589
小吃服务	597312	66635	76707				3375
餐饮配送服务	249276	58134	53073				10569
其他未列明餐饮业	1362143	202213	127904	9593			35645
(九)信息传输、软件和信息技术服务业	**30224392**	**8743393**	**10904687**	**24416**	**52344**	**25768**	**5188702**
电信、广播电视和卫星传输服务	10573403	5681195	6278028	20386	25866	16500	1851634
电信	9700108	5486207	6032328	18802	25546	16500	1762798
固定电信服务	1550565	1209425	1365772	3035			259637
移动电信服务	7030960	3789894	4054413	14967		8500	1240794
其他电信服务	1118583	486888	612143	800	25546	8000	262367

2-1-21 续表 21

单位：万元

行　　业	新建	扩建	改建和技术改造	单纯建造生活设施	迁建	恢复	单纯购置
广播电视传输服务	806244	155916	232982	1584	320		57112
有线广播电视传输服务	623312	78353	174546	1584			49025
无线广播电视传输服务	182932	77563	58436		320		8087
卫星传输服务	67051	39072	12718				31724
互联网和相关服务	4099945	856250	1821089		3188		1232069
互联网接入及相关服务	1312922	242099	800528				162096
互联网信息服务	1911503	315526	627209		400		996803
其他互联网服务	875520	298625	393352		2788		73170
软件和信息技术服务业	15551044	2205948	2805570	4030	23290	9268	2104999
软件开发	6476465	856014	1099762		800		1200366
信息系统集成服务	2375808	482277	638114			9268	367409
信息技术咨询服务	1392383	231783	284793		8064		193004
数据处理和存储服务	2129117	434764	227799				182624
集成电路设计	461028	21617	69316	4030			27054
其他信息技术服务业	2716243	179493	485786		14426		134542
数字内容服务	471584	12112	54131				14361
呼叫中心	416409	23823	92182				2520
其他未列明信息技术服务业	1828250	143558	339473		14426		117661
(十)金融业	**9392242**	**1465099**	**1708041**	**56095**	**52309**	**2202**	**996500**
货币金融服务	4333011	671178	860718	20888	34766	2202	733646
中央银行服务	385237	55133	65546	3588			101939
货币银行服务	3317374	535238	671024	17300	30466	2202	553419
非货币银行服务	617650	80807	124148		4300		78288
金融租赁服务	423672	16026	34734				13077
财务公司	42930	2100	48111				6392
典当	10973	14355	14085		4300		6028
其他非货币银行服务	140075	48326	27218				52791
银行监管服务	12750						
资本市场服务	2490822	349407	493880	20431	5625		115293
证券市场服务	826491	70596	78831				26453
证券市场管理服务	133858	4500	14170				
证券经纪交易服务	665248	66096	34642				25502
基金管理服务	27385		30019				951
期货市场服务	50829		2955				982
期货市场管理服务	35464						
其他期货市场服务	15365		2955				982
证券期货监管服务	24521		23767				
资本投资服务	1060091	192010	275129	8410	5625		79458
其他资本市场服务	528890	86801	113198	12021			8400
保险业	897259	176715	152636	14776			68277
人身保险	673099	147786	51514	2566			2951
人寿保险	669196	147786	51514	2566			2951
健康和意外保险	3903						
财产保险	185688	17631	66522	7560			60049
再保险							
养老金							
保险经纪与代理服务	18609	9410	29860				1310
保险监管服务	5062						
其他保险活动	14801	1888	4740	4650			3967
风险和损失评估	2780	1888		4650			1817
其他未列明保险活动	12021		4740				2150

2-1-21 续表 22

单位：万元

行业	新建	扩建	改建和技术改造	单纯建造生活设施	迁建	恢复	单纯购置
其他金融业	1671150	267799	200807		11918		79284
金融信托与管理服务	863033	68457	27661				11081
控股公司服务	133124	8097	20710				26937
非金融机构支付服务	47092	4580	11818				2227
金融信息服务	229964	95094	35462				22589
其他未列明金融业	397937	91571	105156		11918		16450
（十一）房地产业	**1203511140**	**24836564**	**20228914**	**16018422**	**1718862**	**298230**	**449437**
房地产业	1203511140	24836564	20228914	16018422	1718862	298230	449437
房地产开发经营	999275121	2507952	2107739	730483	353677	12234	22559
物业管理	2413654	504503	1141288	95055	3621	1700	269239
房地产中介服务	289344	57476	47861	9585			12221
自有房地产经营活动	19325840	1457890	1770252	204586	58403		46615
其他房地产业	182207181	20308743	15161774	14978713	1303161	284296	98803
（十二）租赁和商务服务业	**67803680**	**9928702**	**7916295**	**268638**	**334322**	**82387**	**8024285**
租赁业	1889281	473559	518816	36398		4823	5997537
机械设备租赁	1512820	458662	469627	23218		4823	5986728
汽车租赁	302013	87287	148729				570044
农业机械租赁	103915	26225	20777				
建筑工程机械与设备租赁	579870	235399	206106			4823	512643
计算机及通讯设备租赁	26698	2580	4603				
其他机械与设备租赁	500324	107171	89412	23218			4904041
文化及日用品出租	376461	14897	49189	13180			10809
娱乐及体育设备出租	257745	13697	25124	13180			7909
图书出租	1469		4327				
音像制品出租	8000		2938				
其他文化及日用品出租	109247	1200	16800				2900
商务服务业	65914399	9455143	7397479	232240	334322	77564	2026748
企业管理服务	25096855	3104379	2123463	165864	91832	26661	597649
企业总部管理	6712717	674756	342820	36780	50957	12773	141728
投资与资产管理	14873828	1757633	1302601	32884	25040		376670
单位后勤管理服务	459727	161767	60202	31281			16946
其他企业管理服务	3050583	510223	417840	64919	15835	13888	62305
法律服务	138726	25023	41629			1137	10766
律师及相关法律服务	57695	20067	29260				5636
公证服务	8200		2432				
其他法律服务	72831	4956	9937			1137	5130
咨询与调查	1549356	406008	862159	8721	3995	4830	227838
会计、审计及税务服务	72268	21647	56959			4830	8996
市场调查	21001		29836				2650
社会经济咨询	358231	96019	260195	4048			54920
其他专业咨询	1097856	288342	515169	4673	3995		161272
广告业	1486607	467267	832279	4980			526563
知识产权服务	149347	28315	24938				4480
人力资源服务	868214	188583	184154		3340		50319
公共就业服务	349726	19968	7102		3340		
职业中介服务	52050	37135	40501				6070
劳务派遣服务	180740	88295	93965				36523
其他人力资源服务	285698	43185	42586				7726

2-1-21 续表 23 单位：万元

行　　业	新建	扩建	改建和技术改造	单纯建造生活设施	迁建	恢复	单纯购置
旅行社及相关服务	9712078	1106957	764044	10351		2160	57709
旅行社服务	320785	73508	130829	3759			39215
旅游管理服务	9005691	1010671	568589				18494
其他旅行社相关服务	385602	22778	64626	6592		2160	
安全保护服务	562261	62674	126896		7699		59403
安全服务	191755	20726	38956		5757		26804
安全系统监控服务	260154	34888	55014				26505
其他安全保护服务	110352	7060	32926		1942		6094
其他商务服务业	26350955	4065937	2437917	42324	227456	42776	492021
市场管理	9546367	1809554	987996	26966	203945	42000	171789
会议及展览服务	5404886	1558749	295747		10970		29090
包装服务	146287	96902	99945				21439
办公服务	1696272	114354	149743	2608			2856
信用服务	97540		14765				
担保服务	78854	7520	24973				10592
其他未列明商务服务业	9380749	478858	864748	12750	12541	776	256255
（十三）科学研究和技术服务业	**30793041**	**5945754**	**7335696**	**96435**	**154757**	**27815**	**3161903**
研究和试验发展	10160958	1524764	1814486	34443	38261		569982
自然科学研究和试验发展	1365306	195162	158412		6500		89363
工程和技术研究和试验发展	6086085	965641	1000586		12230		333702
农业科学研究和试验发展	1612748	206101	285085		14531		53118
医学研究和试验发展	978896	128430	281423	28440	5000		93799
社会人文科学研究	117923	29430	88980	6003			
专业技术服务业	10253623	2373583	2663924	45492	104108	27815	1706911
气象服务	314219	49923	8593		15458		16072
地震服务	81531	13492	13154			4265	800
海洋服务	94813	15319	15169			18070	87220
测绘服务	148956	35590	92594	7142			71381
质检技术服务	1972750	251432	281208		54024		499341
环境与生态监测	654236	121071	119870	3980	10375	5480	89007
环境保护监测	486645	121071	107754	3980	10375	5480	76134
生态监测	167591		12116				12873
地质勘查	1291886	530253	423145	5799	11063		133374
能源矿产地质勘查	326410	73690	196314				78369
固体矿产地质勘查	398384	367219	155517	5799			9571
水、二氧化碳等矿产地质勘查	50504	1641	3706				
基础地质勘查	180966	73169	9878		5350		
地质勘查技术服务	335622	14534	57730		5713		45434
工程技术	3151513	854193	1188540	28021			341627
工程管理服务	1083762	243387	242104	16043			100565
工程勘察设计	999863	355519	361873	516			230333
规划管理	1067888	255287	584563	11462			10729
其他专业技术服务业	2543719	502310	521651	550	13188		468089
专业化设计服务	1043376	127915	215712		12656		143454
摄影扩印服务	156723	44291	74734				15960
兽医服务	39961	10110	3933	550			
其他未列明专业技术服务业	1303659	319994	227272		532		308675
科技推广和应用服务业	10378460	2047407	2857286	16500	12388		885010
技术推广服务	7113923	1293745	2246111	305	6420		511375
农业技术推广服务	3644760	555745	406364	305	2620		113633
生物技术推广服务	798428	136551	246784				73624

2-1-21　续表 24

单位：万元

行　　业	新建	扩建	改建和技术改造	单纯建造生活设施	迁建	恢复	单纯购置
新材料技术推广服务	690256	292720	590628				117151
节能技术推广服务	878105	163816	733344		3800		83304
其他技术推广服务	1102374	144913	268991				123663
科技中介服务	1216765	469752	165858	10495			32920
其他科技推广和应用服务业	2047772	283910	445317	5700	5968		340715
（十四）水利、环境和公共设施管理业	**415305276**	**69695803**	**64641667**	**3689537**	**533102**	**1485119**	**1439832**
水利管理业	49239989	10891283	11429390	434677	79440	343789	80021
防洪除涝设施管理	22639902	5620593	6918178	129430	3811	145257	9015
水资源管理	8434310	1320342	1145432	253539	33008	99609	7440
天然水收集与分配	8607359	2007900	1225216	14373	270	30367	5721
水文服务	200144	63467	43174				11484
其他水利管理业	9358274	1878981	2097390	37335	42351	68556	46361
生态保护和环境治理业	14567681	2947978	4060458	153967	154301	388577	217052
生态保护	3412281	639521	548519	14057	7530	66844	20962
自然保护区管理	979664	345098	139235			24414	13912
野生动物保护	198905	70673	76514		7530		3800
野生植物保护	307048	1326	1310				
其他自然保护	1926664	222424	331460	14057		42430	3250
环境治理业	11155400	2308457	3511939	139910	146771	321733	196090
水污染治理	6382031	1492061	1893164	116618	9178	122963	41727
大气污染治理	636690	158862	699606				20318
固体废物治理	1930841	231872	221843	5465	50585	1644	18029
危险废物治理	270150	46370	70455		9313		4286
放射性废物治理	14489						
其他污染治理	1921199	379292	626871	17827	77695	197126	111730
公共设施管理业	351497606	55856542	49151819	3100893	299361	752753	1142759
市政设施管理	244133440	39601510	35093097	1960900	218550	372513	695770
环境卫生管理	5484040	1012399	1331757	104432	11517	20601	236084
城乡市容管理	16163183	2333766	4310050	494575	21828	79870	25661
绿化管理	15182326	2724288	2706763	130305	22254	21148	102088
公园和游览景区管理	70534617	10184579	5710152	410681	25212	258621	83156
公园管理	16789625	2396539	1479115	135073	752	41785	17251
游览景区管理	53744992	7788040	4231037	275608	24460	216836	65905
（十五）居民服务、修理和其他服务业	**18527208**	**3154110**	**3581764**	**132498**	**117628**	**20019**	**748390**
居民服务业	10614038	1931347	1830894	112165	61651	19419	173451
家庭服务	514369	130350	222244	16536	4980		4995
托儿所服务	76777	23701	25355	829			5003
洗染服务	138263	13182	13300			1450	15511
理发及美容服务	108633	107907	107593	2780			32077
洗浴服务	992204	295599	275127	17085			11025
保健服务	271322	57273	106217			6869	17556
婚姻服务	168571	21767	33099				4144
殡葬服务	1262470	435381	66389	6829	44678		2953
其他居民服务业	7081429	846187	981570	68106	11993	11100	80187
机动车、电子产品和日用产品修理业	4137933	786196	1073147	4213	29595		462531
汽车、摩托车修理与维护	3791920	747716	904014	4213	28819		325953
汽车修理与维护	3778119	731559	898703	4213	28819		325953
摩托车修理与维护	13801	16157	5311				
计算机和办公设备维修	260678	23161	64876		776		90631
计算机和辅助设备修理	95740	12299	14408				16935
通讯设备修理	84852	3891	3570		776		57887
其他办公设备维修	80086	6971	46898				15809

2-1-21 续表 25

单位：万元

行　　业	新建	扩建	改建和技术改造	单纯建造生活设施	迁建	恢复	单纯购置
家用电器修理	43787	3300	39978				6420
家用电子产品修理	20539		23585				6420
日用电器修理	23248	3300	16393				
其他日用产品修理业	41548	12019	64279				39527
自行车修理	907		3068				
鞋和皮革修理		1150					
家具和相关物品修理	820		15741				
其他未列明日用产品修理业	39821	10869	45470				39527
其他服务业	3775237	436567	677723	16120	26382	600	112408
清洁服务	412671	80513	164323		20882	600	83182
建筑物清洁服务	100910	21588	41771				10845
其他清洁服务	311761	58925	122552		20882	600	72337
其他未列明服务业	3362566	356054	513400	16120	5500		29226
（十六）教育	**53795229**	**12946505**	**5609587**	**418002**	**2105887**	**86473**	**2270739**
教育	53795229	12946505	5609587	418002	2105887	86473	2270739
学前教育	4672118	872912	665462	30546	79112	7605	57979
初等教育	11105118	3516922	1706580	80562	328709	19559	213594
普通小学教育	10849187	3445461	1679032	80562	328709	19559	213594
成人小学教育	255931	71461	27548				
中等教育	18228040	4527298	1756433	82679	927975	40242	514841
普通初中教育	9045140	2568068	1109360	53488	318219	35291	304882
职业初中教育	345479	58115	24552	658	14494		14247
成人初中教育	85345	35107	19514	1650	1000		1120
普通高中教育	5184282	1115289	375317	13827	368852	4951	117667
成人高中教育	79422	13150	15133		7800		2916
中等职业学校教育	3488372	737569	212557	13056	217610		74009
高等教育	11628646	2506239	402099	125887	516113	8967	1153970
普通高等教育	10800188	2415019	375364	123287	478674	8967	1139361
成人高等教育	828458	91220	26735	2600	37439		14609
特殊教育	248367	84758	44430		25654		8786
技能培训、教育辅助及其他教育	7912940	1438376	1034583	98328	228324	10100	321569
职业技能培训	4815615	864643	421264	8086	77624		146671
体校及体育培训	488645	85874	37195	36903	57917		10688
文化艺术培训	441942	149031	149199	24283	7100	4000	42567
教育辅助服务	552443	67848	208917	23196	17950	1200	61712
其他未列明教育	1614295	270980	218008	5860	67733	4900	59931
（十七）卫生和社会工作	**34360480**	**7269612**	**4240751**	**336170**	**1892734**	**36241**	**3610907**
卫生	24210162	5989133	3586745	160975	1847212	27254	3581494
医院	19777376	4737379	2636761	112913	1557454	15424	3134665
综合医院	14531593	3336520	1586929	85913	999365	15424	2327831
中医医院	1580635	444950	210904	3111	320851		239573
中西医结合医院	311534	184435	72907		55172		59273
民族医院	101646	28169	700				12821
专科医院	2129782	622566	681906		175172		477444
疗养院	1122186	120739	83415	23889	6894		17723
社区医疗与卫生院	2467721	770871	559152	43134	134143	11830	188669
社区卫生服务中心(站)	830236	149874	271212	42454	17782	3805	61203
街道卫生院	127799	40481	60879	20	24470		15182
乡镇卫生院	1509686	580516	227061	660	91891	8025	112284

2-1-21　续表 26

单位：万元

行　　业	新建	扩建	改建和技术改造	单纯建造生活设施	迁建	恢复	单纯购置
门诊部(所)	211902	59494	86146	4928	5129		65581
计划生育技术服务活动	179965	17961	38396		4330		4800
妇幼保健院(所、站)	661342	148981	66468		115425		29261
专科疾病防治院(所、站)	92440	48025	36143				20582
疾病预防控制中心	188796	73313	24643		18786		43096
其他卫生活动	630620	133109	139036		11945		94840
社会工作	10150318	1280479	654006	175195	45522	8987	29413
提供住宿社会工作	9353758	1187764	615452	174695	43122	8987	23450
干部休养所	190197	32523	60452				
护理机构服务	894769	102145	68526	8650	3403		3527
精神康复服务	171842	19383	32371		2320		
老年人、残疾人养护服务	7453236	878292	420380	164635	23385	8987	19923
孤残儿童收养和庇护服务	238762	13083	12216	630	2629		
其他提供住宿社会救助	404952	142338	21507	780	11385		
不提供住宿社会工作	796560	92715	38554	500	2400		5963
社会看护与帮助服务	533936	72636	13720		2400		4750
其他不提供住宿社会工作	262624	20079	24834	500			1213
(十八)文化、体育和娱乐业	**53706393**	**6630124**	**5204929**	**297883**	**207414**	**332052**	**862400**
新闻和出版业	1063543	102102	89864		6878		35515
新闻业	368040	34042	2600				8100
出版业	695503	68060	87264		6878		27415
图书出版	363126	28665	14033				9667
报纸出版	196264	16479	39651		6878		2710
期刊出版	5800	22916	17315				4586
音像制品出版	11223		4980				
电子出版物出版	79107		9685				5773
其他出版业	39983		1600				4679
广播、电视、电影和影视录音制作业	3586885	393773	580761	35971	8641	720	312954
广播	198134	60344	71478		4039	720	58393
电视	700000	71542	281874	5200	1002		81265
电影和影视节目制作	1668443	112776	52065				70212
电影和影视节目发行	153092		5712				34570
电影放映	853746	141131	151255	30771	3600		56942
录音制作	13470	7980	18377				11572
文化艺术业	23691540	3691814	2594166	162147	149846	312611	175806
文艺创作与表演	1443692	63131	118961				17351
艺术表演场馆	1882360	235377	106658		650	1460	2684
图书馆与档案馆	1532956	134618	67213		30605	1438	24708
图书馆	1232491	91820	56611		8642		24708
档案馆	300465	42798	10602		21963	1438	
文物及非物质文化遗产保护	3386279	1506991	831071	122882	42126	300834	6320
博物馆	3258557	307136	199128	18086	5840	4200	24880
烈士陵园、纪念馆	697480	207124	110889	300	5185	1239	
群众文化活动	6166741	703349	594023	19879	65440		23125
其他文化艺术业	5323475	534088	566223	1000		3440	76738
体育	8659334	854568	630051	57148	10647	17141	89377
体育组织	202469	4850	21932				600
体育场馆	3692195	288447	255195	734	600	5332	13454
休闲健身活动	4120442	517970	324526	56414	8967	11809	75323
其他体育	644228	43301	28398		1080		

2-1-21 续表 27

单位：万元

行　　业	新建	扩建	改建和技术改造	单纯建造生活设施	迁建	恢复	单纯购置
娱乐业	16705091	1587867	1310087	42617	31402	1580	248748
室内娱乐活动	2085422	382847	673484	38587	27102		114177
歌舞厅娱乐活动	781965	181298	317091	22551	8943		66630
电子游艺厅娱乐活动	58574	19519	40812		17007		5093
网吧活动	104082	43260	200628	16036			31658
其他室内娱乐活动	1140801	138770	114953		1152		10796
游乐园	9606346	469428	272229	3000			74850
彩票活动	12679	18976					15975
文化、娱乐、体育经纪代理	62059	59696	49874				21263
文化娱乐经纪人	3516	43700	9690				4880
体育经纪人							
其他文化艺术经纪代理	58543	15996	40184				16383
其他娱乐业	4938585	656920	314500	1030	4300	1580	22483
（十九）公共管理、社会保障和社会组织	**57013320**	**10556755**	**7362670**	**1046458**	**841240**	**454429**	**1234303**
中国共产党机关	192525	10987	43111	2293	4303		550
中国共产党机关	192525	10987	43111	2293	4303		550
国家机构	39717829	5631926	4578342	499642	597299	169878	1165440
国家权力机构	659439	91604	161715	76201	41033	430	4900
国家行政机构	37441500	5381520	4249208	399875	435909	168468	1120525
综合事务管理机构	13209715	2111613	1856300	304201	168205	123923	388308
对外事务管理机构	220864	24000	7231			1000	
公共安全管理机构	9950399	632967	366887	2810	222790	1606	226454
社会事务管理机构	6059404	1403609	802554	68544	22153	8000	236507
经济事务管理机构	6980262	1045116	961257	13100	10898	33939	128428
行政监督检查机构	1020856	164215	254979	11220	11863		140828
人民法院和人民检察院	809881	95359	64337	3230	47091		15864
人民法院	551407	80126	11250	3230	44080		12574
人民检察院	258474	15233	53087		3011		3290
其他国家机构	807009	63443	103082	20336	73266	980	24151
人民政协、民主党派	132181	100	25442		4813		1092
人民政协	44294		21175		120		1092
民主党派	87887	100	4267		4693		
社会保障	2020681	648729	176432	1000	3256		1690
社会保障	2020681	648729	176432	1000	3256		1690
群众团体、社会团体和其他成员组织	3963896	1480437	572099	81143	86386	209128	34631
群众团体	145783	26329	19418		971		2714
工会	62431	10698	10660		839		
妇联	8599	7700	4924				
共青团	7331						
其他群众团体	67422	7931	3834		132		2714
社会团体	2452731	388686	269734	60591	51115	5652	17729
专业性团体	2114336	267476	235382	60591	21665	5652	1200
行业性团体	177551	52305	24644				5005
其他社会团体	160844	68905	9708		29450		11524
基金会							
宗教组织	1365382	1065422	282947	20552	34300	203476	14188
基层群众自治组织	10986208	2784576	1967244	462380	145183	75423	30900
社区自治组织	3903407	523470	486110	286535	45365		25315
村民自治组织	7082801	2261106	1481134	175845	99818	75423	5585

2-1-22 各地区按隶属关系分新增固定资产

单位：万元

地区	合计	中央项目	地方项目				
				省属	地市属	县属	其他
全国总计	**3862000882**	**139009945**	**3722990937**	**135152657**	**272064151**	**723781413**	**2591992716**
北京	36535935	5814116	30721819	6969063	8642692	146641	14963423
天津	77973465	1376701	76596764	4460346	18832392	6624109	46679917
河北	224069378	11430393	212638985	5321771	12698560	33504605	161114049
山西	108412978	2620307	105792671	8839211	5716559	25272314	65964587
内蒙古	103839507	3170886	100668621	4095208	12023250	44944359	39605804
辽宁	147078312	2860455	144217857	3165569	13062833	16132186	111857269
吉林	108997448	9204980	99792468	2593435	7418382	18938781	70841870
黑龙江	90679972	4096558	86583414	2996513	6512336	20096453	56978112
上海	32787746	4627494	28160252	5429754	3758420	477459	18494619
江苏	365188619	6057511	359131108	3930002	18583664	29552395	307065047
浙江	170093914	2416331	167677583	3303316	11568168	26264140	126541959
安徽	166934600	1949406	164985194	4571185	14990951	23042063	122380995
福建	154077411	4285204	149792207	5229552	9401191	29326068	105835396
江西	119612530	1824052	117788478	2820624	4924097	22994292	87049465
山东	328459810	6562784	321897026	5290193	12464841	32338055	271803937
河南	254360614	2439342	251921272	5587494	12636221	37441400	196256157
湖北	156799454	3422681	153376773	4525510	5418462	20009035	123423766
湖南	173925739	2844996	171080743	3305282	8753155	43474115	115548191
广东	182886251	7624824	175261427	3857944	16007725	26768146	128627612
广西	103879242	871376	103007866	2053442	4592860	19504728	76856836
海南	12403823	287931	12115892	1517045	2531934	2922876	5144037
重庆	94652282	3726953	90925329	5649592	13604533	12899031	58772173
四川	174817455	5167959	169649496	4342904	14954685	54200601	96151306
贵州	66042844	1175752	64867092	4513358	7288062	23718216	29347456
云南	80932904	2202400	78730504	4282012	4092256	34546613	35809623
西藏	9956091	2675706	7280385	316504	1611615	2853220	2499046
陕西	121945641	2893098	119052543	11740697	7997362	49712696	49601788
甘肃	67523507	1805752	65717755	4029697	3843317	31737889	26106852
青海	16560048	912269	15647779	742171	1968124	7089946	5847538
宁夏	25796909	4130165	21666744	3757431	973166	3417787	13518360
新疆	70097799	13852909	56244890	5915832	5192338	23831194	21305526
不分地区	14678654	14678654					

2-1-23 各地区按建设性质分新增固定资产

单位：万元

地　区	新建	扩建	改建和技术改造	单纯建造生活设施	迁建	恢复	单纯购置
全国总计	**2451839217**	**560123460**	**680856763**	**23124395**	**26618641**	**4551124**	**114887282**
北　京	25019878	3967191	2678730	454053	93778	27778	4294527
天　津	55793712	6821189	9220896	319255	734226	14736	5069451
河　北	121477380	43514851	48281434	2197371	5812509	126558	2659275
山　西	70113481	19615521	11250703	5662618	890221	209963	670471
内蒙古	71984835	11422160	18200796	352451	203530	63888	1611847
辽　宁	114192344	15052810	11486372	257398	173089	411332	5504967
吉　林	46896747	16651142	36470653	99910	2376588	98026	6404382
黑龙江	52226496	11567211	18310946	319505	95223	26471	8134120
上　海	25740150	1384955	2474011	499	56468		3131663
江　苏	197785847	85608811	63528255	1184904	1825322	169148	15086332
浙　江	91968745	37345165	32068734	619436	3449353	103044	4539437
安　徽	109815441	23869098	30056823	247014	374216	258013	2313995
福　建	79500024	39345956	26166416	432519	1306120	160866	7165510
江　西	83125088	11099759	22298301	139832	305048	23933	2620569
山　东	148050755	72340902	95364985	3600213	2340675	232446	6529834
河　南	219428838	18912455	11123875	655750	669818	136142	3433736
湖　北	111888060	14973471	26280093	334707	794920	445168	2083035
湖　南	86688679	17351190	68510678	244629	354114	191611	584838
广　东	118721585	26169214	28110392	400898	1059797	490193	7934172
广　西	52026229	13085509	34799787	113170	309887	107492	3437168
海　南	11452832	572379	319178	29917	1017	4800	23700
重　庆	77803138	5144784	10025778	151776	635528	125109	766169
四　川	115229120	15156267	40082022	1125429	997021	386379	1841217
贵　州	59502582	2526036	3460934	138894	244611	28746	141041
云　南	48309545	19274501	10602085	602218	632593	270888	1241074
西　藏	8461634	625682	273543	142701	40580	30430	381521
陕　西	101733873	8662630	6571758	615257	345392	148527	3868204
甘　肃	59010000	5221367	2230057	175201	109123	158722	619037
青　海	13925095	503712	1820372	52753	125799	91264	41053
宁　夏	21643091	1896939	2120157	11892	17271	4600	102959
新　疆	49770156	10440603	6547757	2442225	244804	4851	647403
不分地区	2553837		120242				12004575

2-1-24　各地区按行业门类分新增固定资产

单位：万元

地　区	合　计	农、林、牧、渔业	采矿业	制造业	电力、热力、燃气及水的生产和供应业
全国总计	**3862000882**	**165949073**	**99803141**	**1444347011**	**184654962**
北　京	36535935	1000426	28912	3824154	1604004
天　津	77973465	2282818	288766	26819109	1372039
河　北	224069378	13556435	4937571	106344032	16310058
山　西	108412978	14117617	11825721	24219353	7131465
内蒙古	103839507	7381815	5848574	23836794	13631226
辽　宁	147078312	4040152	3999759	62448120	4490432
吉　林	108997448	4744640	4595729	53746112	3800242
黑龙江	90679972	8949509	4359400	27006719	3263537
上　海	32787746	23838		4802575	1043179
江　苏	365188619	2500327	900022	182028792	10170227
浙　江	170093914	2693323	451073	61292850	9160251
安　徽	166934600	6546537	2384741	71189766	5364617
福　建	154077411	6011834	2741393	56723298	6394670
江　西	119612530	3673022	2117036	59911072	3427495
山　东	328459810	9214822	5193574	153023083	10029699
河　南	254360614	14558741	5242741	124000788	8433375
湖　北	156799454	5685641	3512697	68921021	4394042
湖　南	173925739	7187282	4614980	66220778	7445153
广　东	182886251	4633663	1137519	68006690	8147784
广　西	103879242	6237277	3382747	41752348	3767464
海　南	12403823	334645	30553	666270	362206
重　庆	94652282	3754841	2418496	32817975	2966234
四　川	174817455	6528504	5033788	45735364	10433897
贵　州	66042844	2759803	3146633	8895669	2345766
云　南	80932904	5956777	3767770	11824534	4592204
西　藏	9956091	628962	586112	286342	1326311
陕　西	121945641	10625441	8844471	25457201	5180464
甘　肃	67523507	4483249	2527428	9842995	7744855
青　海	16560048	1108131	1070919	2482723	2710141
宁　夏	25796909	1288664	518808	8369721	4521771
新　疆	70097799	3440337	4174966	11850763	13090154
不分地区	14678654		120242		

2-1-24 续表 1 单位：万元

地区	建筑业	批发和零售业	交通运输、仓储和邮政业	住宿和餐饮业	信息传输、软件和信息技术服务业
全国总计	**37381516**	**152966858**	**294716831**	**51486547**	**39811637**
北京	58764	249818	2267057	529821	2357112
天津	1023918	4829848	3038739	754382	1001070
河北	137558	7362793	17718789	1615765	1059071
山西	90925	3356903	6529680	848892	806351
内蒙古	1338908	4104050	11461327	935779	726442
辽宁	115553	9104785	11667221	2969429	1809872
吉林	1644933	4972556	9929716	891373	1683892
黑龙江	2335513	5913027	5796133	1698485	1147863
上海	13350	161287	3485228	25064	650476
江苏	1086882	12686458	19524457	5157084	5500600
浙江	289234	2387706	11984019	1911035	1544358
安徽	1069285	8033772	7936606	2089369	1887796
福建	1560499	5107320	13702971	1965342	2277693
江西	912096	7556874	4947323	1963705	1033652
山东	6987691	21128468	20502411	2135583	1366747
河南	31744	8244135	18014693	2955673	987177
湖北	923459	5202335	14773903	2061324	590411
湖南	2716481	8094842	9366770	1998004	2070237
广东	402507	7763565	10021487	4057730	4614424
广西	1628409	4602723	7178562	1679639	1172441
海南	434022	472308	662593	179573	285284
重庆	46392	2007393	7044003	1879483	169925
四川	388025	5052876	19745514	3434226	1767542
贵州	20000	1182610	8426124	1390410	199099
云南	6561	2491325	8704330	2037915	472735
西藏	6540	148401	1955292	170417	97284
陕西	491015	5393425	11053172	1891677	764527
甘肃	9638116	3322507	6581672	1321730	532688
青海	944923	260467	838963	160796	126724
宁夏	122266	273708	1603162	132423	224363
新疆	915947	1498573	6250339	644419	883781
不分地区			12004575		

2-1-24 续表 2

单位：万元

地区	金融业	房地产业	租赁和商务服务业	科学研究和技术服务业	水利、环境和公共设施管理业
全国总计	**9125106**	**638832060**	**64025012**	**37701503**	**411685274**
北京	355106	17322651	813427	665651	2495277
天津	303864	18789801	4743553	876273	8920611
河北	407853	25456502	3074646	1559839	15840310
山西	43801	18517624	582722	880422	14447920
内蒙古	339998	9247854	1011416	818440	15929888
辽宁	392257	14181940	3346701	2707700	18162733
吉林	330984	6455556	998927	1037953	8185211
黑龙江	270431	13587996	1743615	1205778	6554734
上海	87178	19004908	367068	181283	2396590
江苏	1082525	59089113	8537643	5446054	33895656
浙江	524824	43291054	3649871	770876	20859033
安徽	598769	29642281	3374373	2073995	15404734
福建	598028	21247181	2609342	639449	21795402
江西	267261	11373673	2235968	856150	11347991
山东	491536	44195665	5117968	6938091	18948468
河南	224178	37872644	2349075	1326020	18370233
湖北	316089	22502286	4357977	1242834	14391207
湖南	664568	21482998	3368105	2112544	24450673
广东	527587	39915173	1510287	1311163	21026494
广西	251848	10106144	2748164	855612	11186052
海南	7330	7415977	69178	91713	473780
重庆	45306	22366646	1459317	223242	13126838
四川	179746	38574087	2052661	915158	24629755
贵州	9982	17564133	630898	206759	16262747
云南	71734	22552071	213575	158345	11024044
西藏	362062	1138573	42838	152741	1193179
陕西	79713	19164799	973514	1477101	21365106
甘肃	85384	6297526	1302261	555615	5429528
青海	8559	2414658	213271	92361	2208636
宁夏	88500	4914426	117541	118803	2404563
新疆	108105	13146120	409110	203538	8957881
不分地区					

2-1-24 续表 3 单位：万元

地区	居民服务、修理和其他服务业	教育	卫生、和社会工作	文化、体育和娱乐业	公共管理社会保障和社会组织
全国总计	**20851990**	**60377143**	**38286208**	**46527026**	**63471984**
北京	93782	944566	571789	765811	587807
天津	760416	607422	652317	480085	428434
河北	684355	2098221	2086779	2895702	923099
山西	420793	1604303	910094	1628389	450003
内蒙古	353802	1305913	1110596	1607427	2849258
辽宁	1290476	1761735	1371537	1978877	1239033
吉林	848686	1006668	751724	924903	2447643
黑龙江	863614	1847189	1140570	1231437	1764422
上海	3730	232770	238689	46101	24432
江苏	2237659	4786633	3464522	3489759	3604206
浙江	491321	2878642	1713189	1759493	2441762
安徽	831774	2507449	1504058	1528826	2965852
福建	757329	2434609	1439435	2238683	3832933
江西	1043836	2082437	1213652	1988019	1661268
山东	2648337	4434749	2952130	3947593	9203195
河南	1360569	3539076	3065086	2538871	1245795
湖北	845600	1646146	1071152	2092327	2269003
湖南	880047	2750335	1951852	1851132	4698958
广东	432413	3865317	2037881	2140600	1333967
广西	646534	2680775	1145104	1176190	1681209
海南	6400	185046	249640	347940	129365
重庆	269217	1214734	791082	1249756	801402
四川	415517	3996400	2342071	1829999	1762325
贵州	109277	1620920	234104	835981	201929
云南	297116	2147696	901568	951002	2761602
西藏	178414	339529	121094	210865	1011135
陕西	689040	2296878	1602239	2017748	2578110
甘肃	1119726	1573884	725529	1567186	2871628
青海	32151	477515	80362	260592	1068156
宁夏	70669	282230	109864	244351	391076
新疆	169390	1227356	736499	701381	1689140
不分地区					2553837

2-1-25　各地区按工业行业大类分新增固定资产

单位：万元

地　区	工业合计	煤炭开采和洗选业	石油和天然气开采业	黑色金属矿采选业	有色金属矿采选业	非金属矿采选业	开采辅助活动
全国总计	**1728805114**	**28985777**	**20783956**	**11778394**	**14367924**	**19148020**	**4167763**
北　京	5457070	466		28446			
天　津	28479914		266052	4850		9864	
河　北	127591661	812745	293847	2692112	268105	844471	18833
山　西	43176539	9186886	751319	507726	169080	395651	815059
内蒙古	43316594	2053497	303012	1073176	1363750	630344	423918
辽　宁	70938311	256750	878491	1451315	395039	872865	126365
吉　林	62142083	416954	2317510	558135	648002	537532	112596
黑龙江	34629656	682583	2715401	42456	120190	387108	401582
上　海	5845754						
江　苏	193099041	37700	436056	109371	19779	277566	9750
浙　江	70904174	1050			2402	439121	5500
安　徽	78939124	498706	4500	272080	618956	950996	12331
福　建	65859361	1101651		365345	326155	873654	16120
江　西	65455603	251683		410934	353575	1021560	68684
山　东	168246356	444860	3033889	322646	415804	860165	98979
河　南	137676904	763249	536116	264744	2507524	927469	228649
湖　北	76827760	340645	9083	392199	328494	2366064	48518
湖　南	78280911	1470972	5801	468313	1028137	1380761	222735
广　东	77291993		2500	85153	75411	944805	13706
广　西	48902559	78651	40744	480038	746099	1866087	39566
海　南	1059029		13553			17000	
重　庆	38202705	590134	1071440	81390	25204	427272	217006
四　川	61203049	1629634	1372286	985400	119051	832012	82061
贵　州	14388068	2030355		29302	267583	630128	144265
云　南	20184508	1421533		290027	1634136	422074	
西　藏	2198765		648	6000	542776	8398	6190
陕　西	39482136	2284048	4465008	242879	549199	483615	767210
甘　肃	20115278	513188	438260	261261	538454	547299	204586
青　海	6263783	177880	26328		826360	26816	13535
宁　夏	13410300	345949	116420	10379	20350	25710	
新　疆	29115883	1594008	1565450	342717	458309	141613	70019
不分地区	120242		120242				

2-1-25 续表 1

单位：万元

地　　区	其他采矿业	农副食品加工业	食品制造业	酒、饮料和精制茶制造业	烟草制品业	纺织业	纺织服装、服饰业
全国总计	**571307**	**93420450**	**40305812**	**33370960**	**2461400**	**51262001**	**37776603**
北　京		33006	140740	41750	29341		18140
天　津	8000	595493	608989	223518		336156	510113
河　北	7458	5845763	2381501	1773479	6906	4201611	1431954
山　西		2404881	1078671	737531	1010	136952	76370
内蒙古	877	2843865	686343	411432	20200	201183	92001
辽　宁	18934	5096719	1329148	1017642	10847	550005	1351686
吉　林	5000	6218181	1763410	2450941	109100	310841	560079
黑龙江	10080	7137145	1025396	943336	261277	281422	86862
上　海		18039	74986	17616	840	8672	24200
江　苏	9800	5075431	2665446	1396870	52080	10745500	4694430
浙　江	3000	1067825	365161	449251	7870	5290812	1581901
安　徽	27172	4118002	1861774	1352497	44624	1697306	2945153
福　建	58468	4559809	1939014	3010231	53416	3014531	2403588
江　西	10600	3077084	1813449	678731	28700	2023292	3825355
山　东	17231	9258100	3994454	1480764	16869	5802016	3572123
河　南	14990	8570641	6095596	3256385	46450	4127146	4636420
湖　北	27694	6471521	2031279	2194992	620988	3517700	2063438
湖　南	38261	5529650	2619134	1852286	176653	1190345	1040418
广　东	15944	1774980	1463599	1123381	629970	2761726	3946986
广　西	131562	2721613	1281128	1293710	8785	752621	947913
海　南		31938	49202	6945		4893	
重　庆	6050	1360145	774664	375526	10680	354225	527040
四　川	13344	3196461	1559165	3273237	48849	868796	436012
贵　州	45000	469114	147437	775759	42800	178954	284295
云　南		1508260	406146	1205548	116859	47999	44164
西　藏	22100	7764	9397	58923		1300	1500
陕　西	52512	1584030	858494	908141	79765	458051	173737
甘　肃	24380	1292433	478388	458317	18521	123896	95274
青　海		180853	98052	40109		5931	79977
宁　夏		324506	297121	187434	18000	985333	55003
新　疆	2850	1047198	408528	374678		1282786	270471
不分地区							

2-1-25　续表 2

单位：万元

地　区	皮革、毛皮、羽毛及其制品和制鞋业	木材加工及木竹藤棕、草制品业	家具制造业	造纸及纸制品业	印刷业和记录媒介复制业	文教、工美、体育和娱乐用品制造业	石油加工炼焦及核燃料加工业
全国总计	**18418378**	**35415582**	**23586837**	**23347500**	**15093962**	**18734828**	**19354551**
北　京			4497	31167	30135	57748	52
天　津	91311	337337	668870	434037	91924	241805	183959
河　北	1957929	1729120	2164197	1242210	1044249	1807400	878652
山　西	31261	300927	129037	195236	65903	157217	879898
内蒙古	65288	368788	165644	132207	143555	65000	487861
辽　宁	328904	1184942	772733	659450	452289	536013	957645
吉　林	82593	2334739	621964	547422	317412	359317	312756
黑龙江	204722	1731711	549386	324253	378018	227501	228718
上　海	8956	12574	29490	10390	50979	3695	92336
江　苏	1374974	3228666	1867787	1998200	1249650	2488858	1418615
浙　江	1072201	552913	784222	1355648	571279	1301768	228835
安　徽	716487	1912912	1245472	1243667	1039020	1170064	211463
福　建	2114984	3485393	1569963	1144644	533742	1514493	1127437
江　西	1660706	1387008	808241	1586078	1041765	952869	107392
山　东	1355388	3749283	2077695	3334675	1949676	2362931	3411364
河　南	2567832	1846484	2658149	1488559	1096377	1300267	780812
湖　北	459547	1094914	1081003	1267729	703865	330938	602044
湖　南	1083450	1848531	1176666	1148071	971505	651925	206672
广　东	1629581	1316821	2069079	1813070	1378466	1779501	624338
广　西	594178	4659098	1033405	833744	627260	610952	282070
海　南		25095	450	84474			158480
重　庆	282678	415818	527791	725814	288827	124698	3443599
四　川	573444	806406	1189358	788497	633329	194446	330067
贵　州	35557	233448	13000	23757	15350	86283	54767
云　南	58262	453403	113363	394386	81822	123777	102837
西　藏	1777					19515	1500
陕　西	13603	128414	206729	351427	142868	122329	801540
甘　肃	26164	116339	34152	98767	118141	73001	327310
青　海		15450	2800	2600	3800	22798	2560
宁　夏	17100	9906	3700	23146	42053	23324	123158
新　疆	9501	129142	17994	64175	30703	24395	985814
不分地区							

2-1-25 续表 3 单位：万元

地区	化学原料及化学制品制造业	医药制造业	化学纤维制造业	橡胶和塑料制品业	非金属矿物制品业	黑色金属冶炼和压延加工业	有色金属冶炼和压延加工业
全国总计	**123684968**	**42015514**	**9085995**	**55023550**	**143600170**	**33413246**	**37601986**
北京	235492	130163		9717	54021	53937	4815
天津	519024	382563	800	1243390	1464837	849698	543470
河北	8116312	3238811	318937	5843800	11706742	6051411	1367901
山西	3313962	1024500	7690	601743	4929817	1058588	2009975
内蒙古	4888358	570356	17177	499888	2943274	2006898	1592277
辽宁	3750654	1187614	112942	2604199	8023448	1383157	1333082
吉林	4584163	3116151	70571	1641323	5690153	584076	515958
黑龙江	1280800	553643	43615	713668	2361748	333888	192920
上海	548547	241252	5562	64626	87875	412323	16550
江苏	16216674	4374088	2419266	5455376	8953192	3503534	3793047
浙江	5470595	1900973	1115789	2694979	2770887	914563	1102809
安徽	3602521	1324550	151251	3901201	7473896	1378336	1540502
福建	2756562	661074	1802843	1820857	5353385	1697093	806822
江西	5357698	1585573	384602	1672397	6947712	340053	4252962
山东	19109076	4436881	584391	8466011	12957803	2677184	3900942
河南	9759885	3819105	764169	4098327	14004518	1491158	5812097
湖北	4985734	2785648	96732	2655159	7636949	1102176	800716
湖南	6043858	2041605	94228	1605850	9255270	940362	2166564
广东	3828421	1604387	70104	3372181	7118572	553027	843904
广西	2332846	1040514	44550	1231846	7098217	1415513	812571
海南	20821	36908		68296	61396		
重庆	1528593	999305	17250	1564221	2271685	454141	353877
四川	3687670	2269167	593354	1283848	4776862	1769046	931988
贵州	837179	712259		94030	1538906	272655	134751
云南	636027	369555	10000	293955	1665800	681630	439821
西藏	23891	16454		1700	87934	500	1060
陕西	2164469	734691	11368	531267	2474575	416384	731913
甘肃	643105	588524	38558	400706	1825197	184519	409880
青海	356568	45059		30162	234635	247117	710448
宁夏	3847227	80342	155182	113975	398751	371358	229882
新疆	3238236	143799	155064	444852	1432113	268921	248482
不分地区							

2-1-25　续表 4　　　　单位：万元

地　　区	金　属 制品业	通用设备 制 造 业	专用设备 制 造 业	汽　车 制造业	铁路、船舶、 航空航天和其他 运输设备制造业	电气机械和 器材制造业	计算机、通 信和其他电 子设备制造业
全国总计	**78973095**	**111131190**	**98580945**	**83634516**	**25244289**	**85720219**	**62002389**
北　　京	25153	24874	76542	2153998	60618	50136	523910
天　　津	2465059	2710551	2728779	1755067	1156129	1221896	1417280
河　　北	8181868	10079579	9613540	3879308	1664974	5585995	1600576
山　　西	1088329	1086881	853436	334449	178069	795936	262771
内 蒙 古	1108877	880482	852271	609307	272449	736632	506445
辽　　宁	4319445	9066065	5168648	2341609	760899	3750515	2447721
吉　　林	1504918	1837752	4174411	9984049	509664	1729581	729111
黑 龙 江	1255437	3094308	1306535	658740	200060	850622	220489
上　　海	85359	299004	301158	550231	280481	282662	1003101
江　　苏	11727995	19980216	17262936	10072720	4272492	17253718	13012677
浙　　江	3710811	6542919	4157112	4640174	1202224	5736717	2608661
安　　徽	4634992	5743364	5248115	4276265	1072053	6270463	3026807
福　　建	2739532	2130423	2036488	1321563	428610	2570399	1863317
江　　西	2494287	2662906	2597485	2536027	664357	4369201	2967571
山　　东	9823738	14379263	12565748	7051317	1566868	7547242	2890742
河　　南	5678812	9046605	8441135	5950337	2262093	6284959	5919031
湖　　北	2650758	3428622	4152972	7670176	829019	3555874	2425480
湖　　南	2977860	5628679	4215014	1797418	1221376	3697455	3171549
广　　东	4909570	2852298	2568711	4165240	684081	5075346	6625640
广　　西	1397859	1320684	2033860	2782278	338862	1790459	1194368
海　　南	10175	26152	14869		36000	26170	
重　　庆	1258725	2098336	1526255	5013094	1725755	849651	2631053
四　　川	2253228	2444121	2920628	2017205	1193387	2295229	2696876
贵　　州	206362	302816	697276	366942	443906	431244	369288
云　　南	355838	158087	233992	181384	8000	182088	35381
西　　藏	17700	500	19410		6132	6345	
陕　　西	1149863	1950094	2105636	1363255	2163292	1599826	1662012
甘　　肃	344293	720932	321946	17013	33242	601008	105423
青　　海	43890	24188	33681	2000		191362	10990
宁　　夏	195791	275311	161229	72000	2000	227736	8025
新　　疆	356571	335178	191127	71350	7197	153752	66094
不分地区							

2-1-25 续表 5 单位：万元

地　　区	仪器仪表制造业	其他制造业	废弃资源综合利用业	金属制品机械和设备修理业	电力、热力生产和供应业	燃气生产和供应业	水的生产和供应业
全国总计	**13116157**	**15552617**	**10720834**	**2696467**	**136213870**	**17100207**	**31340885**
北　　京	29967	4235			1338402	162540	103062
天　　津	190621	2780327	997671	68435	765653	56061	550325
河　　北	669971	694075	900210	365051	12778337	1864352	1667369
山　　西	18655	143816	255970	59872	5450811	1220311	460343
内 蒙 古	102823	71790	218863	275260	10765012	884231	1981983
辽　　宁	913255	444959	387473	204412	3072685	765374	652373
吉　　林	358259	484134	222333	20750	2903424	506237	390581
黑 龙 江	134875	248158	96831	80635	2383148	327375	553014
上　　海	66623	188986		15462	865839	57513	119827
江　　苏	3272094	1435325	592614	174321	8072876	513534	1583817
浙　　江	771364	881496	345536	95555	6818485	177971	2163795
安　　徽	883701	482140	470938	150230	3604687	401829	1358101
福　　建	202366	1579486	398773	82460	3984643	600887	1809140
江　　西	736493	673709	615485	61884	1925943	226661	1274891
山　　东	1179288	568166	637849	315236	6937065	1400081	1692553
河　　南	1074879	588167	504233	30160	5249273	1615915	1568187
湖　　北	632936	399397	548972	123743	2953743	524865	915434
湖　　南	556859	721569	490649	99307	4603868	612783	2228502
广　　东	495173	284289	551038	93210	6089893	341535	1716356
广　　西	156582	198769	808489	107604	2283142	453343	1030979
海　　南			4006		181378	106863	73965
重　　庆	262638	420087	623604	8200	1547462	691471	727301
四　　川	173177	149193	292632	89686	6390829	1321083	2721985
贵　　州		47538	79996		1929547	115847	300372
云　　南	9076	1784424	122650		3723806	303711	564687
西　　藏	3040				1279149	11300	35862
陕　　西	149301	76895	269954	73278	3274698	821624	1084142
甘　　肃	42173	74244	146749	84780	6543478	433960	767417
青　　海	17173	80010	510		2445003	66952	198186
宁　　夏	6425	29390	82837	2476	4271916	94364	155491
新　　疆	6370	17843	53969	14460	11779675	419634	890845
不分地区							

2-1-26　国民经济行业大类按隶属关系分新增固定资产

单位：万元

行　　业	合计	中央项目	地方项目				
				省属	地市属	县属	其他
全国总计	**3862000882**	**139009945**	**3722990937**	**135152657**	**272064151**	**723781413**	**2591992716**
(一)农、林、牧、渔业	**165949073**	**1613308**	**164335765**	**1296873**	**2962796**	**37539348**	**122536748**
农业	67047950	418703	66629247	533963	618336	11705946	53771002
林业	17328716	164662	17164054	308236	1360453	5948677	9546688
畜牧业	43307069	289998	43017071	151246	189755	6397874	36278196
渔业	7833596	5710	7827886	15761	33643	618953	7159529
农、林、牧、渔服务业	30431742	734235	29697507	287667	760609	12867898	15781333
(二)采矿业	**99803141**	**14487282**	**85315859**	**9237321**	**2449282**	**14395582**	**59233674**
煤炭开采和洗选业	28985777	1229598	27756179	4392588	930719	4957817	17475055
石油和天然气开采业	20783956	12203728	8580228	2364077	210667	3508130	2497354
黑色金属矿采选业	11778394	336784	11441610	455469	326770	729740	9929631
有色金属矿采选业	14367924	301438	14066486	1276994	424053	2295638	10069801
非金属矿采选业	19148020	62747	19085273	274885	223781	1763067	16823540
开采辅助活动	4167763	350137	3817626	442747	312891	1076755	1985233
其他采矿业	571307	2850	568457	30561	20401	64435	453060
(三)制造业	**1444347011**	**22651131**	**1421695880**	**19414585**	**37136067**	**102215766**	**1262929462**
农副食品加工业	93420450	266628	93153822	191442	987224	8050735	83924421
食品制造业	40305812	55620	40250192	179195	800126	3453662	35817209
酒、饮料和精制茶制造业	33370960	51247	33319713	170279	622489	2903116	29623829
烟草制品业	2461400	422642	2038758	1333465	28534	140796	535963
纺织业	51262001	137622	51124379	76992	408629	2541010	48097748
纺织服装、服饰业	37776603	30192	37746411	8720	206678	1838580	35692433
皮革、毛皮、羽毛及其制品和制鞋业	18418378		18418378	43561	86653	929312	17358852
木材加工和木、竹、藤、棕、草制品业	35415582	7846	35407736	69624	192202	1865952	33279958
家具制造业	23586837	573	23586264		163442	988902	22433920
造纸和纸制品业	23347500	14060	23333440	39083	544114	2928641	19821602
印刷和记录媒介复制业	15093962	144556	14949406	238635	327969	999275	13383527
文教、工美、体育和娱乐用品制造业	18734828	2245	18732583	32070	183277	1291057	17226179
石油加工、炼焦和核燃料加工业	19354551	2189512	17165039	813829	609061	1295909	14446240
化学原料及化学制品制造业	123684968	4257628	119427340	3370399	4942357	11266210	99848374
医药制造业	42015514	199419	41816095	393302	1605705	4526947	35290141
化学纤维制造业	9085995	19041	9066954		135785	761973	8169196
橡胶和塑料制品业	55023550	85328	54938222	56170	1092732	2911409	50877911
非金属矿物制品业	143600170	671569	142928601	1047586	1634306	9616863	130629846
黑色金属冶炼和压延加工业	33413246	919541	32493705	2664091	761095	2055984	27012535
有色金属冶炼和压延加工业	37601986	574058	37027928	721069	747706	4088837	31470316
金属制品业	78973095	212997	78760098	236229	942251	4697645	72883973
通用设备制造业	111131190	535822	110595368	379704	2336736	5410415	102468513
专用设备制造业	98580945	998400	97582545	904123	2887739	6680248	87110435

2-1-26 续表 1

单位：万元

行　业	合计	中央项目	地方项目				
				省属	地市属	县属	其他
汽车制造业	83634516	5486272	78148244	3878946	3837897	5401382	65030019
铁路、船舶、航空航天和其他运输设备制造业	25244289	2780675	22463614	1045671	1142860	2305115	17969968
电气机械和器材制造业	85720219	136990	85583229	341728	2829392	4759664	77652445
计算机、通信和其他电子设备制造业	62002389	1561883	60440506	776488	5502677	4450986	49710355
仪器仪表制造业	13116157	85538	13030619	77321	582393	651601	11719304
其他制造业	15552617	434539	15118078	136376	487953	2354771	12138978
废弃资源综合利用业	10720834	203270	10517564	53081	267105	846585	9350793
金属制品、机械和设备修理业	2696467	165418	2531049	135406	238980	202184	1954479
(四)电力、热力、燃气及水的生产和供应业	**184654962**	**32677889**	**151977073**	**18518539**	**14220859**	**41230279**	**78007396**
电力、热力生产和供应业	136213870	31526642	104687228	16590392	8770287	25028159	54298390
燃气生产和供应业	17100207	691163	16409044	844240	1451320	2958447	11155037
水的生产和供应业	31340885	460084	30880801	1083907	3999252	13243673	12553969
(五)建筑业	**37381516**	**1055244**	**36326272**	**789875**	**1383818**	**15835683**	**18316896**
房屋建筑业	12025610	128159	11897451	236382	352195	5431735	5877139
土木工程建筑业	18347591	909301	17438290	497016	875158	8721577	7344539
建筑安装业	2056075	9857	2046218	39357	56075	388735	1562051
建筑装饰和其他建筑业	4952240	7927	4944313	17120	100390	1293636	3533167
(六)批发和零售业	**152966858**	**950136**	**152016722**	**1377855**	**5532630**	**15749499**	**129356738**
批发业	77877205	479095	77398110	860017	2010408	6913516	67614169
零售业	75089653	471041	74618612	517838	3522222	8835983	61742569
(七)交通运输、仓储和邮政业	**294716831**	**26572599**	**268144232**	**36247480**	**45841474**	**81801810**	**104253468**
铁路运输业	32809000	16534704	16274296	5805435	4217255	3799586	2452020
道路运输业	174412528	5429288	168983240	26369160	34785751	65049865	42778464
水上运输业	14065318	428522	13636796	643942	2277139	3099748	7615967
航空运输业	11459318	3163364	8295954	1698528	1976914	409861	4210651
管道运输业	2820596	148673	2671923	480023	73224	402858	1715818
装卸搬运和运输代理业	9394921	12890	9382031	106531	703057	1097109	7475334
仓储业	48041512	747277	47294235	1045815	1729203	7767541	36751676
邮政业	1713638	107881	1605757	98046	78931	175242	1253538
(八)住宿和餐饮业	**51486547**	**162765**	**51323782**	**801799**	**2231949**	**5212634**	**43077400**
住宿业	35663963	149003	35514960	774089	1732537	3996576	29011758
餐饮业	15822584	13762	15808822	27710	499412	1216058	14065642
(九)信息传输、软件和信息技术服务业	**39811637**	**6611466**	**33200171**	**4918056**	**4464719**	**2990765**	**20826631**
电信、广播电视和卫星传输服务	18658275	5889028	12769247	3973315	2493890	1438960	4863082
互联网和相关服务	6101217	319149	5782068	633163	604998	831966	3711941
软件和信息技术服务业	15052145	403289	14648856	311578	1365831	719839	12251608

2-1-26　续表 2

单位：万元

行　　业	合计	中央项目	地方项目				
				省属	地市属	县属	其他
(十)金融业	**9125106**	**930162**	**8194944**	**1006767**	**1015585**	**1121631**	**5050961**
货币金融服务	4963584	735520	4228064	892104	578548	751540	2005872
资本市场服务	1962561	73349	1889212	10000	242658	80388	1556166
保险业	585500	27263	558237	60669	101068	58735	337765
其他金融业	1613461	94030	1519431	43994	93311	230968	1151158
(十一)房地产业	**638832060**	**12292069**	**626539991**	**17324754**	**64620891**	**122498523**	**422095823**
房地产业	638832060	12292069	626539991	17324754	64620891	122498523	422095823
(十二)租赁和商务服务业	**64025012**	**310380**	**63714632**	**1577983**	**6702502**	**8854058**	**46580089**
租赁业	4340814	36789	4304025	145457	1022375	147429	2988764
商务服务业	59684198	273591	59410607	1432526	5680127	8706629	43591325
(十三)科学研究和技术服务业	**37701503**	**2050365**	**35651138**	**1830257**	**2654821**	**4638628**	**26527432**
研究和试验发展	10223325	964114	9259211	852198	722004	1049301	6635708
专业技术服务业	14221532	747129	13474403	783183	1332420	1715368	9643432
科技推广和应用服务业	13256646	339122	12917524	194876	600397	1873959	10248292
(十四)水利、环境和公共设施管理业	**411685274**	**8143734**	**403541540**	**9755142**	**57289912**	**185571442**	**150925044**
水利管理业	52344657	1392722	50951935	3336995	4608417	30270755	12735768
生态保护和环境治理业	17371680	258720	17112960	347809	1749120	6764657	8251374
公共设施管理业	341968937	6492292	335476645	6070338	50932375	148536030	129937902
(十五)居民服务、修理和其他服务业	**20851990**	**203006**	**20648984**	**365875**	**889421**	**3481870**	**15911818**
居民服务业	11994740	100327	11894413	341046	560070	2783097	8210200
机动车、电子产品和日用产品修理业	5079911	4261	5075650	7350	120000	354368	4593932
其他服务业	3777339	98418	3678921	17479	209351	344405	3107686
(十六)教育	**60377143**	**2453545**	**57923598**	**4767128**	**7261022**	**24264744**	**21630704**
教育	60377143	2453545	57923598	4767128	7261022	24264744	21630704
(十七)卫生和社会工作	**38286208**	**921302**	**37364906**	**3063315**	**5917036**	**13143544**	**15241011**
卫生	29279415	816292	28463123	2917624	5251660	10400828	9893011
社会工作	9006793	105010	8901783	145691	665376	2742716	5348000
(十八)文化、体育和娱乐业	**46527026**	**907069**	**45619957**	**1162026**	**4578217**	**13106406**	**26773308**
新闻和出版业	996838	197022	799816	239241	95770	64274	400531
广播、电视、电影和影视录音制作业	3174964	56638	3118326	329002	274655	555346	1959323
文化艺术业	22077183	299429	21777754	350401	2895719	7909104	10622530
体育	7536706	119626	7417080	109438	1044216	2634261	3629165
娱乐业	12741335	234354	12506981	133944	267857	1943421	10161759
(十九)公共管理、社会保障和社会组织	**63471984**	**4016493**	**59455491**	**1697027**	**4911150**	**30129201**	**22718113**
中国共产党机关	257781	10407	247374	55427	40840	96616	54491
国家机构	41112940	3639712	37473228	1523923	4368517	22622306	8958482
人民政协、民主党派	140565	100	140465	18654	3092	24801	93918
社会保障	2726875	8920	2717955	35907	141026	1389194	1151828
群众团体、社会团体和其他成员组织	4938972	311335	4627637	30148	187401	1784656	2625432
基层群众自治组织	14294851	46019	14248832	32968	170274	4211628	9833962

2-1-27 国民经济行业大类按建设性质分新增固定资产

单位：万元

行业	新建	扩建	改建和技术改造	单纯建造生活设施	迁建	恢复	单纯购置
全国总计	**2451839217**	**560123460**	**680856763**	**23124395**	**26618641**	**4551124**	**114887282**
(一)农、林、牧、渔业	**127540421**	**23886894**	**12311296**	**365531**	**215939**	**218899**	**1410093**
农业	54184842	8505817	3809710	197127	61878	28435	260141
林业	13260377	2748748	1222885	23482	2794	56614	13816
畜牧业	33947603	6792615	2192338	105380	117288	12806	139039
渔业	4954803	1069880	1247750	11600	6000	508	543055
农、林、牧、渔服务业	21192796	4769834	3838613	27942	27979	120536	454042
(二)采矿业	**41574400**	**20446807**	**36309394**	**100053**	**101093**	**82949**	**1188445**
煤炭开采和洗选业	9811108	6460197	12073640	69339	14463	61149	495881
石油和天然气开采业	11028306	3454568	6265705	11585			23792
黑色金属矿采选业	3271977	2355033	6009974	9200	57350	5000	69860
有色金属矿采选业	6545421	3076421	4421818	9928	7100	6200	301036
非金属矿采选业	8100904	4690656	6063208		22180	7000	264072
开采辅助活动	2529448	320219	1288519	1		3600	25976
其他采矿业	287236	89713	186530				7828
(三)制造业	**666791597**	**287528076**	**413623362**	**922577**	**17532684**	**714840**	**57233875**
农副食品加工业	48064746	19419586	24001701	36225	430266	57535	1410391
食品制造业	20497958	7713128	10743655	38850	285797	5292	1021132
酒、饮料和精制茶制造业	14767862	7744089	9406660	6800	890276	24405	530868
烟草制品业	1085933	170045	493021		616083		96318
纺织业	19002095	13345981	16415191	16950	607247	11000	1863537
纺织服装、服饰业	19727046	7575495	9224151	10693	164590		1074628
皮革、毛皮、羽毛及其制品和制鞋业	8906414	4366514	4317240	9000	275083	17250	526877
木材加工和木、竹、藤、棕、草制品业	15096953	8576185	10829599	12728	169325	37773	693019
家具制造业	12084607	5074608	5733669	24656	189808	39237	440252
造纸和纸制品业	9244321	5101246	8062599	500	220880	10372	707582
印刷和记录媒介复制业	6049249	2916292	4854869	5329	64395		1203828
文教、工美、体育和娱乐用品制造业	8350586	4526166	4852090	34400	252102	14541	704943
石油加工、炼焦和核燃料加工业	9741232	2867301	6060926		68199	42021	574872
化学原料及化学制品制造业	57167514	21584565	39111152	53074	3164239	104918	2499506
医药制造业	18847072	8844526	12346011	21321	916807	17931	1021846
化学纤维制造业	3334064	3123927	2285086		154824		188094
橡胶和塑料制品业	23959399	12103526	15907317	32481	411115	13200	2596512
非金属矿物制品业	69659132	26741233	42574418	82160	1357680	55809	3129738
黑色金属冶炼和压延加工业	10629726	6178302	14769737	44350	985556	9062	796513
有色金属冶炼和压延加工业	18636478	5866366	11685081	18300	530560		865201
金属制品业	34909919	18941775	21101902	56212	841565	58704	3063018
通用设备制造业	46688485	24329547	31834164	62480	1503879	28077	6684558
专用设备制造业	45524715	19895679	27173215	60866	708912	60655	5156903

2-1-27 续表 1

单位：万元

行　　业	新建	扩建	改建和技术改造	单纯建造生活设施	迁建	恢复	单纯购置
汽车制造业	40448892	12975953	24267254	35858	1010289	4440	4891830
铁路、船舶、航空航天和其他运输设备制造业	12932512	3471584	6246130	76040	235118	230	2282675
电气机械和器材制造业	39561501	17679173	23256613	750	999022	74634	4148526
计算机、通信和其他电子设备制造业	30221767	8676656	16022978	64577	219127	4900	6792384
仪器仪表制造业	6316374	2436698	3442453	94553	113223		712856
其他制造业	8427824	3018376	2700377	14774	78851	9724	1302691
废弃资源综合利用业	5769477	1725549	3080650	3650	34516		106992
金属制品、机械和设备修理业	1137744	538005	823453	5000	33350	13130	145785
（四）电力、热力、燃气及水的生产和供应业	**118385633**	**29149742**	**34247892**	**628028**	**676792**	**165921**	**1400954**
电力、热力生产和供应业	87681594	21966488	24864481	240767	275420	129651	1055469
燃气生产和供应业	11515685	2151274	2932028	164188	152463		184569
水的生产和供应业	19188354	5031980	6451383	223073	248909	36270	160916
（五）建筑业	**25604724**	**4010721**	**4947818**	**134841**	**105383**	**173414**	**2404615**
房屋建筑业	9502410	874786	764320	22871	57213	19929	784081
土木工程建筑业	12448331	2071923	2758293	87613	27059	110506	843866
建筑安装业	1023502	238321	435606	8699			349947
建筑装饰和其他建筑业	2630481	825691	989599	15658	21111	42979	426721
（六）批发和零售业	**101609955**	**23112620**	**22001623**	**257098**	**473362**	**351685**	**5160515**
批发业	47479369	13383614	12687615	83906	337071	302534	3603096
零售业	54130586	9729006	9314008	173192	136291	49151	1557419
（七）交通运输、仓储和邮政业	**190573772**	**37148096**	**39036547**	**362193**	**1077606**	**622643**	**25895974**
铁路运输业	17848135	1118152	1338511	11970	285555	5700	12200977
道路运输业	112701319	25003977	31635915	277095	231192	593331	3969699
水上运输业	8995578	1510808	1108302	33300	151227	5320	2260783
航空运输业	3832037	582640	872427		137547		6034667
管道运输业	2329214	212007	260561	888	4817		13109
装卸搬运和运输代理业	6952675	1349521	618649	1128	44817		428131
仓储业	36742227	7192748	3029885	36031	180951	18292	841378
邮政业	1172587	178243	172297	1781	41500		147230
（八）住宿和餐饮业	**37245499**	**6761726**	**6239843**	**294612**	**44987**	**50341**	**849539**
住宿业	27051930	4232558	3645614	155546	41967	49391	486957
餐饮业	10193569	2529168	2594229	139066	3020	950	362582
（九）信息传输、软件和信息技术服务业	**19169566**	**7348131**	**9479540**	**20386**	**38306**	**50291**	**3705417**
电信、广播电视和卫星传输服务	6932082	4675494	5622318	20386	18980	46091	1342924
互联网和相关服务	3059639	922419	1378998		400		739761
软件和信息技术服务业	9177845	1750218	2478224		18926	4200	1622732

2-1-27 续表 2

单位：万元

行业	新建	扩建	改建和技术改造	单纯建造生活设施	迁建	恢复	单纯购置
（十）金融业	**5290921**	**1407273**	**1502456**	**52507**	**43363**	**3745**	**824841**
货币金融服务	2734991	819524	758043	17300	17515	3745	612466
资本市场服务	1228527	211901	422062	20431			79640
保险业	322794	54779	128092	14776			65059
其他金融业	1004609	321069	194259		25848		67676
（十一）房地产业	**587184676**	**19677187**	**14705633**	**15262123**	**1323818**	**328606**	**350017**
房地产业	587184676	19677187	14705633	15262123	1323818	328606	350017
（十二）租赁和商务服务业	**45813407**	**7173710**	**6744559**	**301631**	**149212**	**41751**	**3800742**
租赁业	1218551	407400	443285	68916		4823	2197839
商务服务业	44594856	6766310	6301274	232715	149212	36928	1602903
（十三）科学研究和技术服务业	**24143736**	**4540652**	**6038929**	**42100**	**286437**	**26355**	**2623294**
研究和试验发展	7034813	922429	1544386		211591		510106
专业技术服务业	8665596	1944220	2041000	30726	68878	26355	1444757
科技推广和应用服务业	8443327	1674003	2453543	11374	5968		668431
（十四）水利、环境和公共设施管理业	**301805711**	**52919144**	**51849646**	**2586651**	**347073**	**1080933**	**1096116**
水利管理业	35311674	7879313	8612215	197006	33255	245387	65807
生态保护和环境治理业	11253896	2242653	3321552	141780	73235	210896	127668
公共设施管理业	255240141	42797178	39915879	2247865	240583	624650	902641
（十五）居民服务、修理和其他服务业	**14333776**	**2820577**	**2789661**	**124194**	**129287**	**15750**	**638745**
居民服务业	8509781	1742715	1396834	103861	79319	15750	146480
机动车、电子产品和日用产品修理业	3073155	734083	834801	4213	23586		410073
其他服务业	2750840	343779	558026	16120	26382		82192
（十六）教育	**40587167**	**10950665**	**4810942**	**398534**	**1767302**	**63148**	**1799385**
教育	40587167	10950665	4810942	398534	1767302	63148	1799385
（十七）卫生和社会工作	**23600079**	**6348091**	**3708653**	**306274**	**1454694**	**28441**	**2839976**
卫生	16442634	5261534	3181539	146127	1413602	22054	2811925
社会工作	7157445	1086557	527114	160147	41092	6387	28051
（十八）文化、体育和娱乐业	**35887856**	**4816051**	**4505295**	**155322**	**157486**	**315921**	**689095**
新闻和出版业	700299	198684	63090				34765
广播、电视、电影和影视录音制作业	2038617	343062	527383	18871	3100	720	243211
文化艺术业	16863685	2167443	2423651	40384	125604	304509	151907
体育	6037718	895702	455632	54480	1680	9112	82382
娱乐业	10247537	1211160	1035539	41587	27102	1580	176830
（十九）公共管理、社会保障和社会组织	**44696321**	**10077297**	**6003674**	**809740**	**693817**	**215491**	**975644**
中国共产党机关	166030	11082	62376	2293	16000		
国家机构	30459182	5289012	3541786	340649	478150	87876	916285
人民政协、民主党派	125734	100	13639				1092
社会保障	1641000	882643	201632	900			700
群众团体、社会团体和其他成员组织	3011401	1269803	467965	49319	53841	52192	34451
基层群众自治组织	9292974	2624657	1716276	416579	145826	75423	23116

2-1-28　各地区固定资产投资(不含农户)项目个数

单位：个

地　区	施工项目个数	新开工项目个数	全部建成投产项目个数	项目建成投产率(%)
全国总计	**663683**	**494602**	**490964**	**74.0**
北　京	3704	1527	1507	40.7
天　津	10097	8477	7216	71.5
河　北	20613	15150	16226	78.7
山　西	17291	13420	13918	80.5
内蒙古	16942	12695	14074	83.1
辽　宁	15959	12393	13566	85.0
吉　林	13107	11777	11196	85.4
黑龙江	16119	13357	13167	81.7
上　海	3314	1404	1104	33.3
江　苏	52863	44888	44359	83.9
浙　江	45520	30091	30194	66.3
安　徽	35449	28171	28327	79.9
福　建	27218	20378	20801	76.4
江　西	20789	14886	15375	74.0
山　东	49620	40868	37337	75.3
河　南	24083	14061	16810	69.8
湖　北	18689	11917	12482	66.8
湖　南	38940	30213	28870	74.1
广　东	38666	28293	27391	70.8
广　西	42918	33807	31347	73.0
海　南	2016	1033	787	39.0
重　庆	15158	11116	10369	68.4
四　川	37392	23490	24864	66.5
贵　州	4355	2198	2207	50.7
云　南	24787	18812	17807	71.8
西　藏	3212	2083	2143	66.7
陕　西	21657	16595	16223	74.9
甘　肃	17605	13484	13248	75.3
青　海	4935	3264	3278	66.4
宁　夏	4233	3124	3108	73.4
新　疆	16344	11621	11663	71.4
不分地区	88	9		

注：本表不含房地产开发投资。

2-1-29 国民经济行业大类固定资产投资(不含农户)项目个数

单位：个

行业	施工项目个数	新开工项目个数	全部建成投产项目个数	项目建成投产率(%)
全国总计	**663683**	**494602**	**490964**	**74.0**
(一)农、林、牧、渔业	**48614**	**38943**	**38449**	**79.1**
农业	18622	14952	14426	77.5
林业	4841	3941	3890	80.4
畜牧业	12250	9621	9939	81.1
渔业	2205	1840	1688	76.6
农、林、牧、渔服务业	10696	8589	8506	79.5
(二)采矿业	**14481**	**10421**	**11320**	**78.2**
煤炭开采和洗选业	4230	2797	3176	75.1
石油和天然气开采业	827	615	610	73.8
黑色金属矿采选业	2027	1423	1658	81.8
有色金属矿采选业	2227	1635	1770	79.5
非金属矿采选业	4515	3481	3582	79.3
开采辅助活动	508	362	409	80.5
其他采矿业	147	108	115	78.2
(三)制造业	**247943**	**189695**	**191427**	**77.2**
农副食品加工业	18725	14298	14611	78.0
食品制造业	7730	5844	5860	75.8
酒、饮料和精制茶制造业	6343	4616	4771	75.2
烟草制品业	206	107	104	50.5
纺织业	10167	8298	8328	81.9
纺织服装、服饰业	8322	6750	6623	79.6
皮革、毛皮、羽毛及其制品和制鞋业	4032	3205	3241	80.4
木材加工和木、竹、藤、棕、草制品业	8904	7262	7200	80.9
家具制造业	4974	3833	3817	76.7
造纸和纸制品业	4148	3199	3275	79.0
印刷和记录媒介复制业	3175	2569	2506	78.9
文教、工美、体育和娱乐用品制造业	4404	3513	3523	80.0
石油加工、炼焦和核燃料加工业	1694	1139	1228	72.5
化学原料和化学制品制造业	16166	12222	12379	76.6
医药制造业	6468	4353	4438	68.6
化学纤维制造业	1030	736	787	76.4
橡胶和塑料制品业	10793	8467	8552	79.2
非金属矿物制品业	27008	20751	21219	78.6
黑色金属冶炼和压延加工业	4722	3538	3598	76.2
有色金属冶炼和压延加工业	4484	3204	3363	75.0
金属制品业	14718	11638	11703	79.5
通用设备制造业	19589	15461	15552	79.4
专用设备制造业	16146	12337	12344	76.5

2-1-29 续表 1

单位：个

行业	施工项目个数	新开工项目个数	全部建成投产项目个数	项目建成投产率(%)
汽车制造业	10543	7556	7563	71.7
铁路、船舶、航空航天和其他运输设备制造业	3262	2409	2419	74.2
电气机械和器材制造业	14841	11139	11185	75.4
计算机、通信和其他电子设备制造业	8071	5803	5720	70.9
仪器仪表制造业	2289	1679	1723	75.3
其他制造业	2761	2105	2063	74.7
废弃资源综合利用业	1743	1307	1344	77.1
金属制品、机械和设备修理业	485	357	388	80.0
(四)电力、热力、燃气及水生产和供应业	**28892**	**20087**	**19154**	**66.3**
电力、热力生产和供应业	16612	11439	10468	63.0
燃气生产和供应业	3341	2332	2371	71.0
水的生产和供应业	8939	6316	6315	70.7
(五)建筑业	**10843**	**8851**	**8098**	**74.7**
房屋建筑业	3476	2639	2591	74.5
土木工程建筑业	5497	4560	3952	71.9
建筑安装业	550	493	444	80.7
建筑装饰和其他建筑业	1320	1159	1111	84.2
(六)批发和零售业	**30236**	**24588**	**24328**	**80.5**
批发业	15082	12576	12176	80.7
零售业	15154	12012	12152	80.2
(七)交通运输、仓储和邮政业	**45871**	**32108**	**31302**	**68.2**
铁路运输业	923	439	406	44.0
道路运输业	33742	23789	23341	69.2
水上运输业	1364	739	747	54.8
航空运输业	334	185	148	44.3
管道运输业	345	218	236	68.4
装卸搬运和运输代理业	1257	844	872	69.4
仓储业	7562	5624	5292	70.0
邮政业	344	270	260	75.6
(八)住宿和餐饮业	**10998**	**8283**	**8266**	**75.2**
住宿业	6925	4814	4949	71.5
餐饮业	4073	3469	3317	81.4
(九)信息传输、软件和信息技术服务业	**7375**	**6037**	**5563**	**75.4**
电信、广播电视和卫星传输服务	3660	3029	2776	75.9
互联网和相关服务	1017	865	770	75.7
软件和信息技术服务业	2698	2143	2017	74.8

2-1-29 续表 2

单位：个

行业	施工项目个数	新开工项目个数	全部建成投产项目个数	项目建成投产率(%)
(十)金融业	**1895**	**1415**	**1379**	**72.8**
货币金融服务	1015	707	720	70.9
资本市场服务	410	330	316	77.1
保险业	115	85	84	73.0
其他金融业	355	293	259	73.0
(十一)房地产业	**38618**	**24817**	**26344**	**68.2**
房地产业	38618	24817	26344	68.2
(十二)租赁和商务服务业	**10818**	**8237**	**7782**	**71.9**
租赁业	584	530	474	81.2
商务服务业	10234	7707	7308	71.4
(十三)科学研究和技术服务业	**7260**	**5596**	**5243**	**72.2**
研究和试验发展	1737	1180	1155	66.5
专业技术服务业	2950	2314	2167	73.5
科技推广和应用服务业	2573	2102	1921	74.7
(十四)水利、环境和公共设施管理业	**97313**	**70758**	**67824**	**69.7**
水利管理业	16953	12448	12010	70.8
生态保护和环境治理业	4628	3461	3270	70.7
公共设施管理业	75732	54849	52544	69.4
(十五)居民服务、修理和其他服务业	**5219**	**4203**	**4004**	**76.7**
居民服务业	2938	2260	2223	75.7
机动车、电子产品和日用产品修理业	1402	1195	1130	80.6
其他服务业	879	748	651	74.1
(十六)教育	**19152**	**13169**	**13354**	**69.7**
教育	19152	13169	13354	69.7
(十七)卫生和社会工作	**9714**	**6544**	**6368**	**65.6**
卫生	6787	4360	4357	64.2
社会工作	2927	2184	2011	68.7
(十八)文化、体育和娱乐业	**10128**	**7159**	**7061**	**69.7**
新闻和出版业	117	64	63	53.9
广播、电视、电影和影视录音制作业	697	519	496	71.2
文化艺术业	5135	3492	3546	69.1
体育	1881	1310	1314	69.9
娱乐业	2298	1774	1642	71.5
(十九)公共管理、社会保障和社会组织	**18313**	**13691**	**13698**	**74.8**
中国共产党机关	87	59	69	79.3
国家机构	11637	8190	8408	72.3
人民政协、民主党派	49	41	36	73.5
社会保障	552	377	398	72.1
群众团体、社会团体和其他成员组织	1507	1093	1115	74.0
基层群众自治组织	4481	3931	3672	82.0

2-1-30 各地区固定资产投资(不含农户)财务拨款

单位：万元

地　　区	本年实际到位资金合计	上年末结余资金	本年实际到位资金小计	本年各项应付款合计
全国总计	**6238885980**	**500996318**	**5737889662**	**730178198**
北　　京	144607367	40934838	103672529	10030982
天　　津	142597984	12035059	130562925	17422958
河　　北	296621821	10962659	285659162	34144806
山　　西	124781018	6536392	118244626	25411444
内 蒙 古	136167353	2310457	133856896	11756935
辽　　宁	198970711	18693795	180276916	18311510
吉　　林	129287048	2134379	127152669	26249831
黑 龙 江	110440019	5512512	104927507	3520303
上　　海	106493599	24727018	81766581	16616252
江　　苏	546225710	45677116	500548594	53653357
浙　　江	327098961	46841247	280257714	33275888
安　　徽	259465381	20939821	238525560	23692043
福　　建	232718100	18428935	214289165	21855398
江　　西	194218545	11811709	182406836	10249414
山　　东	518204178	25947996	492256182	43361960
河　　南	360516201	11998127	348518074	16296486
湖　　北	282262524	16937299	265325225	27901062
湖　　南	272529568	14862206	257667362	18802864
广　　东	419171918	57248734	361923184	45679296
广　　西	174866894	9345216	165521678	34089574
海　　南	43339038	6466528	36872510	9054907
重　　庆	179670817	19159166	160511651	24219896
四　　川	281937856	24211357	257726499	43278206
贵　　州	114509030	13506554	101002476	27919105
云　　南	121517712	8051177	113466535	69791854
西　　藏	17017463	394539	16622924	226365
陕　　西	190714026	12278258	178435768	20354988
甘　　肃	86984969	2285589	84699380	8831945
青　　海	32829771	2043806	30785965	3391128
宁　　夏	31383388	1394803	29988585	7820257
新　　疆	111503211	7029925	104473286	11108405
不分地区	50233799	289101	49944698	11858779

2-1-31 各地区固定资产投资(不含农户)本年实际到位资金构成

单位：万元

地　　区	本年实际到位资金小计	国家预算资金	国内贷款	债券
全国总计	**5737889662**	**309242791**	**607566444**	**13572393**
北　　京	103672529	9642455	23604166	106288
天　　津	130562925	1638700	22098819	40000
河　　北	285659162	10445791	18730193	36030
山　　西	118244626	7209721	6174097	48655
内 蒙 古	133856896	7050173	17111575	255480
辽　　宁	180276916	8217315	23986891	6018
吉　　林	127152669	4364591	4398142	9060
黑 龙 江	104927507	4999918	2825610	100400
上　　海	81766581	5016051	20507912	5000
江　　苏	500548594	8068863	48102815	
浙　　江	280257714	16585532	30279178	98442
安　　徽	238525560	11458853	12105435	78159
福　　建	214289165	14986662	21725117	6159
江　　西	182406836	6780221	8160629	22196
山　　东	492256182	7524082	41068613	51735
河　　南	348518074	12287273	40664504	
湖　　北	265325225	10503730	26983742	62000
湖　　南	257667362	13314259	18326151	106731
广　　东	361923184	17552964	45672503	444224
广　　西	165521678	12075156	22591645	78970
海　　南	36872510	2097149	6232241	45564
重　　庆	160511651	11456528	22590419	13750
四　　川	257726499	16568063	23645809	353336
贵　　州	101002476	5981506	18111600	340010
云　　南	113466535	14632328	14974012	372426
西　　藏	16622924	11372965	107894	
陕　　西	178435768	12383645	12161704	6730
甘　　肃	84699380	11019148	9903291	176296
青　　海	30785965	6090310	6718446	16425
宁　　夏	29988585	3070342	7113635	9425
新　　疆	104473286	15615189	15873171	86635
不分地区	49944698	9233308	15016485	10596249

2-1-31 续表

单位：万元

地 区	利用外资	外商直接投资	自筹资金	企事业单位自有资金	其他资金
全国总计	**28544487**	**15417186**	**4050087303**	**1009053257**	**728876244**
北 京	132333	114966	37093405	14670805	33093882
天 津	1013515	271662	90585035	15673788	15186856
河 北	426603	153006	238534021	51564451	17486524
山 西	25069	1557	96545360	29048268	8241724
内蒙古	68609	3500	102965591	19928837	6405468
辽 宁	971311	649644	132422506	50975522	14672875
吉 林	249119	174028	110823051	35282191	7308706
黑龙江	125727	34368	90420869	18519821	6454983
上 海	1301250	853593	30076771	16682476	24859597
江 苏	9261697	4127583	363051542	130502829	72063677
浙 江	1603923	1243308	178192713	45543386	53497926
安 徽	627196	330380	182636527	39061393	31619390
福 建	855762	423061	146495433	36674976	30220032
江 西	402845	172487	147789470	26250049	19251475
山 东	2743573	1456130	400795833	91122950	40072346
河 南	465475	187017	272444319	47920388	22656503
湖 北	436920	214512	204459929	32424952	22878904
湖 南	338271	137076	198592967	28517662	26988983
广 东	2041125	1456371	208861019	62308654	87351349
广 西	364676	80651	109817470	44956480	20593761
海 南	38019	18410	19500607	5756461	8958930
重 庆	1391665	731130	93516584	19602974	31542705
四 川	533066	228946	171373791	66096612	45252434
贵 州	157059	36000	59969424	7499529	16442877
云 南	201213	169252	66214260	15182370	17072296
西 藏	11000		4580563	1402605	550502
陕 西	2242198	2143048	132619689	20064631	19021802
甘 肃	213869		54896766	5977844	8490010
青 海	26761	1000	15304713	3254766	2629310
宁 夏	2915		16271699	3107015	3520569
新 疆	41409	4500	62636139	18156536	10220743
不分地区	230314		10599237	5322036	4269105

2-1-32 国民经济行业大类固定资产投资(不含农户)财务拨款

单位：万元

行　　业	本年实际到位资金合计	上 年 末结余资金	本年实际到位资金小计	本年各项应付款合计
全国总计	**6238885980**	**500996318**	**5737889662**	**730178198**
(一)农、林、牧、渔业	**191719755**	**2788917**	**188930838**	**12650976**
农业	80100803	997448	79103355	5321382
林业	19342713	300938	19041775	1697150
畜牧业	48424924	744965	47679959	2899263
渔业	8965007	75527	8889480	511071
农、林、牧、渔服务业	34886308	670039	34216269	2222110
(二)采矿业	**128191959**	**2098952**	**126093007**	**8951896**
煤炭开采和洗选业	39583038	1172075	38410963	4026893
石油和天然气开采业	32915724	227789	32687935	2201065
黑色金属矿采选业	13774453	240204	13534249	655230
有色金属矿采选业	16130606	231635	15898971	554393
非金属矿采选业	20874381	199051	20675330	1269573
开采辅助活动	4222032	24201	4197831	227888
其他采矿业	691725	3997	687728	16854
(三)制造业	**1834930961**	**36258877**	**1798672084**	**117943356**
农副食品加工业	109991303	2394363	107596940	5198263
食品制造业	51415419	842258	50573161	2691550
酒、饮料和精制茶制造业	41169571	957773	40211798	2690738
烟草制品业	2780053	231920	2548133	210485
纺织业	60342279	567583	59774696	2766600
纺织服装、服饰业	45891258	417615	45473643	1591696
皮革、毛皮、羽毛及其制品和制鞋业	21996796	191312	21805484	796598
木材加工和木、竹、藤、棕、草制品业	41574964	443181	41131783	2114300
家具制造业	29445853	434185	29011668	1200480
造纸和纸制品业	28160228	362708	27797520	1720474
印刷和记录媒介复制业	18708161	339147	18369014	686474
文教、工美、体育和娱乐用品制造业	24099670	617925	23481745	1285779
石油加工、炼焦和核燃料加工业	25398689	968358	24430331	2339464
化学原料及化学制品制造业	151486061	4842451	146643610	11229433
医药制造业	59815705	1571660	58244045	2888590
化学纤维制造业	11183616	211352	10972264	760611
橡胶和塑料制品业	66262699	1128652	65134047	3318330
非金属矿物制品业	169203225	2531223	166672002	28801514
黑色金属冶炼和压延加工业	42789946	1066419	41723527	2712035
有色金属冶炼和压延加工业	56589927	990834	55599093	2887896
金属制品业	95700929	1236629	94464300	5425012
通用设备制造业	135447051	2258198	133188853	6658549
专用设备制造业	125466690	1922710	123543980	6248473

2-1-32　续表 1

单位：万元

行　　业	本年实际到位资金合计	上年末结余资金	本年实际到位资金小计	本年各项应付款合计
汽车制造业	117672804	1790176	115882628	6541790
铁路、船舶、航空航天和其他运输设备制造业	33386266	930921	32455345	1450824
电气机械和器材制造业	116515776	2442877	114072899	5486913
计算机、通信和其他电子设备制造业	96470364	3062668	93407696	5169159
仪器仪表制造业	16972959	447293	16525666	663259
其他制造业	22420125	683710	21736415	1533224
废弃资源综合利用业	13165345	203274	12962071	554005
金属制品、机械和设备修理业	3407229	169502	3237727	320838
（四）电力、热力、燃气及水的生产和供应业	**273300636**	**9099942**	**264200694**	**60354366**
电力、热力生产和供应业	208197822	7125307	201072515	21447858
燃气生产和供应业	23627528	331325	23296203	35465434
水的生产和供应业	41475286	1643310	39831976	3441074
（五）建筑业	**49713207**	**447177**	**49266030**	**2187484**
房屋建筑业	15442449	148134	15294315	716337
土木工程建筑业	25322235	264267	25057968	1284697
建筑安装业	2598330	13661	2584669	51379
建筑装饰和其他建筑业	6350193	21115	6329078	135071
（六）批发和零售业	**189618359**	**3324034**	**186294325**	**9712235**
批发业	95959545	1592284	94367261	4627003
零售业	93658814	1731750	91927064	5085232
（七）交通运输、仓储和邮政业	**492559180**	**19183117**	**473376063**	**70745265**
铁路运输业	74106458	784840	73321618	12744648
道路运输业	286872282	14040151	272832131	48912924
水上运输业	24311787	1165315	23146472	2476641
航空运输业	19666432	784425	18882007	817955
管道运输业	3502407	68073	3434334	282254
装卸搬运和运输代理业	13288218	273978	13014240	764938
仓储业	68392891	2018003	66374888	4570853
邮政业	2418705	48332	2370373	175052
（八）住宿和餐饮业	**66787667**	**2055366**	**64732301**	**5661778**
住宿业	48026283	1816375	46209908	4852115
餐饮业	18761384	238991	18522393	809663
（九）信息传输、软件和信息技术服务业	**57832535**	**1495845**	**56336690**	**2973169**
电信、广播电视和卫星传输服务	25261472	457986	24803486	1260616
互联网和相关服务	8086254	117762	7968492	292088
软件和信息技术服务业	24484809	920097	23564712	1420465

2-1-32 续表 2

单位：万元

行业	本年实际到位资金合计	上年末结余资金	本年实际到位资金小计	本年各项应付款合计
(十)金融业	**14819600**	**1400033**	**13419567**	**20641655**
货币金融服务	7159241	644846	6514395	20342854
资本市场服务	3683640	434495	3249145	180157
保险业	1356507	20110	1336397	71389
其他金融业	2620212	300582	2319630	47255
(十一)房地产业	**1933434675**	**383230666**	**1550204009**	**319889751**
房地产业	1933434675	383230666	1550204009	319889751
(十二)租赁和商务服务业	**98220335**	**4075434**	**94144901**	**7216170**
租赁业	8883686	1167614	7716072	228385
商务服务业	89336649	2907820	86428829	6987785
(十三)科学研究和技术服务业	**49790640**	**1637323**	**48153317**	**1832330**
研究和试验发展	14889481	694043	14195438	663145
专业技术服务业	18050699	547243	17503456	667966
科技推广和应用服务业	16850460	396037	16454423	501219
(十四)水利、环境和公共设施管理业	**551736257**	**20778273**	**530957984**	**62557733**
水利管理业	74158530	4483539	69674991	7382040
生态保护和环境治理业	22521344	645038	21876306	2318165
公共设施管理业	455056383	15649696	439406687	52857528
(十五)居民服务、修理和其他服务业	**26370214**	**517184**	**25853030**	**2410764**
居民服务业	14607434	264456	14342978	1478110
机动车、电子产品和日用产品修理业	6530666	74480	6456186	499154
其他服务业	5232114	178248	5053866	433500
(十六)教育	**78579236**	**3368935**	**75210301**	**7668985**
教育	78579236	3368935	75210301	7668985
(十七)卫生和社会工作	**53509039**	**1969684**	**51539355**	**4126977**
卫生	41147877	1665679	39482198	3173537
社会工作	12361162	304005	12057157	953440
(十八)文化、体育和娱乐业	**70188146**	**5354434**	**64833712**	**6118246**
新闻和出版业	1414619	84226	1330393	24714
广播、电视、电影和影视录音制作业	5071814	266714	4805100	432584
文化艺术业	30822179	1117257	29704922	2889828
体育	10447711	364420	10083291	962814
娱乐业	22431823	3521817	18910006	1808306
(十九)公共管理、社会保障和社会组织	**77583579**	**1912125**	**75671454**	**6535062**
中国共产党机关	252534	31254	221280	15741
国家机构	51093786	1500422	49593364	4687318
人民政协、民主党派	173792		173792	220
社会保障	2809050	52477	2756573	208261
群众团体、社会团体和其他成员组织	7118290	238229	6880061	479079
基层群众自治组织	16136127	89743	16046384	1144443

2-1-33　国民经济行业大类固定资产投资(不含农户)实际到位资金构成

单位：万元

行　　业	本年实际到位资金小计	国家预算资金	国内贷款	债券
全国总计	**5737889662**	**309242791**	**607566444**	**13572393**
(一)农、林、牧、渔业	**188930838**	**14749724**	**7989411**	**6650**
农业	79103355	3466264	3584561	3070
林业	19041775	3129355	579804	
畜牧业	47679959	852460	2217046	3580
渔业	8889480	143654	445698	
农、林、牧、渔服务业	34216269	7157991	1162302	
(二)采矿业	**126093007**	**1723792**	**10659393**	**30680**
煤炭开采和洗选业	38410963	375582	3731996	28480
石油和天然气开采业	32687935	580319	4187994	
黑色金属矿采选业	13534249	82120	634600	
有色金属矿采选业	15898971	336442	790684	
非金属矿采选业	20675330	54060	1130019	2200
开采辅助活动	4197831	277089	153600	
其他采矿业	687728	18180	30500	
(三)制造业	**1798672084**	**5382652**	**130937807**	**254451**
农副食品加工业	107596940	440664	6607832	1750
食品制造业	50573161	127327	3492041	4071
酒、饮料和精制茶制造业	40211798	83184	2182573	
烟草制品业	2548133	137933	35512	1950
纺织业	59774696	261277	4036650	551
纺织服装、服饰业	45473643	48807	2409989	5173
皮革、毛皮、羽毛及其制品和制鞋业	21805484	20655	1505545	
木材加工和木、竹、藤、棕、草制品业	41131783	64096	2728563	260
家具制造业	29011668	19060	1695770	2930
造纸和纸制品业	27797520	21581	1598563	37465
印刷和记录媒介复制业	18369014	19751	1096060	
文教、工美、体育和娱乐用品制造业	23481745	46152	1054552	2510
石油加工、炼焦和核燃料加工业	24430331	72669	2177746	
化学原料和化学制品制造业	146643610	801568	13904517	9155
医药制造业	58244045	61238	3066281	83850
化学纤维制造业	10972264	36553	895546	
橡胶和塑料制品业	65134047	42680	4756534	2540
非金属矿物制品业	166672002	225538	11818035	4835
黑色金属冶炼和压延加工业	41723527	37720	4639330	40160
有色金属冶炼和压延加工业	55599093	69666	5138858	11200
金属制品业	94464300	113886	5896049	
通用设备制造业	133188853	258986	10496061	800
专用设备制造业	123543980	346464	9007038	21500

2-1-33 续表 1

单位：万元

行业	本年实际到位资金小计	国家预算资金	国内贷款	债券
汽车制造业	115882628	231468	8694370	9810
铁路、船舶、航空航天和其他运输设备制造业	32455345	571242	1796033	2830
电气机械和器材制造业	114072899	127304	7743134	200
计算机、通信和其他电子设备制造业	93407696	449686	6952683	4901
仪器仪表制造业	16525666	52731	1226911	1010
其他制造业	21736415	279128	3006119	5000
废弃资源综合利用业	12962071	122126	994917	
金属制品、机械和设备修理业	3237727	191512	283995	
(四)电力、热力、燃气及水生产和供应业	**264200694**	**19311954**	**52115863**	**187275**
电力、热力生产和供应业	201072515	11293211	47673768	150085
燃气生产和供应业	23296203	656168	1803668	1200
水的生产和供应业	39831976	7362575	2638427	35990
(五)建筑业	**49266030**	**6835741**	**2341421**	**14192**
房屋建筑业	15294315	1619628	567755	6231
土木工程建筑业	25057968	4789283	1415621	7741
建筑安装业	2584669	117020	61096	
建筑装饰和其他建筑业	6329078	309810	296949	220
(六)批发和零售业	**186294325**	**1201634**	**10729153**	**3920**
批发业	94367261	573044	4961251	1000
零售业	91927064	628590	5767902	2920
(七)交通运输、仓储和邮政业	**473376063**	**73693850**	**97779671**	**12729118**
铁路运输业	73321618	11256016	20773447	12108164
道路运输业	272832131	56426877	59116687	609254
水上运输业	23146472	1183557	4818813	
航空运输业	18882007	2981138	6035811	9000
管道运输业	3434334	178859	349496	
装卸搬运和运输代理业	13014240	281230	1340904	
仓储业	66374888	1340671	5248951	2700
邮政业	2370373	45502	95562	
(八)住宿和餐饮业	**64732301**	**548319**	**4272657**	**1670**
住宿业	46209908	428105	3364524	920
餐饮业	18522393	120214	908133	750
(九)信息传输、软件和信息技术服务业	**56336690**	**1186011**	**2183053**	**2100**
电信、广播电视和卫星传输服务	24803486	664471	595634	50
互联网和相关服务	7968492	143322	167327	
软件和信息技术服务业	23564712	378218	1420092	2050
(十)金融业	**13419567**	**254406**	**457122**	**5530**
货币金融服务	6514395	149288	232209	5530
资本市场服务	3249145	2000	138094	
保险业	1336397	3000	1700	
其他金融业	2319630	100118	85119	

2-1-33　续表 2

单位：万元

行　　业	本年实际到位资金小计	国家预算资金	国内贷款	债　券
（十一）房地产业	**1550204009**	**28477602**	**224027710**	**118419**
房地产业	1550204009	28477602	224027710	118419
（十二）租赁和商务服务业	**94144901**	**2447035**	**7556022**	**850**
租赁业	7716072	14795	744262	
商务服务业	86428829	2432240	6811760	850
（十三）科学研究和技术服务业	**48153317**	**2502553**	**3077377**	**3000**
研究和试验发展	14195438	836040	784263	
专业技术服务业	17503456	1254982	1132068	3000
科技推广和应用服务业	16454423	411531	1161046	
（十四）水利、环境和公共设施管理业	**530957984**	**98183486**	**39834427**	**155884**
水利管理业	69674991	24808916	3986500	21920
生态保护和环境治理业	21876306	3943035	1047115	
公共设施管理业	439406687	69431535	34800812	133964
（十五）居民服务、修理和其他服务业	**25853030**	**1597133**	**1317983**	**4369**
居民服务业	14342978	1288981	660888	4369
机动车、电子产品和日用产品修理业	6456186	90981	315119	
其他服务业	5053866	217171	341976	
（十六）教育	**75210301**	**19351421**	**3583988**	**6163**
教育	75210301	19351421	3583988	6163
（十七）卫生和社会工作	**51539355**	**6994141**	**3117802**	**15169**
卫生	39482198	5408082	2547725	13169
社会工作	12057157	1586059	570077	2000
（十八）文化、体育和娱乐业	**64833712**	**5458702**	**3611252**	**21189**
新闻和出版业	1330393	82544	57701	
广播、电视、电影和影视录音制作业	4805100	190034	93335	73
文化艺术业	29704922	3597179	1352454	
体育	10083291	1185988	783117	21116
娱乐业	18910006	402957	1324645	
（十九）公共管理、社会保障和社会组织	**75671454**	**19342635**	**1974332**	**11764**
中国共产党机关	221280	85348	1629	
国家机构	49593364	15352068	1417880	11764
人民政协、民主党派	173792	37266	3600	
社会保障	2756573	623870	94891	
群众团体、社会团体和其他成员组织	6880061	1746262	82546	
基层群众自治组织	16046384	1497821	373786	

2-1-33 续表 3

单位：万元

行业	利用外资	外商直接投资	自筹资金	企事业单位自有资金	其他资金
全国总计	**28544487**	**15417186**	**4050087303**	**1009053257**	**728876244**
(一)农、林、牧、渔业	**311669**	**132144**	**155809176**	**28731285**	**10064208**
农业	116719	33652	67930727	13591436	4002014
林业	45176	29593	13905484	2367898	1381956
畜牧业	51635	30965	42859543	7450439	1695695
渔业	21127	14901	7933432	1370391	345569
农、林、牧、渔服务业	77012	23033	23179990	3951121	2638974
(二)采矿业	**417688**	**99737**	**110419188**	**32510096**	**2842266**
煤炭开采和洗选业	10600		33170676	7729847	1093629
石油和天然气开采业	129657	50657	27371662	13508708	418303
黑色金属矿采选业	16761		12580584	3492128	220184
有色金属矿采选业	92412	180	14357518	2937507	321915
非金属矿采选业	83029	42900	18793353	4317346	612669
开采辅助活动	85229	6000	3533228	395045	148685
其他采矿业			612167	129515	26881
(三)制造业	**20095771**	**10273948**	**1609665682**	**405049719**	**32335721**
农副食品加工业	616926	312652	97032283	22081909	2897485
食品制造业	339801	203814	45582576	10507676	1027345
酒、饮料和精制茶制造业	291920	251715	36039863	8648807	1614258
烟草制品业			2311933	998500	60805
纺织业	400016	145867	53849312	16468789	1226890
纺织服装、服饰业	417902	256417	41677679	11838360	914093
皮革、毛皮、羽毛及其制品和制鞋业	247589	122140	19496149	4675227	535546
木材加工和木、竹、藤、棕、草制品业	78179	33849	37220256	9522220	1040429
家具制造业	149460	75893	26687623	5794347	456825
造纸和纸制品业	780412	145551	24972502	6032636	386997
印刷和记录媒介复制业	72432	34891	16874916	4494759	305855
文教、工美、体育和娱乐用品制造业	486140	397255	21318185	5153835	574206
石油加工、炼焦和核燃料加工业	354919	4843	21068648	6567045	756349
化学原料和化学制品制造业	1225454	588569	128298419	32393268	2404497
医药制造业	548954	329582	53422426	11275409	1061296
化学纤维制造业	95694	10014	9873576	2499258	70895
橡胶和塑料制品业	667012	189538	58883622	15000282	781659
非金属矿物制品业	421595	192570	150541735	36129284	3660264
黑色金属冶炼和压延加工业	159956	20979	36136144	10156248	710217
有色金属冶炼和压延加工业	148503	122576	49596912	8667169	633954
金属制品业	647016	303397	86103711	22792175	1703638
通用设备制造业	980620	539063	119444558	31382281	2007828
专用设备制造业	1031936	402863	111377327	27244600	1759715

2-1-33　续表 4

单位：万元

行　　业	利用外资	外商直接投资	自筹资金	企事业单位自有资金	其他资金
汽车制造业	1655450	860011	103839623	29634392	1451907
铁路、船舶、航空航天和其他运输设备制造业	201781	151134	29361416	7137541	522043
电气机械和器材制造业	1542340	772300	103259560	26410716	1400361
计算机、通信和其他电子设备制造业	6044381	3562408	78754830	20509303	1201215
仪器仪表制造业	270642	113247	14678712	3665139	295660
其他制造业	108938	98957	17738219	3414933	599011
废弃资源综合利用业	109803	31853	11521926	3389813	213299
金属制品、机械和设备修理业			2701041	563798	61179
（四）电力、热力、燃气及水生产和供应业	**398966**	**206670**	**182669029**	**39548987**	**9517607**
电力、热力生产和供应业	249840	150190	135237327	30200471	6468284
燃气生产和供应业	86034	56480	20048838	4302851	700295
水的生产和供应业	63092		27382864	5045665	2349028
（五）建筑业	**110166**	**10000**	**36867523**	**5951315**	**3096987**
房屋建筑业	89459	10000	12452535	1520167	558707
土木工程建筑业	20707		16838016	2583286	1986600
建筑安装业			2309716	484381	96837
建筑装饰和其他建筑业			5267256	1363481	454843
（六）批发和零售业	**754040**	**340869**	**168478244**	**38218995**	**5127334**
批发业	292695	61239	86301171	20345820	2238100
零售业	461345	279630	82177073	17873175	2889234
（七）交通运输、仓储和邮政业	**1017408**	**419855**	**257747929**	**49223716**	**30408087**
铁路运输业	230314		23283275	5454053	5670402
道路运输业	200140	127602	135081439	21768807	21397734
水上运输业	35978	24480	16709993	4259415	398131
航空运输业	12503		9308589	1747233	534966
管道运输业			2806870	541244	99109
装卸搬运和运输代理业	36000		11168986	2363723	187120
仓储业	502473	267773	57187896	12511333	2092197
邮政业			2200881	577908	28428
（八）住宿和餐饮业	**223097**	**116199**	**57411022**	**11674119**	**2275536**
住宿业	185419	78521	40394918	7716480	1836022
餐饮业	37678	37678	17016104	3957639	439514
（九）信息传输、软件和信息技术服务业	**161282**	**138445**	**52028893**	**18469409**	**775351**
电信、广播电视和卫星传输服务	200		23187624	10314501	355507
互联网和相关服务	21663	17040	7577333	2812642	58847
软件和信息技术服务业	139419	121405	21263936	5342266	360997
（十）金融业	**8500**	**500**	**12535770**	**4235126**	**158239**
货币金融服务	500	500	6065297	2435716	61571
资本市场服务	8000		3046658	876051	54393
保险业			1315541	510511	16156
其他金融业			2108274	412848	26119

2-1-33 续表 5

单位：万元

行　　业	利用外资	外商直接投资	自筹资金	企事业单位自有资金	其他资金
(十一)房地产业	**3205979**	**2928105**	**717610563**	**244952753**	**576763736**
房地产业	3205979	2928105	717610563	244952753	576763736
(十二)租赁和商务服务业	**400553**	**74227**	**80786400**	**18168598**	**2954041**
租赁业	16097	576	6862028	1798959	78890
商务服务业	384456	73651	73924372	16369639	2875151
(十三)科学研究和技术服务业	**234312**	**188624**	**41214190**	**10282357**	**1121885**
研究和试验发展	162492	161208	12149183	3177511	263460
专业技术服务业	3975	1650	14646493	3065004	462938
科技推广和应用服务业	67845	25766	14418514	4039842	395487
(十四)水利、环境和公共设施管理业	**681015**	**204054**	**357329244**	**60774005**	**34773928**
水利管理业	52980	10448	34349763	4976183	6454912
生态保护和环境治理业	73144	1500	15425078	3269575	1387934
公共设施管理业	554891	192106	307554403	52528247	26931082
(十五)居民服务、修理和其他服务业	**26300**	**11780**	**21811693**	**4501323**	**1095552**
居民服务业	6964		11554032	2102861	827744
机动车、电子产品和日用产品修理业	7056		5909841	1307192	133189
其他服务业	12280	11780	4347820	1091270	134619
(十六)教育	**81516**	**42682**	**47374892**	**10134313**	**4812321**
教育	81516	42682	47374892	10134313	4812321
(十七)卫生和社会工作	**77771**	**10164**	**38885100**	**8455922**	**2449372**
卫生	77771	10164	29622348	6758159	1813103
社会工作			9262752	1697763	636269
(十八)文化、体育和娱乐业	**300196**	**219183**	**52528033**	**10102994**	**2914340**
新闻和出版业			1176157	223656	13991
广播、电视、电影和影视录音制作业	17918		4389753	908330	113987
文化艺术业	31965	16000	22988117	3501304	1735207
体育	48981	2451	7622295	1619313	421794
娱乐业	201332	200732	16351711	3850391	629361
(十九)公共管理、社会保障和社会组织	**38258**		**48914732**	**8068225**	**5389733**
中国共产党机关			110777	5362	23526
国家机构	29944		29537022	4827747	3244686
人民政协、民主党派			131618	1698	1308
社会保障			1685264	283447	352548
群众团体、社会团体和其他成员组织	2014		4562156	550577	487083
基层群众自治组织	6300		12887895	2399394	1280582

2-1-34　各地区固定资产投资(不含农户)房屋及住宅建筑面积

地　　区	房屋施工面　　积(万平方米)	房屋竣工面　　积(万平方米)	房屋建筑面积竣工率(%)	住宅施工面　　积(万平方米)	住宅竣工面　　积(万平方米)	住宅建筑面积竣工率(%)
全国总计	**1193995**	**265656**	**22.2**	**579856**	**100358**	**17.3**
北　　京	19099	3690	19.3	7354	1583	21.5
天　　津	21827	5195	23.8	7790	2273	29.2
河　　北	52677	14884	28.3	25692	4305	16.8
山　　西	28642	6271	21.9	17123	3527	20.6
内 蒙 古	22624	3520	15.6	12607	1834	14.5
辽　　宁	47190	10332	21.9	21744	2675	12.3
吉　　林	16173	3914	24.2	8535	1175	13.8
黑 龙 江	18775	7566	40.3	9138	2380	26.0
上　　海	17869	2908	16.3	8427	1603	19.0
江　　苏	98850	36541	37.0	45371	9349	20.6
浙　　江	86742	18863	21.7	31426	5528	17.6
安　　徽	55075	11816	21.5	25872	5080	19.6
福　　建	55935	12848	23.0	20437	2851	14.0
江　　西	31172	6997	22.4	13151	2313	17.6
山　　东	96247	18524	19.2	46799	8253	17.6
河　　南	73693	14204	19.3	35453	6425	18.1
湖　　北	49081	14328	29.2	22671	3050	13.5
湖　　南	36486	5960	16.3	22128	3561	16.1
广　　东	84133	15304	18.2	42641	4998	11.7
广　　西	27313	3676	13.5	14803	1621	10.9
海　　南	9436	1240	13.1	6810	998	14.7
重　　庆	33694	5579	16.6	20496	3548	17.3
四　　川	65386	11811	18.1	33074	5452	16.5
贵　　州	29273	5490	18.8	15311	2402	15.7
云　　南	33053	8074	24.4	18710	4702	25.1
西　　藏	855	235	27.5	505	163	32.4
陕　　西	31241	4780	15.3	19222	2777	14.4
甘　　肃	15664	2858	18.2	7460	1233	16.5
青　　海	4209	784	18.6	2274	453	19.9
宁　　夏	8766	1528	17.4	4914	853	17.4
新　　疆	22689	5936	26.2	11918	3392	28.5

2-1-35 国民经济行业大类固定资产(不含农户)房屋及住宅建筑面积

行业	房屋施工面积(万平方米)	房屋竣工面积(万平方米)	房屋建筑面积竣工率(%)	住宅施工面积(万平方米)	住宅竣工面积(万平方米)	住宅建筑面积竣工率(%)
全国总计	**1193995.0**	**265656.3**	**22.2**	**579855.6**	**100357.6**	**17.3**
(一)农、林、牧、渔业	**19520.5**	**8814.7**	**45.2**	**512.7**	**194.9**	**38.0**
农业	9622.6	4042.3	42.0	155.2	68.7	44.3
林业	718.1	207.3	28.9	54.0	14.5	26.9
畜牧业	5780.9	3024.5	52.3	128.9	45.0	34.9
渔业	590.3	279.6	47.4	4.5	2.7	59.4
农、林、牧、渔服务业	2808.6	1261.1	44.9	170.1	64.0	37.6
(二)采矿业	**2118.0**	**821.4**	**38.8**	**383.1**	**28.4**	**7.4**
煤炭开采和洗选业	697.1	152.4	21.9	350.4	9.7	2.8
石油和天然气开采业	35.3	9.8	27.9			
黑色金属矿采选业	326.7	125.2	38.3	3.7	1.5	39.4
有色金属矿采选业	279.8	151.6	54.2	12.5	4.9	39.3
非金属矿采选业	693.5	336.2	48.5	16.1	12.3	76.3
开采辅助活动	66.5	32.1	48.2	0.1		
其他采矿业	19.0	14.0	73.5	0.4	0.0	4.9
(三)制造业	**167636.3**	**70005.3**	**41.8**	**1307.4**	**783.8**	**60.0**
农副食品加工业	10010.3	5006.0	50.0	86.9	49.1	56.4
食品制造业	5051.7	2142.4	42.4	37.1	15.0	40.4
酒、饮料和精制茶制造业	3358.6	1484.7	44.2	44.2	23.4	53.0
烟草制品业	416.6	116.2	27.9			
纺织业	7172.9	3416.3	47.6	55.6	28.5	51.4
纺织服装、服饰业	6421.9	3028.2	47.2	48.9	28.2	57.7
皮革、毛皮、羽毛及其制品和制鞋业	2652.9	1255.1	47.3	18.5	17.5	94.6
木材加工和木、竹、藤、棕、草制品业	3608.1	1945.1	53.9	45.9	20.8	45.3
家具制造业	4277.1	1706.0	39.9	31.6	18.7	59.2
造纸和纸制品业	2671.2	1269.6	47.5	9.8	6.0	62.0
印刷和记录媒介复制业	1774.3	747.9	42.2	7.7	7.5	98.4
文教、工美、体育和娱乐用品制造业	2781.9	1329.0	47.8	26.5	9.5	35.8
石油加工、炼焦和核燃料加工业	603.6	166.9	27.6	4.7	3.1	65.0
化学原料及化学制品制造业	8831.3	3560.7	40.3	51.3	32.3	62.9
医药制造业	5802.3	1916.7	33.0	21.6	18.4	85.2
化学纤维制造业	1152.6	448.6	38.9	2.6	2.6	100.0
橡胶和塑料制品业	6480.0	2892.2	44.6	39.6	32.8	82.7
非金属矿物制品业	13517.4	6467.7	47.8	229.9	187.0	81.3
黑色金属冶炼和压延加工业	2249.1	912.7	40.6	8.9	3.4	38.1
有色金属冶炼和压延加工业	3451.2	1194.6	34.6	35.5	7.2	20.2
金属制品业	9634.9	4376.1	45.4	49.3	41.6	84.3
通用设备制造业	13193.8	5520.8	41.8	55.5	41.8	75.3
专用设备制造业	11582.5	4481.3	38.7	83.9	45.0	53.7

2-1-35　续表 1

行　　业	房屋施工面　积(万平方米)	房屋竣工面　积(万平方米)	房屋建筑面积竣工率(%)	住宅施工面　积(万平方米)	住宅竣工面　积(万平方米)	住宅建筑面积竣工率(%)
汽车制造业	9676.8	3667.6	37.9	60.2	18.8	31.2
铁路、船舶、航空航天和其他运输设备制造业	2809.9	1098.5	39.1	28.4	23.0	80.9
电气机械和器材制造业	12277.9	4848.1	39.5	117.0	46.9	40.1
计算机、通信和其他电子设备制造业	9135.8	2419.5	26.5	43.2	23.7	54.9
仪器仪表制造业	2792.7	861.7	30.9	6.5	3.9	60.7
其他制造业	2741.2	922.1	33.6	52.0	23.8	45.8
废弃资源综合利用业	1278.8	716.8	56.1	3.1	2.8	91.1
金属制品、机械和设备修理业	226.7	86.4	38.1	1.5	1.5	100.0
(四)电力、热力、燃气及水生产和供应业	**4926.6**	**2038.1**	**41.4**	**134.2**	**54.9**	**40.9**
电力、热力生产和供应业	3326.9	1374.8	41.3	78.0	18.6	23.8
燃气生产和供应业	562.5	238.4	42.4	11.3	1.7	14.8
水的生产和供应业	1037.1	424.9	41.0	44.9	34.7	77.3
(五)建筑业	**2901.9**	**1059.4**	**36.5**	**845.7**	**397.3**	**47.0**
房屋建筑业	1857.6	669.8	36.1	720.2	346.2	48.1
土木工程建筑业	500.7	195.0	38.9	32.3	5.2	16.0
建筑安装业	103.0	51.5	50.0	7.3	7.3	100.0
建筑装饰和其他建筑业	440.6	143.1	32.5	85.9	38.7	45.0
(六)批发和零售业	**22204.3**	**8137.4**	**36.6**	**467.0**	**196.3**	**42.0**
批发业	10353.7	3984.7	38.5	157.5	89.5	56.8
零售业	11850.7	4152.7	35.0	309.5	106.8	34.5
(七)交通运输、仓储和邮政业	**18632.2**	**7408.6**	**39.8**	**168.0**	**76.5**	**45.5**
铁路运输业	509.7	123.0	24.1	14.7	14.7	99.9
道路运输业	6155.9	3492.1	56.7	110.2	38.4	34.8
水上运输业	333.4	80.9	24.3	2.4	2.4	100.0
航空运输业	373.5	129.1	34.6	0.9	0.1	9.4
管道运输业	34.3	9.7	28.3			
装卸搬运和运输代理业	1580.4	290.3	18.4	4.1	2.4	58.0
仓储业	9332.0	3199.2	34.3	35.6	18.5	52.1
邮政业	313.1	84.3	26.9	0.2	0.1	33.1
(八)住宿和餐饮业	**7959.7**	**2665.3**	**33.5**	**487.1**	**97.6**	**20.0**
住宿业	6098.0	1857.0	30.5	444.0	74.0	16.7
餐饮业	1861.7	808.4	43.4	43.1	23.7	54.9
(九)信息传输、软件和信息技术服务业	**3472.8**	**880.6**	**25.4**	**2.0**	**1.8**	**92.2**
电信、广播电视和卫星传输服务	263.6	89.2	33.8	0.1	0.1	100.0
互联网和相关服务	495.4	146.5	29.6	0.1	0.1	100.0
软件和信息技术服务业	2713.7	645.0	23.8	1.8	1.7	91.5

2-1-35 续表 2

行 业	房屋施工面积(万平方米)	房屋竣工面积(万平方米)	房屋建筑面积竣工率(%)	住宅施工面积(万平方米)	住宅竣工面积(万平方米)	住宅建筑面积竣工率(%)
(十)金融业	**2495.9**	**382.7**	**15.3**	**33.9**	**4.2**	**12.3**
货币金融服务	913.4	179.3	19.6	3.7	1.3	36.0
资本市场服务	465.9	71.5	15.3	29.9	2.6	8.6
保险业	711.4	7.2	1.0	0.2	0.2	100.0
其他金融业	405.3	124.8	30.8	0.1	**0.1**	**100.0**
(十一)房地产业	**843251.3**	**135848.8**	**16.1**	**568117.5**	**95739.0**	**16.9**
房地产业	843251.3	135848.8	16.1	568117.5	95739.0	16.9
(十二)租赁和商务服务业	**17540.4**	**4047.0**	**23.1**	**619.7**	**194.1**	**31.3**
租赁业	228.3	86.0	37.7	4.8	3.7	77.4
商务服务业	17312.1	3960.9	22.9	614.9	190.4	31.0
(十三)科学研究和技术服务业	**5514.6**	**1556.3**	**28.2**	**153.3**	**111.8**	**72.9**
研究和试验发展	1951.1	506.1	25.9	59.9	49.1	82.0
专业技术服务业	1548.0	494.2	31.9	82.5	53.3	64.6
科技推广和应用服务业	2015.6	556.0	27.6	10.9	9.4	86.2
(十四)水利、环境和公共设施管理业	**21624.5**	**6135.6**	**28.4**	**2563.0**	**1020.5**	**39.8**
水利管理业	952.3	522.9	54.9	22.2	5.6	25.0
生态保护和环境治理业	494.5	124.1	25.1	21.5	7.5	35.2
公共设施管理业	20177.7	5488.7	27.2	2519.3	1007.4	40.0
(十五)居民服务、修理和其他服务业	**2963.1**	**1156.2**	**39.0**	**480.5**	**169.1**	**35.2**
居民服务业	1941.0	749.9	38.6	447.1	160.3	35.9
机动车、电子产品和日用产品修理业	558.9	234.5	42.0	0.4	0.1	34.8
其他服务业	463.2	171.9	37.1	32.9	8.6	26.1
(十六)教育	**21478.9**	**6174.7**	**28.7**	**890.6**	**333.5**	**37.4**
教育	21478.9	6174.7	28.7	890.6	333.5	37.4
(十七)卫生和社会工作	**12397.3**	**2816.2**	**22.7**	**406.9**	**149.7**	**36.8**
卫生	10038.6	2060.3	20.5	122.1	23.5	19.3
社会工作	2358.7	755.8	32.0	284.8	126.2	44.3
(十八)文化、体育和娱乐业	**7836.0**	**1939.6**	**24.8**	**255.6**	**66.8**	**26.1**
新闻和出版业	276.7	74.1	26.8			
广播、电视、电影和影视录音制作业	566.4	119.0	21.0			
文化艺术业	3664.7	1058.2	28.9	89.1	32.0	35.9
体育	1309.5	228.6	17.5	98.3	7.9	8.0
娱乐业	2018.7	459.7	22.8	68.2	26.9	39.5
(十九)公共管理、社会保障和社会组织	**9520.6**	**3768.2**	**39.6**	**2027.5**	**737.3**	**36.4**
中国共产党机关	28.0	11.7	41.7			
国家机构	5422.7	2359.2	43.5	805.2	336.7	41.8
人民政协、民主党派	4.4	0.4	8.3			
社会保障	257.3	72.7	28.3	71.7	24.2	33.8
群众团体、社会团体和其他成员组织	540.9	181.6	33.6	31.9	5.0	15.8
基层群众自治组织	3267.4	1142.6	35.0	1118.8	371.4	33.2

(二)房地产开发

2-2-1 房地产开发投资主要指标

指标	2015年	2014年	2015年比2014年增减	
			绝对数	%
一、投资总额(亿元)	**95978.85**	**95035.61**	**943.23**	**1.0**
1.按构成分				
建筑安装工程	71195.57	70561.11	634.46	0.9
设备、工具、器具投资	1211.52	1306.91	-95.39	-7.3
其他费用	23571.75	23167.59	404.16	1.7
2.按工程用途分				
住宅	64595.24	64352.15	243.09	0.4
办公楼	6209.74	5641.19	568.55	10.1
商业营业用房	14607.49	14346.25	261.24	1.8
其他	10566.37	10696.02	-129.65	-1.2
二、全部建设规模(亿元)				
建设总规模	536853.75	493066.50	43787.26	8.9
自开始建设至本年底累计完成投资	378089.48	330830.08	47259.40	14.3
在建总规模	437503.28	419254.75	18248.53	4.4
在建净规模	173208.17	171988.88	1219.29	0.7
三、新增固定资产(亿元)	**40937.81**	**41251.03**	**-313.22**	**-0.8**
四、房屋建筑面积(万平方米)				
施工面积	735693.37	726482.34	9211.03	1.3
其中：住宅	511569.52	515096.45	-3526.93	-0.7
竣工面积	100039.10	107459.05	-7419.95	-6.9
其中：住宅	73777.36	80868.26	-7090.90	-8.8
五、投资实际到位资金小计(亿元)	**125203.06**	**121991.48**	**3211.58**	**2.6**
国内贷款	20214.38	21242.61	-1028.23	-4.8
利用外资	296.53	639.26	-342.73	-53.6
其中：外商直接投资	286.08	598.91	-312.83	-52.2
自筹资金	49037.56	50419.80	-1382.25	-2.7
其他资金	55654.60	49689.81	5964.79	12.0
其中：定金及预收款	32520.34	30237.51	2282.84	7.5

2-2-2 各地区按登记注册类型分的房地产开发单位个数

单位：个

地区	合计	内资					
			国有	集体	股份合作	国有联营	集体联营
全国总计	**93426**	**88773**	**1329**	**409**	**77**	**6**	**3**
北京	2784	2545	60	16	1		
天津	1267	1164	56	6	2	2	
河北	3181	3130	9				
山西	2430	2410	66	7			
内蒙古	2048	2043	7	1	1		
辽宁	3514	3166	19	4	5		
吉林	1727	1702	6	1	1		
黑龙江	2041	2012	39	1	1		
上海	2758	2354	54	15	1	1	1
江苏	6642	6056	69	32	3		
浙江	6252	5911	51	15	6	2	
安徽	3620	3537	46	6			
福建	3151	2773	71	17			
江西	2187	2095	37	5	2		
山东	6606	6395	104	59	8		
河南	6158	6069	66	6	3		1
湖北	4212	4107	75	14			
湖南	3710	3623	65	6	3		
广东	7341	6451	103	146	10		1
广西	2423	2329	52	11	5		
海南	1103	1037	24	1	2		
重庆	2585	2450	31	2	4		
四川	4032	3903	43	8	7		
贵州	2633	2595	29	3	1		
云南	2649	2610	37	4	2		
西藏	45	45	1				
陕西	2070	2031	62	10	5		
甘肃	1533	1516	30	12	2		
青海	330	329	3		1	1	
宁夏	539	535	1				
新疆	1855	1850	13	1	1		

2-2-2　续表 1

单位：个

地　区	内资						
	国有与集体联营	其他联营	国有独资公司	其他有限责任公司	股份有限公司	私营独资	私营合伙
全国总计	**4**	**6**	**1706**	**41655**	**3150**	**173**	**32**
北　京			53	1830	51		
天　津			70	635	48	1	1
河　北			16	1574	131	7	2
山　西			32	399	22		
内蒙古			20	909	84	3	1
辽　宁			45	1336	111	11	
吉　林			23	866	90	8	
黑龙江			25	985	116	4	
上　海	1		141	1107	51	5	1
江　苏			131	2087	228	17	3
浙　江	1		133	2597	74	7	2
安　徽			66	1595	109	9	3
福　建	1		107	1396	59	1	
江　西			37	991	124	5	1
山　东			120	3128	345	9	
河　南		3	41	3791	314	9	2
湖　北			59	1835	193	8	2
湖　南			75	1604	185	10	2
广　东		2	73	3506	139	15	2
广　西			40	860	97	8	2
海　南	1		27	708	53	2	1
重　庆			79	938	42	4	
四　川			66	1876	167	10	3
贵　州			52	1276	69	1	3
云　南			45	1099	93	10	
西　藏		1	3	14	2		
陕　西			59	1053	81	3	
甘　肃			19	757	46	5	
青　海			11	92	11		
宁　夏			12	122	4		
新　疆			26	689	11	1	1

2-2-2 续表 2

单位：个

地　区	内资			港澳台投资			
	私营有限责任公司	私营股份有限公司	其他内资企业		合资经营	合作经营	独资
全国总计	**37778**	**2291**	**154**	**3235**	**1114**	**291**	**1765**
北　京	519	15		141	49	52	40
天　津	323	17	3	58	26	1	26
河　北	1297	86	8	33	13		20
山　西	1831	52	1	13	9		4
内蒙古	969	44	4	2	2		
辽　宁	1565	65	5	233	95	7	126
吉　林	663	40	4	17	7		8
黑龙江	763	76	2	19	9	1	8
上　海	935	40	1	273	97	11	162
江　苏	3288	193	5	396	135	10	244
浙　江	2969	51	3	225	93	3	123
安　徽	1565	127	11	55	24	1	27
福　建	1067	52	2	283	87	8	183
江　西	812	77	4	71	31	1	39
山　东	2432	176	14	145	62	11	71
河　南	1656	162	15	60	20	4	32
湖　北	1806	110	5	78	34	3	38
湖　南	1499	164	10	62	25	1	34
广　东	2343	101	10	689	148	164	368
广　西	1169	80	5	57	26	4	27
海　南	193	19	6	51	14		32
重　庆	1270	79	1	99	30	3	66
四　川	1616	99	8	75	23	2	46
贵　州	1068	91	2	29	19	1	9
云　南	1211	94	15	30	17	1	12
西　藏	24						
陕　西	685	70	3	23	5	2	16
甘　肃	600	43	2	12	10		2
青　海	197	13					
宁　夏	379	17		2	1		1
新　疆	1064	38	5	4	3		1

2-2-2　续表 3　　　　单位：个

地　区	港澳台		外商投资					
	股份有限	其他		合资经营	合作经营	独资	股份有限	其　他
全国总计	**53**	**12**	**1418**	**558**	**128**	**663**	**48**	**21**
北　京			98	44	34	18	2	
天　津	5		45	19	3	18	3	2
河　北			18	8	1	8	1	
山　西			7	3		4		
内蒙古			3	1		1		1
辽　宁	5		115	58	6	47	4	
吉　林	1	1	8	7	1			
黑龙江	1		10	4	1	5		
上　海	2	1	131	42	7	75	7	
江　苏	7		190	78	8	103		1
浙　江	5	1	116	59	2	52	2	1
安　徽	3		28	8	1	17	1	1
福　建	5		95	24	1	62	5	3
江　西			21	10		10	1	
山　东	1		66	31	9	25		1
河　南	1	3	29	11	1	15	1	1
湖　北	2	1	27	14		10	1	2
湖　南		2	25	14	1	8	2	
广　东	9		201	52	40	96	9	4
广　西			37	17		16	2	2
海　南	3	2	15	4	2	9		
重　庆			36	12	3	15	4	2
四　川	3	1	54	19	2	32	1	
贵　州			9	4	3	2		
云　南			9	4	1	3	1	
西　藏								
陕　西			16	6	1	8	1	
甘　肃			5	3		2		
青　海			1	1				
宁　夏			2	1		1		
新　疆			1			1		

2-2-3 各地区房地产开发固定资产投资建设规模

单位：万元

地　区	建设总规模	自开始建设累计完成投资	在建总规模	在建净规模
全国总计	**536854**	**378089**	**437503**	**173208**
北　京	23192	18037	20202	5367
天　津	14095	8958	12167	5414
河　北	17579	12002	14430	5837
山　西	7903	5076	6603	2948
内蒙古	8147	5449	6844	2802
辽　宁	23120	17402	17883	6079
吉　林	6751	4532	5706	2297
黑龙江	6061	4288	4854	1895
上　海	23213	17110	19834	6328
江　苏	50613	35254	42267	16330
浙　江	33282	26209	25589	8244
安　徽	25105	17168	20335	8589
福　建	22017	18032	15813	4998
江　西	9097	5811	7606	3554
山　东	35191	23908	29436	12099
河　南	24451	14531	20536	10559
湖　北	19986	14094	15691	6570
湖　南	17474	11553	14661	6411
广　东	50294	37219	40416	14919
广　西	11380	8102	8946	3800
海　南	9834	6364	8305	3876
重　庆	21345	15419	17870	6742
四　川	21542	15757	16730	6730
贵　州	12855	8451	9365	4985
云　南	13481	9357	10400	4532
西　藏	180	119	173	61
陕　西	14632	8916	12592	5991
甘　肃	3898	2619	3189	1330
青　海	1484	1059	1099	481
宁　夏	3652	2399	3363	1290
新　疆	5000	2898	4597	2148

2-2-4　各地区房地产开发投资和新增固定资产

单位：万元

地　区	投资额	新增固定资产	固定资产交付使用率 (%)
全国总计	**959788458**	**409378073**	**42.7**
北　京	41770481	16172142	38.7
天　津	18715464	11673176	62.4
河　北	42852710	17886368	41.7
山　西	14948719	6198568	41.5
内蒙古	10810542	5454723	50.5
辽　宁	35586421	13119328	36.9
吉　林	9242409	4950857	53.6
黑龙江	9921453	11476701	115.7
上　海	34689415	18906738	54.5
江　苏	81536814	47134690	57.8
浙　江	71119284	31623890	44.5
安　徽	44248584	21065233	47.6
福　建	44696073	12737679	28.5
江　西	15200985	6676396	43.9
山　东	58921606	25231433	42.8
河　南	48189338	17172947	35.6
湖　北	42492298	11823840	27.8
湖　南	26137460	14662441	56.1
广　东	85384666	29147874	34.1
广　西	19090933	5858064	30.7
海　南	17039963	6626423	38.9
重　庆	37512812	18421025	49.1
四　川	48130252	16868326	35.0
贵　州	22050920	10763127	48.8
云　南	26690091	9532162	35.7
西　藏	500161	328751	65.7
陕　西	24942850	5283394	21.2
甘　肃	7680627	3244590	42.2
青　海	3359998	1462843	43.5
宁　夏	6336378	3648335	57.6
新　疆	9988751	4226009	42.3

2-2-5 各地区房地产开发投资各种购置费用

单位：万元

地　区	旧建筑物购置费	土地购置费
全国总计	**2442433**	**176754358**
北　京	105795	20529172
天　津	3055	3190222
河　北	392098	4059259
山　西	37682	1632686
内蒙古	73549	876202
辽　宁	34195	3081600
吉　林	85227	1502936
黑龙江	39936	994961
上　海		10044051
江　苏	93969	15051720
浙　江	13356	25104828
安　徽	116710	6419885
福　建	99091	10729330
江　西	54703	2105429
山　东	110479	10356711
河　南	178413	3626760
湖　北	112960	6653643
湖　南	63912	2434210
广　东	158506	17115257
广　西	16510	2820676
海　南	86831	3455040
重　庆	52294	7338061
四　川	91442	8469639
贵　州	150605	1181985
云　南	74136	3235059
西　藏		3588
陕　西	68722	2267629
甘　肃	20504	539452
青　海	19694	506445
宁　夏	32436	545839
新　疆	55623	882083

2-2-6　各地区按登记注册类型分的房地产开发投资

单位：万元

地　　区	合计	内资					
			国有	集体	股份合作	国有联营	集体联营
全国总计	**959788458**	**878992776**	**12790641**	**1944484**	**583788**	**66176**	**52966**
北　　京	41770481	39611520	641716	243483			
天　　津	18715464	16223790	265862	5533	80838	18514	
河　　北	42852710	41840388	69070				
山　　西	14948719	14697976	216742	6173			
内 蒙 古	10810542	10799191	39754				
辽　　宁	35586421	28955971	303868	46169	4032		
吉　　林	9242409	8594715	10193				
黑 龙 江	9921453	9683472	100953		874		
上　　海	34689415	27976807	424646	143534			10
江　　苏	81536814	71478290	2187546	94147	3800		
浙　　江	71119284	64169097	324977	29030	153444	47662	
安　　徽	44248584	41860242	654496	4873			
福　　建	44696073	40583773	1220811	168696			
江　　西	15200985	14589992	215120				
山　　东	58921606	55895487	987946	190773	52821		
河　　南	48189338	47134360	724242	14375	32590		
湖　　北	42492298	39475770	439268	125780			
湖　　南	26137460	24916640	269356	9037	3260		
广　　东	85384666	72350112	349888	658842	49746		52956
广　　西	19090933	17189791	356055	8710	20		
海　　南	17039963	15192200	228662	3294	6821		
重　　庆	37512812	31585616	771859		911		
四　　川	48130252	45073016	421186	16622	41479		
贵　　州	22050920	21586689	136290	4435	955		
云　　南	26690091	26077113	232247				
西　　藏	500161	500161	4310				
陕　　西	24942850	23818175	750487	167828	150797		
甘　　肃	7680627	7643854	250241	2400			
青　　海	3359998	3359998	27469		400		
宁　　夏	6336378	6252161	46630				
新　　疆	9988751	9876409	118751	750	1000		

2-2-6 续表 1

单位：万元

地区	内资						
	国有与集体联营	其他联营	国有独资公司	其他有限责任公司	股份有限公司	私营独资	私营合伙
全国总计	**3352**	**38170**	**34176544**	**507174377**	**31119360**	**1517480**	**89553**
北京			1076855	33573899	626867		
天津			1064277	10902591	496709		
河北			275352	24046369	1696200	103870	4000
山西			186240	4255959	129862		
内蒙古			632769	4674843	276335	4031	17346
辽宁			786619	15947959	1741341	118182	
吉林			361290	4957973	509980	277794	
黑龙江			415705	5858618	391451	9100	
上海			1956203	17350145	1304834	124212	
江苏			3987109	33280573	2423767	190136	2418
浙江	692		2075540	35901340	523672	13434	982
安徽			1811296	24076147	1304283	76226	27517
福建			3129350	26343837	919541	894	
江西			329890	8494725	595860	5637	6000
山东			3372068	31570313	2548901	56856	
河南		4191	316851	32574250	2303252	57594	1791
湖北			1374752	22897881	2729358	40598	
湖南			1058194	12819640	888269	30887	6380
广东		5750	1152222	44838446	2823378	162636	7326
广西			700785	8315249	603710	71931	6603
海南	2660		1091955	10705159	707208	19822	5200
重庆			1834372	15674337	1024910	6300	
四川			968264	26513452	1314788	46064	2150
贵州			490035	13969359	512655		
云南			629658	14251467	1394507	80426	
西藏		28229	6424	182688			
陕西			1243962	12705656	768250	8000	
甘肃			580069	3834292	150955	8950	
青海			332763	1094535	50277		
宁夏			530974	1255519	201673		
新疆			404701	4307156	156567	3900	1840

2-2-6 续表 2

单位：万元

地区	内资			港澳台投资			
	私营有限责任公司	私营股份有限公司	其他内资企业		合资经营	合作经营	独资
全国总计	**274844730**	**13231487**	**1359668**	**59953218**	**18913875**	**2503402**	**37198542**
北京	3435903	12797		922717	363892	95295	463530
天津	3235571	135225	18670	1911565	564303		1230447
河北	14680460	924889	40178	816220	332914		483306
山西	9791518	106792	4690	193597	184365		9232
内蒙古	4981775	172254	84				
辽宁	9495576	451077	61148	4582596	1673729	17005	2884355
吉林	2383594	87691	6200	574583	258004		316579
黑龙江	2690870	215901		204811	102854	61660	40297
上海	6505158	168065		5245310	2028541	43554	3163415
江苏	28059265	1222189	27340	6881455	1864602	70337	4735543
浙江	24771400	260015	66909	5384077	1734606	69357	3421405
安徽	13138328	623324	143752	2003131	751386		1171960
福建	8101439	670145	29060	3382168	1814676	30462	1463612
江西	4592070	311287	39403	535102	210399		324703
山东	16272308	727409	116092	2472267	967577	80188	1424442
河南	10077695	900881	126648	791788	150038	5551	612291
湖北	11502816	325311	40006	2424841	629746	45983	1742464
湖南	8959426	693629	178562	1034515	226760	12697	746850
广东	21308174	853746	87002	9360388	2388327	1651723	5113093
广西	6634810	479958	11960	1436739	303142		1133597
海南	2216352	192758	12309	1405829	315056		749480
重庆	11850000	419527	3400	4794336	1039575	251449	3503312
四川	14972840	669160	107011	1830508	524742		1252736
贵州	6002431	456645	13884	413409	15581	29851	367977
云南	8556327	787565	144916	501518	175900		325618
西藏	278510						
陕西	7554978	430593	37624	629508	79203	38290	512015
甘肃	2661626	128104	27217	27361	27361		
青海	1778883	75671					
宁夏	3705529	511836		80537	78255		2282
新疆	4649098	217043	15603	112342	108341		4001

2-2-6 续表 3

单位：万元

地 区	港澳台商投资		外商投资					
	股份有限	其他		合资经营	合作经营	独资	股份有限	其他
全国总计	**1173415**	**163984**	**20842464**	**7303832**	**2030483**	**9943534**	**747576**	**817039**
北 京			1236244	892765	190220	153259		
天 津	116815		580109	194776		309802	27811	47720
河 北			196102	5793		127900	62409	
山 西			57146			57146		
内 蒙 古			11351	11351				
辽 宁	7507		2047854	1026504	301248	684872	35230	
吉 林			73111	73111				
黑 龙 江			33170			33170		
上 海		9800	1467298	442065	485081	525652	14500	
江 苏	210973		3177069	1127934	115376	1933759		
浙 江	142265	16444	1566110	451646	28866	1069424	16174	
安 徽	79785		385211	34650	27606	192354	17630	112971
福 建	73418		730132	89446		547662	81644	11380
江 西			75891	41728		31763	2400	
山 东	60		553852	233247	82558	220547		17500
河 南	13798	10110	263190	84171	4035	174984		
湖 北	120	6528	591687	137217		228836	2920	222714
湖 南		48208	186305	122624	6	63659	16	
广 东	207245		3674166	1102381	394335	1664604	338810	174036
广 西			464403	114886		119870	28929	200718
海 南	268399	72894	441934	50041	102298	289595		
重 庆			1132860	236684	154627	689983	21566	30000
四 川	53030		1226728	622636	67121	536971		
贵 州			50822	4345	46477			
云 南			111460	24349		3300	83811	
西 藏								
陕 西			495167	166390	30629	284422	13726	
甘 肃			9412	9412				
青 海								
宁 夏			3680	3680				
新 疆								

2-2-7　各地区按资质等级分的房地产开发投资

单位：万元

地　区	投资额	一级	二级	三级
全国总计	**959788458**	**37551238**	**133113287**	**145894304**
北　京	41770481	2893667	2734395	1635726
天　津	18715464	485731	1215409	1088921
河　北	42852710	2384204	5119726	6774274
山　西	14948719	512394	1826716	1930091
内蒙古	10810542	655131	961175	1609258
辽　宁	35586421	788832	2782740	5702139
吉　林	9242409	240547	1625149	1603107
黑龙江	9921453	133603	1838737	4696662
上　海	34689415	813471	3068760	1543450
江　苏	81536814	3170454	23591944	3020142
浙　江	71119284	2038686	5865435	10703939
安　徽	44248584	432977	4578035	7340363
福　建	44696073	1513696	4116288	8481916
江　西	15200985	167348	1471191	2610777
山　东	58921606	2919154	5870950	6789386
河　南	48189338	2162172	6144759	4552200
湖　北	42492298	1314162	7668518	4443496
湖　南	26137460	908890	3663865	9187170
广　东	85384666	4591080	4200238	14125397
广　西	19090933	798204	2550751	2721461
海　南	17039963	2002	1016173	2478258
重　庆	37512812	2352831	13339407	3183100
四　川	48130252	2026737	7336628	24698311
贵　州	22050920	62602	6179009	3139997
云　南	26690091	685169	4344527	2274045
西　藏	500161		26810	271205
陕　西	24942850	1403919	4326045	4163924
甘　肃	7680627	220985	1306733	2265346
青　海	3359998	209598	1125921	637759
宁　夏	6336378	1091988	1928795	932615
新　疆	9988751	571004	1288458	1289869

2-2-7 续表

单位：万元

地　区	四级	暂定	其他
全国总计	**100127452**	**472785220**	**70316957**
北　京	9360423	21074740	4071530
天　津	10479212	4701563	744628
河　北	9097437	18423064	1054005
山　西	5625887	4901674	151957
内蒙古	4741382	2230422	613174
辽　宁	469720	21853977	3989013
吉　林	945772	4789337	38497
黑龙江	194156	2812181	246114
上　海	55250	25165670	4042814
江　苏	63710	41669331	10021233
浙　江	2896037	38919832	10695355
安　徽	852427	28534500	2510282
福　建	3681069	24695212	2207892
江　西	1058812	9345614	547243
山　东	5381370	33468905	4491841
河　南	2464950	29941854	2923403
湖　北	3639641	24569432	857049
湖　南	4029482	7723148	624905
广　东	13012431	41326071	8129449
广　西	818212	11094929	1107376
海　南	788168	11128827	1626535
重　庆	158668	17792670	686136
四　川	541950	10560486	2966140
贵　州	1963682	9885766	819864
云　南	7118243	10836544	1431563
西　藏	6070	178856	17220
陕　西	6497355	5365523	3186084
甘　肃	1368916	2444458	74189
青　海	676935	674619	35166
宁　夏	797390	1482704	102886
新　疆	1342695	5193311	303414

2-2-8　各地区按构成分的房地产开发投资

单位：万元

地　区	投资额	建筑安装工程	设备工器具购置	其他费用
全国总计	**959788458**	**711955721**	**12115201**	**235717536**
北　京	41770481	12978748	229668	28562065
天　津	18715464	13282980	130354	5302130
河　北	42852710	35913544	915180	6023986
山　西	14948719	11769367	238025	2941327
内蒙古	10810542	9597024	87743	1125775
辽　宁	35586421	31097914	441082	4047425
吉　林	9242409	7170884	81093	1990432
黑龙江	9921453	8569430	114075	1237948
上　海	34689415	22120352	151547	12417516
江　苏	81536814	61862974	1189279	18484561
浙　江	71119284	39225334	623803	31270147
安　徽	44248584	35788639	584514	7875431
福　建	44696073	31680415	398670	12616988
江　西	15200985	12270291	231538	2699156
山　东	58921606	46076964	584545	12260097
河　南	48189338	41257736	1172724	5758878
湖　北	42492298	32435009	680852	9376437
湖　南	26137460	21661546	401686	4074228
广　东	85384666	60483968	992061	23908637
广　西	19090933	15262300	232950	3595683
海　南	17039963	11833178	136090	5070695
重　庆	37512812	26323859	385906	10803047
四　川	48130252	36857622	848458	10424172
贵　州	22050920	19000072	246704	2804144
云　南	26690091	21909950	294561	4485580
西　藏	500161	480485	7792	11884
陕　西	24942850	21536566	245741	3160543
甘　肃	7680627	6784949	111713	783965
青　海	3359998	2661558	123379	575061
宁　夏	6336378	5531958	60159	744261
新　疆	9988751	8530105	173309	1285337

2-2-9 各地区按用途分的房地产开发投资

单位：万元

地 区	投资额	住宅	办公楼	商业营业用房	其他
全国总计	**959788458**	**645952421**	**62097420**	**146074875**	**105663742**
北 京	41770481	18895385	8990697	4636694	9247705
天 津	18715464	12515275	1077004	2490076	2633109
河 北	42852710	31625474	1758739	5093980	4374517
山 西	14948719	10983176	855037	1712127	1398379
内蒙古	10810542	7585091	396813	1874974	953664
辽 宁	35586421	26033152	1166064	6086438	2300767
吉 林	9242409	6488051	386251	1627431	740676
黑龙江	9921453	6811541	253191	2102305	754416
上 海	34689415	18133187	6545385	4676654	5334189
江 苏	81536814	60802054	3440658	11309074	5985028
浙 江	71119284	44507263	5133148	10210933	11267940
安 徽	44248584	28491942	2042490	10258620	3455532
福 建	44696073	28649524	3277625	6709732	6059192
江 西	15200985	11130924	521100	2393860	1155101
山 东	58921606	43994427	3318794	7649604	3958781
河 南	48189338	35291542	2185442	6942326	3770028
湖 北	42492298	30205401	2157038	5938538	4191321
湖 南	26137460	18029380	1208014	4306297	2593769
广 东	85384666	58905079	5639955	10857759	9981873
广 西	19090933	14077508	725811	2438328	1849286
海 南	17039963	12467789	205425	1409893	2956856
重 庆	37512812	23904910	2035649	6161906	5410347
四 川	48130252	30487228	2297857	9287621	6057546
贵 州	22050920	13277676	1640553	5067373	2065318
云 南	26690091	16702652	1620395	5089088	3277956
西 藏	500161	395958	24906	44677	34620
陕 西	24942850	18278046	1609470	3467013	1588321
甘 肃	7680627	5265600	280120	1620452	514455
青 海	3359998	2013766	374264	646196	325772
宁 夏	6336378	3966814	342939	1295215	731410
新 疆	9988751	6036606	586586	2669691	695868

2-2-10 各地区按隶属关系分的房地产开发投资

单位：万元

地区	投资额	中央项目	地方项目	省属	地市属	县属	其他
全国总计	**959788458**	**20283467**	**939504991**	**29112985**	**108848660**	**81449701**	**720093645**
北京	41770481	2529369	39241112	5461011	4682878		29097223
天津	18715464	671575	18043889	2483640	3831869	2374112	9354268
河北	42852710	361861	42490849	630008	3826444	3823298	34211099
山西	14948719	642639	14306080	386092	1450805	595286	11873897
内蒙古	10810542	308613	10501929	6792	1209375	971024	8314738
辽宁	35586421	406688	35179733	195808	3536660	2137975	29309290
吉林	9242409	21970	9220439	19399	705031	567178	7928831
黑龙江	9921453	147210	9774243	543480	1525137	1162442	6543184
上海	34689415	918644	33770771	1975241	4177171	486082	27132277
江苏	81536814	1416185	80120629	667630	4839354	6986025	67627620
浙江	71119284	297064	70822220	452222	2159406	3127252	65083340
安徽	44248584	623610	43624974	2078583	6002644	3558203	31985544
福建	44696073	492745	44203328	577062	7878758	6200387	29547121
江西	15200985	221792	14979193	313476	1732861	1888272	11044584
山东	58921606	1561904	57359702	1738786	6488353	8035495	41097068
河南	48189338	166394	48022944	1193781	6644944	5450031	34734188
湖北	42492298	1435842	41056456	415822	6397874	2634157	31608603
湖南	26137460	379286	25758174	522147	2965947	1924374	20345706
广东	85384666	2203105	83181561	586873	12125496	5921335	64547857
广西	19090933	294032	18796901	473957	3118183	1119764	14084997
海南	17039963	383905	16656058	1122642	3820382	2856971	8856063
重庆	37512812	1152516	36360296	3404020	4772837	1292969	26890470
四川	48130252	1075315	47054937	411948	3632865	6412269	36597855
贵州	22050920	948454	21102466	238581	805915	2171701	17886269
云南	26690091	392798	26297293	1551591	1923130	4838856	17983716
西藏	500161		500161	500	76493		423168
陕西	24942850	550619	24392231	786521	5623856	2196014	15785840
甘肃	7680627	52865	7627762	304751	978035	1016478	5328498
青海	3359998	93000	3266998	210472	430583	256772	2369171
宁夏	6336378	66943	6269435	255606	288624	354747	5370458
新疆	9988751	466524	9522227	104543	1196750	1090232	7130702

2-2-11 各地区房地产开发投资财务拨款

单位：万元

地 区	本年实际到位资金合计	上年末结余资金	本年实际到位资金小计	本年各项应付款合计
全国总计	**1623985920**	**371955277**	**1252030643**	**289926320**
北 京	104837525	32016408	72821117	6010618
天 津	42343758	10257178	32086580	9227901
河 北	55029312	8362568	46666744	9868134
山 西	18150728	3724059	14426669	4059169
内蒙古	13720257	1759592	11960665	2904337
辽 宁	54956326	12638496	42317830	13550130
吉 林	14118530	2001106	12117424	1988964
黑龙江	14903067	2693467	12209600	1888650
上 海	74837158	19518544	55318614	11819229
江 苏	162686542	42286615	120399927	30337503
浙 江	124523532	37767705	86755827	15854235
安 徽	64989108	15081301	49907807	14915267
福 建	72451836	16058512	56393324	7727851
江 西	28781844	7768546	21013298	5098336
山 东	91559999	18130956	73429043	16445641
河 南	61875998	11106749	50769249	12536073
湖 北	60501955	11697743	48804212	10287642
湖 南	45405755	9540885	35864870	9739061
广 东	187232693	45589723	141642970	30079959
广 西	29502250	6109380	23392870	6129108
海 南	26542175	5147063	21395112	6555062
重 庆	66028296	15782496	50245800	14355744
四 川	75440582	14650543	60790039	14102476
贵 州	26556259	4073539	22482720	6481945
云 南	33331404	4830474	28500930	11855677
西 藏	570838	131557	439281	108851
陕 西	35969522	7819433	28150089	7479469
甘 肃	10987251	1590770	9396481	2840034
青 海	4422499	812117	3610382	1134452
宁 夏	8589182	1215259	7373923	1717261
新 疆	13139739	1792493	11347246	2827541

2-2-12 各地区房地产开发投资本年实际到位资金构成

单位：万元

地区	本年实际到位资金小计	国内贷款	利用外资	外商直接投资	自筹资金	其他资金
全国总计	**1252030643**	**202143822**	**2965297**	**2860790**	**490375550**	**556545974**
北京	72821117	19709744	57463	57463	22772038	30281872
天津	32086580	9540037	65427	48427	9323899	13157217
河北	46666744	4566951	23138	23138	30991139	11085516
山西	14426669	1088204			8093145	5245320
内蒙古	11960665	975050			8384682	2600933
辽宁	42317830	5514326	376069	373192	22693216	13734219
吉林	12117424	1808207	200		5577164	4731853
黑龙江	12209600	1264556	13228	13228	7306680	3625136
上海	55318614	15165884	339167	323607	15199865	24613698
江苏	120399927	18779329	449090	412565	34167951	67003557
浙江	86755827	12747932	156492	156492	26594409	47256994
安徽	49907807	5642296	10186	9006	18601276	25654049
福建	56393324	8467253	79774	79773	23005769	24840528
江西	21013298	2308154	61412	61412	7307833	11335899
山东	73429043	9524964	152542	152472	33289585	30461952
河南	50769249	4756882	32235	19235	29561966	16418166
湖北	48804212	7778915	9000	7000	23576651	17439646
湖南	35864870	4818331	7100	6000	12460461	18578978
广东	141642970	25778079	266452	263758	39334021	76264418
广西	23392870	3320395	15667	15467	8237208	11819600
海南	21395112	3398263	13450	13450	10079825	7903574
重庆	50245800	10330727	659044	648544	16665327	22590702
四川	60790039	9162079	9715	9615	26458305	25159940
贵州	22482720	2202975	8500	8000	8983536	11287709
云南	28500930	5283993	96746	95746	13375412	9744779
西藏	439281	12000			286959	140322
陕西	28150089	3728170	63200	63200	14050584	10308135
甘肃	9396481	1530211			4299285	3566985
青海	3610382	729430			1537963	1342989
宁夏	7373923	965925			3236750	3171248
新疆	11347246	1244560			4922646	5180040

2-2-13 各地区房地产土地开发情况

地　区	本年购置土地面积(平方米)	本年土地成交价款(万元)
全国总计	**228107888**	**76216118**
北　京	3909562	8111273
天　津	1739762	741969
河　北	7568612	1684517
山　西	4316647	848384
内蒙古	3162699	526223
辽　宁	9570237	2460688
吉　林	7931897	1917186
黑龙江	2703960	541060
上　海	2633940	1799791
江　苏	16933466	5304223
浙　江	10125798	5749259
安　徽	18059358	4793219
福　建	10567193	4901195
江　西	5428939	1474786
山　东	17879744	4734490
河　南	9514082	1982098
湖　北	7299064	2387363
湖　南	8609555	1766598
广　东	14787975	8909744
广　西	4159423	1084496
海　南	2526968	753213
重　庆	16267704	5391204
四　川	10619800	3324181
贵　州	6012019	837525
云　南	8268902	1463762
西　藏	308203	9451
陕　西	4475895	1347858
甘　肃	2397212	287078
青　海	483460	111404
宁　夏	2305101	256985
新　疆	7540711	714895

2-2-14　各地区房地产开发房屋建筑面积和造价

地　区	房屋施工面积（万平方米）	房屋竣工面积（万平方米）	房屋建筑面积竣工率（%）	房屋竣工价值（万元）	房屋竣工造价（元/平方米）
全国总计	**735693**	**100039**	**13.6**	**305523769**	**3054**
北　京	12993	2631	20.3	9655470	3669
天　津	10230	2904	28.4	8858261	3051
河　北	30435	4039	13.3	12538694	3104
山　西	15734	2114	13.4	5713194	2702
内蒙古	17641	1697	9.6	4598212	2709
辽　宁	29283	3238	11.1	9101806	2811
吉　林	11566	1287	11.1	3078451	2391
黑龙江	12410	2924	23.6	6753274	2309
上　海	15095	2647	17.5	14883185	5622
江　苏	58118	10297	17.7	35029989	3402
浙　江	41687	5893	14.1	23016405	3906
安　徽	34245	5538	16.2	14992915	2707
福　建	30891	3437	11.1	9386979	2732
江　西	15294	1908	12.5	5058966	2652
山　东	57206	8278	14.5	19093419	2307
河　南	40994	5390	13.1	10797519	2003
湖　北	28296	2785	9.8	7985732	2867
湖　南	28322	3970	14.0	12213778	3077
广　东	57942	6044	10.4	22566918	3734
广　西	18608	1675	9.0	4704296	2808
海　南	8317	1069	12.8	5141576	4812
重　庆	28986	4630	16.0	15953984	3446
四　川	38981	4546	11.7	12890926	2836
贵　州	20878	2583	12.4	8908673	3449
云　南	20722	2547	12.3	7394989	2904
西　藏	381	92	24.2	306751	3324
陕　西	20752	1682	8.1	4636460	2757
甘　肃	8586	962	11.2	2443378	2539
青　海	2586	454	17.6	1203598	2649
宁　夏	7046	1169	16.6	2915993	2494
新　疆	11465	1609	14.0	3699978	2300

2-2-15 各地区房地产开发住宅建筑面积和造价

地　区	住宅施工面积(万平方米)	住宅竣工面积(万平方米)	住宅建筑面积竣工率(%)	住宅竣工价值(万元)	住宅竣工造价(元/平方米)
全国总计	**511570**	**73777**	**14.4**	**215691268**	**2924**
北　京	6261	1378	22.0	4585482	3327
天　津	6969	2183	31.3	6323559	2897
河　北	23674	3227	13.6	9671506	2997
山　西	11450	1575	13.8	4210615	2674
内蒙古	11554	1281	11.1	3433978	2680
辽　宁	21407	2529	11.8	7072002	2796
吉　林	8283	1001	12.1	2324464	2323
黑龙江	8785	2127	24.2	4797329	2256
上　海	8372	1589	19.0	8811708	5546
江　苏	42316	7930	18.7	26989721	3403
浙　江	25117	3938	15.7	15581369	3957
安　徽	23233	4099	17.6	10386864	2534
福　建	19559	2399	12.3	6292344	2623
江　西	11158	1531	13.7	3938707	2572
山　东	42277	6186	14.6	13825539	2235
河　南	31211	4238	13.6	8125949	1917
湖　北	20907	2193	10.5	6224521	2838
湖　南	20808	3087	14.8	8454695	2738
广　东	40389	4435	11.0	16394456	3696
广　西	13751	1311	9.5	3589766	2739
海　南	6463	919	14.2	4377106	4764
重　庆	19390	3186	16.4	10371405	3255
四　川	25300	3149	12.4	8720654	2769
贵　州	13593	1927	14.2	5022041	2606
云　南	13867	1897	13.7	5155288	2718
西　藏	260	71	27.1	241958	3430
陕　西	15558	1352	8.7	3593484	2659
甘　肃	6088	765	12.6	1930344	2523
青　海	1650	321	19.4	816321	2544
宁　夏	4550	747	16.4	1695246	2270
新　疆	7370	1206	16.4	2732847	2265

2-2-16 各地区房地产开发房屋施工面积

单位：万平方米

地　　区	房屋施工面积合计	住宅	办公楼	商业营业用房	其他
全国总计	**735693**	**511570**	**33044**	**100111**	**90968**
北　京	12993	6261	2410	1326	2996
天　津	10230	6969	872	1163	1226
河　北	30435	23674	641	3183	2936
山　西	15734	11450	502	1915	1867
内蒙古	17641	11554	625	3522	1940
辽　宁	29283	21407	649	4767	2461
吉　林	11566	8283	423	1754	1106
黑龙江	12410	8785	249	2113	1263
上　海	15095	8372	1978	1944	2801
江　苏	58118	42316	2343	7569	5890
浙　江	41687	25117	2964	5199	8407
安　徽	34245	23233	1185	6364	3463
福　建	30891	19559	2151	3875	5306
江　西	15294	11158	534	2194	1408
山　东	57206	42277	2365	7122	5444
河　南	40994	31211	1568	4832	3384
湖　北	28296	20907	921	3748	2721
湖　南	28322	20808	746	3500	3268
广　东	57942	40389	2608	6209	8737
广　西	18608	13751	536	2113	2209
海　南	8317	6463	160	783	910
重　庆	28986	19390	1145	4111	4339
四　川	38981	25300	1490	5664	6527
贵　州	20878	13593	850	3644	2791
云　南	20722	13867	771	3208	2876
西　藏	381	260	21	58	42
陕　西	20752	15558	1033	2556	1604
甘　肃	8586	6088	242	1395	862
青　海	2586	1650	152	473	311
宁　夏	7046	4550	334	1290	872
新　疆	11465	7370	576	2517	1002

2-2-17 各地区房地产开发房屋新开工面积

单位：万平方米

地　　区	房屋新开工面积合计	住宅	办公楼	商业营业用房	其他
全国总计	**154454**	**106651**	**6569**	**22530**	**18703**
北　　京	2707	1158	586	344	620
天　　津	2817	1967	211	292	347
河　　北	7220	5543	186	765	726
山　　西	3701	2625	94	485	497
内 蒙 古	2342	1683	30	359	269
辽　　宁	4699	3605	55	693	347
吉　　林	2064	1458	81	349	175
黑 龙 江	2182	1476	64	462	180
上　　海	2605	1560	305	308	432
江　　苏	11543	8820	399	1279	1045
浙　　江	6534	3746	449	1004	1334
安　　徽	7759	5255	285	1458	762
福　　建	5245	3186	346	685	1029
江　　西	3705	2603	99	663	339
山　　东	12043	8984	497	1358	1205
河　　南	10974	8375	330	1452	817
湖　　北	6735	5120	179	892	543
湖　　南	6395	4747	140	892	616
广　　东	12677	8682	567	1573	1855
广　　西	3850	2794	141	455	460
海　　南	1645	1282	13	155	196
重　　庆	5811	3669	157	1038	947
四　　川	9587	6026	338	1538	1685
贵　　州	4206	2381	207	1021	597
云　　南	3841	2517	86	758	479
西　　藏	120	81	5	16	18
陕　　西	3964	2527	376	686	376
甘　　肃	2313	1547	89	443	234
青　　海	786	494	47	130	114
宁　　夏	1391	864	84	254	189
新　　疆	2995	1877	125	722	271

2-2-18　各地区房地产开发房屋竣工面积

单位：万平方米

地　区	房屋竣工面积合计	住宅	办公楼	商业营业用房	其他
全国总计	**100039**	**73777**	**3419**	**12027**	**10816**
北　京	2631	1378	385	260	608
天　津	2904	2183	171	248	302
河　北	4039	3227	90	361	362
山　西	2114	1575	52	242	245
内蒙古	1697	1281	33	254	128
辽　宁	3238	2529	22	483	202
吉　林	1287	1001	35	153	99
黑龙江	2924	2127	26	533	238
上　海	2647	1589	219	306	533
江　苏	10297	7930	324	1141	901
浙　江	5893	3938	296	566	1093
安　徽	5538	4099	155	857	426
福　建	3437	2399	143	341	554
江　西	1908	1531	28	240	108
山　东	8278	6186	355	981	755
河　南	5390	4238	143	689	320
湖　北	2785	2193	27	387	177
湖　南	3970	3087	72	409	402
广　东	6044	4435	237	505	867
广　西	1675	1311	33	145	187
海　南	1069	919	12	71	67
重　庆	4630	3186	196	606	643
四　川	4546	3149	109	647	640
贵　州	2583	1927	82	410	164
云　南	2547	1897	48	318	285
西　藏	92	71	4	11	7
陕　西	1682	1352	36	159	135
甘　肃	962	765	14	132	51
青　海	454	321	22	70	42
宁　夏	1169	747	27	231	165
新　疆	1609	1206	21	272	109

2-2-19　各地区房地产开发商品房屋销售面积

单位：万平方米

地　区	商品房销售面积	住宅	办公楼	商业营业用房	其他
全国总计	**128495**	**112412**	**2913**	**9255**	**3915**
北　京	1554	1127	243	85	100
天　津	1771	1675	16	59	21
河　北	5855	5162	90	385	218
山　西	1593	1481	21	60	30
内蒙古	2369	1945	43	258	123
辽　宁	3916	3477	37	312	90
吉　林	1492	1305	18	129	40
黑龙江	1997	1711	18	198	70
上　海	2431	2009	197	114	111
江　苏	11414	10276	238	728	172
浙　江	5985	5132	205	385	264
安　徽	6174	5357	109	627	80
福　建	4038	3316	155	296	270
江　西	3478	3146	51	220	61
山　东	9727	8527	300	636	264
河　南	8556	7646	150	639	122
湖　北	6245	5648	61	408	127
湖　南	6363	5671	60	469	162
广　东	11681	10498	311	479	393
广　西	3523	3182	39	198	105
海　南	1052	985	9	38	20
重　庆	5381	4478	116	463	325
四　川	7671	6495	124	672	380
贵　州	3560	2943	78	452	86
云　南	3145	2577	59	354	155
西　藏	51	46	3	2	0
陕　西	2979	2718	61	149	51
甘　肃	1435	1307	13	97	17
青　海	393	330	24	32	7
宁　夏	839	708	13	102	16
新　疆	1825	1536	48	206	35

2-2-20　各地区房地产开发商品房屋待售面积

单位：万平方米

地　区	商品房待售面积	住宅	办公楼	商业营业用房	其他
全国总计	**71853**	**45248**	**3276**	**14664**	**8665**
北　京	2167	867	332	461	507
天　津	1056	684	94	134	144
河　北	2180	1682	37	303	158
山　西	1816	1286	48	296	187
内蒙古	1483	973	40	330	140
辽　宁	4626	3460	95	784	287
吉　林	1570	1062	49	326	133
黑龙江	2501	1696	42	497	266
上　海	2055	904	286	398	467
江　苏	6909	4271	463	1660	516
浙　江	4245	2357	408	921	559
安　徽	2509	1484	100	770	155
福　建	2010	1001	67	460	481
江　西	1496	1032	32	350	81
山　东	4277	2912	180	862	323
河　南	3607	2768	90	564	184
湖　北	2651	1803	55	557	235
湖　南	3310	2181	88	672	370
广　东	5638	3493	220	888	1037
广　西	1678	1125	40	288	225
海　南	1316	1108	18	102	89
重　庆	2357	1004	126	572	656
四　川	2819	1404	93	617	705
贵　州	1527	817	99	457	154
云　南	1949	1221	75	411	243
西　藏	62	40	1	15	7
陕　西	688	451	13	152	72
甘　肃	743	538	10	135	60
青　海	264	189	11	51	13
宁　夏	1207	733	28	331	114
新　疆	1137	701	37	300	99

2-2-21 各地区房地产开发商品房屋销售额

单位：万元

地　区	商品房销售额	住宅	办公楼	商业营业用房	其他
全国总计	**872808375**	**727698199**	**37614233**	**88527842**	**18968101**
北　京	35176499	25128856	7027359	2316230	704054
天　津	17900112	16632526	252050	811242	204294
河　北	33715889	28542101	843304	3240309	1090175
山　西	7756381	7022858	194240	457477	81806
内蒙古	10521821	7660638	267359	1947366	646458
辽　宁	22549726	19076264	334753	2656383	482326
吉　林	8168691	6802577	128338	1048370	189406
黑龙江	10271369	8242147	134932	1529970	364320
上　海	50935488	43199280	4886787	2278884	570537
江　苏	83962012	73748655	2224731	7263037	725589
浙　江	62994582	55192684	2163479	4471151	1167268
安　徽	33694228	27143273	802889	5392945	355121
福　建	35858122	28397610	1950660	3748579	1761273
江　西	18636712	16066662	343340	1913901	312809
山　东	54080063	45107586	2787432	5071704	1113341
河　南	39455522	33003306	1231786	4577997	642433
湖　北	36613659	31985295	483180	3536524	608660
湖　南	27389200	22538479	497395	3787044	566282
广　东	114428014	99673248	5838716	6247329	2668721
广　西	17477650	14594268	405647	1845928	631807
海　南	9827541	9085984	122288	398618	220651
重　庆	29522124	22444311	1180176	4834820	1062817
四　川	41998448	32695173	887320	7119212	1296743
贵　州	15716767	10681420	519169	4228995	287183
云　南	16668542	12368124	673411	2971317	655690
西　藏	210756	166997	14796	28941	22
陕　西	15974351	13812698	537651	1372329	251673
甘　肃	7049335	6030795	148556	779044	90940
青　海	2059969	1398329	228392	413459	19789
宁　夏	3702955	2839806	101788	701738	59623
新　疆	8491847	6416249	402309	1536999	136290

第三部分

农户固定资产投资

3-1　各地区农村农户固定资产投资增长情况

单位：万元

地　区	2015年	2014年	2015年比2014年增减	
			绝对数	%
全国总计	**104097942**	**107557780**	**-3459838**	**-3.2**
北　京	499736	507938	-8202	-1.6
天　津	174177	278234	-104057	-37.4
河　北	5425323	5247229	178093	3.4
山　西	3295638	3190738	104899	3.3
内蒙古	1730698	1539794	190905	12.4
辽　宁	2775238	3039691	-264453	-8.7
吉　林	1966937	2316802	-349865	-15.1
黑龙江	2986622	2911168	75454	2.6
上　海	33110	34623	-1513	-4.4
江　苏	3416995	3858678	-441682	-11.4
浙　江	6586091	7080064	-493973	-7.0
安　徽	5820395	6192840	-372445	-6.0
福　建	3273960	3081077	192883	6.3
江　西	3942309	4329473	-387164	-8.9
山　东	9309813	8964155	345658	3.9
河　南	7090634	7698843	-608209	-7.9
湖　北	4774806	4736285	38520	0.8
湖　南	7209071	6943691	265380	3.8
广　东	3925503	4508766	-583263	-12.9
广　西	5728347	5556107	172239	3.1
海　南	958167	727765	230402	31.7
重　庆	1450972	1445818	5154	0.4
四　川	5603352	6564402	-961050	-14.6
贵　州	2688404	2473485	214919	8.7
云　南	4312253	4247223	65030	1.5
西　藏				
陕　西	3512137	3516510	-4373	-0.1
甘　肃	1276300	1244994	31306	2.5
青　海	664618	723164	-58546	-8.1
宁　夏	790238	798717	-8479	-1.1
新　疆	2876100	3799507	-923407	-24.3

3-2 各地区按构成分农村农户投资

单位：万元

地　区	投资额	建筑安装工程	设备工器具购置	其他费用
全国总计	**104097942**	**84351459**	**15874168**	**3872316**
北　京	499736	466098	18219	15419
天　津	174177	113370	53732	7074
河　北	5425323	4568578	777575	79170
山　西	3295638	2287435	862664	145539
内蒙古	1730698	1064687	530437	135574
辽　宁	2775238	1976527	521025	277686
吉　林	1966937	1094523	714642	157772
黑龙江	2986622	1128364	1699593	158665
上　海	33110	29732	3377	
江　苏	3416995	2994906	391430	30659
浙　江	6586091	6216940	350062	19089
安　徽	5820395	4355013	1428033	37350
福　建	3273960	2904189	315219	54552
江　西	3942309	3542167	303305	96837
山　东	9309813	6609239	2581015	119559
河　南	7090634	6413649	595780	81205
湖　北	4774806	3995990	636712	142103
湖　南	7209071	6255014	697336	256721
广　东	3925503	3674772	230136	20594
广　西	5728347	4171222	816633	740492
海　南	958167	924026	19712	14429
重　庆	1450972	1258977	69785	122210
四　川	5603352	4799002	507747	296604
贵　州	2688404	2113368	360678	214358
云　南	4312253	3732488	300402	279362
西　藏				
陕　西	3512137	3105209	286412	120516
甘　肃	1276300	873535	338416	64349
青　海	664618	532295	118718	13605
宁　夏	790238	631296	88821	70121
新　疆	2876100	2518846	256550	100704

3-3　各地区按项目分农村农户投资

单位：万元

地　区	投资额	房屋	道路	桥梁	设备	水利	其它
全国总计	**104097942**	**81217923**			**15874304**	**413689**	**6592026**
北　京	499736	453722			18219	392	27402
天　津	174177	72743			53797		47637
河　北	5425323	4375355			777575	26195	246198
山　西	3295638	2229316			862664	1960	201697
内蒙古	1730698	955495			530437	53485	191281
辽　宁	2775238	1700623			521025	65895	487695
吉　林	1966937	998951			714642	21267	232078
黑龙江	2986622	1092512			1699593	11039	183478
上　海	33110	28953			3377		780
江　苏	3416995	2938085			391430		87479
浙　江	6586091	6180350			350062		55679
安　徽	5820395	4335394			1428033	1310	55658
福　建	3273960	2805396			315219	1254	152090
江　西	3942309	3529059			303305	602	109343
山　东	9309813	5297010			2581015	144003	1287785
河　南	7090634	6336701			595780	6248	151906
湖　北	4774806	3975161			636748	2256	160640
湖　南	7209071	6232094			697336	2393	277249
广　东	3925503	3657942			230136	812	36612
广　西	5728347	4010519			816633	5666	895528
海　南	958167	921878			19712	1146	15431
重　庆	1450972	1177099			69785	1532	202556
四　川	5603352	4725850			507747	1982	367775
贵　州	2688404	2104221			360713	739	222731
云　南	4312253	3678559			300402	25560	307732
西　藏							
陕　西	3512137	3009537			286412	19066	197122
甘　肃	1276300	740488			338416	317	197079
青　海	664618	528774			118718		17126
宁　夏	790238	631296			88821		70121
新　疆	2876100	2494842			256550	18569	106138

3-4 各地区按主要行业分农村农户投资

单位：万元

地　区	合计	农、林、牧、渔业	采矿业	制造业	电力、燃气及水的生产和供应业	建筑业	批发和零售业
全国总计	**104097942**	**19803450**	**6051**	**1369773**	**131281**	**598965**	**2434847**
北　京	499736	16821		2155		991	26346
天　津	174177	15282		57074		1800	9458
河　北	5425323	897309		10959		15621	43173
山　西	3295638	636324		2923		7002	57993
内 蒙 古	1730698	728807					44312
辽　宁	2775238	909500		27809		111684	216866
吉　林	1966937	917625		49	296	148	10117
黑 龙 江	2986622	1725522		12748		7448	96927
上　海	33110	5404					
江　苏	3416995	691116		201742			6504
浙　江	6586091	538168		299255		1010	7325
安　徽	5820395	1409025	2411	29465	74173	6410	93399
福　建	3273960	217950	2016	56714	88	41496	89869
江　西	3942309	461602		14924		36505	15271
山　东	9309813	2952383		472111	6230	17753	814341
河　南	7090634	724561	126	66211	7544	45680	40094
湖　北	4774806	1039006		36492		1721	2255
湖　南	7209071	1000282		34831	435	10681	323128
广　东	3925503	247927				365	23484
广　西	5728347	1128261		31763		5880	30043
海　南	958167	68720				13047	
重　庆	1450972	197444		152	1126	23335	77850
四　川	5603352	982909	688		20528	26746	44666
贵　州	2688404	285073		5172	387	169432	95200
云　南	4312253	723301		6498	20474	11597	6823
西　藏							
陕　西	3512137	339549					95843
甘　肃	1276300	225876	810			34155	71252
青　海	664618	41185				8459	76362
宁　夏	790238	188454		725			
新　疆	2876100	488064					15945

3-4 续表 1

单位：万元

地 区	交通运输、仓储和邮政业	住宿和餐饮业	信息传输、计算机服务和软件业	金融业	房地产业	租赁和商务服务业	科学研究、技术服务和地质勘查业
全国总计	**2252337**	**424430**	**55454**		**75781413**	**121163**	**4491**
北 京	2547	2937			446599	1247	
天 津	14473	170			70743	460	
河 北	418120	2369			4023562	5	
山 西	319563	21195			2171047	23684	
内蒙古		17581	356		910299		
辽 宁	82206				1337350		
吉 林	57469	30			977789	1	
黑龙江	94123	445			1048980		
上 海					27616		
江 苏	35079				2482554		
浙 江	14316	761			5720764	2797	
安 徽	97661				4095855	6614	
福 建		56426	10180		2769697	4151	
江 西	49589	1606			3317553	651	
山 东		48519	35776		4823667	7813	
河 南	312028	36945			5592884	28344	
湖 北	151421				3530869		
湖 南		133186	17		5671956	10429	
广 东		45393	95		3588171	1531	
广 西	238192	3430			3994779	4222	
海 南			6		876395		
重 庆	27219	8955			1104191	3253	193
四 川	133282	20479			4328563	6957	4298
贵 州		10414	5699		2104221	8584	
云 南	58744	622			3468426	2173	
西 藏							
陕 西	118716	919			2948661	8248	
甘 肃		262	2930		881553		
青 海		5868	249		528774		
宁 夏	27589				573470		
新 疆		5917	146		2364426		

3-4 续表 2

单位：万元

地 区	水利、环境和公共设施管理业	居民服务和其他服务业	教 育	卫 生、社会保障和社会福利业	文化、体育和娱乐业	公共管理和社会组织
全国总计	**5241**	**1021051**	**35900**	**8829**	**41413**	**1855**
北 京		94				
天 津		4717				
河 北		13863		341		
山 西		32839	15426	4525	1562	1555
内 蒙 古		29344				
辽 宁		86923			2901	
吉 林		3412				
黑 龙 江		429				
上 海		89				
江 苏						
浙 江		1090			605	
安 徽		5384				
福 建		25173			198	
江 西		44609				
山 东		98741	13314		19165	
河 南	2935	233283				
湖 北		13040				
湖 南		19322	4804			
广 东		18537				
广 西		291778				
海 南						
重 庆	324	4640	280	509	1200	300
四 川	1982	19851	2076	3454	6874	
贵 州		4222				
云 南		13593				
西 藏						
陕 西					201	
甘 肃		53159			6303	
青 海		1567			2154	
宁 夏						
新 疆		1351			251	

3-5 各地区农村农户投资实际到位资金

单位：万元

地 区	合计	国内贷款	自筹资金	其他资金
全国总计	**104097942**	**2973466**	**97936644**	**3187832**
北 京	499736		499736	
天 津	174177		174177	
河 北	5425323	497772	4683006	244544
山 西	3295638	327848	2940726	27063
内蒙古	1730698	82565	1569410	78723
辽 宁	2775238	11164	2755983	8090
吉 林	1966937	172079	1784950	9908
黑龙江	2986622	61614	2913995	11013
上 海	33110		33110	
江 苏	3416995	130287	3281076	5632
浙 江	6586091	28746	6164574	392771
安 徽	5820395	448819	5033379	338198
福 建	3273960	13413	3227475	33071
江 西	3942309	191344	3732031	18935
山 东	9309813	26468	9272968	10377
河 南	7090634	97688	6922895	70051
湖 北	4774806		4676632	98174
湖 南	7209071	81307	7111771	15993
广 东	3925503	9325	3806171	110007
广 西	5728347	156639	5489284	82423
海 南	958167	1398	955090	1678
重 庆	1450972	27298	1406745	16929
四 川	5603352	99556	4316202	1187595
贵 州	2688404	13474	2664376	10554
云 南	4312253	11956	4209207	91090
西 藏				
陕 西	3512137	100429	3392071	19637
甘 肃	1276300	71357	1171223	33720
青 海	664618	95165	476530	92923
宁 夏	790238	14465	735677	40096
新 疆	2876100	201289	2536174	138638

3-6 各地区农村农户房屋建筑面积和投资

地　区	房屋施工面　积(万平方米)	房屋竣工面　积(万平方米)	房屋建筑面积竣工率(%)	房屋竣工价　值(万元)
全国总计	**98377**	**85317**	**86.7**	**71571132**
北　京	329	304	92.2	436959
天　津	139	97	69.9	137240
河　北	5297	4752	89.7	3821126
山　西	2907	2708	93.1	2188411
内蒙古	995	987	99.2	945271
辽　宁	3110	2884	92.7	1688579
吉　林	763	759	99.5	996796
黑龙江	795	750	94.3	1046505
上　海	17	15	88.4	25596
江　苏	2777	2549	91.8	2697211
浙　江	4444	2891	65.0	4330775
安　徽	5821	4339	74.5	3352603
福　建	2698	1899	70.4	2046514
江　西	5220	4353	83.4	2901692
山　东	10498	10191	97.1	5258441
河　南	7123	6437	90.4	4939384
湖　北	4289	3667	85.5	3439398
湖　南	7131	6064	85.0	5377081
广　东	3388	2762	81.5	3326710
广　西	6164	5631	91.4	3390294
海　南	833	611	73.4	718973
重　庆	1397	1197	85.7	1001063
四　川	5404	4685	86.7	4175545
贵　州	2779	2533	91.1	1988826
云　南	5702	4721	82.8	4660186
西　藏				
陕　西	3007	2445	81.3	2421840
甘　肃	1320	1252	94.8	740488
青　海	742	670	90.3	528774
宁　夏	434	434	100.0	630062
新　疆	2851	2728	95.7	2358789

3-7 各地区农村农户住宅建筑面积和投资

地　区	住宅施工面积(万平方米)	住宅竣工面积(万平方米)	住宅建筑面积竣工率(%)	住宅竣工价值(万元)
全国总计	**89441**	**79380**	**88.8**	**67095805**
北　京	319	296	92.8	429860
天　津	103	83	80.4	120848
河　北	4700	4159	88.5	3514325
山　西	2736	2535	92.6	2159373
内蒙古	875	879	100.5	904343
辽　宁	2266	2297	101.4	1406847
吉　林	735	731	99.5	975798
黑龙江	742	704	94.8	1003741
上　海	17	15	88.5	24897
江　苏	2346	2547	108.6	2694936
浙　江	4094	2694	65.8	4045348
安　徽	5507	4186	76.0	3239087
福　建	2662	1872	70.3	2021442
江　西	4826	4179	86.6	2763562
山　东	8729	8932	102.3	4413814
河　南	6634	6135	92.5	4625583
湖　北	3793	3405	89.8	3194193
湖　南	6839	5833	85.3	5119057
广　东	3318	2716	81.9	3249988
广　西	5854	5425	92.7	3321594
海　南	781	589	75.5	647845
重　庆	1307	1135	86.8	931337
四　川	4856	4292	88.4	3867009
贵　州	2638	2427	92.0	1919414
云　南	4916	4254	86.5	4253157
西　藏				
陕　西	2980	2416	81.1	2345826
甘　肃	1218	1110	91.1	667590
青　海	636	615	96.6	496844
宁　夏	368	368	100.0	562243
新　疆	2646	2552	96.5	2175903